橡胶轮胎机器人智能激光刻字工作站
活字印刷术到激光雕刻时代的技术革新

轮胎智能机器人激光雕刻工作站

智能轮胎 数字赋能

全钢23s/条，半钢15s/条 Ai算法轮胎弧度补偿

上海崮德智能科技有限公司
联系电话：18701826552

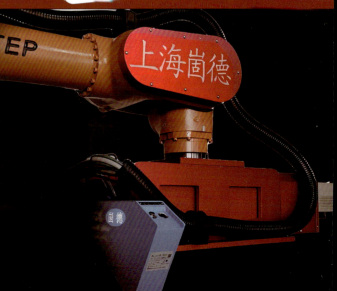

TERCELO 雄鹰轮胎

集团简介 》》

雄鹰轮胎集团有限公司成立于2019年，公司控股股东物产中大化工集团有限公司，隶属于世界五百强、浙江省属特大型国有控股企业——物产中大集团股份有限公司（股票代码:600704.SH）。雄鹰轮胎目前拥有新豪克、新途、雄鹰（东营）、雄鹰（青州）4家生产基地和雄鹰（香港）、雄鹰（杭州）、雄鹰（青岛）3家贸易中心，并与青岛科技大学、清华大学、吉林大学合作成立研究院。

公司目前具备550万套全钢卡客车轮胎、1500万套乘用车轮胎和5万套全钢工程轮胎的生产规模，旗下拥有"雄鹰""驰风""豪克""鹰霸""三A""力贝德""奥特利"等知名品牌。目前产品已获得3C、DOT、欧盟认证、GCC等国内外认证，远销亚、欧、非、中东、拉美、大洋洲等170多个国家和地区。

未来，雄鹰轮胎集团始终以"客户为中心、市场为导向、技术为依靠、质量为保证"，坚持"以创业者为本，追求真善美"的核心价值观，依托四链融合，从橡胶贸易到轮胎制造销售，全方位打造橡胶轮胎供应链、产业链融合发展的领航企业。

前路皆坦途 Rolling Forward

雄鹰轮胎集团有限公司

雄鹰轮胎(青州)有限公司

山东新豪克轮胎有限公司

雄鹰橡胶科技(东营)有限公司

山东新途轮胎有限公司

以创业者为本
追求真善美

雄鹰轮胎集团有限公司 　热线电话：**400-600-3131**

广告

 5大
研发及轮胎试验中心
4个研发中心位于德国、美国、中国、印度尼西亚,1个轮胎试验中心位于德国

 8大
轮胎制造工厂
6家位于中国,1家位于印度尼西亚,1家位于美国

 近**70,000**家
销售服务终端
遍布130多个国家

方兴橡胶

（金耐石）NAAATS®　　贵马®　　（龙霸）RUBY®

前驰®　　DESTRIER®

全线引进世界先进设备
专注高品质轮胎生产

有限责任公司

地址：东营市大王经济开发区
电话：0546-6893818　6888668
传真：0546-6894616
网址：www.fangxinggroup.com

海南天然橡胶产业集团股份有限公司
HAINAN NATURAL RUBBER INDUSTRY GROUP CO., LTD

为国利民 胶融天下

走进海胶
Into haijiao

海南天然橡胶产业集团股份有限公司（以下简称"海南橡胶"）成立于2005年3月31日，2011年1月7日在上海证券交易所挂牌上市（证券简称：海南橡胶；股票代码：601118），是A股市场天然橡胶全产业链上市公司，也是全球知名的天然橡胶种植、加工、贸易企业。

海南橡胶立足国内庞大的市场需求，充分利用国内国际两个市场、两种资源，积极构建全球化的种植、加工和贸易格局。公司在境内外拥有全资及控股子公司28家，控制两家境外上市企业和一家境内新三板上市公司，拥有天然橡胶生产基地29家、种苗繁育基地7家，橡胶初加工厂72家，全球员工约5万人。公司拥有土地面积500万亩，其中自营橡胶种植面积400万亩，约占全球的2%；加工能力260万吨，约占全球的20%；年加工量180万吨，约占全球的15%；年贸易量310万吨，约占全球的22%，各项指标居行业前列。

海胶集团研发中心大楼外景

CORPORATE INTRODUCTION

科技创新引领未来
TECHNOLOGICAL INNOVATION LEADS THE FUTURE

HAINAN RUBBER

海南橡胶是天然橡胶行业标准制定的参与者和推动者，也是少数能大规模生产特种胶和专业胶等高品质产品的生产企业之一。海南橡胶在天然橡胶种植、加工、管理、技术、销售、林木资源等方面，具有显著优势。海南橡胶拥有一流的天然橡胶种植园的"种植—管理—养护—采割"技术。海南橡胶在高端天然橡胶研发、智能化割胶机器研发、加工环境保护、信息化技术应用方面均处于国际与行业的领先水平。

海南橡胶为全球客户提供一系列天然橡胶产品。海南橡胶的优质天然橡胶产品可用于制造汽车轮胎和其他工业和商业产品。海南橡胶在东南亚、中国和非洲的加工厂生产技术分级橡胶、混合橡胶和乳胶。海南橡胶还从全球第三方生产商采购其他产地和等级的橡胶，为客户提供更广泛的选择。海南橡胶的公司客户遍布全球，覆盖世界前十大轮胎厂，以 HeveaPRO 标准生产的天然橡胶产品广受赞誉，代表了海南橡胶对最高质量、社会责任和管理标准的承诺。"美联""宝岛""五指山"等品牌深受客户青睐，其中"美联"品牌更是被中国乳胶制品行业广泛认可，"好舒福"品牌乳胶寝具定位中高端市场，客户好评率始终领先，橡胶木 FSC"零添加"产品成功进入全球最大家具家居用品企业供应链。

新时代，新海胶，新气象，新作为，海南橡胶作为世界领先的橡胶科技集团之一，将以科技创新和 ESG 为驱动，通过整合价值链和全球网络，以卓越的运营效率为行业创造未来，使海南橡胶能够为投资者和客户创造更好的价值，为将海南橡胶打造成为具有世界影响力和核心竞争力的世界一流天然橡胶全产业链科技集团而努力奋斗。

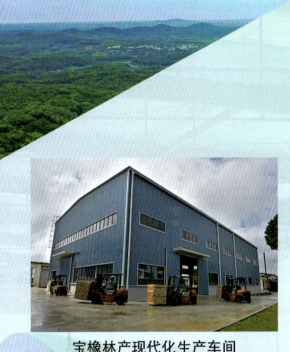

宝橡林产现代化生产车间

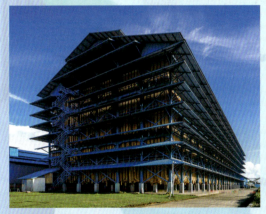

合盛农业印度尼西亚橡胶加工厂

合盛农业海外仓库

电话：0898-31669368　　传真：0898-68923986　　邮箱：INFO@HIRUB.CN
联系地址：海南省海口市滨海大道103号财富广场4楼　　邮编：570105

海南天然橡胶产业集团股份有限公司
HAINAN NATURAL RUBBER INDUSTRY GROUP CO., LTD

德国离心机浓缩乳胶生产线

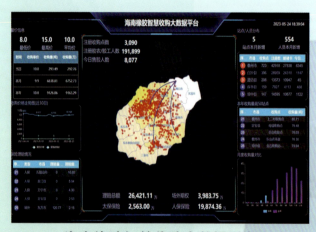

海南橡胶智慧收购大数据平台

干胶后包装段自动化设备

成为具有世界影响力和核心竞争力的
世界一流天然橡胶全产业链科技集团

HAINAN RUBBER

为国利民 胶融天下

橡胶种苗种植基地

智能割胶机试验基地

战略定位：
- ★ 国家天然橡胶战略资源安全的承载者
- ★ 全球天然橡胶供应链的优秀管理者
- ★ 全球天然橡胶科技创新的引领者
- ★ 以ESG为驱动的行业先行者
- ★ 中国特色自由贸易港的践行者
- ★ "一带一路"建设的领军者
- ★ 乡村振兴和全球减贫事业的贡献者

无人机 飞防作业

电话：0898-31669368　传真：0898-68923986　邮箱：INFO@HIRUB.CN
联系地址：海南省海口市滨海大道103号财富广场4楼　邮编：570105

广告

中天钢铁集团

中天钢铁集团成立于2001年9月，总部位于江苏省常州市，是一家年产千万吨钢，营业收入近2000亿元，业务涵盖钢铁冶炼、钢材深加工、现代物流、生态农业、教育体育、酒店商贸等多元板块的国家特大型钢铁联合企业。连续18年荣列中国企业500强，位居2022年中国企业500强第139位，制造业500强第59位，江苏省百强民营企业第5位，荣获"第六届中国工业大奖""国家科技创新示范企业"等荣誉称号。

近年来，中天钢铁致力于传统制造业的转型升级，坚定不移走优特钢发展之路，并持续推进特钢产业链固链、延链和强链进程。2021年9月，中天钢铁集团贯彻落实江苏省委、省政府指示精神，争做"贯彻国家战略的示范，传统产业转型升级的示范，促进苏南、苏中、苏北协同发展的示范"，在淮阴区投资建设中天钢铁集团（淮安）新材料有限公司，年产150万吨超高强精品钢帘线项目，产品主要为生产汽车子午线轮胎骨架材料。

中天南通精品钢基地

中天淮安钢帘线基地

中天南通基地数控中心

一 中天淮安项目建设定位

全球领先的超高强精品钢帘线示范工程：实现"优特钢原材料＋钢帘线深加工"产业深度融合；全流程采用行业顶尖生产装备，打造"低碳循环＋绿色制造"发展格局，实现"品牌一流、装备一流、环保一流、管理一流、效益一流"。

金属材料深加工"灯塔工厂"：主动拥抱第四次工业革命，全系统使用物联网、人工智能等前沿技术，打造以客户为中心、管理精益、成本最优、生态友好的全球灯塔工厂，实现"大型化、高效化、集约化、绿色化、智能化"。

全球钢帘线"智改数转"的行业标杆：激活后发优势，整合智能制造和数字化转型领域中的先进技术、最佳实践，补足行业当前发展短板，突破未来可持续发展瓶颈，实现"最洁净、最智慧、最高效、最安全、最优质"。

有规模、有品牌、有内涵、有温度、有核心竞争力
备受尊敬的世界钢铁联合企业

二 中天淮安项目总体规划

中天钢铁超高强精品钢帘线项目计划总投资202亿元，占地面积2802亩，总建筑面积142万平方米，建设6个生产分厂、技术研发中心、智能装备中心和客服中心等，并建设屋顶分布式光伏发电（总装机容量约100兆瓦）。目前项目一厂已进入收尾攻坚阶段，将形成24万吨卡、客车全钢子午胎用超高强精品钢帘线产能规模；项目七厂已于2023年2月10日总包开工，年产28万吨乘用车半钢子午胎用超高强精品钢帘线。其余各厂在2023年下半年进入施工阶段，并于2024年底建成投产，2025年整体满产达效。

湿拉自动下盘机器人

湿拉双层自动放线车间

成品立体库

三 中天淮安项目预期效益

中天钢铁超高强精品钢帘线项目专注于高端产品ST（超高强度）及UT（特高强度）钢帘线的生产，同时兼顾高品质胎圈钢丝的制造，主导国内外高端市场，具备较强的市场竞争力。项目达产、达效后，预计可实现年销售超200亿元，年税收超20亿元，直接创造就业岗位7800余个。

中天钢铁集团（淮安）新材料有限公司将聚焦"转型、生态、共享"的发展理念，走稳、走好高质量发展道路，助力集团朝着"有规模、有品牌、有内涵、有温度、有核心竞争力，备受尊敬的世界一流钢铁联合企业"目标奋勇前进！

公司销售电话
0517-80818888

尤夫股份成立于2003年，2010年6月在深交所上市，是一家专业从事高性能聚酯工业丝、聚酯浸胶线绳、浸胶输送带帆布、浸胶帘子布及PVC天花软膜生产、销售和研发的国家高新技术企业。2022年，尤夫股份正式成为陕煤集团旗下的新材料公司。

公司是国内知名聚酯全产业链的生产企业。高性能差别化涤纶工业丝，年产能30万吨，全球名列前茅；浸胶线绳年产能7000吨，是全球领先的聚酯浸胶线绳生产企业；浸胶帆布、浸胶帘子布年产能24000吨，是浸胶骨架材料行业龙头骨干企业；PVC功能软膜年产能20000吨，是PVC膜材行业新兴骨干企业。

全套引进德国巴马格、日本TMT、德国苏拉阿尔玛、德国第策舍尔、日本村田、德国卡尔迈耶、比利时必加乐、德国多尼尔、德国贝宁格泽尔、意大利鲁道夫等世界一流设备用于工业丝纺牵联合、加捻、合股加捻、整经、织造、浸胶及压延。配以行业顶尖的人才和世界一流的实验室检测设备，使产品的品质得到有效保证。

公司地址：浙江省湖州市南浔区和孚工业园
邮编：313017
传真：0572-2833555
电话：0572-3666369（销售总监）/3965008（工业丝内贸）/3666363（帘帆内贸）/3653723（天花膜内贸）

成为全球高端纤维引领者

● 五大类产品 ●

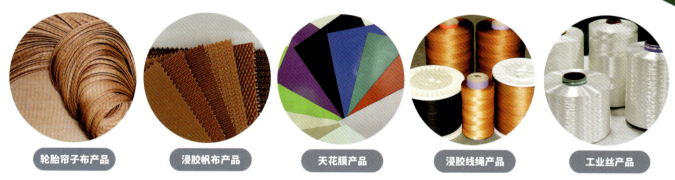

轮胎帘子布产品　　浸胶帆布产品　　天花膜产品　　浸胶线绳产品　　工业丝产品

● 主打产品 ●

芳纶帆布　　空气弹簧　　安全气囊　　安全带　　再生丝　　阻燃产品

　　历经多年的蓬勃发展，尤夫股份先后获得国家高新技术企业、浙江省创新型试点企业、浙江省百强创新企业等荣誉称号。

　　尤夫股份将继续以工业丝为基础，向高性能特种纤维延伸转型，并从产品全生命周期的角度布局聚酯纤维的回收再生技术，把公司打造成全球高性能纤维龙头企业。

绿色先行者

低油耗、高里程轮胎解决方案

GL168A
11R22.5\12R22.5
295/80R22.5

GHA
12R22.5

关注消费权益 树立品牌公信
CCTV-2财经频道《消费主张》展播品牌

低滚动阻力
节油效果可达到
> 3%

让车轮上的运输更安全
绿色制造，为低碳出行保驾护航

GL278A
295/60R22.5
315/60R22.5

GL292AL
11R22.5

坚守初心 绿色发展
Firmly Faithful with Sustainability

成为全球高端纤维引领者

● 五大类产品 ●

轮胎帘子布产品　浸胶帆布产品　天花膜产品　浸胶线绳产品　工业丝产品

● 主打产品 ●

芳纶帆布　空气弹簧　安全气囊　安全带　再生丝　阻燃产品

历经多年的蓬勃发展，尤夫股份先后获得国家高新技术企业、浙江省创新型试点企业、浙江省百强创新企业等荣誉称号。

尤夫股份将继续以工业丝为基础，向高性能特种纤维延伸转型，并从产品全生命周期的角度布局聚酯纤维的回收再生技术，把公司打造成全球高性能纤维龙头企业。

绿色先行者

低油耗、高里程轮胎解决方案

GL168A
11R22.5\12R22.5
295/80R22.5

GHA
12R22.5

关注消费权益 树立品牌公信
CCTV-2财经频道《消费主张》展播品牌

低滚动阻力
节油效果可达到 > 3%

让车轮上的运输更安全
绿色制造，为低碳出行保驾护航

GL278A
295/60R22.5
315/60R22.5

GL292AL
11R22.5

坚守初心 绿色发展
Firmly Faithful with Sustainability

圣奥化学
www.sennics.com

中化国际成员企业
A Member of Sinochem International

山东尚舜化工有限公司
SHANDONG SUNSINE CHEMICAL CO.,LTD

地址（ADD）：山东省单县经济技术开发区　　电话（TEL）：86-530-4681625 4681927

传真（FAX）：86-530-4684121　　　　　　　邮编（P.C）：274300

网址（URL）：http://www.sun-sine.com　　　电子邮件（E-mail):sunsine@sun-sine.com

尚舜

世界品牌

橡胶促进剂

橡胶防老剂

不溶性硫黄

预分散橡胶助剂

广告

科迈化工股份有限公司
KEMAI CHEMICAL CO.,LTD.

全球橡胶助剂

橡胶防老剂 / 促进剂 /

科迈让橡胶更具使用价值
KEMAI Make Rubber More Valuable

大型生产企业

硫化剂 / 活化剂

K/E/M/A/I/C/H/E/M/I/C/A/L

科迈化工股份有限公司　　http://www.ke-mai.cn

联系电话：022-24373333　　地址：天津市滨海新区大港古林工业区

致力原始科技创新
实施绿色洁净战略

橡胶防老剂　　硫化促进剂

中国石化集团南京化学工业有限公司
SINOPEC NANJING CHEMICAL INDUSTRIES CO., LTD.

地址：江苏省南京市江北新区葛关路268号
销售热线：025-57765909

鹤壁市恒力橡塑股份有限公司
HEBI HENGLI RUBBER AND PLASTIC CO., LTD

发展绿色循环经济，服务全球橡胶工业！

恒力橡塑作为全球橡胶工业专业助剂制造商，坐落于河南省鹤壁市，前身为鹤壁市双力橡塑有限公司，公司下设郑州市双力化工产品有限公司及郑州美克沃特贸易有限公司两个营销中心，自2007年成立以来，致力于橡胶促进剂的研发、生产及销售，本公司产品出口到30多个国家和地区，并与国内外众多知名企业建立了长期稳定的合作关系。

恒力橡塑于2014年入驻鹤壁市宝山循环经济产业集聚区姬家山化工园区，总占地面积305亩，项目总投资6亿元，现有橡胶促进剂M、DM、CZ、NS、MZ、环保型塑解剂DBD等多条生产线，年生产能力可达10万吨。其中环保型塑解剂DBD是全球主要供应商之一。

公司研发中心拥有一支专业的橡胶助剂和高分子材料研发应用技术团队，努力开发清洁工艺，解决了生产过程中废弃资源综合利用的问题，拥有30项自主知识产权，被河南省评为环保型轮胎类工程技术研究中心，并获得高新技术企业以及河南省科技小巨人培育企业等荣誉证书；先后通过了"三大体系"管理认证，"两化"融合认证，获得欧盟REACH认证及IATF16949管理体系认证。生产上采用SIS安全控制系统和DCS自动化操作系统，实现了智能化生产；公司采用清洁生产工艺进行连续化生产，形成原料到产品以及废弃资源再利用的完整产业链。

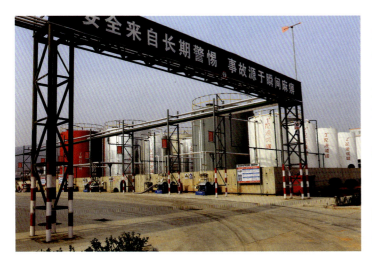

企业价值观：
与客户共赢未来

企业使命：
为客户做优质产品，让员工过幸福生活

经营理念：
以市场为指引，以质量谋发展，环保为首要理念

服务宗旨：
以高质量为源泉、以客户需要为己任

销售部：
郑州市双力化工产品有限公司
地址：河南省郑州市金水区经三路金印现代城5号楼1502室
电话：18537215999　　0371-63659198
传真：0371-63659728　　0371-55950878
邮箱：sale1@doublevigour.com

工厂：
鹤壁市恒力橡塑股份有限公司
地址：鹤壁市鹤山区姬家山产业园
电话：0392-6689133

广告

江阴海达橡塑股份有限公司

领域5-新能源

领域4-航运

领域3-建筑

领域2-汽车

领域1-轨道交通

江阴海达橡塑股份有限公司以橡塑材料改性研发为核心，紧紧围绕密封、减震两大基本功能，致力于关键橡塑部件的研发、生产和销售，为全球客户提供密封、减震系统解决方案，产品广泛应用于轨道交通、建筑、汽车、航运等四大领域。公司被认定为江苏省高新技术企业、国家火炬计划重点高新技术企业。公司于2012年6月在深交所上市（股票简称:海达股份,股票代码：300320），为公司发展揭开了新的篇章。

公司将以技术为先导，以密封带动减震，渐次进入各高端配套细分领域。坚持为现有产品拓展更多客户，为现有客户提供更多产品和服务，发挥多领域技术融合优势，注重研发和生产具有耐久性、耐候性、耐介质、耐极端环境、阻燃、节能、环保、抗辐射、实时监测功能等特性的高端橡塑产品，努力成为关键橡塑部件业研发制造的引领者。

海纳百川，有信乃达——海达将在积淀与传承中务实前行。

联系方式

公司地址： 江苏省江阴市周庄镇云顾路 585 号
邮　　编： 214424
联系电话： 0510-86900687　86900100
传　　真： 0510-86221558　86221405

广告

公司介绍：

克林泰尔环保科技有限公司2018年成立于北京中关村。目前总部坐落于长三角一体化重点城市安徽省安庆市。公司主营业务为废旧轮胎循环利用及环保再生炭黑的生产和销售，公司在安徽、山西、江西分别建设有先进的废旧轮胎绿色循环利用智能化生产基地。

主要产品：

EN330、EN660、EN774环保再生炭黑

产品特色：

根据裂解炭黑的特点，采用自主研发的新型改性剂及改性技术，提高裂解炭黑300%定伸应力，使裂解炭黑更适用于轮胎及橡胶制品。

应用领域：

轮胎及橡胶制品制造企业

智能裂解　湿法造粒　环保炭黑

地址：安徽省安庆市大观区长三角环保科创平台
电话：0556-5558585　13833130848
邮箱：cleantire@clean-tire.onaliyun.com

广告

陕西科隆新材料科技股份有限公司成立于1996年，前身是咸阳科隆橡胶制品研究所，是一家集研发、生产、销售于一体的高新技术企业，主营产品三大类：军民两用组合密封制品、高压胶管及总成、煤矿支架搬运车，所生产的产品已广泛应用到军工、煤矿综采、航空航天、高铁、工程机械、风电等多个领域，优质的产品和一流的服务倍受国内外客户的信赖。

公司自创立以来，为了产品的更新和进步，不懈奋斗，博众之长，创新开拓。率先在同行业通过三体系认证、国家知识产权管理体系认证，并荣获国家高新技术企业，陕西省"专精特新"企业、技术创新示范企业、国税地税"A级纳税人"等认定及荣誉，同时公司董事长邹威文荣获陕西省"创新创业人才"称号。公司是国家"专精特新小巨人"企业，陕西省制造业"单项冠军"示范企业，进入陕西省"隐形冠军"企业库。

2006年公司引进国际著名密封技术公司——奥地利DMH公司的设备与生产技术，成立了DMH-KL进口密封件生产基地。2012年公司投资4.5亿元在咸阳市高新区新购地200余亩，新建高压胶管生产基地，引进全套意大利设备619台(套)，年产各类高压胶管1500余万米，产能和技术工艺均处于国内领先水平，2015年被评为陕西省重大技改项目，并获得财政专项资金支持。2013年投资1.26亿元，研发实施了煤矿井下成套支架搬运设备项目，主要产品WC80Y、WC50Y、WC25E、WC60Y框架式支架搬运车及新能源防爆无轨胶轮车产品经过专家评审，均被认定为"国内首台套"重大技术装备产品。支架搬运车辆项目的成功实施，标志着我公司从单纯向客户提供技术领先的产品转型提升为向客户提供技术服务、整体技术解决方案的集生产、服务于一体的高新技术企业。

近年来，公司积极响应国家关于军民深度融合的政策号召，实行战略转型，将发展重心从面向民品煤机、工程机械领域关键零部件配套，转向面向军工、航空航天领域关键零部件配套，已取得保密认证资质、国军标体系认证资质证书、武器装备生产单位承制许可注册证书资质。截止目前，已形成导弹运输车用高压胶管及密封、航空航天液压软管、舰艇密封及发动机减震、武器壳体耐烧蚀材料四大类产品，实现国产化替代、填补行业空白。

目前企业总资产7.2亿元,年产值4亿元。现有员工500余人,其中工程技术人员近180余人,大专以上学历占总人数40%以上,企业内设研发中心被认定为省级企业技术中心。近三年研发投入均占当年总收入的7%以上,已形成13项科技成果、8项发明专利、36项专利技术,列入国家新材料产品目录2项,列入省级重点新产品开发项目6项、列入省级军民融合重点新产品1项、列入省级新材料首批次应用产品2项。

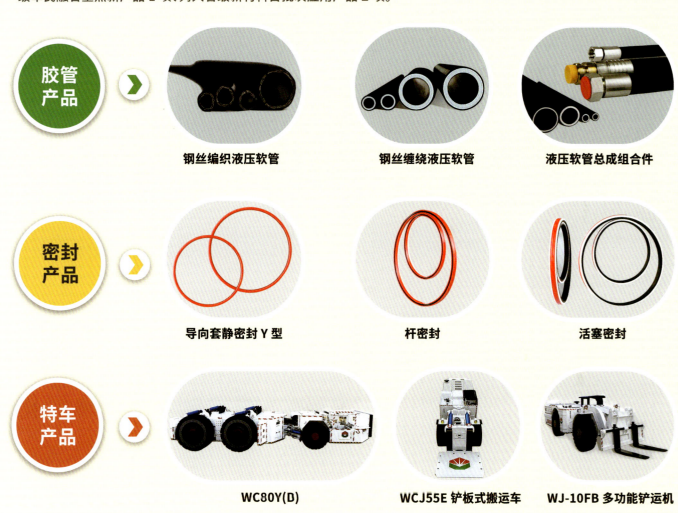

2022年度企业实现营业收入3.4亿元,实现净利润5200万元,纳税3000余万元,营收年均复合增长率24.21%。

企业将围绕科技创新、不断通过提升产品科技含量,使企业技术工艺、产品始终走在行业前沿。我们热诚欢迎各界人士前来考察、合作,携手共创辉煌未来!

电话:029-33319032
邮箱:zww@snkelong.com
地址:陕西省咸阳市秦都区西高新区永昌路中段

公司简介 COMPANY PROFILE

成都盛帮密封件股份有限公司(简称：盛帮股份、股票代码：301233)创立于 2004 年，是专业从事橡胶高分子材料制品研发与应用的高新技术企业、国家(行业)标准制定单位、中国橡胶工业协会橡胶制品分会副理事长单位、中国橡胶行业密封与核防护技术中心、四川省柔性密封与核防护材料工程技术研究中心、四川省企业技术中心，拥有院士(专家)创新工作站。

下属 3 家全资子公司，产品涉及汽车、电气、航空、核防护等高精尖领域，为全球 10 多个国家的上百家优质客户提供高性能、定制化的密封绝缘产品。

合作伙伴 PARTNERSHIP

INVOLVED FIELD 涉及领域

汽车　电气　航空　核防护

1. 气门油封
2. 曲轴油封
3. 汽缸盖罩密封圈
4. 加机油口盖
5. 活塞

1. 内锥插拔式终端
2. 可分离连接器
3. PT 连接电缆
4. 联络绝缘子
5. 顶扩母线

1. O型圈
2. FDA 产品
3. 高压护套
4. 进气歧管
5. 燃气管道密封

1. 天然乳胶防护手套
2. 氯丁橡胶基核辐射防护手套
3. 柔性屏蔽管道
4. γ射线防护服
5. 中子射线防护服

公司地址：成都市双流区西南航空港经济开发区空港二路 1388 号
服务及销售热线：+86-28-84266688
公司邮箱：sbs@cdsbs.com
公众号：微信搜索【盛帮股份】

中化学装备科技集团有限公司
CHINA CHEMICAL EQUIPMENT TECHNOLOGY GROUP CO., LTD

客户至上、精诚团结、卓越不凡、合作共赢

作技术创新的领先者、高端产品的制造者、工程精品的建设者、社会责任的担当者。

建设成为具有国际竞争力的高端智能装备制造科技型企业、国内领先的专业化特色化工程公司。

专利号：ZL 2013 1 0129024.2　　ZL 2013 1 0129263.8　　ZL 2011 1 0039891.8　…

★ 公司耕耘橡胶轮胎行业60余年，是我国橡胶装备及工程领域的开拓者和领先者，是国内专业的橡胶工程及装备一体化企业，是国内能自行设计制造四复合、五复合高端橡胶挤出机装备的高新技术企业，累积已完成近千项国内外工程设计、工程咨询、施工管理、工程总承包等工程项目。

★ 公司参与制定国家及行业标准54项，成功研制了20余项中国创新型橡机装备，累计获得国家和行业奖项逾百项，是国家技术创新示范企业、专精特新"小巨人"企业、国家知识产权优势企业，荣获第五届中国质量奖、广西自治区主席质量奖。

★ 公司"五复合橡胶挤出机头"（专利号为ZL201310129264.2）荣获中国专利金奖、国家科技进步二等奖、国家制造业单项冠军产品、中国工业大奖提名奖，荣登《中央企业科技创新成果推荐目录（2020年版）》、国家工信部《首台（套）重大技术装备推广应用指导目录》。

★ 公司橡胶挤出产品已基本覆盖国内大中型轮胎企业，多复合高端橡胶挤出机在国内外市场份额占有显著优势。公司与世界上众多知名橡胶、轮胎生产企业建立了良好的合作关系，产品主要销售到美国、欧洲、东南亚、南亚、南美洲、非洲、澳洲等国家和地区。

所属企业及多领域核心产品
—— 桂林橡胶设计院有限公司 ——

产品行业：轮胎行业，胶管、胶带行业（输送带），橡胶制品行业，医药、隔热涂层等。

五复合挤出机组

多复合挤出机组

全钢胎圈一体化生产线

宽幅胶片挤出压延生产线

内衬层挤出压延生产线

双螺杆挤出压片机

胎面缠绕线

成型机

地址：中国广西桂林市七星路77号　　邮编：541004　　电话：0773-5833045　　邮箱：sales@cgec.com.cn

中国化学工业桂林工程有限公司

工程：橡胶工程、民用建筑、市政工程、工业厂房、化工医药。

浦林成山（泰国）有限公司泰国项目

平朔煤业有限公司胶管胶带工程总承包EPC项目

智能物流冷链

废热分离性硫化废气收集技术

阳朔悦榕庄—获全国优秀工程勘察设计行业奖

桂林漓江大瀑布饭店—鲁班奖工程

地址：中国广西桂林市七星路77号　　邮编：541004　　电话：0773-2351007　　邮箱：CGEC-MD@cgec.com.cn

中化学华谊装备科技（上海）有限公司

产品行业：化工及石油化工、化肥、制药及食品、海上石油平台、冶金；
企业资质：大型高压容器设计、制造许可证（A1）、移动式压力容器设计、制造许可证（C2）
公司产品：反应器、换热器、塔器、容器、旋转干燥设备、移动式压力容器等。

塔器

反应器

换热器

非标塔式容器

移动式压力容器

地址：中国上海市奉贤区苍工路1188号　　邮编：201400　　电话：021-67120690　　邮箱：checsales@ccet.com.cn

中化工程沧州冷却技术有限公司

主要业务：工业循环水系统设计、制造、采购、施工工程总承包，工艺流体空冷、蒸发冷以及闭式冷却设备的设计制造，工业冷却塔的设计、制造、安装、检测、维修、技改，工业冷却塔节水消雾、节能降耗的诊断、技改、新建，工业循环水水处理设备、回用设备的系统集成和成套

地址：河北省沧州市新华区永济东路79号　　邮编：061000　　电话：0317-5292016　　邮箱：czc@china-cooling.com

上海诺甲仪器仪表有限公司

专注高品质检测仪器设备研发制造商

高科技民营企业通过ISO9001认证

NORKA 品牌是我国注册商标

公司致力于高分子材料检测仪器的研发与生产

以向用户提供优秀技术水平的橡胶检测仪器为己任

我们的检测设备已达到 **一流的水准**

产品远销 国内外多个国家及城市

我们的客户遍布于 轮胎 石化 汽车密封件 橡胶制品 军工科研等 各行各业各个领域

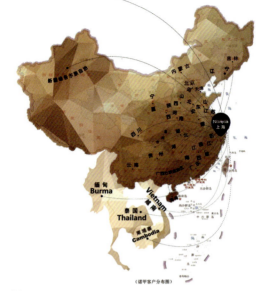

（诺甲客户分布图）

| NEW 技术创新 | OPEN 透明开放 | RELIABLE 质量可靠 | KEEP IMPROVING 不断进步 | ACCURATE 检测精准 |

"坚持走创新道路" 是诺甲团队创造的原动力

在多个研究和技术领域里实现了新的突破，并获得了专利。

我们的团队 近年来诺甲公司发展迅猛、不断壮大

建立了一支强大的研发、技术、制造、销售及售后服务团队。

RPA S5
橖胶加工分析仪

" 这是业界超水准的 RPA "

这是一台动态力学流变仪（DMRT）可以用来测试生胶及混炼胶，是一台能够在一个测试中测试胶料硫化前,硫化时以及硫化后性能的仪器。

性能

- 一次实验可测得橡胶在硫化前、中、后的动态性能
- 天然胶和合成胶的全部粘弹特性的表征和控制
- 预测后续加工差异的加工性能
- 鉴定橡胶混炼过程中变异性的原因
- 测定影响加工行为的链缠结效应
- 破坏炭黑聚集体网络预测胶料后续加工行为
- 可用作与质量控制与研发
- 优异的重复性和重现性
- 能充当性能优异的硫化仪使用

密封双锥型模腔
提高了数据的重复性和重现性

直流加热系统
进一步减小温度波动

可选购涡流制冷系统
提高降温速度

专有优化的温控系统
相比起通用的温控系统能实现更短的温度恢复时间和更小的温度过冲

丰富的实验方法
频率扫描 应变扫描 温度扫描 组合扫描 等温硫化 非等温硫化 应力松弛 等温定时 非等温定时

友好的NIDAS应用软件
提供丰富功能的同时减少了学习时间和难度

高精度直驱伺服系统
每圈分辨率高达 2^{28}
（268,435,456）步
确保了即使在极小的摆动角度下仍具有很高的精度

采用陶瓷轴承装配式主轴电机总成
大幅提高电机使用寿命的同时，降低了维护成本 高速、高精度的AD系统确保了数据测量的精度和响应速度

高品质控制数据采集系统
全知识产权电路、软件设计减少高次谐波对数据的影响硬件傅里叶计算,提高信噪比
32位AD实现超小应变下的高精度输出，实时角度反馈从而达到高精度的相位测量

MDR S5
无转子流变仪

MDRS5 型无转子流变仪符合 ASTM D5289 及 GB/T16584 等国际标准,可检测橡胶和高分子材料的硫化特性及其粘弹特性,广泛应用于轮胎、制品行业的生产研发和质量控制。

具备很高的灵敏度和优秀的重复性,同时采用了紧凑型设计,节省了实验室的宝贵空间,同时具备极高的性价比。同时可选择频率扫描模块在低成本的情况下检测更多的胶料加工特性。

AutoMDR S5
自动型无转子流变仪

AutoMDRS5 自动型无转子流变仪广泛用于轮胎等多种橡胶制品企业生产中的质量控制配置里高效可靠的薄膜输送系统,可实现无间断的批量检测,同时极大减少操作人员的工作负担并降低了工作差错。充分的提高了流变仪的使用率并降低了平均检测成本

产品符合 ASTM D5289 及 GB/T16584 等国际标准,可检测橡胶和高分子材料的硫化特性及其粘弹特性。

VSMV S5
门尼粘度计

VSMVS5 型门尼粘度计是一款紧凑型的门尼粘度计其试验方法符合 ASTM D1646ISO289GB/T1232、GB/T1233 等国际标准可用于检测原材料、母炼胶和终炼胶的门尼粘度,并可通过应力松弛试验进一步考察胶料的加工性。

产品具备良好的灵敏度和很高的重复性,可应用于各种严苛的质量控制和研发领域。

T10K S3
万能材料试验机

T10K 型万能材料试验机是一款全新设计的双立柱型拉力试验机。测试系统符合 ISO,ASTM 及 GB 的测试规范标准。主控制器采用先进的处理器,提高了数据处理精度和采样频率。灵活强大的测试方法可实现复杂的多步嵌套循环控制。

T10K 型万能材料试验机可配置丰富的夹具以进行各类材料和形状的试片试验,同时还配置了网络功能,可方便的将实验数据导入企业现有的信息系统。

SCR 100S 流变双头胶样制备机

操作方便: 采用前后直通式结构,可方便容纳各种形状厚薄的胶片以方便制样。
安全可靠: 操作人员在使用时需双手同时按下气阀才能制样,保证操作人员的安全。
长寿命: 结构设计合理,气动部件均选用知名品牌供应商刀具采用进口材质,加工精度高,辅以涂层,以保证长使用寿命。
维护方便: 更换贴板以及刀具等耗材时,拆装过程简单易学,客户可自行操作,减少停机时间。

SCM 100S 门尼双头胶样制备机

操作方便: 采用前后直通式结构,可方便容纳各种形状厚薄的胶片以方便制样。
效率高: 一次可同时裁切出门尼试验所需的上、下片试样
安全可靠: 操作人员在使用时需双手同时按下气阀才能制样,保证操作人员的安全。
长寿命: 结构设计合理,气动部件均选用知名品牌供应商刀具采用进口材质,加工精度高,辅以涂层,以保证长使用寿命。
维护方便: 更换站板以及刀具等耗材时,拆装过程简单易学,客户可自行操作,减少停机时间。

上海诺甲仪器仪表有限公司　　NORKA Instruments Shanghai Co.,Ltd.

地址:上海市浦东新区沪南路 2157 弄 2 号 403 室
电话:021-58085001　　　邮箱:pengjiamin@norka.com.cn　　　邮编:201204

云南同力橡胶有限公司
绿春同鑫橡胶有限公司
绿春同力橡胶有限公司

企业简介

云南同力橡胶有限公司，位于有着"故滇之韵，高原水乡"美誉之称的云南江川区。成立于2007年11月，占地24000平方米，分别于2011年5月、2017年4月在红河州绿春县新建了占地35000平方米的绿春同力、55000平方米的绿春同鑫橡胶有限公司，3家公司是集天然橡胶生产、加工、销售为一体的民营企业，并得到各当地政府大力支持。

公司具有先进的生产设备，完善的管理体制，独特的工艺流程，严格的检验标准，科学的生产管理体系，坚持以"品质恒久远，诚信誉天下"的经营理念。现阶段云南同力年产量为3万吨、绿春同力年产量为1.5万吨、绿春同鑫年产量为2.6万吨天然橡胶，主要生产的环保型TSR 5/TSR 9710和TSR 20、SCR RSS 系列产品性能指标稳定，一致性强。值得半钢、全钢子午胎、斜交胎生产客商的信赖。

我们坚持以"同鑫同力企业标准高于行业标准"的生产理念，贯切"同鑫同力同行，共治共建共享"的企业文化。

企业精神

我们秉承"同心同德、奋发图强"的企业精神，深知企业发展的时代社会责任感。为此，我们时刻保持经营理念、技术革新、管理水平的先进性，并把3个公司的人才、技术、管理资源共享形成互补，永葆团队的活力。把客户创造最大价值作为公司的最高追求，把为员工创造最大发展空间作为公司最基本的原则，力争做一个对社会有所奉献的企业。同时，我们竭诚希望社会各界人士亲临公司考察，指导工作，洽谈业务。愿与广大朋友上下求索，携手共赢美好的明天。

认证证书

荣誉证书

———— 同心同德 奋发图强

产品与特点

TSR 5、SCR 5
品质特点： 门尼粘度值控制在 83±10 范围，胶质量有非常好的强度性能。
用途： 一切要求强度耐磨特性的橡胶制品，子午线轮胎、密封件、汽车小配件、震动垫、桥梁垫、防护胶垫等

TSR 9710
品质特点： 除了和 RSS2、RSS3 有同样良好的物理机械性能，它比 RSSI 有更好优点，即较低门尼粘度和更好密炼性能。
用途： 轮胎内外胎、防冲垫、挤压模型结合部分、输送带和其它橡胶制品等。

TSR 20
品质特点： 良好的物理性能和加工性能，易于和其他原料混合，减少密炼时间。
用途： 轮胎、防冲垫、自行车胎、输送带和其它通用橡胶制品等。

SCR RSS
品质特点： 门尼黏度高，有结晶性，自补强性非常好，生胶及配合橡胶的强度均高。
用途： 胎面、胶管、输送带、轮胎翻新、胶料，是斜交胎的主要原料

省环保督察组到我厂视察

州地方领导莅临我厂参观指导

2020年11月4日中国海洋大学董教授携研究生　行到我公司调研

正新轮胎考察认证

四川海大集团考察认证

车间及化验室

驻昆办：云南省昆明市新亚洲体育城
电话：15657449888　传真：0871-67230658

工厂地址：云南省玉溪市江川区前卫镇三石河村
电话：0877-8556166　传真：0877-8556188

索尔维
积淀50年湿拉行业经验,助力金属线材绿色工厂

索尔维湿拉润滑剂典型应用

胶管钢丝

钢帘线

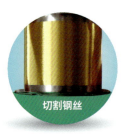
切割钢丝

Supersol® 产品系列为您提供优异的综合使用成本
- 经过行业多年验证的优异润滑性,提升湿拉工序产能,降低模耗和断丝率

Supersol® 产品系列为您提供优异的钢帘线/轮胎界面附着力,
- 已得到广泛的轮胎客户认证
- 保证轮胎的长期安全性

Supersol® 产品系列为您提供供应稳定性本地化生产全球多个工厂相结合。

其他优势
- 低腐蚀性、低泡、满足严苛规格产品的润滑需求,环保法规领先,低碳的可持续发展方案

Supersol® 系列金属线材拉拔润滑剂
同时具备乳液型和分散型产品系列的供应商

Supersol 系列	产品名称	适用范围				
		钢帘线 NT/HT	钢帘线 SHT/UHT	镀锌钢丝	胶管钢丝	切割钢丝
乳液型	Supersol ADM	√			√	√
	Supersol ADM H	√		√	√	√
	Supersol ADM U	√	√		√	√
	Supersol ADM U V2	√	√		√	√
	Supersol ADM T (无NPE)	√	√		√	√
分散型	Supersol FP (T)/ TCB-C	√	√	√	√	√

Supersol® 可持续发展方案为您降低排放

索尔维全球技术服务团队通过全球多个研发中心和应用实验室,为客户提供快捷有效的技术服务

- 润滑系统的检测服务
- 润滑剂浓度、pH、元素含量检测,极谱、脂肪酸等指标的测试
- 定制化槽液系统管理建议服务
- 润滑剂系统管理的培训和技术交流
- 润滑剂废液的处理技术建议和技术支持
- 捻制油产品和配方的开发

SOLVAY

Progress beyond

行稳致远　和合共赢
STEADY AND WIN-WIN SITUATION

我们精心制造炭黑和白炭黑，只为满足您的需要
MOST ELABRATE CARBON BLACK A SILICA ONLE FOR TOUR NEED

龙星化工股份有限公司创建于1994年1月，是专业从事高品质橡胶用炭黑生产的上市公司，拥有6家全资子公司，主要产品为炭黑、白炭黑，以及热电、焦油深加工等辅助产品和塑编产品。20多年来，龙星化工以其技术研发、节能环保、清洁生产著称于世，是以优质、绿色、安全为主旨的炭黑生产企业。

 关注官方微信 关注手机官网

每个人，都是一条路

每条路，都各有方向

或奔向狂野

或冲上峰峦

或破浪前行

或向往星辰

我的路，有属于自己的光

我的路，朝着心的方向

为人类移动生活持续创新

CONTINUOUS INNOVATION FOR HUMAN MOBILE LIVING

地址：东营市广饶县乐安大街3000号

XLOAD PRO G60
城际旗舰 行远弥坚

轻卡轮胎 | 全轮位

浦林成山　PRINX CHENGSHAN

股票代码 1809.HK

浦林成山业务源于1976年，是一家致力于绿色、安全、高品质、高性能半钢子午线轮胎、全钢子午线轮胎与斜交轮胎研发与生产的现代化企业，拥有中国、泰国两大生产基地，总部位于山东荣成。
2018年10月9日，浦林成山在香港联交所主板上市，股票代码1809.HK。

服务热线 400-618-8899　　地址 山东荣成市南山北路98号

天津市万达轮胎集团有限公司
TIANJIN WANDA TYRE GROUP.,LTD

天津市万达轮胎集团有限公司创建于1988年，是一家集研发、制造、销售为一体的专业性集团公司。旗下拥有两家生产基地，分别位于天津市和河北省邢台市。

产品类别包括特种轮胎、自行车轮胎、电动车轮胎、摩托车轮胎和乘用车轮胎等，销售足迹遍布全球。万达轮胎集团始终秉承"诚信经营、追求品质、服务至上、善用人才、科技创新、快速高效"的核心价值观，致力于为顾客打造具有差异化、高性价比、绿色环保的轮胎产品。

万达轮胎集团正逐步成长为世界轮胎市场中具有品牌影响力和竞争力的中国企业。

在30多年的发展历程中，万达轮胎集团凝心聚力、砥砺前行，顺利通过ISO9001:2008和ISO/TS16949:2009质量管理体系认证、ISO14001:2015环境管理体系认证、ISO50001:2001能源体系管理认证。出口产品通过了美国DOT、欧盟ECE、中东SASO、印度BIS等国际产品认证；检测中心获得了CNAS和德国TüV实验室能力认可证书。

HAKUBA

COMPASS
康帕斯

陆安轮胎，中国全钢巨型子午线工程轮胎的开拓者

陆安全钢巨型子午线工程轮胎规格表

序号	规格
1	27.00R49
2	30.00R51
3	33.00R51
4	36.00R51
5	37.00R57
6	40.00R57
7	46/90R57
8	50/80R57
9	53/80R63
10	55/80R57
11	59/80R63

　　海安橡胶集团股份公司（原名：福建省海安橡胶有限公司）成立于2005年12月，是一家掌握核心技术、具备独立研发和制造能力的专业生产全钢巨型子午线工程轮胎的国家高新技术企业、专精特新"小巨人"企业，拥有世界知名自主品牌"LUAN"（陆安）牌轮胎，同时也是全球知名集研发、制造与定额承包服务为一体的矿用巨胎解决方案供应商。

　　集团总部、研发和生产基地设立于福建省仙游经济开发区，并在国内外设立福建省海旷工程建设有限公司、海鹏橡胶等10多家全资及控股子公司和几十个项目部。公司产品远销澳大利亚、塞尔维亚、蒙古、印度尼西亚等数十个国家。凭借独创性的矿胎行业"全生命周期管理模式"荣获国家"服务型制造示范企业"称号。

　　集团先后引进山东能源、紫金矿业、江铜集团、徐工集团、红塔集团等国企和深创投、前海母基金、上海金浦等投资机构入股海安。业内产业资本巨头和国内重量级财务投资的加盟，使集团成为全钢巨型子午线工程轮胎和矿山服务豪华俱乐部。

海安橡胶集团股份公司
厂址：福建省仙游县枫亭工业园区
电话：0534-7501111　　　传真：0594-7530301　　　邮箱：tyrecare@haiangroup.com

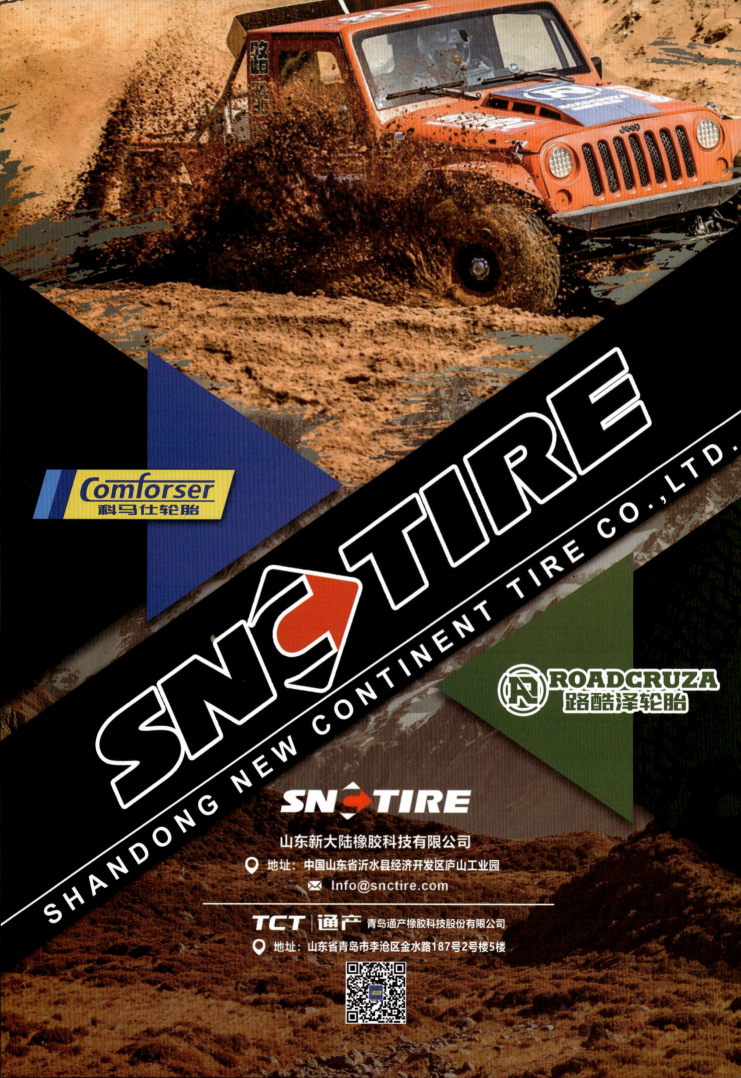

曙光橡胶工业研究设计院
Shuguang Rubber Industry Research and Design Institute

　　中国化工集团曙光橡胶工业研究设计院有限公司（以下简称"曙光院"）位于广西壮族自治区桂林市，始建于1971年，是原化工部事业性科研院所，专业从事特种轮胎科研，1999年转制为科技型企业。2004年进入中国化工集团，2011年整合个体防护服业务，2018年随昊华化工科技集团股份有限公司整体上市。

　　曙光院专业从事特种轮胎及耐介质防护装备、特种橡胶制品的研发、试验和生产制造。主导产品主要有特种轮胎、特种越野轮胎、防护服、特种橡胶制品等。产品主要用于飞机、汽车、化工、纺织等领域。现有在册职工436人，其中各类专业技术人员200余人，高级以上专业技术职称60余人，享受政府特贴12人。拥有总资产7.26亿元，占地585亩。

　　经过50多年的努力，曙光院已成为我国重要的特种轮胎产业基地，是国家技术创新示范企业、国家高新技术企业、国家专精特新"小巨人"企业、国家知识产权示范企业，建有国家企业技术中心、国家质量监督检验中心和特种轮胎重点实验室。取得各级科研成果600多项，获得国家科技进步一等奖及多项省部级以上奖励82项，制修订国家标准70余项，获得专利授权150余项。

PERSONAL PROTECTIVE DEVICES

 永一轮胎胶囊 YONGYI TYRE BLADDER

专业精工
品质卓越

我们是世界轮胎胶囊行业的技术带头人,一流的装备,一流的品质,
可生产高导热胶囊、高性能轮胎用胶囊及各类反包胶囊。
我们的客户覆盖世界著名轮胎制造商。

We are technology leader of tire curing bladder industry worldwide.
With top-class equipment and excellent quality, we can produce high conductive bladders,
UHP tire bladders and variety of turn-up bladders as well.
Our customers cover most famous tire manufacturers in top list of the world.

永一橡胶有限公司
电话：+86-546-6498588,7729966
传真：+86-546-7729776
邮箱：yongyi@yongyigroup.net

新东岳集团

速至轮胎 | 东岳 DONGYUE | JINCO 锦科轮胎 | 正航轮胎

▶▶▶ 公司简介 COMPANY INTRODUCTION

新东岳集团是由始建于1952年的原东平农机厂和1970年建厂的原国营东平橡胶厂于2003年10月改制而成,经过50余年的积淀与发展,现已成为以轮胎为主业,以再生胶、橡胶机械为产业链的集团公司。

企业先后被认定或授予高新技术企业、中国AAA级重质量守信用企业、全国模范职工之家、山东省制造业单项冠军企业、山东省高端品牌培育企业、山东省知识产权优势企业、泰安市市长质量奖等荣誉,连续多年荣登泰安市工业领军企业和泰安市民营企业双"50强"榜单,连续多年入选中国橡胶工业百强企业、中国橡胶工业协会副会长单位,参与了十多项国家、行业和地方标准的制定与修订,拥有自主知识产权140余项,拥有省级技术中心、省级工程实验室和省级一企一技术研发中心,与青岛大学、青岛科技大学等高校建立了长期友好合作关系。"东岳""速至"商标为"中国驰名商标"。与潍柴雷沃、隆鑫、五羊、万虎、大安、大阳等达成长期战略合作关系,产品出口欧洲、美洲、非洲、东南亚等多个国家和地区。

面对经济新常态,集团紧跟国家环保治理、新型工业化政策新要求,制定了"集聚资源—做强做大轮胎主业;创新管理—求真务实高效发展"阶段性发展战略和"稳运营、提效益、强创新、谋发展"的工作方针,集中优势资源,扩增产能,实施绿色轮胎技改提升项目,打造小轮胎产业基地,增强企业硬核竞争力,不断开创集团公司高质量发展的新局面。

面对新形势、新问题、新挑战,新东岳集团将准确识变、科学应变、主动求变,更加重视催生高质量发展的新动能、新优势,围绕产业链部署创新链,围绕创新链布局产业链,有序推进产业结构优化,推动产业链现代化;强化技术引进与自主创新,对标国内外知名企业,加强合作与交流,实现合作共赢、协同发展,持续优化"实体经济、科技资本、国际事业"三大战略布局,为实现"强大新东岳、幸福新东岳、长青新东岳"宏伟愿景而努力奋斗!

电话:0538-2821032　　　　邮箱:dongyuegongsi@163.com
地址:山东·东平经济开发区·新东岳工业园

浙江数通实业有限公司

咨询热线 0571-82453633

  浙江数通实业有限公司前身是萧山数达机械有限公司，坐落于杭州市萧山区进化工业区，企业占地面积5.2万平方米，总建筑面积4.3万平方米，注册资本2000万元，公司已有20多年的机械行业从业经验，是杭州市级技术研发中心，也是国家高新技术企业，并于2012年通过了ISO9001-2008国际质量体系认证。

  公司目前已有多项自主知识产权，已初步成为一家集研发制造和销售服务为一体的橡机设备专业制造企业。

  公司的主要产品是轮胎液压硫化机，如液压四模定型硫化机、液压多层硫化机、液压三层定型硫化机、液压双模定型硫化机、液压双层垫带硫化机、液压工程垫带硫化机、液压机模一体定型硫化机等，公司产品以"优良的品质，实惠的价格，快捷的服务"受到客户的一致好评！

主要产品

制造 **数** 字化 · 产品 **通** 全球

机械式单模定型硫化机

新型液压双模定型硫化机

液压双模定型硫化机

液压三层六模定型硫化机

液压双层四模定型硫化机

液压机模一体硫化机

新型液压四模定型硫化机

液压四模定型硫化机

浙江数通实业有限公司

地址：浙江省杭州市萧山区进化工业区　　邮编：311253
电话：0571-82453633　82356777　　传真：0571-82356678　82451578
邮箱：zjstong@126.com

JUDITECH

江苏杰特机电科技有限公司
无锡市杰特电气有限公司

杰特是一家专注于电气驱动和电机系统研发、制造、销售和服务的企业，公司定位于生产高效节能电机及驱动器，致力于为各行业提供高品质的电机系统产品与服务，以实现企业价值与客户价值共同成长。

公司具有完全自主的创新能力和研发能力，能够根据客户需求定制风冷、液冷、高速、低速、大扭矩的特种电机。

公司主要生产高效永磁同步电机、低速大扭矩永磁同步直驱电机、运动伺服电机、电液伺服电机、变频器、伺服驱动器。

公司产品设计先进，工艺精良，结构合理，性能可靠，年生产力达 500 多万千瓦。产品与服务广泛应用于石油、包装、冶金、造纸、塑料、橡胶、食品、矿山、纺织、钢铁等行业。

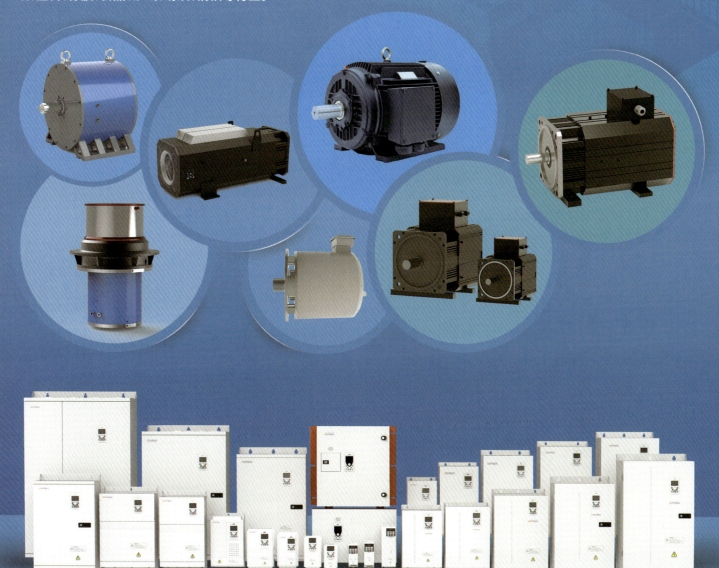

创新高效，追求卓越

📞 +86 13301518696 刘晓东　　✉ liuxiaodong@jact.cc

TIANYANG 天阳模具有限公司

天阳模具有限公司成立于1991年3月4日，是我国最早从事子午线轮胎活络模具研发、生产、销售及服务一体的国家高新技术企业之一。

20世纪80年代，公司自行研制、开发的子午线轮胎活络模具，逐步改变了中国子午线轮胎活络模具依靠进口的历史局面。天阳模具系列产品是国家"八五"火炬计划、"九五"国家重点火炬计划项目，为我国子午胎活络模具行业的技术进步及接轨国际一流水平，替代国外进口起到了良好的带头和示范作用，为行业发展作出了巨大贡献。先后获得国家科技部火炬优秀项目奖；国家火炬计划重点高新技术企业等殊荣。

2006年天阳公司被评为"中国子午线轮胎模具重点骨干企业"； 2008年被评为"广东省诚信示范企业"，并获批"广东省级工程技术研发中心"；2009年被认定为国家"高新技术企业"；2009年被评为"广东省装备制造业100重点培育企业"，2010年"天鹅"商标被认定为中国驰名商标；2011年天阳技术中心被评为"省级企业技术中心"；2023年被广东省工业和信息化厅认定为"专新特新中小企业"。

型腔花纹块

巨胎活络模具

径向鼓

工程胎折叠鼓

天阳公司致力于服务国内外轮胎模具厂商，斥资从欧洲、美国、日本引进整套完善的轮胎模具CAD/CAM加工软件和世界一流的高端生产设备，保证了企业的产品质量在同行业中始终处于领先地位。

天阳公司以"真诚、务实、优质、高效"的经营理念，以先进的技术装备、一流的制造工艺和完善的售后服务，愿竭诚为国内外广大客户提供优良的产品和优质的服务。

山东大业股份有限公司

山东大业股份有限公司成立于2003年，2017年在上海证券交易所上市。是一家以胎圈钢丝、钢帘线及胶管钢丝的研发、生产和销售为主营业务、具有较强自主设计和自主创新能力的企业。占地2600余亩，员工5700余人，其中诸城厂区占地1600余亩，员工4000余人；东营厂区占地1000余亩，员工1700余人。公司在全球胎圈钢丝、钢帘线、胶管钢丝领域具有突出的行业地位，2022年生产销售各类钢丝产品71万吨，实现销售收入52亿元。2023年计划生产销售各类钢丝产品80万吨，实现销售收入60亿元。

公司是中策、玲珑、赛轮、成山、风神、森麒麟、恒丰、华盛、永盛、昊华、贵轮、佳通轮胎以及法国米其林、日本普利司通、美国固特异、德国大陆、日本住友、韩国韩泰、意大利倍耐力等国内外近百家大中型轮胎企业的供应商，世界轮胎前十强都是公司的战略合作客户。

公司是国家高新技术企业，建有国家企业技术中心、国家橡胶骨架材料标准研发基地、博士后工作站、全国石油和化工行业高性能轮胎胎圈钢丝工程研究中心、山东省工程技术研究中心和山东省企业技术中心等9处省部级以上研发平台。公司持有专利授权207项，其中国内发明专利53项，国际发明专利7项，是山东省专利明星企业。主持和参与国际标准、国家标准、行业标准、团体标准的制修订19项。完成省部级科技成果鉴定38项，103个项目列入山东省技术创新项目，公司自主研发的"万吨/年子午线轮胎专用超高强度胎圈钢丝产业化技术"先后获得中国石油和化学工业联合会科技进步二等奖、山东省技术创新项目优秀成果二等奖；自主研发的"高性能轮胎用高锡胎圈钢丝项目"获得山东省科技进步三等奖，并列入国家火炬计划项目和山东省重大专项计划项目；2012年荣获中国标准创新贡献一等奖；2013年荣获潍坊市市长质量奖和潍坊市管理创新奖；2015年荣获中国橡胶工业企业创新发展奖和优势品牌奖；2018年荣获山东省制造业单项冠军和山东省隐形冠军企业；2019年荣获山东省民营企业品牌价值100强和山东省制造业高端品牌培育企业，荣膺国家制造业单项冠军示范企业；2020年"大业牌"被认定为山东省优质品牌、山东省知名品牌，国家标准《胎圈用钢丝》评为潍坊市标准创新应用奖三等奖；2021年被国家发改委认定为国家企业技术中心、被山东省工信厅认定为绿色工厂、山东省智能化标杆企业、山东省钢帘线智能化数字车间；2022年公司主导产品胎圈钢丝、钢帘线、胶管钢丝荣获山东省第一批"好品山东"品牌，公司被评为山东民营企业行业领军10强、山东民营企业创新100强，潍坊市民营企业100强、潍坊民营企业创新力100强、潍坊企业社会责任50强等荣誉称号。"大业"商标是中国驰名商标、山东省著名商标，"大业"牌胎圈钢丝是山东省名牌产品、中国橡胶工业推荐品牌。公司是中国橡胶工业协会副会长单位、中国橡胶工业协会骨架材料专业委员会理事长单位。最新版胎圈钢丝国家标准主持起草单位。

"十四五"期间，公司将始终坚持"科技引领企业发展，创新铸就民族品牌"的发展理念，加快智能化升级改造步伐，全力实施高端化、国际化经营发展战略，提升和巩固公司在全球橡胶骨架材料行业的竞争地位。到2025年公司总生产能力将达到100万吨，销售收入突破80亿元，为我国橡胶骨架材料行业和高性能绿色环保轮胎行业的进步与发展，作出更大的贡献。

三瑞新材料（SANRUI）企业简介

江苏三瑞新材料有限公司创建于2013年，隶属三瑞创新投资集团（苏州）有限公司旗下子公司。位于江苏泰州医药高新区（高港区）化学新材料产业园区，生产基地占地面积100多亩，总投资3.5亿元，注册资本5050万元，设计年产能30万吨，拥有6条5立方米聚合反应器生产线、8条15立方米聚合反应器生产线、10条37立方米聚合反应器生产线，以及万吨级甲类仓储配套储罐设施，现为国家高新技术企业。

公司拥有先进质量管理系统，配备日本岛津液相色谱仪、气相色谱仪等先进检测仪器设备，自动化生产控制系统（DCS）、先进的（RCO）尾气和污水处理装置系统，以及五位一体化安全管理系统，危废仓储监控系统、先进管理系统设施和精益求精的现代化经营管理理念，充分保障企业安全环保健康长期良性稳定的发展。

企业以专精特新和精益求精的经营理念，为客户创造最大价值的服务宗旨、以专业专注的工匠精神和铁人般毅力而砥砺前行，为实现企业百亿发展目标而不懈努力！

金属加工事业部

湿拉润滑液
SANRUI RHU-500
SANRUI RHV-900
SANRUI PPE-200

杀菌剂
SANRUI FF-101（速效型）
SANRUI FF-104（长效型）

消泡剂
SANRUI DF-1580
SANRUI DF-1690

叶先生 188 6211 8888

杨女士 152 5890 6565
江苏三瑞新材料有限公司
江苏泰州医药高新区滨江园区港城西路6号
400 9283 008

我们的愿景
立志成为全球领先的中华民族企业

我们的使命
打破国外产品垄断
振兴中华民族工业

我们的价值观
共同发展 共同成长
共同进步 共同富裕

青岛海燕化工有限公司

青岛海燕化工有限公司创建于1986年，30多年来致力于间接法氧化锌的生产和研发。公司坐落于奥帆之都—山东省青岛市即墨区，距青岛港90分钟车程，青岛机场60分钟车程，临近济青高速、青龙高速、青威高速，交通便利。

公司占地面积33600平方米，建筑面积25000平方米，"海冠牌"氧化锌畅销橡胶、轮胎、锌盐、电子、涂料等多个应用领域，目前年产能80000吨。

青岛海燕化工采用国际先进的生产技术，核心设备从国外进口，在质量稳定性、生产效率、降低能耗及安全环保等方面不断创新，具有最先进的间接法氧化锌生产工艺。

青岛海燕化工确立了质量立厂的宗旨，引入了原子吸收光谱仪、激光粒度仪、比表面积检测仪器等先进的检测设备，以确保出厂氧化锌的质量稳定，赢得了客户的一致好评。

产品介绍

1 粉末氧化锌

工厂采用最先进的间接法氧化锌生产设备和工艺，各个工序分段控温，按照锌与其他金属液化、气化温度的不同来达到去除杂质的目的。生产效率高，严格执行国家标准，氧化锌含量≥99.7%，重金属含量低，质量稳定。

2 颗粒氧化锌

公司最新研发的颗粒氧化锌可提高物理流动性，减少粉尘，使计量更加精确，便于机械化作业，并能有效改善工作环境，提高分散性，增大压展面积。我公司已实现生产过程中氧化锌的粒径稳定。

3 预分散母胶粒 ZnO-80

氧化锌—母胶粒是一种预分散氧化锌，结合弹性体可保护氧化锌，防止大气中水分侵入；储存条件下颗粒不会结块，易于配料混炼；流动性好；无粉尘飞扬。因母胶料已预分散，故胶料压出制品表面较光滑，制品可得较高模量和拉伸强度。并可避免使用一般氧化锌时所产生的热膨胀。可有效降低混炼能耗，节能效果明显。

部分合作伙伴

体系认证

公司已通过
IATF16949
ISO9001
14001
45001 等
管理体系认证

   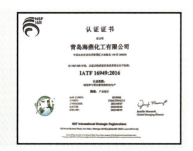

汤阴永新
化学有限责任公司

始于1986——
专注于橡胶防焦剂CTP的研发和生产
以更好的技术和品质服务于橡胶工业

官方微信

地址：河南省汤阴县产业园区精忠路与兴隆路交叉口
电话：0372-6481705 / 0372-6480908
传真：0372-6480909
邮箱：yxsqx@chinapvi.com
　　　yxzj@chinapvi.com

Add: Jingzhong and Xinglong Road Intersection,
Tangyin Industrial Park, Henan Province, China
Tel: 86-0372-6481705 / 86-0372-6480908
Fax: 86-0372-6480909
E-mail: yxsqx@chinapvi.com

宝通科技致力于成为全球绿色智能输送领域可持续发展的
倡导者、践行者和引领者

无锡宝通科技股份有限公司是工业散货物料"安全、高效、绿色"输送的开拓者与实践者，以"科技输送美好生活"为理念。公司于2000年成立，深交所创业板上市公司（股票代码：300031）。

 使命
让工业散货物料
输送更绿色

 愿景
成为全球领先的
智能输送服务商

 价值观
仁爱 诚信
合作 分享

宝通科技的"特种高性能橡胶复合材料关键技术及工程应用"项目荣获2019年度"国家科学技术进步奖二等奖"。2020年，通过了国家技术创新中心认定，晋升为国家级研发平台。2022年，宝通科技与必和必拓共同研发的碳中和输送带产品正式下线，成为行业碳中和风向标，也是公司践行零碳之路的重要里程碑。公司注重科技赋能主业发展，2022年，搭建了数字孪生智慧矿山系统，为公司实现智慧矿山一体化运营提供有力保障；牵头成立了无锡市元宇宙联盟，打通元宇宙产业链上下游协同。

绿色节能输送带产品设计与服务
前端：宝通为客户提供高性能、绿色节能数字化输送带及创新产品

碳中和输送带	芳纶带	超低滚阻节能带
超耐磨带	管状输送带	防粘附带

数字化输送在线监测服务
运行端：宝通为客户提供集成化数字化输送在线监测服务，实时监控运行状态，全方位保障输送系统安全运作

智能监测系统	数字孪生系统
智能输送工业互联网平台 BIT Plat	

系统集成总包服务
后端：基于绿色化智能化产品和数字化场景的应用，宝通为客户提供全生命周期智能系统集成总包服务

矿山输送一体化运营	设备运维管理
清洁生产节能改造	失效产品回收

400-155-8080

电话：0510-88155778　　邮箱：yxb@btdy.com
传真：0510-88157553　　地址：江苏省无锡市新吴区张公路19号

企业简介

三维控股集团股份有限公司是一家中国境内A股上市企业,简称"三维股份",股票代码603033。公司创建于1990年,2011年进行股份制改造,2016年12月在上海证券交易所主板上市。

集团旗下产业涵盖石化橡胶、轨道交通两大领域,投资涉及可降解材料、合成橡胶、橡胶胶带、聚酯切片、涤纶工业丝、铁路轨枕、地铁管片等多个产业,在全国范围内共设有分子公司10多家,在职员工5000余人。

其中,石化橡胶领域,拥有年产10万吨丁苯橡胶、5000万平方米橡胶输送带、2亿Am橡胶普通V带、500万条汽车切边带、25万吨聚酯切片、10万吨涤纶工业丝等产能,并正在筹建年产90万吨／年BDO及可降解塑料一体化项目。集团在橡胶胶带领域积极完善产业链一体化经营模式,提升产业综合竞争优势。

轨道交通领域,主营各型预应力混凝土轨枕、混凝土桥枕、岔枕、电容枕和地铁管片等产品,产品通过国家铁科院质检中心鉴定,是铁总公司指定的轨枕生产企业之一。集团先后在广西、广东、云南、四川、浙江等建立了多个生产基地,致力于高铁建设和城市地铁等项目的开拓发展。

公司坚持以多元布局、产业协同、绿色发展为战略导向,已形成集团化发展格局。未来,三维股份以打造百年集团化旗舰企业为目标,更好地为社会承担责任,为股东创造价值,与相关方共享成果,合作共赢、共同前进!

三维控股集团股份有限公司　　　　　　　地址:浙江 三门县海游街道光明中路518号
电话:0576-83518390　　　　　　　　　传真:83371778

元创科技股份有限公司

诚信经营　永续发展
优质高效　服务顾客

诚信立业;开拓创新;确保最高品质;培养核心人才
打造行业标杆;改善福利及环境;提高研发创新能力

凝智 | 增效 | 共赢

公司创建于1991年，专业从事橡胶履带和橡胶履带板的研发、生产及销售。
长年来，公司一直秉承勤俭创业、科技兴企、诚信立业的优良传统，不断开创事业的新天地。

公司现居风光秀丽、交通发达的浙江省三门县海润街道旗海路55号，毗邻宁波港。公司占地面积360亩，建筑面积近20万平方米，现有员工近800人，其中中高级管理人员、工程技术人员100人。公司先后获得中国橡胶履带十强企业、中国农业机械零部件龙头企业、浙江省企业技术中心、浙江省商标示范企业、浙江省出口名牌企业、浙江工业大奖、台州市政府质量奖、台州市数字化转型示范企业、浙江省级绿色低碳工厂等荣誉称号，并建立健全 质量、环境和职业健康安全管理体系。经过三十余年的快速发展，公司已成为国内知名的橡胶履带和履带板的制造商，与国内多家知名主机厂商如沃得农机、潍柴雷沃、三一重工等建立了紧密的合作关系，产品远销日韩、欧洲、北美洲等众多国家和地区。公司是橡胶履带板国家标准主导编制单位，橡胶履带国家标准、行业标准起草单位之一，荣获中国橡胶工业协会评定的"中国传动带、橡胶履带十强/八强企业。产品久经考验，深得国内外客户的高度认可和一致好评。

2022年，公司产值12.9亿元，销售收入12.6亿元，税收7243万元。橡胶履带产销额位居全国前列。
作为橡胶履带的专业生产厂家，元创致力于为您的工程机械和农用机械等提供优质的配套服务。金牌产品、金牌服务，是我们永恒的承诺！YACHOO，橡胶履带领跑者！

地址:浙江省台州市三门县海润街道旗海路55号
电话(TEL):0086-576-83332760、83335210　　　传真(FAX):0086-576-83335476
邮编(P.C.):317100　　　E-mail:sales@any-track.cn

浙江百花胶带有限公司
ZHEJIANG BAIHUA RUBBER BELT CO.,LTD

硬线系列包布三角带

浙江百花胶带有限公司成立于1986年，30多年来一直专注于橡胶三角带（包布V带）生产，年产各种型号橡胶三角带4000万A米。公司生产的"百花牌"三角带，系浙江名牌产品，产品质量与国内一线品牌处于同一水平，而性价比更高，在市场上有较高知名度和美誉度。经销商遍布国内主要大中城市。

公司新厂区位于天台县洪三橡塑工业区，占地40亩，2014年开工建设，2017已全面完成搬迁并且开始投产。建筑面积40000平方米，包括单体1万平方标准厂房2栋、炼胶中心1栋、研发中心1栋及配套生活设施等，投产后将实现生产年1亿A米三角带产能。

现诚招国内外部分城市代理商，欢迎来电咨询洽谈。

百花胶带新厂区鸟瞰图

选择我们硬线产品的五大理由

 高强度
 不易断裂
 不易伸长
 严苛检测
 寿命长

浙江百花胶带有限公司 | ZHEJIANG BAIHUA RUBBER BELT CO.,LTD

地址：浙江省台州市天台县三合镇洪三大道26号　ADD: No.26 Hongsan Road Zone Sanhe Tiantai Zhejiang
微信：T13967608123　　电话(Tel): 86-576-83088888　　邮箱(E-mail): 3088808@163.com

安徽华烨特种材料有限公司

公司成立于 2006 年，位于中国（安徽）自由贸易试验区芜湖片区综合保税区内，是国内专业生产高性能纤维增强复合材料的重点企业。国标 GB/T 31334 "浸胶帆布试验方法" 系列标准的制定单位，国家高新技术企业、安徽省企业技术中心、安徽省工程技术研究中心、安徽省著名商标企业、国家 "专精特新" 小巨人企业。公司通过了 ISO9001 质量管理体系认证、ISO14001 环境管理体系认证和 GB/T28001-2001 职业健康安全管理体系认证。产品畅销全球 20 多个国家和地区，涉及欧洲、美洲、中东、非洲、东南亚、东亚（日韩）等。公司不断进行科技创新，先后获省级科学进步奖二等奖、省级企业工业互联网企业平台、省级数字化车间等。

主要产品
- 浸胶 EP 帆布
- 浸胶 NN 帆布
- 浸胶 EE 帆布
- 耐热 EP 帆布
- 特种帆布
- 浸胶 PE 帆布
- 浸胶 PP 帆布
- 阻燃帆布
- 耐热 EE 帆布

产品应用

橡胶履带

轨道交通减震隔离垫

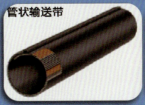
管状输送带

联系电话：0553-5772768　5773760
公司邮箱：webmaster@shzfabric.com

诚信为本、创新为魂
携手共行、共享成长

保定华月胶带有限公司

保定华月胶带有限公司是集输送带产品研发、生产、销售、服务为一体的民营企业。公司连续13届荣获中国输送带十强企业,通过了GB/T 19001质量管理体系认证、GB/T 14001环境管理体系认证、GB/T 45001职业健康安全管理体系认证。先后被认定为高新技术企业、河北省橡塑输送带技术创新中心、保定市塑胶输送带工程技术研究中心、河北省工信厅"工业企业研发机构(A级)"、河北省专精特新企业、工信部专精特新"小巨人"企业,并荣获保定市政府质量奖,"华月"商标为"中国驰名商标"。

公司现有员工500余名,注册资金2亿元,年生产能力3000万平方米。产品包括钢丝绳芯输送带、分层织物芯输送带、10~13级PVC/PVG整芯阻燃输送带、管状输送带、波状挡边输送带、钢丝螺旋网芯耐烧灼输送带等六大系列上百个品种。

我们一直以技术创新作为推动企业进步的手段,技术团队的创新意识和高管团队的前瞻意识是技术研发优势的保证。具有独立法人的研发检测中心,可以保证原材料、过程产品和产成品始终处于受控状态。公司为客户提供"定制"服务,利用自身的行业经验、配方设计、工艺设计等,有针对性地为客户设计或改进产品,使输送带有更强的适应性,延长输送带的使用寿命,降低客户的采购和运营成本。

公司的营销网络已覆盖国内31个省、市、自治区以及欧洲、非洲、东南亚的近千家冶金、钢铁、煤炭、电力、化工等企业。雄安新区调蓄库工程、长江三峡工程、中国神华集团、首钢集团、中国铝业股份有限公司、湖北宜化股份、长春第二热电公司等重大工程和大型企业均与华月公司建有长期稳定的业务关系。

公司始终秉承"质量铸造品牌,服务开拓市场"的企业理念,将"诚信、质量、安全、服务"的经营宗旨贯穿于生产及销售始末,使产品的研发、设计、生产、检测、出品得到了完臻的体现。

我们希望同各界朋友携手合作,共同创造更加美好的未来!

地址:河北省博野县经济开发区
电话:0312—5888086 8349999 传真:0312—5888080 8349608
E—mail:xiaoshou@hbhuayue.com

企业资质 | ENTERPRISE QUALIFICATION

福建信明是一家专业的橡胶输送带生产制造企业。

公司始建于1992年，经过全体员工10多年的共同努力，于2002年成功进行了改制。在接下来的数年时间里，公司快速发展，完成了两次重大扩建搬迁工程。现工厂占地约300亩，是福建省大型输送带厂家，拥有完整的全系列输送带产品生产线，年生产能力达到2000万平方米，并且还在不断拓展壮大。

公司自创建以来，始终秉承"顾客至上，质量先行"的方针，坚持不懈地挖掘自身潜力，以求为广大用户带去优质的产品及服务。公司现有员工近200人，其中专业技术人员20余人、工程师10人、高级工程师4人。

在全程贯彻执行ISO9001管理体系的同时，公司还积极提高企业的信息化水平，广纳英才，努力打造与时代并进的优秀企业。

公司生产的信明牌管状输送带、钢丝绳芯输送带、耐热耐高温输送带、EP/NN输送带以及挡边输送带等一系列产品，以稳定优良的品质与服务受到了用户的好评，在全国钢铁、机械、工矿、码头等众多企业中获得了广泛的支持和信赖。

我们衷心地期待着与您的精诚合作。

企业实力 | ENTERPRISE STRENGTH

成为国际科研领先的智能生态系统优质服务平台

建新赵氏科技股份有限公司成立于2015年，隶属于建新赵氏集团。建新赵氏科技作为建新赵氏集团核心产业—汽车零部件板块的运营主体，在国内外拥有20余家子公司，公司被评为"橡胶制品行业科技创新企业""浙江省创新型领军企业""省级高新技术企业研究开发中心""宁波市制造业百强企业"等。

关于我们

◆ 配套于一汽-大众、上汽大众、一汽红旗、东风本田、广汽本田、一汽丰田、广汽丰田、大众（安徽）、长安福特、上汽通用、上海汽车、福建奔驰、神龙汽车、比亚迪等，新势力汽车生产商如蔚来、理想、广汽埃安等汽车主机厂，并出口VW、Audi、Porsche、Stellantis、GM等。

◆ 公司不断开拓创新，与时俱进，积极推行阿米巴、精益生产等先进管理模式，相继取得ISO9001、IATF16949质量体系认证、ISO14001环境管理体系认证、ISO45001职业健康安全管理体系认证。

联系方式

地址：浙江省宁波市宁海县科技园区学勉北路2299号
邮编：315600
总机：0574-59975092
邮箱：jx@jianxin.com

关注建新赵氏科技股份有限公司
微信公众号可获取更多企业资讯

密封条系列

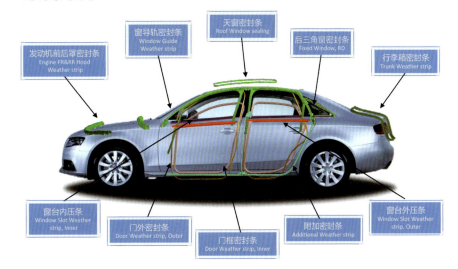

减震件系列

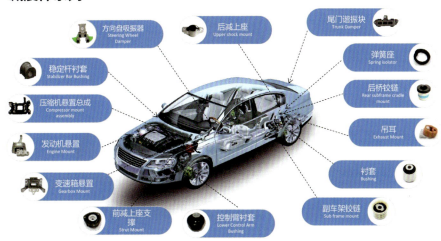

胶管和隔音块系列

MEICHEN

深交所 股票代码：300237
Shenzhen Stock Exchange, Stock code 300237

公司介绍

山东美晨工业集团有限公司是国有控股上市公司山东美晨生态环境股份有限公司的全资子公司，公司成立于 2004 年，是一家全球化发展的国家级高新技术企业，是国内汽车关键零部件行业领先企业。公司主要研发和生产流体系统产品、橡胶减振产品、悬架系统产品、热管理系统产品和储能装备产品，广泛应用于乘用车（含新能源汽车）、商用车和工程机械市场领域。

核心产品

管路系统产品

减振系统产品

乘用车空气悬架
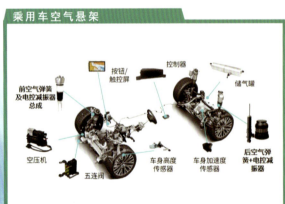

新能源热管理系统产品

山东美晨工业集团有限公司
Shandong Meichen Industrial Group Co., Ltd

地址：山东省诸城市密州东路12001号
电话：0536-6085578

立民族志气 创世界品牌

浙江峻和科技股份有限公司成立于 2006 年,是集研发、生产、销售于一体的现代化专业企业。公司拥有完整的质量管理体系,通过 IATF16949、ISO14001、ISO045004 认证。

通过长期的专业化发展,公司构建了完整的汽车流体管路产品体系,为汽车整车厂商提供全方位的汽车流体管路总成配套服务。公司的主要产品包括涡轮增压系统管路总成、冷却系统管路总成、新能源车三电系统冷却管路总成、空调系统管路总成等。

公司为国内外 50 多家知名主机厂配套,包括通用汽车、大众汽车、福特汽车、标致雪铁龙、捷豹路虎、长城汽车、比亚迪汽车、吉利汽车、上汽乘用车、上汽通用五菱等。公司是 GM、FORD、STELLANTIS 全球供应商,拥有自营出口权,产品远销北美、欧盟、澳大利亚和东南亚等国家和地区。

诚信 创新 品质

荣誉

国家高新技术企业
CNAS 认证实验室
浙江省科技进步奖
浙江省企业研究院
省高新技术企业研究开发中心

浙江省余姚市远东工业城 CE11

京东橡胶有限公司

橡胶板行业领跑者

企业简介

京东橡胶有限公司始建于1985年,坐落于雄安新区,2017、2020、2023年连续三次被认定为高新技术企业。公司总占地面积20.08万平方米,一分公司坐落在河北省任丘市经济开发区。公司主导产品为防滑橡胶板、工业橡胶板、畜牧垫及特殊橡胶板。具有近40年的行业经验,拥有五大类150多种高分子材料产品,主要产品应用领域包括2008北京奥运会举重馆比赛场地高性能橡胶板、高铁车厢地板隔声材料、军用靶场高阻尼靶标、斜拉桥吊索高级防腐材料等。

产业规模 | 产业规模领先服务全球用户

公司自1985年成立以来,经过近40年的发展,从一个小规模工厂,发展成在世界各地拥有100多个稳定经销商的大型企业集团,企业规模和盈利能力都得到了快速提升。据中国橡胶工业协会橡胶制品分会统计,我公司"京东"品牌产品销售额在全国同行业中名列前茅,在国内外同行业颇具影响力。

研发实力 | 以全品类 智慧科技产品 服务全球用户

目前,我公司技术研发人员120人,其中产业技术研究院固定人员51人,技术中心高级专家9名,具有高级职称人员18名,中级职称14名,博士9名,硕士8名。人员学科构成上涵盖了高分子化学与工程、高分子材料、化工、材料学等专业,形成了以高级职称及博硕士为带头人、中级职称为业务骨干的研究队伍,科研能力强,能够为技术创新的运行提供充足的保障。河北省阻尼隔声橡胶制品技术创新中心,河北省循环经济试点企业,工业橡胶板GB/T5574-2008起草单位,雄安新区上市后备企业,2022年被认定为河北省企业技术中心,2023年被评定为国家专精特新"小巨人"企业。

主要产品

一、防滑橡胶板
- 圆扣橡胶板
- 柳叶纹橡胶板
- 细条纹橡胶板
- 宽条纹橡胶板
- 中条纹橡胶板
- 大宽条纹橡胶板
- 橘皮橡胶板
- 五杠橡胶板
- 沟板橡胶板
- 美式条纹橡胶板

二、工业橡胶板
- 丁苯橡胶板
- 丁晴橡胶板
- 防静电橡胶板
- 绝缘橡胶板
- 三元乙丙橡胶板
- 食品级橡胶板
- 氯丁橡胶板
- 发泡橡胶板

三、畜牧垫
- 圆点牛棚垫
- 密圆点牛棚垫
- 蜂窝牛棚垫
- 菱形牛棚垫
- 胶粉牛棚垫
- 龟背纹牛棚垫
- 工字牛棚垫
- 加布橡胶板

四、特种橡胶板
- 高耐磨天然橡胶板
- 硅橡胶板
- 氟橡胶板
- 海帕龙橡胶板
- 丁基橡胶板
- 三明治橡胶板

☎ 0317-2276855/2211585　　📠 0317-2250199

📍 河北省雄安新区雄县苟各庄镇东里长村　　✉ sales@jingdongrubber.com

青岛龙源佰宏机械设备有限公司

国人企业·匠心品质 — 裂解生产线的引领者 —

——以创新的精神．优良的装备为导向．做绿色环保先行者．引领行业可持续发展

　　我司主要是生产全自动废旧轮胎、废旧橡胶、废旧塑料、油泥裂解装备，同时我司将前端处理、中端裂解设备与后端炭黑研磨造粒，研发制造于一体，贯通了整条生产链，实现了能耗低、全智能，同时也实现了零排放、零污染、零残留，真正做到了把废旧轮胎通过裂解"吃干榨尽"实现了智能化绿色环保资源再利用。在全国各地设立多个废旧轮胎循环利用项目，该设备在河北、山西、山东、江西、湖南和广西均已得到应用与推广，并已出口到美国、印度、孟加拉、土耳其、以色列等多个国家。我司积极践行"绿水青山就是金山银山"的发展理念，利用自主研发的各项核心技术与专利打造废旧资源循环再利用装备。

- **技术优势**　公司拥有专业的技术团队和多项发明专利。联合天津石油大学、华东设计院、青岛大学共同设立实验室。
- **工艺优势**　无氧进料，不堵塞，稳定运行周期长，低能耗，低成本，环保达标。
- **装备优势**　全连续智能化裂解生产线装备，并获得SGS检测认证和欧盟CE认证。
- **运营优势**　根据用户需求，及时制定相应的产品运营策略，通过互联网智能化运用，全面推进企业向数字化智能化转型，提高运营质量，降低运营成本。
- **安全优势**　整条生产线采用DCS集散控制系统，所有安全点均设有数据在线采集点+环境在线监测，实现自动报警/安全动排空/安全停机。

　　为环保再生行业健康有序的发展，我们正在加速向全球推广全连续智能化裂解装备的使用。我们始终坚持品质和匠心，不断创新超越和突破。积极贯彻落实《循环经济促进法》，践行国家"无废城市"和"双碳"战略目标，引导、规范废旧轮胎综合利用工作，提高废旧轮胎综合利用水平，建设资源节约型、环境友好型废旧轮胎综合利用产业，推动橡胶工业可持续发展，努力成为环保再生行业装备生产制造的引领者，为环保再生企业一路护航前行。

远程运维平台

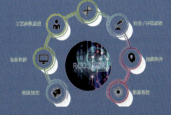

石油化工研究院

中国石油天然气股份有限公司石油化工研究院（以下简称"石油化工研究院"）在合成橡胶领域已有 60 多年的研发历史，被誉为"中国合成橡胶技术的摇篮"。

**石油化工研究院
合成橡胶团队**

- 是国内高性能合成橡胶技术研发的核心力量，长期从事合成橡胶基础研究、成套技术、新产品开发及推广工作；
- 目前承担国家部委攻关任务和中国石油集团公司重大科技项目 20 余项；
- 配备 4 套中试装置、10 余套模试评价装置和百台套先进的橡塑加工及物化分析仪器设备；
- 具备开展从模试到成套工艺技术开发的能力，具备向炼化企业提供全面技术服务和解决方案的能力。

研究方向

- 乳聚丁苯、丁腈橡胶成套技术及新产品开发；
- 溶聚丁苯、顺丁、丁基、特种橡胶（液体橡胶、全氟聚醚橡胶等）、热塑性弹性体及加氢成套技术与新产品开发；
- 合成橡胶分析方法研究与标准制修订（国际、国内、行业及企业标准）；
- 合成橡胶功能复合材料、加工应用技术及制品开发；
- 形成从合成、改性、结构性能、加工应用到标准研究为一体的综合研发体系。

依托平台与支撑条件

- 中国石油天然气集团有限公司合成橡胶试验基地
- 中国石油和化学工业联合会合成橡胶工程技术研究中心
- 甘肃省合成橡胶工程技术中心
- 国家合成橡胶质量检验检测中心
- 全国橡标委合成橡胶分委会
- 国家化工产品质量监督检验中心
- 国家首批知识产权分析评议示范机构
- 中国核心期刊《合成橡胶工业》杂志

公司概况 Company Introduction

物产中大欧泰有限公司是中国大型大宗商品流通服务集成商之一、浙江省特大型国有企业、物产中大集团股份有限公司的成员公司，母公司已于2015年整体上市(股票简称:物产中大，代码:SH600704)。

物产中大欧泰有限公司成立于2016年，注册资本4亿元，主营橡胶、轮胎、油品和纺织。公司以客户需求为导向、风险管理为基础、供应链集成服务为模式，力争打造成为全球有影响力的国际化、平台化的橡胶、油品产业集成服务商。

橡胶业务

橡胶板块目前为客户提供品质稳定的橡胶产品及相应的产品服务方案。主营产品有STR、SMR、SIR、SVR、SCR、RSS、浓乳等天然胶产品，以及丁苯、顺丁、丁腈等国内外主流合成橡胶产品。

特色服务

公司坚持深耕油气产业链、构建橡胶生态圈，秉承"专业化分工、社会化整合"的理念，聚焦合作企业痛点，致力于打造点、线、面、体融合发展的供应链集成服务能力与价值输出，构建跨界融合、平台共享、共融共生的产业生态圈，为客户提供物流、产品、价格、信息等系统化服务方案。

网络布局

按照集团流通 4.0 要求，以垂直整合 + 深度供应链为基础，搭建基于现期结合商业模式的集成服务平台，嵌入渠道、物流、金融、现期结合等增值服务，服务国内外客户、降低运营成本、提高运营效率。公司已经在国内的杭州、上海、青岛、舟山、宁波、海南以及新加坡等地建立了服务网点。

使 命 愿 景 深耕油气产业链，构建橡胶生态圈

核心价值观 以客户为中心,无价值不分享；以创业者为本,追求真善美

扫一扫
关注微信公众号

杭州本部：中国浙江省杭州市拱墅区登云路51号锦昌大厦13楼　0571-87896161

China Rubber Industry Yearbook
2023 Edition

中国橡胶工业年鉴
（2023年版）

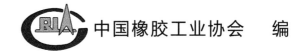中国橡胶工业协会　编

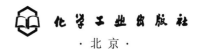
·北京·

内容简介

《中国橡胶工业年鉴》(2023年版)由中国橡胶工业协会编写,旨在全面、系统、准确地记录我国橡胶工业的发展历程,指导我国橡胶工业科学发展。具体论述了中国橡胶工业的发展情况,包括橡胶制品、橡胶原材料、橡胶配套工装设备等,重点地区橡胶工业发展现状,同时辑录了橡胶工业主要科技成果、大事记、橡胶行业工业数据统计和进出口贸易、排行榜和荣誉榜单以及全球橡胶工业概况等。

《中国橡胶工业年鉴》(2023年版)能够为各级政府机关、研究机构、橡胶企业以及社会各界人士和中外投资者提供丰富、翔实的行业资料。

图书在版编目(CIP)数据

中国橡胶工业年鉴:2023年版/中国橡胶工业协会编. —北京:化学工业出版社,2024.2
ISBN 978-7-122-44464-6

Ⅰ.①中… Ⅱ.①中… Ⅲ.①橡胶工业-中国-2023-年鉴 Ⅳ.①F426.7-54

中国国家版本馆CIP数据核字(2023)第220742号

责任编辑:赵卫娟　仇志刚　　　　　　　　　装帧设计:王晓宇
责任校对:边　涛

出版发行:化学工业出版社(北京市东城区青年湖南街13号　邮政编码100011)
印　　装:中煤(北京)印务有限公司
880mm×1230mm　1/16　印张19¼　字数474千字　2024年2月北京第1版第1次印刷

购书咨询:010-64518888　　　　　　　　　　售后服务:010-64518899
网　　址:http://www.cip.com.cn
凡购买本书,如有缺损质量问题,本社销售中心负责调换。

定　　价:500.00元　　　　　　　　　　　　　　　　　　　版权所有　违者必究

京化广临字2023——08

《中国橡胶工业年鉴》（2023年版）编委会

主　任：徐文英　　中国橡胶工业协会　　　　　　　　　　　　　　会　　　长
副主任：邓雅俐　　中国橡胶工业协会　　　　　　　　　　　　　　名　誉　会　长
　　　　雷昌纯　　中国橡胶工业协会　　　　　　　　　　　　　　副会长兼秘书长

委　员（以姓氏笔画排序）：

丁　木	三角轮胎股份有限公司	董　事　长
王永刚	山东美晨工业集团有限公司	董　事　长
郭同新	蔚林新材料科技股份有限公司	总　经　理
王树华	科迈化工股份有限公司	董　事　长
王　锋	山东玲珑股份有限公司	董　事　长
王　锋	中国化工橡胶有限公司	党委书记、董事长
	风神轮胎股份有限公司	董　事　长
包志方	无锡宝通科技股份有限公司	董　事　长
杨文禹	南通回力橡胶有限公司	总　经　理
张令强	山东吉路尔轮胎有限公司	总　经　理
杨　宇	合盛天然橡胶（上海）有限公司	董事长/合盛中国区首席代表
	海南天然橡胶产业集团股份有限公司	副　总　经　理
沈金良	苏州宝化炭黑有限公司	董　事　长
沈金荣	中策橡胶集团股份有限公司	董　事　长
沈耿亮	浙江双箭橡胶股份有限公司	董　事　长
陈福忠	佳通轮胎（中国）投资有限公司	市场与销售执行董事
郑栩栩	巨轮智能装备股份有限公司	总　　　裁
高世明	圣奥化学科技有限公司	首席执行官
柴永森	双星集团有限责任公司	董　事　长
袁仲雪	赛轮集团股份有限公司	董　事　长
章万友	双钱轮胎集团有限公司	党委书记、董事长
商文禄	北京华腾橡塑乳胶制品有限公司	总　经　理
黄舸舸	贵州轮胎股份有限公司	董　事　长
窦　勇	山东大业股份有限公司	董　事　长
熊明俊	际华三五三七有限责任公司	执　行　董　事
魏　明	江西黑猫炭黑有限公司	总　经　理

《中国橡胶工业年鉴》（2023年版）编写组

主　　编：徐文英

编写人员：郝章程　陈志炳　徐艺铭　张敏敏　史一锋　陈志海　李　鸿
　　　　　王　刚　杨　莉　涂燕玲　祁学智　王延栋　于　涛　丁丽萍
　　　　　姜　馨　管　欣　胡心良

前　言

《中国橡胶工业年鉴》（2023年版）是由中国橡胶工业协会组织编纂的信息密集型工具书，具有资料权威、反应及时、连续出版、数据全面等特点。作为社会各界了解橡胶行业的窗口，年鉴能够为各级政府机关、研究机构、橡胶及相关行业企业以及社会各界人士和中外投资者提供丰富、翔实的行业资料。

年鉴的出版宗旨是全面、系统、准确地记载我国橡胶工业的发展历程，指导我国橡胶工业科学发展。在编写过程中，如实记载了发展进程中的新特点和亟待解决的新问题，注意强化时代感和地方区域特色，重点介绍新动态、新成就，实现"知往鉴来，服务现实"，同时力求发挥该工具书在国民经济建设中的资政、参谋和信息作用。

《中国橡胶工业年鉴》（2023年版）以2022年的数据为主、2023年上半年数据为辅，辑录了2022年中国橡胶工业的发展情况，包括轮胎、力车胎、胶管胶带、胶鞋、乳胶制品、橡胶制品、天然橡胶、合成橡胶、废橡胶综合利用、生物基橡胶、橡胶助剂、骨架材料、炭黑、白炭黑、橡胶机械、轮胎模具等行业，以及中国主要省份的橡胶工业发展现状和项目进展情况，同时辑录了橡胶工业年度主要科技成果、橡胶工业统计数据和进出口贸易、行业主要新闻和大事记、橡胶工业企业排行和荣誉榜单，以及轮胎、非轮胎橡胶制品和橡胶机械等全球橡胶工业概况等多个板块，资料丰富，内容翔实，数据可靠。

《中国橡胶工业年鉴》（2023年版）力求内容全面深入，但由于各板块搜集数据的来源或口径不同，计算可能略有差异，编写人员尽了最大努力，力求做到数据统一、准确。因统计范围、统计口径的不同，文中部分数据可能与以往不具可比性，此种情况不一一注明。本书重要数据以统计部门公布的为准。

在编写过程中，承蒙各单位和诸多专家的大力支持，在此特向为本书撰稿、审稿的有关单位和专家致以衷心的感谢！

编辑出版工作是一项系统工程，涉及方方面面。由于编写人员能力和水平有限，疏漏在所难免，希望各界人士继续给予年鉴编写工作更多的支持和帮助，对疏漏之处予以批评指正，以利今后改进提高。

《中国橡胶工业年鉴》（2023年版）编写组

2023年12月

目　　录

第一章　轮胎及非轮胎橡胶制品 ········ 1
一、汽车轮胎 ············ 3
　（一）基本情况 ············ 3
　（二）行业发展亮点 ············ 11
　（三）行业发展大事 ············ 12
　（四）行业存在的问题 ············ 14
　（五）发展机遇 ············ 15
　（六）展望与建议 ············ 15
二、力车胎 ············ 18
　（一）基本情况 ············ 18
　（二）行业发展大事 ············ 25
　（三）下游市场需求 ············ 26
　（四）展望与建议 ············ 27
三、胶管胶带 ············ 29
　（一）基本情况 ············ 29
　（二）行业运行特点 ············ 35
　（三）行业发展大事 ············ 36
　（四）下游市场需求 ············ 38
　（五）展望与建议 ············ 39
四、橡胶制品 ············ 41
　（一）基本情况 ············ 41
　（二）行业发展亮点 ············ 44
　（三）行业发展大事 ············ 47
　（四）展望与建议 ············ 47
五、胶鞋 ············ 49
　（一）基本情况 ············ 49
　（二）行业发展亮点 ············ 56
　（三）行业发展大事 ············ 57
　（四）行业存在的问题 ············ 57
　（五）展望与建议 ············ 58
六、乳胶制品 ············ 61
　（一）基本情况 ············ 61
　（二）行业发展大事 ············ 65
　（三）行业存在的问题 ············ 66
　（四）展望与建议 ············ 67

第二章　橡胶原材料 ············ 69
一、天然橡胶 ············ 71
　（一）基本情况 ············ 71
　（二）行业发展 ············ 74
　（三）展望与建议 ············ 75
二、合成橡胶 ············ 78
　（一）基本情况 ············ 78
　（二）行业发展 ············ 84
　（三）展望与建议 ············ 87
三、废橡胶综合利用 ············ 88
　（一）基本情况 ············ 88
　（二）行业发展 ············ 93
　（三）行业存在的问题 ············ 95
四、生物基橡胶 ············ 97
　（一）杜仲胶 ············ 97
　（二）其他生物基橡胶 ············ 99
五、橡胶助剂 ············ 102
　（一）基本情况 ············ 103
　（二）行业发展 ············ 117
　（三）展望与建议 ············ 118
六、骨架材料 ············ 119

（一）基本情况 ……………… 119
　　（二）行业发展 ……………… 123
　　（三）展望与建议 …………… 124
七、炭黑 ……………………………… 125
　　（一）基本情况 ……………… 125
　　（二）行业发展 ……………… 130
　　（三）行业存在的问题 ……… 132
　　（四）展望与建议 …………… 134
八、白炭黑 …………………………… 135
　　（一）沉淀法白炭黑 ………… 135
　　（二）气相法白炭黑 ………… 141

第三章　橡胶配套工装设备 ………… 145

一、橡胶机械 ………………………… 147
　　（一）基本情况 ……………… 147
　　（二）行业发展 ……………… 150
　　（三）展望与建议 …………… 153
二、轮胎模具 ………………………… 155
　　（一）基本情况 ……………… 155
　　（二）挑战与机遇 …………… 158
　　（三）展望与建议 …………… 158

第四章　山东、浙江和台湾地区橡胶工业 ……………………… 161

一、山东省轮胎工业 ………………… 163
　　（一）基本情况 ……………… 163
　　（二）行业发展 ……………… 163
　　（三）展望和建议 …………… 166
二、浙江省橡胶工业 ………………… 168
　　（一）基本情况 ……………… 168
　　（二）行业发展 ……………… 171
　　（三）展望和建议 …………… 172
三、台湾地区橡胶工业 ……………… 173
　　（一）基本情况 ……………… 173
　　（二）行业发展 ……………… 173

第五章　橡胶工业主要科技成果 …… 197

一、科技进步奖获奖情况 …………… 199
二、国家企业技术中心平台企业 …… 205
三、专利奖获奖项目 ………………… 207

第六章　大事记 ……………………… 209

一、2022年中国橡胶工业十大新闻 … 211
二、2022年中国橡胶工业大事记 …… 216

第七章　橡胶工业统计及进出口贸易 ……………………… 229

一、橡胶工业数据统计 ……………… 231
二、2022年橡胶原材料和制品进出口总体情况 …………………… 236
　　（一）基本情况 ……………… 236
　　（二）进出口贸易 …………… 237
三、2022年胶管胶带进出口情况 …… 248
　　（一）基本情况 ……………… 248
　　（二）建议与展望 …………… 253

第八章　中国橡胶工业企业排行及荣誉榜单 ………………… 255

一、2023年度中国橡胶工业百强企业 ………………………… 257
　　（一）轮胎类 ………………… 257
　　（二）非轮胎类 ……………… 258
　　（三）原辅材料类 …………… 261
　　（四）橡胶机械模具类 ……… 263
二、中国橡胶工业协会2023年度诚信荣誉榜 ………………………… 264
三、中国橡胶工业协会会员企业2022年度营业收入排行榜 ……… 266
四、2023年度中国轮胎企业排行榜（《中国橡胶》杂志社发布） … 269

五、2023年度中国境内轮胎企业排行榜
（《中国橡胶》杂志社发布） ………… 271

六、2023年度中国工程轮胎20强排行榜
（《中国橡胶》杂志社发布） ………… 273

七、2023年度中国轮胎企业专利排行榜
（《中国橡胶》杂志社发布） ………… 274

八、2023年度轮胎企业畅销品牌和规格
（《中国橡胶》杂志社发布） ………… 276

第九章　全球橡胶工业概况 ………… 279

一、2023年度全球轮胎75强排行榜 …… 281

二、2023年度世界橡胶机械30强
排行榜 ……………………………… 290

三、2023年度全球非轮胎橡胶制品50强
排行榜 ……………………………… 294

第一章 轮胎及非轮胎橡胶制品

一、汽车轮胎

2022年，国内外经济形势前所未有的严峻和复杂，我国轮胎行业在"激宕"中奋力前行。面对需求收缩、供给冲击、预期减弱和疫情困扰，行业积极应对国内外市场环境变化，统筹抓好疫情防控和行业发展，坚持稳字当头、稳中有进，攻坚克难，携手上下游奋进新征程。

2022年，轮胎出口取得难能可贵的好成绩，卡客车轮胎出口增长贡献大，出口重量和金额同比（下同）分别增长7.1%、14.7%；乘用车轮胎出口保持小幅增长，重量和金额分别增长3.2%、10%；工程和巨型工程轮胎出口火爆，重量和金额分别增长23.3%、33.4%。轮胎配套方面，由于政策刺激和市场需求，国内汽车产量全年增长3.4%。其中，乘用车产量增长11.2%，释放半钢子午胎产能1100万条；商用车产量下降31.9%，全钢子午胎配套减少1060万条，同时主机厂压价过低对长期发展极为不利；汽车出口成为新亮点，全年出口超过300万辆，增长54.4%，可能成为增长新动能。轮胎替换市场，由于经济下行、基础建设、房地产等投资减弱和疫情等因素影响，国内轮胎替换维修市场消费触到谷底。

2022年，轮胎行业负重前行，创新突破。一是在"双碳"背景下，产业重点向绿色环保、低碳节能、可持续发展方向转型；二是在政策引导下，轮胎产业加速结构调整、转型升级，向数字化、智能化、产品高端化方向转型；三是商业模式的变化，在产业链深度融合发展趋势下，跨界竞争凸显，竞争主体多元化，资源整合能力成为企业未来的核心竞争力；四是竞争格局的变化，后市场成为行业竞争的新赛道，从产品同质化的低价战向产品性能和服务创新的价值战变化；五是企业走出去的变化，由原有的传统企业走出去的固有模式实现国际化运营，生产规模稳步攀升，效益逐步显现。

（一）基本情况

1. 行业发展整体情况

（1）2018～2022年全国轮胎产量

据中国橡胶工业协会轮胎分会统计和调查，由于疫情因素影响，2022年全国轮胎总产量6.67亿条，下降4.3%；其中子午线轮胎总产量6.35亿条，下降3.3%；斜交胎产量0.32亿条，下降20%；子午化率95.2%。子午线轮胎产量中，全钢子午线轮胎产量1.24亿条，下降11.4%；半钢子午线轮胎产量5.11亿条，下降1.2%。轮胎产品结构继续向着无内胎、大轮辋、宽断面、高耐磨、抗湿滑、低滚阻和低噪声的高质量方向发展。

2021年全钢子午线轮胎产量达到历史峰值，但受国内外经济大环境影响，2022年呈现下降趋势。从表1.1数据可看出，2018～2022年，全国轮胎产量年均复合增长率为0.7%。其中全钢子午线轮胎年均复合增长率为-1.7%，半钢子午线轮胎年均复合增长率为1.8%。

2022年，纳入轮胎分会统计的企业数据显示，全钢子午胎中的无内胎轮胎占总产量约67.2%；半钢乘用子午胎扁平化率继续稳步提升，55系列以下规格由2018年的12.42%提高到2022年的14.78%，增加了2.36个百分点，

"十四五"末争取达到30%以上。轮胎产品结构正在不断得到优化。2018～2022年全钢胎中无内胎轮胎占比情况见图1.1，2018～2022年半钢胎扁平化率汇总见表1.2。

（2）2022年主要轮胎企业经济指标

2022年35家轮胎企业主要经济指标完成情况见表1.3。列入统计的35家企业轮胎生产总量约占全行业的73%。

表1.1 2018～2022年全国轮胎产量　　　　　单位：亿条

年份	2018年	2019年	2020年	2021年	2022年	2022年同比/%	年均复合增长率/%
总产量	6.48	6.52	6.34	6.97	6.67	-4.3	0.7
子午线轮胎	6.09	6.16	5.96	6.57	6.35	-3.3	1.1
全钢子午线轮胎	1.33	1.32	1.38	1.40	1.24	-11.4	-1.7
半钢子午线轮胎	4.76	4.84	4.58	5.17	5.11	-1.2	1.8
斜交轮胎	0.39	0.36	0.38	0.40	0.32	-20.0	-4.8
子午化率/%	94.0	94.5	94.0	94.3	95.2	—	—

注：1. 数据来源于中国橡胶工业协会轮胎分会。
2. 不包括摩托车、自行车轮胎等。

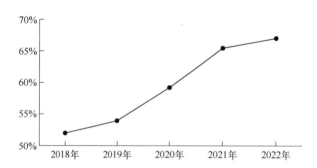

图1.1 2018～2022年全钢胎中无内胎轮胎占比情况

表1.2 2018～2022年半钢胎扁平化率汇总表　　　　　单位：%

系列	2018年	2019年	2020年	2021年	2022年
30以下	0.43	0.43	0.56	0.7	0.26
35～40	3.02	3.13	3.36	5.23	2.78
45～50	8.97	9.30	10.58	11.34	11.74
55	14.64	14.88	14.74	13.48	17.55
60	14.42	14.67	15.13	12.14	14.72
65～70	39.20	38.75	36.00	34.15	34.04
75～80	10.25	9.41	9.16	12.9	9.70
80以上及其他	9.07	9.44	10.47	10.07	9.20

注：数据来源于中国橡胶工业协会轮胎分会。

表1.3 2022年35家轮胎企业主要经济指标完成情况

项目	2022年完成情况	同比/%
工业总产值（按现行价计算）/亿元	1946.46	-1.2
轮胎产值	1890.31	-0.8
子午线轮胎产值	1759.17	-0.1
工业销售产值（按现行价计算）/亿元	1655.09	3.2
轮胎销售产值	1610.34	2.9
轮胎出口交货值/亿元	977.08	16.5
子午线轮胎出口交货值	927.06	16.6
全钢载重子午线轮胎出口交货值	465.47	27.7
综合轮胎外胎产量/万条	48754	-6.7
子午线轮胎外胎产量	46534	-6.0
全钢子午线轮胎外胎产量	10903	-10.8
轮胎出口交货量/万条	26350	0.2
子午线轮胎出口交货量	25602	0.6
全钢载重子午线轮胎出口交货量	4976	9.7
销售收入总额/亿元	2057.80	3.6
轮胎销售收入	1971.12	3.9
子午线轮胎销售收入	1819.07	4.7
全钢载重子午线轮胎销售收入	867.83	7.6

注：数据来源于中国橡胶工业协会轮胎分会。

2. 2022年部分轮胎企业销售收入

列入轮胎分会统计的轮胎销售收入排行前10家企业见表1.4。

从表1.4可以看出，2022年35家主要企业销售收入增长4.4%，其中前10家企业销售收入增长5.9%，占35家企业销售收入的比重为64.2%。前10家企业的销售收入，有7家增长，3家下降。其他25家企业销售收入增长1.7%。

3. 2022年部分轮胎企业出口情况

（1）35家企业出口情况

列入轮胎分会统计的35家轮胎企业汽车轮胎外胎出口量2.64亿条，增长0.2%；子午线轮胎出口量2.56亿条，增长0.6%；全钢子午线轮胎出口量4976万条，增长9.7%。轮胎出口交货值977.1亿元，增长16.5%；子午线轮胎出口交货值927.06亿元，增长16.6%；全钢子午线轮胎出口交货值465.47亿元，增长27.7%。

（2）10家重点轮胎企业出口交货值

2022年轮胎出口交货值前10家企业见表1.5。

（3）部分企业轮胎分类产量和出口量

2022年部分企业轮胎分类产量和出口量情况见表1.6。

表 1.4 2022 年轮胎销售收入前 10 家企业

排名	企业名称	销售收入/亿元	同比/%	占统计企业比重/%
1	中策集团	288.1	7.4	14.6
2	赛轮集团	215.2	25.4	10.9
3	山东玲珑	170.1	−8.5	8.6
4	中国佳通	119.5	−6.7	6.1
5	双钱轮胎	96.3	10.0	4.9
6	三角轮胎	91.5	3.0	4.6
7	浦林成山	81.8	9.0	4.1
8	贵州轮胎	74.0	8.7	3.8
9	双星轮胎	66.1	−5.4	3.4
10	森麒麟	62.8	21.5	3.2
前 10 家小计		1265.6	5.9	64.2
其余 25 家小计		705.5	1.7	35.8
35 家总计		1971.1	4.4	100

注：数据来源于中国橡胶工业协会轮胎分会。

表 1.5 2022 年轮胎出口交货值前 10 家企业

排名	企业名称	出口交货值/亿元	同比/%	占统计企业比重/%
1	中策集团	146.2	23.3	15.0
2	赛轮集团	126.9	23.6	13.0
3	山东玲珑	78.0	−1.2	8.0
4	浦林成山	56.9	33.0	5.8
5	三角轮胎	55.6	13.2	5.7
6	森麒麟	55.3	22.3	5.7
7	中国佳通	54.9	−7.1	5.6
8	昊华轮胎	41.8	8.7	4.3
9	万达宝通	36.7	22.8	3.8
10	双钱轮胎	27.1	35.2	2.8
前 10 家小计		679.4	16.2	69.5
其余 25 家		297.6	17.3	30.5
35 家总计		977.1	16.5	100

注：数据来源于中国橡胶工业协会轮胎分会。

表 1.6　2022 年参加统计的 32 家企业轮胎分类产量和出口量　　　　单位：万条

大类	轿车胎	轻载胎	载重胎	工程胎	工业胎	农业胎	实心胎	总计
产量	24733	6544	7772	279	453	624	130	40535
子午线轮胎	24693	6039	7735	130	11	19	0	38627
斜交轮胎	40	505	37	149	442	605	130	1908
出口量	13833	3470	3898	84	100	98	27	21511
子午线轮胎	13832	3304	3871	49	9	12	0	21077
斜交轮胎	1	166	27	35	91	86	27	433
出口率/%	55.9	53.0	50.2	30.0	22.1	15.7	21.1	53.1

注：数据来源于中国橡胶工业协会轮胎分会。

（4）小客车轮胎和卡客车轮胎出口情况

据海关总署统计，2022 年，我国小客车轮胎（40111000）和卡客车轮胎（40112000）出口量分别增长 3.2% 和 7.1%；出口额分别增长 10% 和 14.7%。国际贸易摩擦、轮胎跨国集团布局之争、国际经济大环境的不确定，使得轮胎国际贸易环境越来越艰难。我国轮胎企业积极开拓"一带一路"国家（地区）的新兴市场，提高产品质量和服务水平，深耕欧盟市场。2022 年小客车轮胎和卡客车轮胎出口情况见表 1.7。

我国轮胎出口情况见图 1.2~图 1.5（数据来源于海关总署）。

表 1.7　2022 年小客车轮胎（40111000）和卡客车轮胎（40112000）出口情况

类型	数量/万吨	同比/%	金额/亿美元	同比/%	均价/(美元/千克)	同比/%
小客车轮胎（40111000）	238.1	3.2	67.4	10.0	2.83	6.6
卡客车轮胎（40112000）	404.3	7.1	91.9	14.7	2.27	7.1
总计	642.3	5.6	159.3	12.7	—	—

注：数据来源于海关总署。

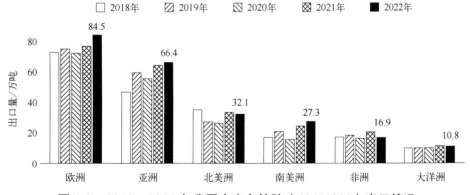

图 1.2　2018~2022 年我国小客车轮胎（40111000）出口情况

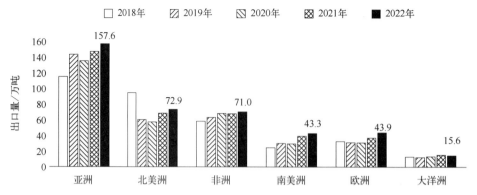

图1.3　2018～2022年我国卡客车轮胎（40112000）出口情况

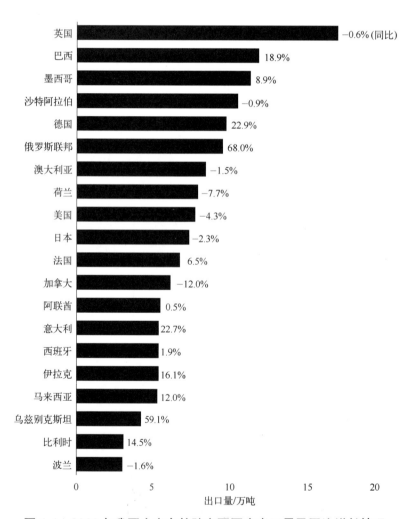

图1.4　2022年我国小客车轮胎主要国家出口量及同比增长情况

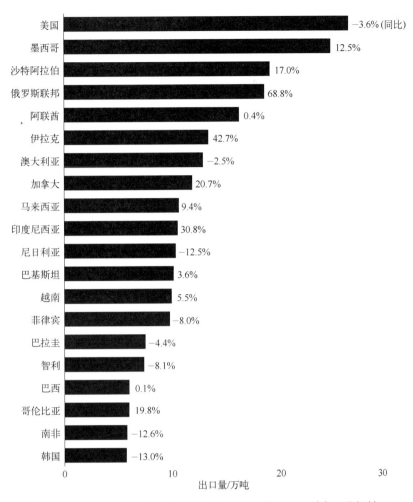

图 1.5　2022 年我国卡客车轮胎主要国家出口量及同比增长情况

4．2022 年全国内外资企业对比

（1）内外资企业数量及占比

全国共有约 80 个轮胎生产企业集团，规模以上外胎生产工厂约 156 家。其中，全钢胎生产厂家中，外资 9 家，内资 44 家；半钢胎生产厂家中，外资 18 家，内资 37 家。

（2）内外资企业产能及地域分布

外资企业产能占全钢胎、半钢胎总产能的 10.2% 和 35.6%，内资企业产能占全钢胎、半钢胎总产能的 89.8% 和 64.4%。按企业地域分布，山东地区产能占全钢胎、半钢胎总产能的 52.8% 和 50.6%。

（3）内外资企业产量及地域分布

外资企业产量占全钢胎、半钢胎总产量的 9.7% 和 35.4%，内资企业产量占全钢胎、半钢胎总产量的 90.3% 和 64.6%。按企业地域分布，山东地区产量占全钢胎、半钢胎总产量的 52.3% 和 47.6%。

（4）山东企业产量及产能地域分布

子午胎产量中，东（营）潍（坊）临（沂）淄（博）地区产量占山东全钢胎、半钢胎总产量的 56.8% 和 48.4%；胶东地区（青岛、烟台、威海）产量占山东全钢胎、半钢胎总产量的 34.8% 和 33.2%；山东其他地区产量占山东全钢胎、半钢胎总产量的 8.4% 和 18.5%。

子午胎产能中，东（营）潍（坊）临（沂）淄（博）地区产能占山东全钢胎、半钢胎总产能的 59% 和 58.2%；胶东地区（青岛、烟台、威海）产能占山东全钢胎、半钢胎总产能的 32.1% 和 27.7%；山东其他地区产能占山东全钢胎、半钢胎总产能的 8.9% 和 14.2%。

5. 汽车行业发展情况

我国汽车工业经历了多年高速发展，产销在 2018 年出现下降拐点，但汽车保有量仍每年持续增长，同时增幅逐年回落。从 2017～2021 年统计情况看（见表 1.8），汽车保有量年均复合增长继续保持 8.91% 的较高增长水平，其中载客车辆年均复合增长 8.94%，载货车辆年均复合增长 8.64%。2021 年末的汽车保有量为 29419 万辆，为轮胎替换市场需求提供了稳定支撑。

2018～2020 年，我国汽车产销结束连续高速增长，产销连续 3 年出现下降。2021 年汽车产、销量由降转升，2022 年汽车产、销量略有增长，2018～2022 年汽车产量和销售量的年均复合增长率分别为 -0.7% 和 -1.1%。我国汽车行业在转型升级过程中，受国际贸易摩擦、环保标准切换、新能源补贴退坡、新冠肺炎疫情、芯片短缺等因素的影响，承受了较大压力。2022 年，汽车产销分别完成 2702 万辆和 2686 万辆，分别增长 3.6% 和 2.2%。2018～2022 年我国汽车产量见表 1.9。2018～2022 年我国汽车销售量见表 1.10。

表 1.8 2017～2021 年分类型汽车保有量　　　　　　　　　　　单位：万辆

车辆类型	2017 年	2018 年	2019 年	2020 年	2021 年	2017～2021 年年均复合增长率/%	2021 年较 2020 年增长/%
载客总计	18470	20555	22474	24166	26016	8.94	7.65
载客大型	153	158	161	157	153	0.00	-2.55
载客中型	79	75	72	68	65	-4.60	-3.75
载客小型	18039	20135	22070	23783	25652	9.20	7.86
载客微型	199	186	172	158	145	-7.55	-7.97
载货总计	2338.5	2568.4	2783.1	3043.1	3258.3	8.64	7.08
载货重型	635	710	762	841	907	9.32	7.86
载货中型	131	124	116	106	96	-7.51	-9.55
载货轻型	1566	1729	1901	2093	2253	9.52	7.66
载货微型	6.5	5.4	4.1	3.1	2.3	-23.18	-27.18
其他	98	108	119	132	144	10.15	9.30
总计	20907	23231	25376	27341	29419	8.91	7.60

注：数据来源于《中国汽车工业年鉴》。

表 1.9 2018～2022 年我国汽车产量

车型分类	2018 年	2019 年	2020 年	2021 年	2022 年	2018～2022 年年均复合增长率/%
汽车产量总计/万辆	2781	2572	2522	2608	2702	-0.7
汽车产量同比/%	-4.2	-7.5	-1.9	3.4	3.6	
乘用车产量/万辆	2353	2136	1999	2141	2384	0.3
乘用车产量同比/%	-5.1	-9.2	-6.4	7.1	11.3	
商用车产量/万辆	428	436	523	467	318	-7.1
商用车产量同比/%	1.7	1.9	20.0	-10.7	-31.9	

注：数据来源于中国汽车工业协会。

表1.10 2018~2022年我国汽车销售量

车型分类	2018年	2019年	2020年	2021年	2022年	2018~2022年年均复合增长率/%
汽车销量总计/万辆	2808	2577	2531	2627	2686	−1.1
汽车销量同比/%	−2.8	−8.2	−1.8	3.8	2.2	
乘用车销量/万辆	2371	2144	2018	2148	2356	−0.2
乘用车销量同比/%	−4.1	−9.6	−5.9	6.5	9.7	
商用车销量/万辆	437	432	513	479	330	−6.8
商用车销量同比/%	5.1	−1.1	18.7	−6.6	−31.1	

注：数据来源于中国汽车工业协会。

（二）行业发展亮点

1. 新能源汽车高速增长，带动乘用车子午胎（PCR）新功能快速发展

国内PCR头部企业，纷纷开发具有静音和防刺扎功能的规格品种。在可预期的将来，对PCR而言，这两项性能将成为市场的主流，特别是防刺扎功能，不仅会成为新能源车标配，传统燃油车也逐步采纳此性能，毕竟在车辆有限的空间里可节省一条备胎的空间，能有效增加轿车的可用空间。

这两项性能的开发，促进了激光技术在轮胎行业的快速推进，如激光智能打标、激光清除隔离剂、激光车间线上模具清洗研发等。

2. 轮胎工业智能化精耕细作，助力轮胎制造全面升级

近10年，轮胎工业4.0方兴未艾，真正推行智能化工厂和智能化生产线的企业都尝到"甜头"：生产效率至少提升15%；劳动强度至少降低30%；产品或半成品不合格率至少降低40%。如果进一步实现了仓储智能化、订单信息化、排产自动化等智能化管理，则轮胎生产管理方式将进入全新模式，生产柔性化、产品定制化指日可待。另一方面，轮胎制造设备管理也实现了智能化、信息化，如智能排产、轮胎生产动均性诊断、压出合规率提升、新型全自动缠绕工艺等。因此，轮胎企业应加快结构调整步伐，精耕细作，提高生产效率和产品质量。

3. 切实开展"领跑者"活动，助推节能技术快速推进

杭州中策清泉实业有限公司和杭州海潮橡胶有限公司，在能源技术、管理、工艺、规模和布局等方面综合性优势非常明显，获得了全钢和半钢轮胎产品能效"领跑者"活动第1名；威海君乐轮胎、双钱轮胎江苏公司、山东金宇的全钢子午胎分列第2~4名；浦林成山、青岛双星、玲珑德州工厂的半钢子午胎分列第2~4名，为行业企业转型发展树立了示范和样板。

4. 绿色生物基材料应用加速，迎来新突破

（1）利用植物油、生物基材料发酵产生的甲烷、二氧化碳和废旧轮胎裂解油等生产不同类型的炭黑，已经应用于轮胎制造当中。新技术有效减少了碳排放，增强了材料的循环利用。

（2）白炭黑新技术采用由稻壳废渣（即稻壳灰中的硅酸盐）制成的高质量二氧化硅，稻壳废渣是大米加工的副产品，通常是被丢弃到垃圾场。

（3）将包括废塑料瓶在内的废旧塑料进行回收、还原处理，可用于制造轮胎帘布的环保型工业级聚酯纤维。

(三)行业发展大事

1. 沈金荣继续担任轮胎分会理事长

在2022年11月3日召开的全国轮胎行业会员大会上,中策橡胶集团董事长沈金荣连任中国橡胶工业协会轮胎分会理事长。沈金荣理事长对两年来理事会的工作进行全面梳理,汇报了行业经济运行情况,同时对轮胎分会近年来的主要工作及取得的成绩给予充分肯定。轮胎行业在沈金荣理事长的带领下,面对前所未有的重重压力和挑战,深入贯彻新发展理念,在稳运行、稳出口、稳就业等方面作出重要贡献。

沈金荣理事长提出了未来两年理事会的工作方向,指出要重点关注国民经济热点领域的发展,围绕轮胎行业"十四五"规划纲要,把准市场脉搏、紧跟市场节奏;坚持依靠科技进步和创新,克难点、破痛点;坚定不移去产能、调结构,不断优化市场环境。在我国轮胎产业转型升级、由大变强、奔赴新征程的关键时刻,一定要深入贯彻和落实"双碳"战略,坚持绿色低碳环保可持续发展,协同上下游,扎实推进新材料、新技术、新工艺、新装备、新能源等方面的创新应用,充分发挥信息化、数字化、智能化在传统加工业上的赋能,加强多方深度融合发展,共同推进我国轮胎行业高质量发展。

2. 叶菲出任米其林中国区总裁兼首席执行官

2022年3月1日,叶菲先生出任米其林中国区总裁兼首席执行官,成为首位担任米其林中国区最高负责人的中国籍人士。叶菲表示,会带领米其林公司把握新的市场机遇,加速数字化转型,以尖端创新的轮胎产品、服务和解决方案,为更多中国消费者和客户提供美好的出行生活体验。

3. 聚焦GB 9743与GB 9744标准修订,扎实推进产品升级换代

2022年9月,工业和信息化部科技司发布通知,公开征求对《轿车轮胎》《载重汽车轮胎》等强制性国家标准修订(征求意见稿)的意见。轮胎行业和企业积极响应,标准的实施将有力推动我国轮胎产品升级换代,不仅可以有效地促进行业良性竞争,还可以提高竞争门槛淘汰落后,提升行业的整体水平。

为了使标准能够"立得住、行得通、用得好",中国橡胶工业协会于2022年9月26日在上海召开了GB 9743和GB 9744征求意见稿的研讨会。内外资轮胎企业的专家齐聚,对标准内容进行深入讨论。大家一致认为将滚阻和湿滑要求纳入标准十分必要,但是在实施时间与标准胎的选取等方面要慎重,考虑到产品的市场结构,基于实际可操作性,特别是测试数据积累等问题,应广泛听取企业专家的意见,将两项标准做深、做实、做细。

4. 发力"新能源轮胎高端配套",紧跟市场发展节奏

新能源汽车产业作为战略性新兴产业,对建设清洁美丽世界、构建人类命运共同体具有重要意义,已成为全球汽车产业转型发展的主要方向和促进世界经济持续增长的重要引擎。

新能源轮胎是全新的技术突破,而不是简单的传统轮胎技术升级。从轮廓、花纹、配方、结构、材料、工艺六位一体,多维度进行技术创新,依托强大的研发实力和测试能力,通过设计—仿真模拟—优化迭代—样胎制作—室内/外测试评价,实现了技术理念与产品的完美融合。中策橡胶、玲珑轮胎、森麒麟、浦林成山等轮胎企业在新能源轮胎领域具备前瞻性思维,超前布局,是全球最早一批研发和制造新能源轮胎的企业,皆已实现了技术成熟、质量成熟、生产成熟,并正形成持续领先的研发能力和制造能力。

5. 七大举措落实"三品方案",推进行业高质量发展

2022年9月14日,工信部等4部门联合印发《原材料工业"三品"实施方案》,要求各

相关单位推动原材料工业增品种、提品质、创品牌。这对轮胎行业发展具有重要的指导作用。轮胎行业聚焦7个着力点，加快推进"三品"战略的实施和落地，以有效促进行业发展模式从规模速度型向质量效益型转变，更好满足国内外市场需求，支撑轮胎制造强国建设。

第一，发展绿色低碳产品；第二，丰富新材料品种；第三，优化产品设计手段；第四，强化质量目标管理，提高质量体系的有效性；第五，建立创新评价体系；第六，构建品牌全球化发展战略；第七，加强上下游联动。

除了这7个发力点外，轮胎行业落实"三品"方案还需要国家政策层面的引导。比如加大我国轮胎标签制度的法规推进力度，规范市场秩序；对高科技产品给予扶持，避免行业无序竞争；取消天然橡胶进口关税。这对于促进国内消费需求和绿色低碳发展、橡胶轮胎工业转型升级和高质量发展，具有重大意义。

6. 轮胎出口保持较好增长

2022年，我国轮胎产品在海外市场继续呈现较强竞争力，出口继续保持较好增长，弥补了国内消费不旺缺口。

从出口区域来看，主要出口至欧美等发达地区和东南亚、中东等国家，支撑了我国轮胎出口大部分需求。

但是，2022年下半年以来，出口增幅趋降拐点突显，欧美发达国家通胀、加息加速经济衰退，致使全球轮胎消费数量萎缩。我国轮胎行业一方面迎难而上，克服困难保优势稳出口；另一方面抓住国家稳增长、加大基础投资力度、刺激消费政策陆续到位的机遇，创新国内市场营销和服务，实现国内与国外两个市场"双轮"驱动，带动行业向前发展。

7. 培育"绿色制造标杆"，发挥示范引领作用

贵州轮胎始终遵循绿色发展理念，认真落实各项环保管理制度，不断推进节能减排与环境保护工作。近年来，多次荣获绿色制造与产品荣誉。2022年1月，贵州轮胎载重汽车子午线轮胎12R22.5入选工业和信息化部公布的2021年度绿色设计产品名单，这是社会各界对企业绿色设计、绿色制造能力的肯定。

2022年，北京中化联合认证有限公司通过文件评审、现场检查、样品检测等方式，并按照《绿色产品认证实施规则 轮胎》（CNCA-CGP-17：2022）及《绿色产品评价 轮胎》（GB/T 40718—2021）的相关要求，对企业申报的产品进行甄选，玲珑轮胎与贵州轮胎获得中国绿色产品认证。绿色轮胎主要包括低滚阻系列、低噪声系列等。

浦林成山"绿色轮胎智能工厂标准应用试点"项目列入工业和信息化部2022年度智能制造标准应用试点项目。

中策橡胶高性能子午胎"未来工厂"，依托数字化仿真设计、大数据平台分析决策、轮胎生产全流程智能控制与云计算模型，实现产品设计迭代加速、高精度高速度检测和高效率高品质生产。中策橡胶以钱塘新区总部为中枢，带动泰国工厂等多个制造基地的全方位智能升级；搭建"中策云"平台，用智能化和大数据串起整个产业链，赋能汽车后市场服务。

8. 聚焦"高附加值工程巨胎"，打造市场新亮点

继海安、赛轮、中策之后，风神也于2022年10月成功开发矿山特大型自卸车用巨型子午线轮胎59/80R63，迈出了结构调整、产品向高质量发展的重要一步。

三角轮胎等老牌企业也重点发力24至63英寸高附加值的工程子午胎产品，构建全品类的工程和矿山机械轮胎产品体系，包括刚性自卸车、铰链式卡车等8个不同作业用途的产品系列。

泰凯英轮胎公司专注于工程机械轮胎产品的销售、服务和产品研发，深耕海外市场，为大型矿山和知名主机厂提供全面、专业解决方案。

国产矿山特大型自卸车用巨型子午线轮胎的生产与推广，有利于打破国外轮胎制造商对工程巨胎的技术封锁和价格垄断，做强民族品牌，振兴民族工业，进而保证全球轮胎市场稳定供应。

因地缘冲突影响，造成区域性工程巨胎市场紧缺，给生产企业提供了较好市场机遇，预计未来2～3年内其产能将得到理想释放。但是，工程轮胎的市场容量相对较小，特别是巨型工程轮胎技术难度大、服务要求高、投资风险大，轮胎企业"扩产"和"进入"须审慎。

9. "并购整合去产能"，促进产业结构优化

中策橡胶于2022年4月1日完成对天津国际联合轮胎橡胶股份有限公司的收购，收购价格为2亿美元（约13亿元），作为其全球扩张战略的一部分。此次收购将极大丰富中策橡胶的产品结构。并购完成后，一方面可以优化生产基地布局，借助天津港的区位优势，将生产能力辐射扩张至北方市场；另一方面，天津国际联合原有的丰富产品线，以及渠道和客户，与中策橡胶可以产生协同效应，进一步提升后者的市场占有率。

另外，中策、普利司通等企业优化产业结构，分别关停了中策朝阳工厂、普利司通惠州工厂，总共消减TBR（卡客车轮胎）产能800万条。

10. "创新性新材料"突破魔鬼三角，释放新活力

（1）"液体黄金"轮胎

赛轮集团新推出的"液体黄金"轮胎，采用化学炼胶技术，使滚动阻力、抗湿滑性和耐磨性相辅相成，产品的出色表现让困扰橡胶行业多年的"魔鬼三角"难题迎刃而解。"液体黄金"轮胎被行业誉为划时代技术，在降低轮胎滚动阻力同时，还能提高抗湿滑性，耐磨性能也能得到满足，因而更加节油、绿色、低碳。"液体黄金"轮胎选用全新制造工艺，是世界橡胶工业第4个具有里程碑意义的创新产品，也推动中国轮胎工业不断向前。

赛轮集团已与多家新能源车企开展相关合作，运用"液体黄金"新材料打造的轮胎，让赛轮在新能源汽车赛道上展现出强大竞争力。2022年5月，赛轮"液体黄金"轮胎亮相德国科隆国际轮胎展，多款产品经国际权威第三方检测机构TÜV SÜD、AUTOBILD、IFV的专业测试，表现出令人惊叹的优异性能。其中4款轮胎同时取得TÜV MARK证书。

（2）"稀土金"轮胎

双星轮胎聚焦产品、做强品牌、持续创新，围绕高价值、高差异化产品持续发力。"稀土金"全钢胎，获评"青岛市创新产品"。"稀土金"轮胎是采用"稀土金"橡胶复合新材料、全零度缠绕技术、独特的花纹设计生产的卡客车轮胎，具有超安全、超省油、超耐磨、超低生热、高里程等性能。

（3）其他新材料

2022年11月2日，江苏太极实业新材料有限公司的两个项目，通过了江苏省纺织工程学会组织的科技成果鉴定会。"子午线轮胎冠带用生物基聚酰胺56工业丝和浸胶帘布的开发与应用"项目实现了PA56工业丝和浸胶帘线的量产，整体技术达到国际先进水平；"子午线轮胎胎体用高性能聚酯浸胶帘子布及环保浸胶技术的开发与应用"项目整体技术达到国内领先水平。

其他新材料包括张立群院士科研团队研发的生物基衣康酸酯橡胶、可降解的生物基聚酯橡胶，中德化学的生物基木质素材料，蔚林股份符合"一剂多能"特征的新型多功能硫化助剂，麒祥公司推出的新型偶联剂Si-747与Si-777等。

（四）行业存在的问题

1. 海外经济形势复杂严峻，未来出口形势不乐观

一是全球通胀加剧，经济衰退，"蛋糕"变

小；二是地缘政治及军事冲突带来政治和经济的不确定性；三是全球轮胎生产与供应趋于正常，"原有机会"消失，传统优质市场的贸易摩擦风险加剧，墨西哥、欧盟、南非等贸易案件接连不断；四是新兴经济体和发展中国家面临货币贬值和债务风险；五是美元持续升值造成大宗原材料的价格波动。

2. 国内和行业内部突出问题对高质量发展的影响

一是国内宏观环境"三重压力"的客观影响；二是国内产能过剩矛盾尚未得到较好解决，"内卷"加剧，严重影响健康可持续发展；三是企业研发费用投入不足，影响技术创新；四是进口天然胶关税难取消，"老大难"问题一直未得到解决，对内循环高质量发展十分不利；五是在稳增长要求下，一些地方政府"热情"过高，政策补贴许诺虽然诱人，但企业战略目标执行的背后要付出真金白银。

（五）发展机遇

1. 物流业和仓储业运行继续回升带动轮胎市场需求

中国物流与采购联合会发布的2023年3月份中国物流业景气指数为55.5%，环比回升5.4个百分点，连续两个月回升超过5个百分点；仓储业指数为50.2%，环比下降6.1个百分点。伴随各地稳需求、促消费等政策措施落地，物流业景气指数呈现强劲复苏态势。随着稳经济政策措施效应进一步显现，无疑会对轮胎消费产生积极作用。

2. 抓住新能源汽车发展带来的福音

一是"新能源"已成为汽车发展新趋势，相对传统燃油车是一个此消彼长的状态；二是虽然汽车总量增长有限，但新能源汽车的高渗透率、低运行费用和特殊性能特点客观上会造成轮胎消费增长；三是新能源汽车对轮胎的较高性能要求，对大规格、宽断面、低噪声、耐湿滑、高耐磨等轮胎产品的价值提升，创造了较大发展空间；四是OEM厂对轮胎配套的高要求，对自主品牌轮胎提出更具体、更严格考验的同时，在替换维修市场端创造更大的空间。

3. 抓住国ⅥB全车型新政实施的宝贵机遇

2023年7月1日开始实施国ⅥB标准，拉动了全车型车辆销量的提升，对主机厂加快出货有一定促进作用，给轮胎企业提供了机会。

4. 抓住"扩内需"给国内市场带来的机遇

一是随着国内扩内需、促消费政策方向的明确，我国经济活力恢复已见端倪；二是商用车有望同期增长15%，这势必拉动全钢载重子午线轮胎市场的需求。

5. 抓牢优势，稳住海外市场机遇

一是海外轮胎市场销量对我国轮胎产能释放至关重要；二是经过多年耕耘，我国轮胎产品在海外消费者中得到一定认可，轮胎产品还是一个传统的工业产品，其综合性能、价格和品牌影响力等客观条件是首选；三是在目前全球贸易环境比较困难的状况下，要精心维护好市场环境，不断创新服务，拓宽渠道和品牌优势至关重要。

6. 抓稳海外基地建设、拓展新机遇

一是加大海外市场布局，通过海外建厂、联合海外销售督导、独立建设海外销售渠道等方式加快市场开拓，让企业海外布局更合理，自主品牌影响力更大；二是海外投资建厂战略由起初的在东南亚探索，向欧美进发，加快布局与转移。

（六）展望与建议

2023年是全面贯彻落实党的二十大精神开局之年，全面投入经济发展，稳增长、稳就业、稳效益，防范化解风险，推动行业经济好转，实现质的提升和量的合理增长，是我国轮胎行业发展的关键和重点。

1. 认清形势，积极应对，迎难而上接受新挑战

（1）全球政治经济形势变化给出口带来新挑战

2023年全球正从疫情中走出，但是从目前国际经济、政治、社会发展呈现的各种迹象判断，全球经济增速下行几乎已成定局。

据国际权威机构预测，2023年，全球经济增速将从2022年的3.4%降至2.5%以下；美欧央行货币政策持续收紧，地缘政治冲突加剧，西方推行的逆全球化，给我国对外贸易造成较大影响。我国轮胎出口占比相对较大，由此带来的影响和挑战较严重，全行业应高度重视、积极应对、全力化解、长远布局。

（2）国内经济复苏给行业带来宝贵机遇

2023年年初，国际货币基金组织（IMF）将我国的经济增长预期，从此前的4.4%上调至5.2%。国内经济的起底回升必将给内需市场创造出宝贵机遇和空间。国内轮胎行业和企业要在变化中及时识变、应变，既要牢牢抓住机遇稳增长，更要在创新中调结构、增效益，实现高质量发展。

2. 抓住机遇，调好结构，创新发展，迈向高质量

（1）全力投入经济恢复的新任务

国内经济和消费市场已经开始启动。中央经济工作会议决定，将着力扩大国内需求作为2023年重点工作任务，并强调"要充分发挥消费的基础作用和投资的关键作用"，扩大投资成为重要发力点。

今年初，一大批重大项目集中开工建设，有力拉动第一季度的经济回到正常增长区间，对国内卡客车轮胎消费有显著刺激。随着出行全面恢复，节日游、暑期游回归，国内乘用车轮胎替换市场需求必然增长。

2023年，轮胎行业和企业要抓住机遇，全力投入到经营工作中。要紧跟市场发展节奏，力保平稳运行，抓好有效生产、有效销售，稳住外贸大盘，守牢安全生产底线。

（2）抓住"扩大内需战略"机遇，筑牢轮胎内需基本盘

筑牢轮胎消费内需市场，是我国轮胎工业发展的关键支撑。面对复杂严峻外部环境，只有抓牢"扩大内需战略"机遇，实现自身稳定发展，才能有效应对外部风险和挑战，保持原有竞争优势。

重视结构调整和去除低端产能。现在消费者对产品的要求已从"有没有"变成"好不好"，需要更多高品质、高性能、高质量的产品供给。因此，行业和企业要主动加快固根基、扬优势、补短板、强弱项，根据市场发展趋势进行产品和产能结构调整，加强技术储备和市场服务等，坚定不移去产能，克服行业"内卷"。

抓住汽车工业对轮胎产品新要求，创造发展新空间。针对新能源汽车等新品对轮胎产品性能提出的新要求，加大研发和新产品开发力度，研发节油、抗湿滑、耐磨、静音、防刺扎、操控性能优等综合性能突出的低碳绿色高附加值轮胎。另外，未来在全钢载重胎领域的宽基轮胎等新产品的市场空间可能会被看好。

理性看待消费和基建投资规模给轮胎内需创造的空间。轮胎行业要通过创新驱动和质量提升来实现，要积极引导发展绿色低碳产品的生产和消费，重点在产品附加值提升和行业经济效益整体提升方面做文章。

（3）要重视海外市场深耕和维护，提高国产品牌形象及竞争力

常年耕耘使我国轮胎产品在海外消费者中得到认可，但是市场维护是长期复杂过程，需要不断维护和创新服务，拓宽渠道和品牌优势才有可能获取更高盈利空间。

国际国内市场"双循环"共同发力，才能撑起我国轮胎工业发展。保持国内庞大轮胎产业的产能释放和竞争力，必须依靠国际国内市场"双循环"共同发力，其中海外市场承担了总产量的50%，且盈利情况相对稳定，因此抓

好出口举足轻重。

深耕海外优质市场，不断拓展广阔新兴市场，是自主品牌轮胎逐步走向世界舞台中央的重要路径。回顾全球轮胎工业史，特别是从后来者的发展路径可知，他们无不得到外贸市场的鼎力相助。

（4）重视科技进步

屹立于全球轮胎行业前列的巨头，无一不是科技领先人才充沛。技术遥遥领先、人才资源充沛是企业可持续发展的核心竞争力。

伴随我国轮胎行业的迅猛发展和国内市场资源变化，依靠引进消化吸收发展的技术路线已经走不通了。只有依靠自身花大力气来抓创新、抓基础研究，同时虚心借鉴先进经验并不断积累，才能够在跟跑和并跑中不掉队。

国内整体科技水平的大幅提升，为轮胎科技进步打下了基础。目前，我国的基础科研和技术应用整体水平已经有了很大提高，涌现出很多高水平的科研队伍，为轮胎行业和企业联合创新发展提供了有利条件。轮胎企业应加强与高校、院所及第三方科研机构合作，通过自主创新跻身世界前列。

尊重知识产权、加강人才队伍建设，给科技进步插上翅膀。科技研发和技术创新本身充满了复杂性与不确定性，时间长、投入大、风险大。因此，尊重知识产权、加强人才队伍建设和保护，对国家和行业的可持续健康发展极其重要，关乎希望和未来。

（5）依靠市场机制和绿色低碳发展要求，去除过剩轮胎产能

一是我国轮胎行业处在完全充分市场竞争中。去除过剩产能的实质就是为适应市场做调整。因此，最好要仰仗市场之力、依赖价值规律，依托市场化的兼并重组等手段，提高产业集中度，稳定供求关系。

二是绿色低碳环保节能是我国经济社会发展的总要求，依法对低端落后、高污染的"小散乱"企业和"僵尸企业"进行取缔，是维护公平竞争、科学发展的常态之路。

三是只有科学有效去除轮胎行业过剩产能，行业才能回到健康发展的轨道。

3. 2023年轮胎行业生产经营预测

基于国内经济发展现状及经济增长预期，结合中国汽车工业协会相关信息，以及对未来轮胎出口市场预判，轮胎行业业内专家预测：2023年全国轮胎产量约6.87亿条，增长3%。其中，子午胎产量约6.54亿条，增长3%（全钢子午胎产量约1.33亿条，增长7.2%；半钢子午胎产量约5.21亿条，增长2%）；斜交胎产量0.33亿条，增长3.1%。轮胎销售收入和盈利可能会有显著提升，产业集中度也会进一步提高。

展望2023年，我国轮胎行业既充满了困难和挑战，更充满了机遇和希望。全球经济环境在后疫情时代虽然充满不确定性，经济复苏步伐可能缓慢，通胀在中短期内对经济影响大，对国内轮胎出口可能造成较大影响，全年呈现前低后高状态。但是，历经磨砺的自主品牌轮胎在海外市场的影响力必将会越来越强，国内经济必将起底回升。对轮胎行业和企业而言，其机遇不仅体现在市场领域，优秀企业还应抓住机遇进行结构调整。在改革开放市场经济中发展壮大起来的轮胎工业，一定能够在这场惊涛骇浪中迎风破浪，奋勇向前，在我国成为世界轮胎制造强国的道路上不断迈出坚实步伐。

（史一锋　苏博）

二、力车胎

在国际地缘政治危机、疫情扰动、大国博弈、全球经济增速放缓的大背景下，2022年我国力车胎行业供需两端均承受着较大压力，行业经济运行速度持续放缓。中国橡胶工业协会力车胎分会重点会员企业统计数据显示，2022年，行业主导产品产销量除电动自行车胎一枝独秀实现增长外，自行车外胎、摩托车外胎和综合内胎产销量同比（下同）均有不同程度下降。在国家"稳增长"政策支持和全行业努力下，2022年下半年起，行业主要经济运行指标下降幅度逐步收窄，企业生产经营各项活动也随着海内外疫情的缓和而逐步恢复常态。

2022年是3年疫情以来行业承受下行压力最大的一年。疫情初期，即2020年，基于疫情不确定性和降低聚集风险，人们的出行方式发生了改变，海内外自行车及包括自行车胎在内的零部件市场需求大增。至2021年，我国力车胎行业产销两旺，自行车胎出口量创出历史新高，行业产能结构性严重过剩矛盾得到短暂缓和。进入2022年，西方发达国家率先放开疫情管控，全球逐渐走出疫情阴霾，海外市场对自行车及其零部件的需求持续放缓，全行业直接出口和配套整车间接出口的自行车胎数量大幅度回落。在我国，2022年大部分时间仍然对疫情实行严格管控，疫情多发地区的大众出行、交通物流和企业生产经营活动仍受到不同程度的影响，国内力车胎消费市场陷于低迷状态。

虽然2022年我国力车胎行业自行车胎等部分产品产销量和出口量出现较大幅度的回落，但行业主导产品的总体产销量和出口规模，仍然基本保持在疫情前的水平。因此，2022年行业经济运行速度放缓，也可视为海内外力车胎市场需求回归常态的表现。经济运行承压的情况下，行业技术创新和产品升级继续得到有力推进，行业骨干企业的科研攻关主力军作用和高质量发展的引领示范作用不断增强。

（一）基本情况

1. 经济技术指标完成情况

2022年力车胎分会25家主要会员企业经济技术指标见表1.11。

2. 市场需求

（1）摩托车胎市场

据中国摩托车商会公布的统计数据，2022年，全国摩托车产量为2129.22万辆（其中三轮摩托车228.11万辆），下降16.08%。按三轮摩托车产量占摩托车总产量10.7%、无内胎摩托车胎占摩托车胎总产量约20%推算，2022年，摩托车胎配套市场对摩托车外胎的需求量约0.45亿条，对摩托车内胎需求量约0.36亿条。

据公安部最新公布的统计数据，2022年，全国摩托车社会保有量为8072万辆，占机动车总量19.38%。考虑到每年投放国内市场的摩托车约有1/5未在车管部门办理注册登记，推算出我国摩托车实际社会保有量约0.97亿辆（其中三轮摩托车约0.18万辆）。即现阶段国内维修市场每年约需摩托车外胎0.63亿条、内胎0.45亿条。

据海关总署统计数据，2022年，我国出口摩托车外胎19.1万吨（约0.56亿条）、出口摩托车内胎9.8万吨（约2.14亿条）。国内配套市场、维修市场需求和产品出口3项数据合计，2022年我国摩托车胎仍然占有外胎约1.64亿条、内胎约2.95亿条的全球市场份额。

表 1.11 2022 年力车胎分会 25 家主要会员企业经济技术指标

指标名称	2021 年	2022 年	同比/%
力车胎工业总产值（现价）/亿元	193.29	176.90	-8.48
力车胎销售收入/亿元	190.15	173.94	-8.52
力车胎产品出口交货值/亿元	44.72	40.02	-10.51
力车胎实现利润/亿元	5.05	2.14	-57.62
全员劳动生产率/[元/(人·年)]	222042.34	193279.41	-12.95
自行车外胎产量/万条	24421.40	16894.60	-30.82
电动自行车外胎产量/万条	16084.30	17235.60	7.16
自行车内胎产量/万条	32857.90	24235.00	-26.24
摩托车外胎产量/万条	11103.60	10059.40	-9.40
摩托车内胎产量/万条	7788.00	6383.80	-18.03
丁基内胎产量/万条	27822.40	21560.30	-22.51
内胎丁基化率/%	68.45	70.42	2.88

注：数据来源于中国橡胶工业协会力车胎分会。

（2）自行车胎市场

据中国自行车协会公布的统计数据，2022年，全国自行车产量约为5200万辆，下降32%。另据海关统计数据，2022年我国出口自行车4174万辆，下降39.6%。由此推算，2022年国内自行车配套市场对自行车胎的需求量约1.04亿条（套），其中随整车出口间接销往国外市场的自行车胎约0.84亿条（套）。

综合中国自行车协会及相关专业机构公开发布的消息，现阶段我国自行车社会保有量约4亿辆，占全球自行车保有量的40%。据此推算，国内维修市场每年对自行车外胎的需求量约1.85亿条，内胎需求量约2.2亿条。鉴于自行车没有明确的使用报废年限，且国内普通自行车消费市场早已处于饱和状态，因此预估我国自行车社会保有量将长期稳定在3.5亿~4亿辆的区间，但中高端自行车的保有量将逐步提升。

据海关统计数据，2022年我国出口自行车外胎6.72万吨（约0.90亿条），出口自行车内胎4.40万吨（2.10亿条）。

国内配套市场、维修市场需求和产品出口3项数据合计，2022年我国自行车胎仍然占有外胎约3.80亿条、内胎约5.34亿条的全球市场份额。

（3）电动自行车胎市场

根据中国自行车协会公布的2021年国内电动自行车产量统计数（4551.1万辆）和2022年国内自行车规模以上企业产量增长幅度（9%）推算，2022年全国电动自行车产量约为4960万辆。此外，综合中国自行车协会及相关专业机构发布的消息，截至2022年底，我国电动自行车的社会保有量已达3.5亿辆。由此推算，2022年国内电动自行车胎配套市场空间约为0.99亿条（套），电动自行车胎维修市场空间约为3.5亿条（套）。上述两项数据合计，2022年我国电动自行车胎的市场需求量约为4.5亿条（套）。

（4）市场发展前景

根据公安部交通管理局发布的消息，2022

年我国汽车保有量达到3.19亿辆，是我国摩托车保有量的3倍，是自行车保有量的75%，与电动自行车保有量基本持平。虽然对照国际通行评判标准，我国汽车市场尚未到充分饱和状态，但汽车替代摩托车、自行车等各类两轮车的势头正逐步减弱。未来一段时期，汽车和电动自行车还会替代一部分以交通代步为主要功能的摩托车和自行车，摩托车和自行车国内市场容量预计将长期稳定在每年1000万辆（据公安部交通管理局发布数据，2022年全国新注册登记摩托车1130万辆）和2000万辆左右的水平，国内摩托车胎和自行车胎市场的总需求，也将进入长期平稳发展的时期。

在需求总量基本保持稳定的情况下，中高端摩托车胎和自行车胎需求逐步增长。我国电动自行车产业经历了初始化、规模化、高速增长3个发展阶段，电动自行车已经成为一种节能环保的大众中短途出行代步工具，也是快递、外卖行业大量投入使用的运输工具，电动自行车在国内市场仍有一定的发展潜力。预测在内需与出口的拉动下，未来几年我国电动自行车年产量有望达到5000万辆以上。由于我国是世界人口大国，地区经济发展不平衡的现状还将在较长时间内存在，不同地区、不同群体在消费能力、出行距离、道路状况和公交设施建设等方面的差异，决定了我国大众出行工具将长期处于多样化状态。在经济发展较快地区，出行工具将逐步向多样化、个性化过渡，即一个家庭可以同时保有汽车、摩托车或自行车。据中国自行车协会发布的《2022年度两轮绿色出行指数研究报告》，全国城镇内每100次出行中，约30次由两轮车出行完成。因此，国内力车胎市场进入平稳发展期后，市场容量依然巨大。

受地缘政治冲突、通货膨胀、疫情等诸多因素的叠加影响，2022年全球力车胎、摩托车胎市场需求增速整体放缓，其中自行车胎出现大幅度下滑。原因是现阶段自行车最大的消费市场在亚洲、欧洲和北美地区，自行车功能主要体现在交通代步工具或休闲娱乐器材上。疫情初期，出于安全和健康考虑，选择自行车代步和健身的人群逐渐增多，一些国家相继出台购车补贴等措施，自行车需求量骤升，欧美市场一度货源不足，我国自行车制造业订单呈现持续快速增长，并带动了包括自行车胎在内的自行车零部件需求急剧增加。2021年末至2022年初，全球自行车及其零部件消费需求又随着疫情减缓、限制措施逐步取消而持续回落，全球自行车胎市场年需求量回归到约6亿条（套）的常态水平。在占世界总人口80%的发展中国家和地区，摩托车是大众中短途出行或载货运输的经济适用型车辆，市场刚需性较强。因此，全球摩托车胎市场在疫情期间相对平稳，预测未来一段时期海外摩托车胎市场仍将保持平稳发展的态势。

3. 生产与效益

2022年，力车胎行业生产运行呈现出前半段低速开局、持续下行，后半段逐渐企稳、回归常态的态势。受国内外力车胎市场需求持续回落影响，2022年1~6月，中国橡胶工业协会力车胎分会重点会员企业累计工业产值、销售收入和出口产品交货值分别下降10.4%、10.6%和4.1%，主导产品自行车外胎、电动自行车外胎、摩托车外胎、综合内胎产量分别下降27.3%、1.5%、17.8%、21.7%。即便是近期呈现较快增长的电动自行车胎市场，直到5月份才逐渐恢复到正常状态。进入2022年下半年，电动自行车胎市场有了较大恢复，全行业电动车胎产量呈现稳定回升态势，摩托车胎产量降幅也逐渐收窄。2022年，力车胎行业大企业外胎日均产量由2021年的30万条左右，回落到20万条左右。中小型企业的日均产量也有不同程度回落。行业内部创新力、品牌力相对欠缺，营销渠道相对狭窄的企业，承受的生产下行压力相对较大。

根据中国橡胶工业协会力车胎分会了解的

情况，2022年重点会员企业生产运行过程中，没有遇到"停产治污"或疫情内部失控的现象，"用工难"问题明显缓和，表明行业经过"十三五""十四五"以来的持续改造升级，生产自动化程度、清洁生产和安全生产水平又上了新台阶，以往较长时期内影响行业生产运行的主要问题逐渐化解。行业产能结构性严重过剩、产品同质化程度仍然偏高，低端市场逐渐萎缩、中高端市场尚未充分形成的矛盾，已经成为行业整体生产运行保持良性循环的主要不利因素，也是我国由力车胎大国走向力车胎强国过程中，需要进一步凝聚起全行业智慧和力量重点解决好的问题。2022年力车胎分会统计了销售收入前10名企业，以及自行车外胎和内胎、摩托车外胎和内胎、电动自行车外胎产量前10名企业，见表1.12～表1.15。

表1.12 2022年力车胎分会统计销售收入前10名企业

排名	企业名称	销售收入/万元	实现利润/万元	销售利润率/%
1	厦门正新橡胶工业有限公司	401626.0	6012.0	1.50
2	中策橡胶集团股份有限公司	310566.8	—	—
3	四川远星橡胶有限责任公司	227451.0	4268.0	1.88
4	江苏三元轮胎有限公司	199741.0	4666.0	2.34
5	天津市万达轮胎集团有限公司	140037.0	—	—
6	青岛东方工业品（集团）有限公司	92921.0	1006.0	1.08
7	新东岳集团有限公司	69430.6	-3206.9	-4.62
8	山东吉路尔轮胎有限公司	66054.0	791.8	1.20
9	腾森橡胶轮胎（威海）有限公司	51135.0	2589.0	5.06
10	蚌埠伊诺华轮胎有限公司	29013.0	—	—

表1.13 2022年力车胎分会统计自行车外胎和内胎产量前10名企业

排名	企业名称	外胎产量/万条	排名	企业名称	内胎产量/万条
1	天津市万达轮胎集团有限公司	5518.0	1	厦门正新橡胶工业有限公司	7916.0
2	厦门正新橡胶工业有限公司	3658.0	2	中策橡胶集团股份有限公司	4391.3
3	中策橡胶集团股份有限公司	2669.3	3	天津市万达轮胎集团有限公司	2914.0
4	蚌埠伊诺华轮胎有限公司	1062.0	4	新东岳集团有限公司	2866.8
5	河北虹阳轮胎有限公司	1026.0	5	河北协美橡胶制品有限公司	2575.0
6	新东岳集团有限公司	907.1	6	黑猫轮胎（福建）有限公司	1652.6
7	山东吉路尔轮胎有限公司	871.0	7	广州飞旋橡胶有限公司	703.6
8	河北协美橡胶制品有限公司	546.0	8	昆明云仁轮胎制造有限公司	552.8
9	广州飞旋橡胶有限公司	406.0	9	河北虹阳轮胎有限公司	367.0
10	黑猫轮胎（福建）有限公司	82.4	10	山东吉路尔轮胎有限公司	201.0

表 1.14 2022 年力车胎分会统计摩托车外胎和内胎产量前 10 名企业

排名	企业名称	外胎产量/万条	排名	企业名称	内胎产量/万条
1	天津市万达轮胎集团有限公司	1882.0	1	四川远星橡胶有限责任公司	2837.0
2	厦门正新橡胶工业有限公司	1659.0	2	厦门正新橡胶工业有限公司	926.0
3	四川远星橡胶有限责任公司	1396.0	3	黑猫轮胎（福建）有限公司	584.2
4	江苏三元轮胎有限公司	1080.0	4	新东岳集团有限公司	577.2
5	新东岳集团有限公司	869.4	5	中策橡胶集团有限公司	540.9
6	中策橡胶集团有限公司	796.1	6	腾森橡胶轮胎（威海）有限公司	289.0
7	腾森橡胶轮胎（威海）有限公司	694.0	7	重庆金盾橡胶制品有限公司	242.0
8	山东吉路尔轮胎有限公司	653.0	8	山东吉路尔轮胎有限公司	195.0
9	青岛宏润达橡胶制品有限公司	341.0	9	福建和兴橡胶工业有限公司	110.0
10	广州钻石车胎有限公司	283.4	10	重庆市九龙橡胶制品制造有限公司	82.4

表 1.15 2022 年力车胎分会统计电动自行车外胎产量前 10 名企业

排名	企业名称	外胎产量/万条
1	中策橡胶集团股份有限公司	6602.0
2	四川远星橡胶有限责任公司	3445.0
3	江苏三元轮胎有限公司	2427.0
4	天津市万达轮胎集团有限公司	1565.0
5	山东吉路尔轮胎有限公司	1390.0
6	新东岳集团有限公司	672.9
7	昆明云仁轮胎制造有限公司	470.0
8	腾森橡胶轮胎（威海）有限公司	265.0
9	河北协美橡胶制品有限公司	175.0
10	黑猫轮胎（福建）有限公司	132.6

2022 年，炭黑、部分橡胶助剂、轮胎用钢丝价格大幅度上涨（其中炭黑价格一度突破每吨万元关口），原油、天然气等能源价格上涨 12%。由于现阶段行业总体产能相对过剩，中低端产品比例偏高，价格竞争仍然居于主导地位，在下游整车产业同样承受较大下行压力、力车胎产品出口显著放缓、行业总体产能利用率下降、行业产成品库存增加的情况下，企业增加的成本难以有效传导。这是导致 2022 年以来行业经济效益整体持续走低的主要原因之一，而且，在行业新一轮结构调整尚未见效之前，行业经济效益增长基础比较脆弱的问题，估计还会持续一段时间。

4．进出口

（1）出口情况

据海关总署统计数据，2022 年我国出口摩

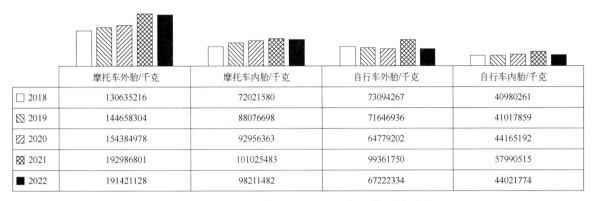

图 1.6　近 5 年力车胎行业主要产品出口量对比

托车胎(含内胎)和自行车胎(含内胎)共 40.09 万吨（约 5.70 亿条，含内胎），下降 11.19%；出口总额 13.07 亿美元，下降 3.81%。2022 年力车胎产品出口总体呈现出四大特点：一是出口总量持续回落；二是自行车胎出口大幅度下滑；三是出口到发达经济体的自行车胎首次超过亚洲、非洲、拉丁美洲地区；四是出口总量下降幅度远大于出口总额下降幅度。

近 5 年力车胎行业主要产品出口量对比见图 1.6。

① 摩托车胎出口情况

2022 年，我国出口摩托车外胎 19.1 万吨（约 0.56 亿条），下降 0.8%。摩托车外胎出口平均单价 2.90 美元/千克，增长 7.0%。2022 年出口到非洲、拉丁美洲、亚洲的摩托车外胎分别占该类产品出口总量的 37%、33%、17%。2022 年我国摩托车外胎出口量前 5 名的国家和地区依次为尼日利亚、哥伦比亚、墨西哥、美国和菲律宾。

2022 年，我国出口摩托车内胎 9.81 万吨（约 2.14 亿条），下降 2.79%。摩托车内胎出口平均单价 2.68 美元/千克，增长 9.39%。2022 年出口到非洲、拉丁美洲、亚洲的摩托车内胎分别占该类产品出口总量的 33%、40%、21%。2022 年我国摩托车内胎出口量前 5 名的国家和地区依次是巴西、尼日利亚、墨西哥、菲律宾和加纳。

② 自行车胎出口情况

2022 年，我国出口自行车外胎 6.71 万吨（约 0.90 亿条），下降 32.35%。自行车外胎出口平均单价 4.08 美元/千克，增长 21.79%。2022 年出口到欧洲、拉丁美洲、亚洲的自行车外胎分别占该类产品出口总量的 31%、25%、28%。2022 年我国自行车外胎出口量前 5 名的国家和地区依次是墨西哥、俄罗斯、日本、巴西和德国。

2022 年，我国出口自行车内胎 4.40 万吨（2.10 亿条），下降 24.09%。自行车内胎出口平均单价 4.81 美元/千克，增长 9.57%。2022 年出口到欧洲、拉丁美洲、非洲、亚洲的自行车内胎分别占该类产品出口总量的 33%、21%、20%、17%。2022 年我国自行车内胎出口量前 5 名的国家和地区依次是巴西、德国、美国、加纳和意大利。

2021～2022 年我国摩托车胎和自行车胎出口量价对比见表 1.16，力车胎分会统计出口交货值前 10 名企业情况见表 1.17。2022 年全国摩托车胎和自行车胎出口情况汇总见表 1.18。

（2）进口情况

根据海关总署统计数据，2021 年我国进口各类力车胎（含内胎）0.63 万吨（约 535.78 万条），下降 6.0%；进口总额 0.52 亿美元，增长 4.0%。2021～2022 年我国摩托车胎和自行车胎进口量价对比见表 1.19。

表 1.16 2021～2022 年我国摩托车胎和自行车胎出口量价对比

年份	项目	摩托车外胎	摩托车内胎	自行车外胎	自行车内胎
2021 年	出口总量/万吨	19.29	10.10	9.94	5.80
	出口总额/亿美元	5.22	2.48	3.33	2.55
	出口均价/(美元/千克)	2.71	2.45	3.35	4.39
2022 年	出口总量/万吨	19.10	9.81	6.71	4.40
	出口总额/亿美元	5.55	2.63	2.74	2.12
	出口均价/(美元/千克)	2.90	2.68	4.08	4.81

注：根据海关总署发布的相关数据整理。

表 1.17 2022 年力车胎分会统计出口交货值前 10 名企业

排名	企业名称	出口交货值/万元	同比/%	主要出口产品
1	厦门正新橡胶工业有限公司	94703.0	-1.29	自行车胎、摩托车胎
2	青岛东方工业品（集团）有限公司	89321.0	-2.33	摩托车胎
3	中策橡胶集团股份有限公司	78827.1	-11.81	自行车胎、摩托车胎
4	天津市万达轮胎集团有限公司	37918.0	-34.86	自行车胎、摩托车胎
5	江苏三元轮胎有限公司	27356.0	-13.54	自行车胎、摩托车胎
6	四川远星橡胶有限责任公司	17758.0	-14.15	摩托车胎
7	腾森橡胶轮胎（威海）有限公司	13495.0	2.37	摩托车胎
8	蚌埠伊诺华轮胎有限公司	12236.0	-19.57	自行车胎、摩托车胎
9	台州太阳风橡胶有限公司	9604.0	16.83	ATV 轮胎、卡丁车胎
10	广州飞旋橡胶有限公司	8006.8	-13.95	自行车胎

注：根据海关总署发布的相关数据整理。

表 1.18 2022 年全国摩托车胎和自行车胎出口情况汇总   单位：万吨

项目		摩托车外胎		摩托车内胎		自行车外胎		自行车内胎	
出口总量		19.10		9.81		6.71		4.40	
出口总额/亿美元		5.55		2.63		2.74		2.12	
出口均价/(美元/千克)		2.90		2.68		4.08		4.81	
出口方式	进料加工	4.49		0.52		1.13		0.65	
	一般贸易	14.04		8.78		5.31		3.47	
发货地		山东省	9.21	山东省	6.32	浙江省	1.53	浙江省	1.13
		浙江省	2.73	江苏省	0.87	天津市	1.35	福建省	0.94
		广东省	2.18	广东省	0.76	福建省	1.17	天津市	0.69
		江苏省	2.18	浙江省	0.75	河北省	0.66	江苏省	0.51
		福建省	2.18	四川省	0.20	安徽省	0.42	河北省	0.26

续表

项目	摩托车外胎		摩托车内胎		自行车外胎		自行车内胎	
出口国家和地区	尼日利亚	2.54	巴西	1.32	墨西哥	0.55	巴西	0.40
	哥伦比亚	1.37	尼日利亚	0.93	俄罗斯	0.35	德国	0.39
	墨西哥	1.35	墨西哥	0.82	日本	0.32	美国	0.33
	美国	1.27	菲律宾	0.53	巴西	0.29	加纳	0.21
	菲律宾	1.20	加纳	0.33	德国	0.28	意大利	0.18

注：根据海关总署发布的相关数据整理。

表 1.19　2021～2022 年我国摩托车胎和自行车胎进口量价对比

年份	项目	摩托车外胎	摩托车内胎	自行车外胎	自行车内胎
2021年	进口总量/吨	3462.77	105.90	2959.97	176.93
	进口总额/万美元	2155.39	41.04	2693.83	150.50
	进口均价/(美元/千克)	6.22	3.88	9.10	8.51
2022年	进口总量/吨	3817.93	51.47	2270.55	181.57
	进口总额/万美元	2413.55	33.84	2612.45	157.07
	进口均价/(美元/千克)	6.32	6.58	11.51	8.65

注：根据海关总署发布的相关数据整理。

① 摩托车胎进口情况

2022 年，进口摩托车外胎 0.38 万吨（约 92.7 万条），增长 2.54%。摩托车外胎进口平均单价 6.32 美元/千克，增长 1.60%。2022 年进口的摩托车外胎主要来自泰国、中国台湾、印度尼西亚、塞尔维亚、德国。

2022 年，进口摩托车内胎 0.005 万吨（约 9.2 万条），下降 54.5%。摩托车内胎进口平均单价 6.58 美元/千克，增长 69.58%。2022 年进口的摩托车内胎主要来自越南、韩国、摩洛哥、印度、德国。

② 自行车胎进口情况

2022 年，进口自行车外胎 0.23 万吨（约 336.85 万条），下降 23.33%。自行车外胎进口平均单价 11.51 美元/千克，增长 26.48%。2022 年进口的自行车外胎主要来自中国台湾、越南、印度尼西亚、泰国、德国。

2022 年，进口自行车内胎 0.018 万吨（约 95.22 万条），增长 38.46%。自行车内胎进口平均单价 8.65 美元/千克，增长 16.90%。2022 年进口的自行车内胎主要来自中国台湾、越南、印度尼西亚、泰国、德国。

（二）行业发展人事

经过"十二五""十三五"的锐意创新和奋力追赶，"十四五"初期，我国力车胎行业不仅初步形成了专用型高端自行车胎、摩托车胎的研发制造能力，而且在各类通用型两轮、三轮车胎制造领域，包括智能化专用生产设备、新型原材料研发和绿色制造，已经走在世界两轮车胎产业的前列。我国力车胎行业部分头部企业的技术研发能力与产品制造水平，已经基本具备了向世界两轮车胎产业顶端冲刺的条件。

在成型工艺装备方面，2022年，行业头部企业基本完成了摩托车外胎、电动自行车外胎自动高效成型机，以及具备较高运行精度的自行车外胎高级成型机、胶帘布自动裁断自动贴合打卷装置的升级改造，部分大企业开始投入子午线摩托车胎专用成型机、中高端两轮车外胎专用胶囊反包成型机、内胎自动生产线的改造或填平补齐。近期实施迁建或扩建的企业中，有相当一部分把外胎自动高效成型机定为首选的新购设备。

在硫化工艺装备方面，外胎胶囊硫化工艺逐步得到普及应用后，智能机械手硫化作业、封闭式硫化（具有良好隔音、隔热、烟气收集处理效果）、微波连续硫化（热传导更快、热效率更高、胎坯内部受热更均匀）、轮胎直压硫化（以可控伸缩高刚性金属内模替代软体胶囊、可有效提高轮胎动平衡性和均匀性）正成为硫化技术更新的新热点。

在探索和拓宽行业低碳发展与绿色可持续发展的路径方面，全行业基本完成"煤改气""煤改电"后，部分企业与科研院校或关联产业联手合作，开始启动新型高效节能专用装备研发，积极开发应用生物基纤维、绿色可循环材料和光伏新能源。

近年来，人工智能、数字技术、仿真设计、3D打印实物验证等新科技，在行业生产设备改造、工艺创新、产品设计、管理升级等领域逐步得到推广应用，对行业企业提高生产效率、保证产品质量稳定性、加快新产品研发速度、深化节能减排等，起到重要的作用。2022年，中国橡胶工业协会力车胎分会有7家会员企业进入2022年中国石化行业500强榜单，1家会员企业入选国家企业技术中心。山东吉路尔轮胎有限公司、四川远星橡胶有限责任公司、新东岳集团有限公司、腾森橡胶轮胎（威海）有限公司、江苏三元轮胎有限公司等5家会员企业，被中国橡胶工业协会力车胎分会技术经济专家组评价为2020~2022年度力车胎行业工艺技术创新型企业。

2022年，行业在运动型、专用型等高端产品研发领域持续发力的同时，广泛应用新技术、新工艺和新型材料，设计开发出面向大众市场的，以轻量化、抗穿刺、抗湿滑、耐磨损、低滚动阻力、缺气保行等为特色，能够跟上时代发展要求的通用型力车胎产品，重新定义了"更耐用""更好用"的产品标准，标志着我国专用型和通用型力车胎产品的自主创新能力已经跃上一个新高度，局部领域已经走在世界力车胎产业的前端。

（三）下游市场需求

目前，山东西南部、江苏北部、福建东南部仍然是摩托车胎、电动自行车胎生产企业相对密集的地区，浙江西北部、天津西南部（西青区）及河北邢台地区是自行车胎、童车胎的生产基地。粤、浙、川、渝、滇、鄂、豫地区也分布了产能规模不等的若干力车胎企业。近年来，浙江中东部的部分中小型力车胎生产企业，正在加快产品结构调整，向专业制造中高档ATV全地型轮胎、电动滑板车胎、卡丁车胎、草坪轮胎等多用途轮胎或异形轮胎方向发展，产品主要销往欧美地区。近10年来，力车胎行业一直处在调整与整合之中，部分欠缺品牌力、创新力或资金链中断的企业，因经营难以为继而陆续离场。与此同时，行业头部企业加快了转型升级步伐，发展基础更为稳固，发展后劲更加坚实。

随着国内市场基本饱和，国际市场需求增速逐渐放缓，我国力车胎行业扩张势头明显减弱，但"十三五"时期及"十四五"以来，行业内仍然有部分企业规划实施了工厂迁建或原址改扩建项目。这些规划实施的投资建设项目，更加注重产能扩充与技术升级的结合，对行业高质量发展起到积极的示范引领作用。根据中国橡胶工业协会力车胎分会了解到的情况，

2022年，行业规划实施的建设项目有：新东岳集团投资3.56亿元建设高性能绿色轮胎4.0工厂，项目建成后可形成日产摩托车外胎3万条、丁基内胎10万条和混炼胶260吨的产能规模；河北万达轮胎有限公司在现有厂区内规划建设年产7000万套自行车胎、摩托车胎、汽车胎扩建项目；福建和兴橡胶有限公司规划实施年产100万条子午线及高端摩托车轮胎生产线技改项目，项目总投资1.05亿元；福建安兴轮胎有限公司规划建设年产30万条工业叉车胎、500万条自行车胎及24万套橡胶制品生产线及配套基础设施项目，项目总投资1.5亿元；斯丹德尔（邢台）轮胎有限公司规划建设年产600万套（300万条工程车轮胎、300万条摩托车轮胎）高性能子午线轮胎项目。

由于国内力车胎市场基本饱和，中高端市场消费需求又尚未充分形成，加上行业内体量规模和抗风险能力偏小偏弱的企业占有较大比例，因此相对于汽车轮胎行业，力车胎行业的外资进入、业内并购、合资合作、海外建厂等产业整合和梯度转移的活跃度一直偏低，落后产能的退出机制和方式较为单一。这也是近年来力车胎行业虽然产业结构调整持续进行，但行业生产集中度提升相对迟缓的主要原因。

（四）展望与建议

（1）以创新驱动为引领，积极应对行业发展面临的新挑战

3年疫情期间，在各种因素的叠加影响下，行业生产经营经历了喜与忧、经济运行出现了较大起伏。未来一段时期，疫情对社会经济活动和行业生产经营各项工作的负面影响消散，但世界经济增长乏力、各种风险交织、需求不足、通胀攀升等不利因素仍将持续。此外，绿色和低碳已成为我国经济、社会、生态发展转型的基本指导原则与重要评判标准，降低包括力车胎行业在内的制造业碳排放，是我国"双碳"目标实现的关键。在此压力下，未来一个阶段我国力车胎行业结构调整和转型升级进程将会进一步加快，产品质量、品牌效应、人才集聚、创新能力等方面占有优势的企业，将获得更大发展空间。

（2）充分利用有利因素，加快行业高质量发展进程

根据中国橡胶工业协会力车胎分会调研了解的情况，以摩托车胎、自行车胎为代表的全球两轮车胎市场，仍然异常庞大并将长期存在。电动自行车胎市场也随着作为环保能源的电动自行车发展而扩大。近年来，东南亚及南亚地区摩托车胎、力车胎制造业虽然有了较快发展，但产能仍然以满足当地市场需求增长为主，出口国际市场的多为专用型高端产品（主要是在此设厂生产或合资合作的欧美日品牌）。我国不但在全球通用型力车胎制造领域实现领先优势，而且在专用型力车胎自主研制领域也有了较快提升，基本具备了与国内中高端力车胎市场同步发展的能力。疫情期间，主要依靠进口的自行车高端零部件遭遇供应脱节，业界对打造两轮车高端产业链供应链的重要性与紧迫性有了更深刻的认识，我国中高端力车胎市场有望迎来一个良好的发展窗口期。

（3）做好外贸风险防范，努力稳定产品出口

经过多年高速发展，我国已经成为全球摩托车胎、自行车胎产品最大的输出国，即便在2022年整车出口量和轮胎直接出口量大幅度回落的情况下，直接出口和配套整车间接出口的自行车外胎数量仍占行业自行车外胎总产量的47%；直接出口及配套整车间接出口的摩托车外胎数量仍占行业摩托车外胎总产量43%。保持产品出口相对稳定，对行业实现平稳去产能、转型促发展起着重要作用。当前乃至未来一个时期，在国际贸易摩擦、国际金融动荡、大国博弈等影响因素交织下，行业外贸业务将面临许多不确定因素，需要行业企业尤其是外贸型企业一边用足用好国家稳外贸、稳增长政

策，努力拓展国际市场空间，稳定产品出口，一边密切关注国内外政治和经济形势，注意做好外贸商业风险的防范。

（4）持续科技创新，为行业由大变强蓄力赋能

近年来，力车胎行业在自动化、智能化、数字化改造升级方面迈开了大步、取得了进展、见到了成效，增强了全行业创新赋能、高质量发展的信心。不过也应看到，我国力车胎行业在由大变强的进程中，还有一些短板（如富有原创元素的产品设计、绿色和高新材料开发应用、新型节能高效技术研发、高性能轮胎和特色产品检测标准与测试方法、精细化精益化管理、企业中长期发展战略规划及目标实现措施等）需要努力补齐，还有一些空白领域需要去探索突破。由于全球高端自行车胎、摩托车胎市场仍为西方工业发达国家所垄断，其核心技术、前沿技术保护严密。这就意味着，未来一个时期我国力车胎行业的技术创新和产业升级，将需要更多地重视专业人才培育、加大研发投入、持续提升行业的自主创新能力。

（5）探索建立产业联盟，优化行业发展环境

回顾近几十年来我国力车胎行业走过的发展历程，单纯依靠市场手段的行业洗牌，难以从根本上解决行业产能过剩、市场无序竞争、产品盈利能力低下、企业技术改造资金投入匮乏的问题，探索建立产业联盟不失为未来一个时期优化行业发展环境的新途径。在初始阶段，可以考虑在力车胎企业较为密集的区域，由地方政府推动或大企业牵头组建区域性产业联盟或创新联合体，在联盟企业中开展科研成果转化、专利合作、产能合作、经营模式创新等活动。积累经验后，逐步向全行业推广，由区域性联盟构建成为国内产业联盟，全面营造起资源高效利用、创新活力充沛、市场有序健康的行业发展新格局。

（陈志海）

三、胶管胶带

2022年，是实施"十四五"规划承上启下的重要一年，也是国家高质量发展的关键之年。随着我国"双碳"目标的持续落地，国家对降碳绿色发展的相关要求越来越严格，同时我国经济发展面临需求收缩、供给冲击、预期转弱三重压力，加之疫情反复等因素影响，胶管胶带企业的生产甚至整个胶管胶带产业链均受到不同程度的波及，原材料、能源价格、人工成本等不断上涨，使企业利润空间被持续挤压，生产成本不断增加，对胶管胶带企业的生产经营带来较大挑战。另外，行业智能化水平的不断提升、双循环新发展格局的加速构建与RCEP（区域全面经济伙伴关系协定）的正式生效，也给行业带来了新动能与新机遇。

（一）基本情况

1. 2022年管带行业运行情况

据中国橡胶工业协会胶管胶带分会对117家会员企业的统计，2022年工业总产值424.44亿元，同比（下同）增长4.85%，其中管带产值259.29亿元，增长9.57%；工业销售产值完成417.77亿元，增长4.45%；产品销售收入完成424.56亿元，增长4.47%，其中管带销售收入313.17亿元，增长4.80%。

（1）产品产量

① 2022年输送带产量70315.32万平方米，增长7.94%；其中钢丝绳输送带产量16147.92万平方米，增长7.08%。轻型输送带产量422.12万平方米，下降36.88%。

② 2022年胶管产量45886.46万标米（Bm），下降0.81%；其中钢丝增强胶管产量19039.60万标米（Bm），下降7.04%。汽车专用胶管产量4.53亿根，增长4.36%。

③ 2022年V带产量97218.62万A米（Am），下降10.91%；其中线绳V带产量90067.53万A米（Am），下降11.84%。汽车专用V带产量9712.24万条，下降0.09%。

④ 2022年橡胶履带产量108.26万条，增长16.03%。

（2）产品出口

2022年管带产品出口交货值78.92亿元，增长24.14%。输送带出口量15862.46万平方米，增长16.90%；胶管出口量10257.13万标米（Bm），增长6.02%；V带出口量22409.64万A米（Am），增长15.28%。

（3）行业效益

2022年行业利润总额30.66亿元，下降12.54%（个别企业在2021年度投资收益占比较大，拉动了当年行业利润的增长，除去此部分收益，2022年行业整体利润较2021年降幅不足1%）；实现利税总额40.77亿元，下降11.52%。其中亏损企业13家，亏损额3.72亿元，亏损企业家数较上年同期增加6家，亏损额增加2.46亿元。

（4）小结

纵观2022年行业发展，工业总产值、出口交货值、销售收入等指标较上年同期均出现增长，但是行业利润总额下降，行业规模的扩大是以企业效益为代价，叠加不断上涨的原材料、能源价格、人工成本等，企业获利能力持续下降，产成品存货、应收账款与负债总额连续增长，生产成本不断增加，行业发展面临残酷挑战。

从行业上游看，2022年全年天然橡胶运行走势呈反向的"√"形态，整体呈下行态势，预计新一年随着企业生产恢复正常，需求启动，天然橡胶行情将持续恢复。

从行业下游看，钢铁行业市场需求相对较弱，钢铁产量及价格同比均下降，行业效益下滑；2022年，受益于上年保供期间新增产能的逐步释放，全国原煤产量同比增加明显，煤炭供需仍处于紧平衡状态，加之政策对煤炭价格控制较为严格，煤炭价格延续高位运行态势；汽车行业克服了诸多不利因素冲击，全年产销呈现出增长态势。

2. 2022年海关统计进出口情况

2022年全球工业市场消费端的需求日渐复苏，世界主要经济体及新兴经济体国家的工业发展有所回暖，海外市场对胶管胶带产品的需求逐渐恢复，与此同时，我国胶管胶带企业的产能利用率稳中有升，产量稳步增长，使我国胶管胶带产品的出口屡创新高。

（1）输送带进出口

2022年我国输送带进口总额下降11.72%，达0.32亿美元；进口总量下降19.4%，达0.78万吨；均价增长9.5%，至4.1美元/千克。2022年我国输送带进口情况见表1.20。

出口总额增长33.09%，至9.21亿美元；出口总量增长23.24%，达39.42万吨，均为近10年之最高值；均价增长7.99%，至2.34美元/千克。2022年我国输送带出口情况见表1.21。

（2）胶管进出口

2022年，胶管的进口总额下降20.76%，达5.08亿美元；进口总量下降27.1%，达3.29万吨；均价增长8.7%，至16.79美元/千克。2022年我国胶管进口情况见表1.22。

出口总额增长9.78%，至14.14亿美元；出口总量增长5.29%，至27.75万吨，同样为近10年之最高值；均价增长4.27%，至5.1美元/千克。2022年我国胶管出口情况见表1.23。

（3）传动带进出口

2022年，传动带进口总额下降12.35%，达2.05亿美元；进口总量下降12.82%，达0.64万吨；均价微增0.54%，至32.25美元/千克。2022年我国传动带进口情况见表1.24。

出口总额增长11.96%，至5.29亿美元；出口总量增长9.43%，至8.22万吨，同样为近十年之最高值；均价增长2.31%，至6.43美元/千克。2022年我国传动带出口情况见表1.25。

表1.20 2022年我国输送带进口情况

类别	进口额/亿美元	进口量/万吨	均价/(美元/千克)	进口额占比/%	进口量占比/%
钢丝绳输送带	0.12	0.55	2.27	39.16	70.79
纺织输送带	0.11	0.21	5.23	34.55	27.03
其他输送带	0.08	0.02	49.47	26.30	2.18

注：数据来源于中国海关总署统计数据。

表1.21 2022年我国输送带出口情况

类别	出口额/亿美元	出口量/万吨	均价/(美元/千克)	出口额占比/%	出口量占比/%
钢丝绳输送带	1.89	6.25	3.02	20.51	15.86
纺织输送带	6.80	32.04	2.12	73.83	81.28
其他输送带	0.52	1.13	4.61	5.66	2.87

注：数据来源于海关总署统计数据。

表 1.22　2022 年我国胶管进口情况

类别	进口额/亿美元	进口量/万吨	均价/(美元/千克)	进口额占比/%	进口量占比/%
纯胶管	1.24	0.44	27.88	22.43	13.51
钢丝胶管	1.10	1.21	9.11	19.96	36.78
纤维胶管	2.31	1.17	19.80	41.88	35.52
其他胶管	0.43	0.47	9.16	15.73	14.19

注：数据来源于海关总署统计数据。

表 1.23　2022 年我国胶管出口情况

类别	出口额/亿美元	出口量/万吨	均价/(美元/千克)	出口额占比/%	出口量占比/%
纯胶管	2.91	3.99	7.28	20.54	14.38
钢丝胶管	6.80	16.53	4.11	48.09	59.58
纤维胶管	3.40	4.87	6.97	24.01	17.55
其他胶管	1.04	2.36	4.42	7.36	8.49

注：数据来源于海关总署统计数据。

表 1.24　2022 年我国传动带进口情况

类别	进口额/亿美元	进口量/万吨	均价/(美元/千克)	进口额占比/%	进口量占比/%
60cm≤周长≤180cm V 形肋状三角带	0.23	0.06	37.13	11.21	9.74
60cm<周长≤180cm 三角带	0.12	0.08	15.79	5.79	11.83
180cm<周长≤240cm V 形肋状带	0.07	0.02	35.05	3.30	3.03
180cm<周长≤240cm V 形肋状带除外	0.04	0.04	10.09	2.09	6.68
60cm<周长≤150cm 环形同步带	0.25	0.03	86.15	12.00	4.49
150cm<周长≤198cm 环形同步带	0.06	0.01	72.51	2.76	1.23
其他硫化橡胶制的传动带及带料	1.29	0.40	32.18	62.86	63.00

注：数据来源于海关总署统计数据。

表 1.25　2022 年我国传动带出口情况

类别	出口额/亿美元	出口量/万吨	均价/(美元/千克)	出口额占比/%	出口量占比/%
60cm<周长≤180cm V 形肋状三角带	1.15	2.33	4.94	21.83	28.42
60cm<周长≤180cm 三角带	0.54	1.03	5.23	10.18	12.54
180cm<周长≤240cm V 形肋状带	0.24	0.24	10.33	4.59	2.86
180cm<周长≤240cm V 形肋状带除外	0.12	0.19	6.26	2.27	2.33
60cm<周长≤150cm 环形同步带	0.73	0.39	18.84	13.80	4.72
150cm<周长≤198cm 环形同步带	0.05	0.03	18.53	1.03	0.36
其他硫化橡胶制的传动带及带料	2.45	4.01	6.11	46.29	48.78

注：数据来源于海关总署统计数据。

（4）小结

2022 年，输送带、胶管、传动带三类产品进口总额约 7.5 亿美元，出口总额约 28.6 亿美元，出口总额是进口总额的 3.8 倍；进口总量约 4.7 万吨，出口总量约 75.4 万吨，出口总量是进口总量的 16 倍之多。由此可见，我国进口与出口规模差别巨大，同时从近几年进出口变化来看，我国出口规模仍旧呈现稳步增长的态势，而进口规模仍是持续减少的趋势，说明我国胶管胶带产品在积极向海外拓展市场的同时，国产替代方面也做得越来越出色。

但从胶管胶带产品进出口均价来看，出口均价明显低于进口均价。其中，输送带出口均价与进口均价有逐渐拉大的趋势，输送带进口均价 2022 年已突破 4 美元/千克，而出口均价长期在 2.4 美元/千克以下。胶管 2022 年进口均价为出口均价的 3.3 倍，而传动带进口均价为出口均价的 5 倍。由此可见，尽管我国胶管胶带产品在全球的市场份额持续扩大，但进口胶管胶带产品多是高附加值产品，出口却仍以中低端的廉价产品为主，我国胶管胶带企业在国际贸易中处于弱势地位的局面并没有根本性改善。

3. 2023 年上半年管带行业运行情况

中国橡胶工业协会胶管胶带分会对 121 家会员企业 2023 年上半年数据进行了统计，并分析了行业运行情况。

（1）主要经济指标

2023 年上半年工业总产值 221.87 亿元，增长 9.25%，其中管带产值 132.81 亿元，增长 7.27%；工业销售产值 216.94 亿元，增长 8.80%；产品销售收入 220.00 亿元，增长 8.70%，其中管带销售收入 152.68 亿元，增长 8.66%。

（2）产量

① 2023 年上半年，输送带产量 34817.75 万平方米，增长 2.80%；其中钢丝绳输送带产量 8402.83 万平方米，增长 7.16%。轻型输送带产量 227.01 万平方米，增长 7.52%。

② 2023 年上半年，胶管产量 24581.60 万标米（Bm），增长 7.22%，其中钢丝增强胶管产量 10838.30 万标米（Bm），增长 9.46%。汽车专用胶管产量 2.13 亿根，下降 6.55%。

③ 2023 年上半年，V 带产量 53456.32 万 A 米（Am），下降 0.06%，其中线绳 V 带产量 48893.21 万 A 米（Am），下降 1.25%。汽车专用 V 带产量 4698.11 万条，下降 0.23%。

④ 2023 年上半年，橡胶履带产量 48.14

万条，下降9.27%。

（3）出口

2023年上半年，管带产品出口交货值40.38亿元，增长9.97%。输送带出口量7934.92万平方米，增长4.81%；胶管出口量5926.92万标米（Bm），增长29.03%；V带出口量10225.01万A米（Am），增长1.80%。

（4）行业效益

2023年上半年，行业利润总额17.67亿元，增长33.76%；实现利税总额24.40亿元，增长33.38%。其中亏损企业15家，亏损额1.23亿元，亏损企业家数较上年同期增加1家，亏损额减少149.82万元。

2023年上半年行业整体工业总产值、出口交货值、销售收入等指标较上年同期均出现增长，行业整体效益也有较大改善，但是应收账款同比有两位数增长，销售成本、销售费用、管理费用和负债总额等不断上涨，提高了企业的运行成本，提醒企业关注这些数据的变动，将费用及负债控制在合理空间。

4. 2023年上半年海关统计进出口情况

（1）输送带进出口

2023年上半年，我国输送带进口总量增长25.04%，至5682吨；进口总额微增0.82%，至0.17亿美元；进口均价下降19.37%，至3063美元/吨。2023年上半年我国输送带进口情况见表1.26。

出口总量增长17.97%，至218449吨；出口总额增长21.87%，至5.13亿美元；出口均价增长3.31%，至2350美元/吨。2023年上半年我国输送带出口情况见表1.27。

（2）胶管进出口

2023年上半年，我国胶管进口总量下降16.84%，至14143吨；进口总额下降13.17%，至2.48亿美元；进口均价增长4.41%，至17530美元/吨。2023年上半年我国胶管进口情况见表1.28。

出口总量增长13.05%，至147344吨；出口总额增长11.78%，至7.47亿美元；出口均价微降1.13%，至5073美元/吨。2023年上半年我国胶管出口情况见表1.29。

表1.26 2023年上半年我国输送带进口情况

项目	金额/万美元	数量/吨	价格/(美元/吨)
2023年上半年	1740.16	5682	3063
2022年上半年	1726.01	4544	3799
同比/%	0.82	25.04	−19.37

注：数据来源自海关总署统计数据。

表1.27 2023年上半年我国输送带出口情况

项目	金额/亿美元	数量/吨	价格/(美元/吨)
2023年上半年	5.13	218449	2350
2022年上半年	4.21	185180	2275
同比/%	21.87	17.97	3.31

注：数据来源于海关总署统计数据。

表1.28 2023年上半年我国胶管进口情况

项目	金额/亿美元	数量/吨	价格/(美元/吨)
2023年上半年	2.48	14143	17530
2022年上半年	2.86	17006	16790
同比/%	−13.17	−16.84	4.41

注：数据来源于海关总署统计数据。

表1.29 2023年上半年我国胶管出口情况

项目	金额/亿美元	数量/吨	价格/(美元/吨)
2023年上半年	7.47	147344	5073
2022年上半年	6.69	130334	5131
同比/%	11.78	13.05	−1.13

注：数据来源于海关总署统计数据。

（3）传动带进出口

2023年上半年，我国传动带进口总量下降4.22%，至2658吨；进口总额下降19.00%，至0.82亿美元；进口均价下降15.43%，至30944美元/吨。2023年上半年我国传动带进口情况见表1.30。

出口总量下降5.54%，至38967吨；出口总额微增1.03%，至2.60亿美元；出口均价增长6.95%，至6664美元/吨。2023年上半年我国传动带出口情况见表1.31。

表1.30 2023年上半年我国传动带进口情况

项目	金额/亿美元	数量/吨	价格/(美元/吨)
2023年上半年	0.82	2658	30944
2022年上半年	1.02	2775	36589
同比/%	−19.00	−4.22	−15.43

注：数据来源于海关总署统计数据。

表1.31 2023年上半年我国传动带出口情况

项目	金额/亿美元	数量/吨	价格/(美元/吨)
2023年上半年	2.60	38967	6664
2022年上半年	2.57	41251	6230
同比/%	1.03	−5.54	6.95

注：数据来源于海关总署统计数据。

（4）小结

2023年上半年输送带、胶管、传动带产品进出口情况涨跌不一。进口方面，除输送带出现增长外，胶管和传动带均出现不同程度下降。而出口方面，除传动带出口量有所下降外，其他则延续增长态势。总体而言，我国胶管胶带产品出口形势依旧较为乐观，进口替代的趋势也仍旧持续。

但2023年仍将面临国际局势不稳定与逆全球化趋势的挑战，在各种不确定性因素的影响下，需要企业更多元化地调研市场。在维持现有市场份额的同时，重点挖掘与自身产品定位相匹配的客户。同时，积极调整产品结构，加快科研成果转化及进口替代工作，布局国内外中高端胶管胶带市场，强化硬实力，参与到全球竞争中。

（二）行业运行特点

1. 行业全年经济运行受疫情影响波动明显，仅三季度同比增幅回升较大，2022年同比增幅明显收窄

据中国橡胶工业协会胶管胶带分会统计，会员企业工业总产值2022年上半年与2021年同期基本持平，三季度增长4.86%，四季度增长4.85%，较2021年四季度的9.62%收窄4.77个百分点；工业销售产值2022年上半年同比增长5.17%，三季度增长12.99%，四季度增长4.45%，较2021年四季度的11%收窄6.55个百分点；产品销售收入2022年上半年增长1.71%，三季度增长5.98%，四季度增长4.47%，较2021年四季度的10.55%收窄6.08个百分点。工业总产值、工业销售产值及产品销售收入等指标较2021年同期增幅明显收窄。

2. 行业仍旧呈现增产增收不增利的现象，行业整体利润水平下降

据中国橡胶工业协会胶管胶带分会统计，2022年行业在工业总产值、产品销售收入等主要经济指标以及输送带、汽车专用胶管等产品产量均实现增长的情况下，行业却仍旧呈现增产增收不增利的不利局面，2022年行业实现利润总额30.66亿元，下降12.54%；实现利税总额40.77亿元，下降11.52%；销售收入利润率7.2%，比2021年减少1.22个百分点，较2020年减少2.6个百分点，销售利润率持续走低，行业整体利润水平下降。行业一直以来存在同质化产能过剩及低价竞争，加之疫情多地散发和不断上涨的原材料、能源价格、人工成本等，导致企业获利能力持续下降，利润空间被严重挤压。

3. 应收账款居高不下，企业生产经营负担加重

据中国橡胶工业协会胶管胶带分会统计，2022年行业应收账款总额达124.73亿元，增幅达7.09%，占销售收入的29%，在原材料价格高企及疫情影响等诸多不利因素叠加的情况下，应收账款比2021年增加了7.09个百分点，严重影响了企业的现金流，更加重了企业生产经营的困难。

4. 产品出口再创新高，出口拉动作用增强，产品进口持续走低

得益于"一带一路"倡议利好及RCEP正式生效等积极因素影响，在国内胶管胶带市场需求不旺的情况下，胶管胶带企业积极转向国际市场寻求新的突破，取得较好成果。海关总署统计数据显示，2022年我国输送带、胶管、传动带产品出口额、出口量均实现较快增长，并再创新高，出口拉动行业发展作用明显增强。进口规模仍呈现持续走低的趋势，我国胶管胶带产品在积极向海外拓展市场的同时，国产替代方面也做得越来越出色。

5. 胶管胶带产业集中度正逐步提升

从企业产量分析，2022年前5家输送带企业产量占总产量的37%，前10家占总产量的52%，占比超一半；胶管前5家企业产量占总产量的50%，前10家占比70%；汽车胶管前5家企业产量已经占总产量的83%；V带前5家企业产量已经占总产量的78%；汽车V带前5家企业产量占总产量的94%。

从企业销售收入完成情况和实现利润总额情况看，前5家胶管胶带企业销售收入占总销售收入的23%，前10家销售收入占比38%；前5家胶管胶带企业实现利润总额占利润总额的35%，前10家实现利润总额占比55%。

综合以上数据看出，胶管胶带行业从产业规模和整体盈利水平等方面集中度在进一步提升，重点骨干企业在做强做大的进程中表现突出。

6. 行业部分骨干企业扩能增产步伐加快，积极探索绿色低碳智能化发展道路

行业部分有实力的骨干企业在扩能增产中积极布局，以规模优势换得成本优势，同时在绿色化、智能化发展中大胆实践，以绿色智能化升级转型换得企业更好的发展前景，在推动胶管胶带行业高质量发展的道路上积极进取，为行业发展注入新的动力。

（三）行业发展大事

1. 11家胶管胶带龙头企业聚焦行业发展之路，针对行业"内卷"发出倡议

2022年国内疫情多地散发，导致许多胶管胶带企业无法连续生产，企业生产成本增加，利润空间进一步缩小。针对胶管胶带行业面临的严峻形势，中国橡胶工业协会胶管胶带分会在6月份组织召开了胶管胶带主席团成员单位企业家线上会议，交流了行业生产经营情况，就行业共同面临的困难谋划良策。

行业市场"内卷"现象严重、下游用户实行低价中标政策，成为企业家们反映的突出问题。为规范市场，共同应对挑战，中国橡胶工业协会胶管胶带分会主席团企业共同发出《倡议书》，呼吁企业凝心聚力、诚信自律，以优质优价赢取市场，共同维护行业和企业的利益，推动胶管胶带行业的良性竞争与健康发展。

2. 胶管胶带行业积极探寻海外市场，出口保持良好增长

2022年，在我国经济增长乏力、胶管胶带市场需求萎缩的情况下，国内企业积极转向国际市场寻求新的突破，三类产品出口保持良好增长态势，出口均价稳步提升，均创2019年以来新高。

从出口区域来看，市场呈地理多元化分布，出口主要面向美国、俄罗斯、巴西、澳大利亚、加拿大等自然资源丰富的国家，以上区域占据了我国胶管胶带大部分出口市场。

3. 胶管胶带团体标准化工作有序推进，引领行业绿色低碳智能化发展

为更好地推动胶管胶带产品的技术进步，满足市场多样化的需要，中国橡胶工业协会胶管胶带分会积极培育和发展胶管胶带专业团体标准。在各标准编制小组专家共同努力下，《煤矿用输送带合成纤维整体带芯》（T/CRIA 16011—2022）、《一般用途芳纶织物芯阻燃输送带》（T/CRIA 16012—2022）和《植保设备传动用V带》（T/CRIA 16013—2022）三项团体标准于2022年10月18日正式发布，于2023年1月18日起实施。

《节能型钢丝绳芯管状输送带》《环保型织物芯管状输送带》和《输送带用射频识别电子标签及植入方法》三项团体标准已进入编制阶段。《节能型钢丝绳芯管状输送带》与《环保型织物芯管状输送带》的制定顺应了输送带产品绿色化、节能化的发展趋势，有助于绿色产品在输送带行业的推广。《输送带用射频识别电子标签及植入方法》的制定有利于建立可被广泛采用的数字化输送带体系，将为输送行业的数字化、智能化提供有力的支撑。

为使能耗限额更适应输送带行业及企业的后续发展，胶管胶带分会组织开展了《输送带单位产品能源消耗限额》修订工作，目前在能耗折标系数以及计算模型等方面达成了一致意见。该标准是输送带行业实现碳达峰、碳中和不可或缺的技术基础，高质量完成该标准的编制工作将为输送带行业实现"双碳"及"能耗双控"目标提供有力支撑。

4. 多家胶管胶带企业扩能增产，龙头企业布局转型升级，行业智能化发展趋势愈发凸显

5月11日，浙江双箭橡胶股份有限公司全资子公司桐乡德升胶带有限公司高强力节能环保输送带生产线项目首条生产线正式投入运行。项目总投资5.5亿元，项目全部投产后，输送带年产能为1500万平方米，双箭股份年总生产能力将达到9000万平方米。5月31日，浙江双箭橡胶股份有限公司设立全资子公司浙江双箭智能输送科技有限公司，以满足公司转型升级的战略规划及未来经营发展的需要，此次设立双箭智能，将使企业逐步从输送带制造向提供物料输送系统整体解决方案领域拓展。

三力士股份有限公司募资9亿元用于"年产5亿A米橡胶V带智能制造产业园项目"及"数字化智慧管理平台建设项目"。随着募集资金投资项目的实施，公司主营产品的产能及智能化管理水平将得到有效提升，有助于实现长期可持续发展。

三维控股集团股份有限公司年产2亿A米（Am）普通V带和500万条汽车切边带智能化技改迁建项目完成竣工验收，该项目占地126亩，建设面积60513.1平方米。

宁顺集团有限公司总投资4亿元的钢丝绳芯输送带项目正式开工，项目完成后可形成年产1600万平方米钢丝绳芯输送带的生产能力。

青岛福橡橡胶科技有限公司总投资6亿元的6000万平方米高等级、高强力输送带项目开工建设，建成投产后，将形成帆布芯输送带5500万平方米/年、钢丝绳芯输送带500万平方米/年的生产能力。

山东能源集团主导的山东能源智慧制造园区一期投资30亿元的8个重大项目同步开工，计划2024年初完成建设。项目以智慧矿山智能装备的研发和生产制造为主，主要生产高性能输送带、液压胶管、智能输送机及配件、智能洗选设备等8类核心产品。

宝通科技首条"碳中和"输送带产品正式下线。7月7日，由无锡宝通科技股份有限公司与必和必拓集团共同研发的碳中和输送带产品正式下线，该产品获得SGS颁发的钢丝绳芯输送带产品"PAS 2060碳中和达成宣告核证证书"。碳中和输送带产品的问世，是宝通实施绿色发展战略、践行零碳之路的重要里程碑。

5. 3家胶管胶带企业入选制造业单项冠军

11月份，工业和信息化部发布了第七批制造业单项冠军企业（产品）名单，其中浙江双箭橡胶股份有限公司和天津鹏翎集团股份有限公司获评第七批国家制造业单项冠军企业，浙江丰茂科技股份有限公司的乘用汽车多楔带被认定为国家制造业单项冠军产品。

6. 5家胶管胶带企业上榜专精特新"小巨人"名单

8月份，工业和信息化部第四批专精特新"小巨人"企业名单公布，5家胶管胶带企业上榜，分别是安徽中意胶带有限责任公司、山东悦龙橡塑科技有限公司、阔丹凌云汽车胶管有限公司、保定三源橡胶有限公司、漯河利通液压科技股份有限公司。

7. 扶优扶强，行业优秀企业知名度和影响力继续提升

为推动我国胶管胶带行业的健康发展，发挥行业优秀企业的示范作用，鼓励更多的企业做优做强，中国橡胶工业协会胶管胶带分会组织专家严格评价，产生了2021~2022年度输送带TOP10企业、胶管TOP10企业、传动带/橡胶履带TOP8企业名单，提升了优秀企业的知名度和影响力。

2021~2022年度输送带行业TOP10企业：浙江双箭橡胶股份有限公司、无锡百年通工业输送有限公司、山东康迪泰克工程橡胶有限公司、三维控股集团股份有限公司、上海永利带业股份有限公司、安徽中意胶带有限责任公司、宁顺集团有限公司、保定华月胶带有限公司、中南橡胶集团有限责任公司、山东威普斯橡胶股份有限公司。

2021～2022年度胶管行业TOP10企业：6家汽车胶管企业，天津鹏翎集团股份有限公司、四川川环科技股份有限公司、浙江峻和科技股份有限公司、山东美晨工业集团有限公司、青岛三祥科技股份有限公司、南京利德东方橡塑科技有限公司；4家液压胶管企业，漯河利通液压科技股份有限公司、青岛橡六胶管有限公司、恒宇集团液压流体科技河北有限公司、河北中美特种橡胶有限公司。

2021～2022年度传动带/橡胶履带行业TOP8企业：7家传动带企业，三力士股份有限公司、三维控股集团股份有限公司、浙江保尔力橡塑股份有限公司、尉氏县久龙橡塑有限公司、金久龙实业有限公司；2家汽车传动带企业，浙江丰茂科技股份有限公司、无锡市贝尔特胶带有限公司；1家橡胶履带企业，元创科技股份有限公司。

8. 国家知识产权优势企业再添新军

10月份，国家知识产权局发布了2022年国家知识产权优势企业和示范企业评定结果，三力士股份有限公司、四川川环科技股份有限公司、河北东劲液压橡塑制品有限公司获得国家知识产权优势企业称号。

9. 两家胶管胶带企业IPO顺利过会

11月3日，浙江丰茂科技股份有限公司IPO项目顺利通过深圳证券交易所创业板上市委员会审核。

青岛三祥科技股份有限公司于11月17日顺利过会后，于2022年12月30日在北交所首发上市。公司拟募资1.8亿元，用于汽车管路系统制造技术改造项目和补充流动资金等。招股书显示，项目建设期36个月，建成后将具备年产汽车液压制动软管2500万米、汽车空调软管1160万米、冷却水管及燃油管等异型管650万支和其他管路650万米的生产能力。募集资金中的另外4500万元，企业用于补充流动资金。

（四）下游市场需求

1. 煤炭行业

随着经济复苏和政策的支持，我国煤炭行业供应端仍有增长预期，政策端继续落实增产保供措施，煤炭产量仍将保持增长，预计2023年达到46.8亿吨左右。

煤炭行业的高质量发展，将对输送带产品的安全性能提出更高、更严格的要求。尤其是输送带产品的特殊性，与煤炭行业的安全运行息息相关。胶管胶带企业首先将产品安全放在第一位，时刻树立"居安思危、警钟长鸣"的意识，制定长效的生产管理机制，确保严格执行产品各项安全标准，加强产品质量管理。

2. 钢铁行业

预计2023年钢铁行业将步入持续增长阶段，节约能源，减少污染，提高效率，提升质量，增加产量，规范销售。

随着智能炼钢等新场景的不断涌现，建议输送带企业从用户需求及要求出发，依托各类智能在线监测技术，实现对重点环节与数据的全面监测，为用户提供安全、高效、智能的服务，助力钢铁行业实现智能运行。

3. 水泥行业

2023年上半年，全国水泥产量为2012年以来同期最低，总体呈现"需求趋弱、库高价低、效益下滑"的运行特征。2023年下半年，随着房地产市场逐步企稳，全国水泥需求会好于上半年，价格有望触底回升，但全年利润总额将低于去年水平。由于水泥行业需求不旺，将对水泥方向的输送带产品产生负面影响。

4. 港口行业

2023年以来，我国港口运行保持良好态势，绿色港口的标准体系日趋完善，上半年煤炭、矿石通过铁路、水路、封闭式皮带廊道和新能源汽车等绿色运输方式的疏港比例进一步提升到92.7%和79.1%。

未来港口行业重点将在电子化、信息化、智能化方面推进，增加港口效率和综合竞争力，实现以大数据、云计算、人工智能等先进技术为核心的港口创新发展模式，这将对输送带产品智能化、数字化发展提出新的要求。

5. 工程机械行业

2022年工程机械行业销售收入下降。2023年工程机械行业将迎来稳定的复苏，全年预计销售收入将达到9500亿元，增长5.6%。这将刺激液压胶管及传动带行业产品产量的增长。随着工业技术水平的不断提高，带传动设备向高精度、轻量化、高效化和多功能方向发展，部分普通传动带被特种传动带所替代，甚至部分传动带直接被齿轮、直联及变频调速等的方式取代，低端产品被逐年淘汰。建议传动带企业及时跟进下游市场的需求趋势，在技术改造、转型升级方面多下功夫。

6. 汽车行业

2023年以来，我国新能源汽车、汽车出口和中国品牌乘用车成为市场的三大亮点。受近年来传统燃油汽车行业持续走弱的影响，汽车专用胶管产量增长趋缓，2022年同比增长4.36%，2023年上半年同比下降15.8%。

总体来看，我国胶管产品大多局限于中低端市场，虽然"十四五"期间我国胶管企业在高质量发展方面有所起色，但多数企业在生产规模、技术研发、产品质量等方面与欧美发达国家相比仍有较大差距，其中豪华型汽车用胶管几乎全部由外资企业生产。建议胶管企业多学习借鉴国外行业的先进生产及管理理念，并结合我国国情及市场需求，不断创新，改进和完善行业短板。

（五）展望与建议

1. 质量强企，加强品牌战略，提升品牌价值

我国是胶管胶带产品生产大国，但不是质量强国、品牌大国，胶管胶带企业要从树立质量强企理念，强化核心技术创新，提升产品质量和品牌价值；大力推进数字化转型，打造企业特色数字化平台；加快绿色低碳发展，提高资源利用效率；夯实安全发展基础，加强组织保障等方面积极落实，不断提升我国胶管胶带民族品牌价值。

2. 推进低碳智能制造，助力行业数字化转型

在"双碳"目标下，首先要坚持不以牺牲环境污染为代价发展自身企业，在产品制造过程中，践行低碳、环保、节约的发展理念，加大对智能制造的投入，从智能装备、智能产线、智能车间、智能工厂、精益制造、科研开发、质量管控、远程运维、物流仓储、网络平台等方面推进企业数字化转型，尤其新建、扩建企业，更应从根本上摒弃低端化、同质化的发展模式，切实从增强企业核心竞争力入手，在数智赋能时代为企业发展赢得先机。

3. 以标准引领行业低碳智能发展

团体标准已成为国家标准体系中重要的组成部分，在"补短板、填空白"方面作用明显，一流企业做标准，行业中优秀的骨干企业越来越重视并积极参与到此项工作中来，使得以稳步扎实的推进和顺利的开展。

胶管胶带行业要逐步完善低碳和智能化发展的标准体系，围绕降碳、节能项目及市场急需的胶管胶带产品制定相关团体标准，推进胶管胶带团体标准向中高端发展，加强标准的引领作用，助力胶管胶带行业高质量发展。

4. 强化输送带、胶管和传动带绿色生产

加大行业节能降耗、减排治污防治力度，利用新技术、新工艺、新材料、新设备推动企业节能减排。制定行业清洁生产技术评价体系，开展效能对标达标活动，研发、推广污染防治技术，大幅度提高行业清洁生产水平。提高资源综合利用水平，提升能源利用效率，扩大新能源应用比例，加强水资源利用，加强废弃物综合利用技术的研发与推广利用，提高大宗工业固体废物转化为再生资源的能力。

5. 由提供产品向"产品+服务"转型

由于主要下游行业煤炭、钢铁、水泥等对于环保的要求不断提高，胶管胶带行业应从用户需求出发，从单一提供产品，进而向提供多元化服务转变，围绕物料输送环节，为用户提供安全、高效、节能、环保的绿色输送服务。通过各类绿色产品，如管状输送带、智能清扫机器人等产品技术的设计与开发，以及通过节能技术改造等绿色工艺的开发与推广，实现节能、环保输送，同时，依托高性能数字化输送带产品及各类智能在线监测技术，实现对输送系统重点运行环节与数据全面监测，助力煤炭、钢铁、港口、砂石骨料等重点行业实现绿色智能输送。

6. 重视人民币汇率波动问题，防范汇率风险

人民币汇率大幅波动对原材料进口及产品出口均会造成一定影响，建议企业应重视人民币汇率波动问题，树立正确的汇率风险防范意识，建立健全内部风险管控体系，提高应对汇率风险的能力，切实保障企业的利益，为企业带来更好的发展。

（李鸿　李信）

四、橡胶制品

过去的 2022 年，疫情影响反反复复，物流不畅，原材料价格暴涨，国际形势错综复杂，多重因素叠加，造成企业生产经营艰难，成本增加。中国橡胶制品行业在产值和销售收入增长的情况下，盈利情况却不容乐观，利润出现大幅度下滑，行业面临着前所未有的挑战和困难。

2023 年，随着国内对疫情管控放开和各项稳经济、促发展措施的实施，国内外逐步恢复正常的经贸合作和商务往来，企业重振信心，大力促进产品结构和布局调整，实施精益管理，积极提质增效。

国家提出了扩大内需、深化供给侧结构性改革、加快基础设施及民生工程建设、促进装备制造业振兴等一系列政策措施，并提倡能源安全、绿色环保、智能制造。这些举措的实施，包括新能源汽车近两年的高速发展，都将给橡胶制品行业发展带来新的机遇。

（一）基本情况

1. 2022 年主要经济指标完成情况

据中国橡胶工业协会橡胶制品分会统计，2022 年 44 家重点会员企业共完成工业总产值 523.56 亿元，同比（下同）增长 3.16%，增速减少 4.66 个百分点。完成出口产品交货值 125.12 亿元，增长 13.04%，增速减少 2.49 个百分点。出口产品交货值占工业总产值的比例为 23.90%，提升 2.1 个百分点。实现销售收入 564.96 亿元，增长 4.84%，增速减少 2.49 个百分点。实现利润总额 34.06 亿元，下降 5.62%，增速减少 6.58 个百分点。7 家企业亏损，亏损面扩大，亏损额大幅增加。

与 2022 年前三季度相比，橡胶制品分会统计四季度重点会员企业工业总产值、销售收入和利润总额的增速，环比分别减少 3.69 个百分点、2.16 个百分点和 7.21 个百分点。出口产品交货值环比增加 12.90 个百分点。

从以上数据可以看出，2022 年橡胶制品行业主要经济指标中，工业总产值、出口产品交货值和销售收入同比增长，其中出口产品交货值增幅较大，但利润总额下降明显。

2022 年橡胶制品分会统计行业主要经济指标同比增长情况见图 1.7，2022 年橡胶制品行业主要经济指标分季度增长情况见图 1.8。

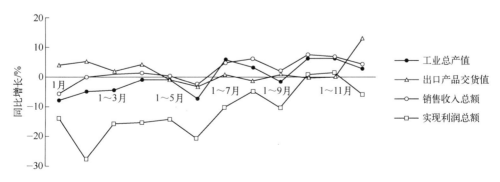

图 1.7　2022 年橡胶制品分会统计行业主要经济指标同比增长情况

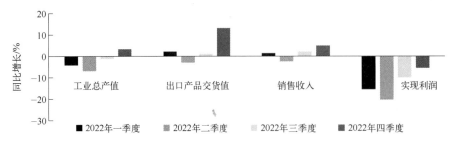

图1.8 2022年橡胶制品行业主要经济指标分季度增长情况

2. 2023年一季度主要经济指标完成情况

2023年第一季度，在经济缓慢复苏、需求略有上涨的推动下，橡胶制品行业工业总产值增长10.34%，库存量小幅上涨，产品产量及各项经济指标呈现不同程度增长；出口交货值虽然有所增长，但增幅不大，仅1.36%。

据中国橡胶工业协会橡胶制品分会对主要会员企业统计，一季度橡胶制品产值为55.70亿元，增长7.46%；工业总产值70.78亿元，增长10.34%；主营业务收入67.58亿元，下降7.25%；出口交货值14.16亿元，增长1.36%。

3. 主要产品产量

2022年，中国橡胶工业协会橡胶制品分会统计的15种主要产品产量，7种产品产量有所增长，8种产品产量有所下滑。其中，桥梁支座、汽车减震制品和骨架油封产品产量增幅较大，分别达38.05%、14.39%和13.89%。伸缩缝、橡胶护舷和工业胶布产品产量降幅较大，分别下降45.81%、44.02%和39.79%。2022年4种主要橡胶制品产量同比增长情况见图1.9，2022年橡胶制品行业主要产品产量见表1.32。

2023年一季度，中国橡胶工业协会橡胶制品分会统计的主要产品产量，多数实现增长（见表1.33）。

4. 出口情况

2022年，橡胶制品行业出口汽车橡胶配件207.86亿个，增长7.09%；完成出口产品交货值113.63亿元，增长12.93%。

5. 行业优势企业

据中国橡胶工业协会橡胶制品分会对会员企业2022年销售收入的统计，橡胶制品分会销售收入前10名会员企业见表1.34。

数据表明，行业销售收入前10名会员企业中，前2名仍然是安徽中鼎控股（集团）股份有限公司和株洲时代新材料科技股份有限公司，排名3~10位的企业顺序有小幅变化。

"10强"企业中，销售收入保持增长的企业只有2家，涨幅达到15%；有6家企业的销售收入呈现负增长，降幅最大的企业接近30%。这也是近年来企业发展面临的最严峻问题。

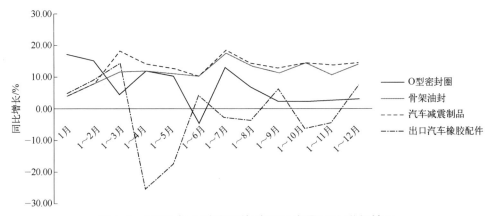

图1.9 2022年4种主要橡胶制品产量同比增长情况

表1.32　2022年橡胶制品行业主要产品产量

序号	产品名称	2022年	2021年	同比/%
1	密封圈/万个	176945.29	171953.26	2.90
2	骨架油封/万个	209288.69	183767.33	13.89
3	纯胶密封条/吨	520.00	576.50	-9.80
4	复合密封条/万米	503.72	602.11	-16.34
5	工业胶布/万米	22.76	37.80	-39.79
6	橡胶水坝/平方米	102192.35	98388.00	3.87
7	制动皮碗皮膜/万个	262.00	275.00	-4.73
8	胶辊/吨	241.32	364.60	-33.81
9	汽车减震制品/万个	946643.30	827574.30	14.39
10	橡胶护舷/吨	22660.00	40479.00	-44.02
11	橡胶防腐衬里/平方米	4362.50	4010.66	8.77
12	橡胶止水带/米	11768.41	12223.20	-3.72
13	桥梁支座/万个	11.99	8.69	38.05
14	伸缩缝/米	3737.63	6897.40	-45.81

表1.33　2023年一季度橡胶制品主要产品产量

序号	产品名称	2023年一季度	2022年一季度	同比/%
1	O型密封圈/万个	24219.72	27009.95	-10.33
2	骨架油封/万个	42194.55	37777.88	11.69
3	纯胶密封条/吨	86.00	39.00	120.51
4	复合密封条/万米	60.00	99.00	-39.39
5	工业胶布/万米	5.79	3.13	84.98
6	橡胶水坝/平方米	12702.00	4540.80	179.73
7	胶辊/吨	14.20	9.03	57.25
8	汽车减震制品/万个	176726.65	158607.87	11.42
9	橡胶护舷/吨	11030.00	8400.00	31.31

表1.34　2022年橡胶制品分会销售收入前10名会员企业

序号	企业名称	销售收入/亿元
1	安徽中鼎控股（集团）股份有限公司	210.7
2	株洲时代新材料科技股份有限公司	138.3
3	建新赵氏集团有限公司	27.8

续表

序号	企业名称	销售收入/亿元
4	陕西延长石油西北橡胶有限责任公司	24.9
5	江阴海达橡塑股份有限公司	19.0
6	宁波拓普集团股份有限公司	18.1
7	江苏冠联新材料科技股份有限公司	10.1
8	山东美晨工业集团有限公司	9.6
9	江苏恒辉安防股份有限公司	9.3
10	浙江天铁实业股份有限公司	8.4

（二）行业发展亮点

1. 浙江天铁实业股份有限公司

天铁实业积极布局盐湖资产，进军锂矿行业。成功收购西藏中鑫投资有限公司21.74%股权，购进盐湖资产，快速推进锂化物上下游产业链一体化布局。同时，募投项目——二期厂区生产线全面投产，橡胶弹簧、隔震支座、钢弹簧生产效率和产能大幅提升，推动夯实筑牢减振/震业务，实现"二次腾飞"目标。

天铁实业保持了轨道交通减振降噪行业领军地位，2022年轨交减振系列产品合同额突破预期，轨交减振与建筑减隔震生产线实现提产增效，全面开花，有效提升业务规模和市场地位。主营业务市场竞争力和行业优势地位更加突出。

2022年，天铁实业专利申请数量和质量大幅提高，完成了76项专利申请，其中发明专利41项；获得国家授权专利27项，其中发明专利1项，实用新型专利25项，外观专利1项，研究领域主要涵盖轨交减振、数字化监测等。该公司致力推动行业标准化发展，主持起草的国家标准《城市轨道交通浮置板用橡胶弹簧隔振器》（GB/T 41492—2022）于2022年4月发布，11月正式实施，提高了企业在行业内的公信力，打造品牌形象。

2. 株洲时代新材料科技股份有限公司

2022年，被工业和信息化部认定为"2022年国家技术创新示范企业"，充分彰显了企业的科技创新实力。此次认定是对时代新材整体技术创新能力和成果的高度肯定，也是对企业核心竞争力及行业领先地位、创新研发能力、行业带动作用、创新发展战略与模式等方面的综合评价。

2022年10月，时代新材旗下博戈橡胶塑料（株洲）有限公司入选"2022年度国家知识产权优势企业"名单。2021年曾获评国家高新技术企业、国家重点支持专精特新"小巨人"等。

2022年9月8日，"海风1号"大型风电叶片项目首支产品在江苏射阳工厂顺利下线，叶片长达110米，是射阳工厂2019年建厂以来生产的最大叶型，也是公司首次突破百米级重大海上项目。叶片采用碳纤维拉挤板材与玻璃纤维拉挤板材组合型式结构，以及大实度气动外形设计理念，可满足低风速海上区域、额定功率10兆瓦风力发电机组平价上网需求。

时代新材牵头的项目《高性能间位芳纶蜂窝纸关键技术及其应用》成功斩获2021年度中国轻工业联合会科技发明奖一等奖。该项目针对我国高端装备领域用芳纶蜂窝材料"卡脖子"的现状，突破了多项关键技术，成功打通高性能蜂窝材料全产业链国产化，成果在机载雷达天线罩、"天宫号"空间站、"复兴号"及"和谐号"动车组等航空航天和轨道交通高端装备领域实现批量应用，经济效益和社会效益显著。

时代新材成功突破轨道交通巨头西门子 SIEMENS 平台 EMU 车型的 Desiro HC 空簧项目，拿下西门子首个空气弹簧产品订单，填补了欧洲市场最重要的一片空白地带。

时代新材在高性能高分子领域深耕多年，为超大、超长风电叶片的可靠性增添了更多保障。2022 年，时代新材在相关领域申请了上百件专利，并参与"中车风电产品技术标准体系研究及构建"项目。

3. 山东美晨工业集团有限公司

美晨工业集团荣获"金辑奖·2022 中国汽车产业新供应链百强"、山东省服务型制造示范企业，连续 17 年荣登"全国百家优秀汽车零部件供应商"榜单。

4. 安徽中鼎控股（集团）股份有限公司

中鼎集团与日本普利司通集团签署协议，以自有资金 100%的股权收购普利司通旗下减震橡胶业务。

宁国中鼎精工技术有限公司正式成立，2022 年 5 月 23 日启动搬迁。完善了五金制品产品布局，产能扩建和自动化改进，加速了产业升级。

2022 年，中鼎冷却系统管路总成搭载丰田"氢擎"柯斯达助力北京冬奥会；2022 年 3 月安徽鼎瑜智能科技有限公司成立，产品以智能悬架系统为核心，包括空气弹簧、磁流变减震器和主动稳定杆等核心产品，并同 AMK（中国）公司和新收购的普利司通空悬业务形成良好的优势互补和战略叠加。

2022 年 3 月 28 日，柯玉超博士参与完成的"超高压宽温域氢气密封系统设计制造及测试关键技术"项目荣获"2022 年日内瓦国际发明展金奖"。

2022 年 6 月 27 日，《美国汽车新闻》（Automotive News）发布 2022 年全球汽车零部件供应商百强榜，安徽中鼎密封件股份有限公司位居第 85 位，排名再进 2 位。该榜单根据供应商提供的上一年企业在汽车行业配套市场的营业收入进行排序。

2022 年 11 月 8 日，"采用新型复合材料的汽车用关键橡胶制品研发及应用"项目荣获安徽省科学技术进步奖二等奖。获奖项目技术成果获得授权发明专利 11 项，实用新型专利 6 项，发表论文 7 篇，制定企业标准 4 项，依托本项目关键技术建成生产线 4 条。

5. 西北橡胶塑料研究设计院有限公司

2022 年 5 月 23 日，西北院有机硅材料密封型材生产能力建设项目开工建设。项目建成后将大幅提高有机硅密封型材生产制造能力。

2022 年，围绕"十四五"四大主业发展，深化改革、加快资源整合，成立聚氨酯制品事业部、航空密封型材事业部。力争以更专业的技术水平、更强大的保障能力、更全面的配套服务，为客户提供更多的产品解决方案，促进企业高质量发展。

2022 年，入选陕西"链主"企业、咸阳市新材料产业链"链主"企业，将以打造橡胶新材料供应产业链为目标，在提供产品之外，更注重为客户提供行业相关的技术解决方案等全方位服务。

2022 年，荣获陕西省制造业"单项冠军示范企业"称号。

6. 南京金三力橡塑有限公司

2022 年 12 月，获得江苏省专精特新"小巨人"企业称号，通过江苏省专精特新产品的评定，扩大了行业知名度，加强了产学研工作，为企业后续发展奠定了基础。

同期，其精密制品车间获得江苏省"智能制造车间"称号，通过企业 ERP、MES、仓储管理系统、设备管理系统、能源管理系统、可视化等管理系统的智改数转升级改造，金三力提高公司内部管理能力和生产自动化水平，降低了员工人数及生产成本，为拓展业务新渠道，增加企业盈利能力，打好了基础。

7. 青岛海力威新材料科技股份有限公司

2022年7月13日，入选"2022年度山东省高端品牌培育企业"名单。多年来，该公司在高起点、品牌化的发展战略引领下，自主创新能力不断增强，核心技术研发取得重大突破，参与修订国家标准达10余项，拥有专利近200项，品牌的行业竞争力和影响力大幅提高，逐渐发展成为国内密封件行业的知名企业。

8. 成都盛帮密封件股份有限公司

2022年7月6日，盛帮股份在深交所创业板上市。

2022年该公司参与编写的国家标准《密封元件为弹性体材料的旋转轴唇形密封圈 第6部分：弹性体材料规范》和《液压气动用O形橡胶密封圈 第5部分：弹性体材料规范》正式发布。

2022年7月1日，盛帮股份获批第四批专精特新"小巨人"企业。2022年1月20日，该公司"核辐射防护系列手套关键技术研发"项目经三方科技成果评价，认为项目关键技术达到国际先进水平。

2022年4月25日，盛帮股份"核工业领域放射性污染物防护手套国产化研发"经三方科技成果评价，认为该成果具有自主知识产权，产品性能达到了国际先进水平，可应用于我国核工业领域个人手部放射性污染物的防护，具有良好的社会效益、经济效益和推广前景。

2022年11月11日，盛帮股份投资5.1亿元的"特种橡塑制品项目"举行奠基仪式。项目建成后，将主要生产橡胶密封件和绝缘、防辐射等功能橡胶和塑料制品，同时为国内外等多家客户提供配套产品。

9. 辽宁省铁岭橡胶工业研究设计院

2022年4月，辽宁省铁岭橡胶工业研究设计院的质量基础设施一站式服务试点——"铁橡云台"滴灌式服务模式，进入国家典型服务案例20强。该平台构建了混炼胶供给、技术研发、检验检测、内联外引及项目载体、数字化转型场景应用等"五大服务"平台，实施对接式、跟踪式、扶助式、打包式、上门式线下精准服务，着力在质量诊断、质量攻关、品牌创新、人才培养等方面提供个性化解决方案，形成全链条、全方位、全过程的"滴灌式"服务模式。"一站式"服务工作的开展，使橡胶研究院进一步优化了服务举措、细化了服务内容、提升了服务质量，逐步形成"铁橡云台"滴灌式质量服务模式，进而推广全国。

2022年4月，获批筹建"辽宁省橡胶制品产业质量品牌提升示范区"，6月铁岭市政府发布了实施方案。目标是通过示范区创建，充分运用铁岭全市200余家橡胶企业资源，到2023年末，全产业链产值力争实现25亿元。到"十四五"末，新产品销售收入达10亿元，申请专利及成果转化20项，制定标准10项。通过招商引资，吸引国内1~2家行业龙头企业到铁岭投资建厂，全产业链值力争实现30亿元。

2022年8月，中标2包并承担国家市场监督管理总局"2022年产品质量监督抽查工作"，涉及272家企业的338批次产品，主要针对橡胶密封圈、橡胶止水带产品各项性能指标进行了抽查检测。作为辽宁省橡胶制品质量监督检验中心，已连续5年承担国家监督抽查任务。

2022年12月，被评选为"2022年度国家中小企业公共服务示范平台"。平台积极承担政府部门委托的各项任务，解决中小企业共性及个性需求，充分发挥对铁岭乃至辽宁全省橡胶产业的支撑、带动、示范作用，为全国橡胶密封制品企业提供更加专业化、个性化的技术服务，破解企业"卡脖子"技术难题，助推企业健康发展。

10. 河北华密新材科技股份有限公司

2022年12月23日在北交所成功上市。产品被河北省工信厅评为"河北省制造业单项冠军"；公司被河北省工信厅评为"河北省县域特色产业集群领跑者"。获得实用新型专利授权

10 项；公司被评为"邢台市橡塑制品产业链链主企业"。

11. 安徽微威胶件集团有限公司

2022 年 8 月，安徽微威胶件集团有限公司入选专精特新"小巨人"企业，此次入选是对企业研发创新能力、业务发展规模等方面的肯定，有利于提高核心竞争力和行业影响力，对公司的发展将产生积极影响。

12. 马鞍山宏力橡胶制品有限公司

2022 年 1 月，该公司 Q/MHL001—2021《球墨铸铁管接口用防滑止脱橡胶密封圈》获 2021 年企业标准"领跑者"称号。

2022 年 3 月 31 日，该公司列入安徽省"2022 年制造业单项冠军培育企业"名单；2022 年 8 月 28 日，入选《安徽省工业领域节能环保"五个一百"推介目录》。

13. 广东贝洛新材料科技有限公司

2022 年 8 月，广东贝洛新材料科技有限公司获批成立"东莞市（贝洛）橡胶高分子材料工程技术研究中心"平台，有助于该公司加强对硅橡胶工艺的研究，进而实现科技成果的优化。

贝洛新材料将通过建立完整的创新组织体系和技术研发机构，加大科技投入，引进高技术人才，配备先进的研发设备、仪器，加强产学研合作等措施，努力将中心建设成为技术创新的平台、产学研结合的桥梁、成果转化的基地和人才聚集的摇篮，以实际行动践行企业社会责任，为客户提供更加完美的匹配方案。

14. 上海乐瑞固化工有限公司

上海乐瑞固在化工助剂行业（脱模剂、黏合剂）稳步发展，及时了解国内外市场信息，完善亚洲区域布局，积极开拓海外市场。

2022 年，重点开发的水性喷雾罐脱模剂，利用水性技术降低 VOCs，从而减少对环境的污染，并且水性喷雾罐，完全能达到溶剂喷雾罐的雾化效果。乐瑞固橡胶水性喷雾罐——Lubekote 5170B 的创新问世，颠覆了水性脱模剂的常规喷涂方式。

乐瑞固 ThinkBond 热硫化黏合剂，由海外技术研发、亚洲市场销售，真正实现了研发技术销售一站式服务。

（三）行业发展大事

2022 年，是中国橡胶工业协会橡胶制品分会理事长单位换聘之年。根据中国橡胶工业协会《分支机构管理办法》的有关规定，按照分会理事长单位的任职条件，分会认真筹备，筛选符合条件的企业，最后确定候选单位和理事长人选，并按规定履行报批手续。8 月 29 日，橡胶制品分会在青岛召开的中国橡胶工业协会橡胶制品分会第十届二次理事（扩大）会议，宣布了中国橡胶工业协会的批复文件（中橡协字〔2022〕37 号）《关于橡胶制品分会理事长聘任人选的批复》，确认浙江天铁实业股份有限公司为橡胶制品分会新一任理事长单位，浙江天铁实业股份有限公司董事长许吉锭为橡胶制品分会新一任理事会理事长。9 月 2 日，在浙江天台召开的会员大会上，中国橡胶工业协会副会长兼秘书长雷昌纯为浙江天铁实业股份有限公司颁发了理事长单位牌匾。

中国橡胶工业协会团体标准的编制工作持续推进。2022 年橡胶制品分会组织完成了《自然硫化丁基橡胶防腐衬里》《密封唇口为聚四氟乙烯材料的旋转轴唇形密封圈》《硫化橡胶或热塑性橡胶 阻尼性能测定方法》3 个标准的立项，并组织开展标准起草工作。其中《自然硫化丁基橡胶防腐衬里》标准已完成技术预审、专家审查及公示等程序，发布日期为 2023 年 5 月 22 日，实施日期为 2023 年 9 月 1 日。

（四）展望与建议

2023 年，疫情过后各行业经济取得复苏，国家"一带一路"倡议深入推进，加大内循环政策不断深化，国际贸易合作更加紧密，国内橡胶制品行业的市场空间更加广泛，企业迎来更多机遇。同时，在国家强调可持续发展、"双碳"绿色环保的背景下，企业加快节能减排技术研发，通过产品结构调整，深入实施信息化、智能化生产，提高效率、降低成本、拓展市场，形成良性竞争格局，发挥行业综合优势。

中国橡胶制品行业也在不断完善竞争机制，深化行业改革，推进资源配置优化，以促进有效市场竞争，强化行业规范，健全发展机制，加强国内外合作，丰富行业整体市场，给予企业可持续发展及良好融资环境。

中国橡胶制品行业将依托积极的政策环境，随着行业机制的不断完善及技术条件不断成熟，更好地融入全球经济体系，促进行业良性循环，持续展示中国制造的潜力。

近年来，下游汽车、电子电气、轨道交通、建筑、航空航天、石油化工、机械设备及新兴产业市场的发展，为橡胶制品行业提供较大的成长空间。我国橡胶制品产业得到长足发展。预计未来随着下游市场的进一步扩大，对橡胶制品的需求会继续增加，行业销售收入和利税也将恢复增长状态。

展望未来，企业应及时了解和掌握行业的内外部环境变化情况及上下游产业链发展状况，对市场供需、竞争格局、标杆企业、机会风险、发展策略与投资建议等进行分析，把握行业发展机遇，积极应对挑战。企业应关注国家利好政策，以自主创新为核心，以新材料、新技术、新装备和新产品研发为重点，完善创新体系，大力实施高端化战略，推进"两化"深度融合，突破关键技术瓶颈，加快产业升级。

未来，中国橡胶制品行业将呈现发展新局面，市场规模也将不断扩大，企业也会投入更多资金开发新技术和新产品，包括新型橡胶材料等，这将进一步拓宽我国橡胶制品行业的发展空间。

未来协会将针对橡胶制品企业对"双碳"管理与减碳技术的困惑和迷茫，协助和指导解决行业关键技术问题。通过对实现碳中和目标的"四步"（控碳、减碳、低碳、碳中和）进行分析，针对碳排放、碳认证、碳交易、碳壁垒和碳风险对企业生产经营、生存和发展的影响，为企业提出应对措施，推动行业建立"双碳"体系，实现健康可持续发展，打造绿色工厂、绿色产品、零碳产业。

橡胶制品行业应团结一致，携手共进，产业链上下游应加强合作，抓住机遇，稳步推进行业高质量、绿色低碳、可持续发展进程，开创橡胶制品行业创新发展的新局面。

（杨莉）

五、胶鞋

2022年，新冠肺炎疫情在国内多点散发频发，发达国家在疫情期间推出刺激政策，部分新兴经济体复苏缓慢，全球经济重新落入缓慢增长的轨道并出现新的分化，同时疫情仍在影响中国经济增长。2022年，我国国内生产总值（GDP）同比（下同）增长3%。国民经济顶住压力持续发展，经济总量再上新台阶。

2022年下半年，胶鞋出口增长势头减缓，一直延续到年底。到2023年，胶鞋出口开始大幅下降，内销企业也纷纷减线减产，以保证企业经营不亏损或少亏损。整体来看，2022年，中国橡胶工业协会胶鞋分会统计企业的胶鞋产品出口交货值增长10.39%，胶鞋国内销售量下降9.26%。

美国商务部数据显示，2022年，美国从世界各地进口的鞋类产品总额增长32.51%，达到334.3亿美元。其中，进口孟加拉国皮鞋4.06亿美元，增长63.25%；进口中国鞋类产品121.5亿美元，增长23%；进口越南鞋类产品104.8亿美元，增长41.19%；进口印度鞋类产品7.45亿美元，增长6419%；从印度尼西亚进口30亿美元，增长53.04%；从柬埔寨进口10亿美元，增长47.68%。

制鞋行业高度集中在亚洲，亚洲制鞋企业占据了全球88%的市场份额，几乎每10双鞋中就有9双由亚洲国家生产。当前，制鞋业继续向东南亚地区集中。中国是世界上最大鞋类产品生产国，但份额占比继续缓慢下降，其他亚洲国家尤其是越南、菲律宾、印度尼西亚，占比不断提高，印度也在布局鞋类产品的生产。在过去10年里，中国的生产占比下降超过6个百分点。

早在几年前，因不断上涨的劳动力成本、原材料以及汇率波动等因素，不少国内鞋企向东南亚地区转移生产基地。随着中国-东盟自由贸易区的全面启动，越南、印度、巴基斯坦等地的制鞋业迅速发展。越南制鞋业过去10年快速增长，目前约占全球出口的10%。

（一）基本情况

1. 产品产量

中国橡胶工业协会胶鞋分会对部分重点胶鞋企业的统计数据显示，2022年，胶鞋产量合计2.41亿双，增长3.6%，其中布面胶鞋产量1.79亿双，下降4.67%；胶鞋销售量2.54亿双，增长9.74%。2022年胶鞋分会产量前10名会员企业情况见表1.35，2023年一季度胶鞋分会产量前10名会员企业见表1.36。

2. 经济指标完成情况

据中国橡胶工业协会胶鞋分会对重点胶鞋企业的统计，2022年，胶鞋工业总产值49.57亿元，下降5.31%；胶鞋工业销售产值48.72亿元，下降5.01%；胶鞋产品出口交货值10.86亿元，增长10.39%，其中帆布胶鞋出口交货值增长9.41%；实现利润总额4.25亿元，增长28.15%。

2022年全年和2023年一季度胶鞋主要会员企业经济指标完成情况见表1.37，2022年利润前10名会员企业见表1.38，2023年一季度利润前10名会员企业见表1.39。

3. 进出口情况

（1）中橡协统计出口数据

据中橡协胶鞋分会统计数据，2022年胶鞋主要会员实现出口交货值 10.87 亿元，增长 10.39%；胶鞋出口量为 2937.4 万双，增长 5.78%。2023 年一季度，胶鞋出口交货值为 1.94 亿元，下降 30.72%；胶鞋出口量为 525.3 万双，下降 42.18%。

2022 年上半年，外贸订单回流明显，企业出口大幅度增长，大部分胶鞋企业产品出口形势较好。2022 年下半年，受国内疫情多点散发的影响，部分企业生产经营受到影响，企业出口形势出现两极分化，总体呈现增幅逐月减少的态势，直到 2023 年出口同比出现下降。2022 年主要胶鞋会员企业出口情况见表 1.40，2023 年一季度主要胶鞋会员企业出口情况见表 1.41。

表 1.35 2022 年胶鞋分会产量前 10 名会员企业

企业名称	产量/万双	同比/%
际华橡胶工业有限公司	4641.31	140.09
上海回力鞋业有限公司	4269.33	12.89
际华制鞋工业有限公司	3554.00	20.84
山东鲁泰鞋业有限公司	1684.00	17.43
四川省资阳市征峰胶鞋有限公司	1681.00	−47.24
青岛千里行集团有限公司	1566.71	12.23
青岛双星名人集团股份有限公司	1537.73	−27.51
浙江中远鞋业有限公司	838.00	33.87
浙江天宏鞋业有限公司	800.00	−39.62
际华三五三九制鞋有限公司	728.53	−31.27

注：数据来源于中国橡胶工业协会胶鞋分会。

表 1.36 2023 年一季度胶鞋分会产量前 10 名会员企业

企业名称	产量/万双	同比/%
上海回力鞋业有限公司	1236.42	19.63
际华制鞋工业有限公司	1123	−15.25
四川省资阳市征峰胶鞋有限公司	361	28.47
青岛双星名人集团股份有限公司	347.07	−31.49
青岛千里行集团有限公司	317.97	−2.91
山东鲁泰鞋业有限公司	314	−13.50
浙江中远鞋业有限公司	251	−17.43
浙江天宏鞋业有限公司	203	20.83
浙江环球鞋业有限公司	174	−9.07
河北三五五四鞋业有限公司	173	35.16

注：数据来源于中国橡胶工业协会胶鞋分会。

表1.37 2022年全年和2023年一季度胶鞋主要会员企业经济指标完成情况

经济指标	2022年	同比/%	2023年一季度	同比/%
工业总产值/万元	495733.60	-5.31	117011.10	-9.77
工业销售产值/万元	487265.90	-5.01	111274.40	-12.79
产品出口交货值/万元	108679.17	10.39	19426.09	-30.72
产品产量/万双	24064.57	3.60	5114.32	-8.09
出口量/万双	2937.43	5.78	525.31	-42.18
销售量/万双	21450.77	-7.48	4872.61	-18.26
内销量/万双	18517.54	-9.26	4350.56	-13.57
销售收入/万元	672183.40	1.26	168306.50	-7.28
利润总额/万元	42543.11	28.15	8359.24	9.68
天然胶消耗量/吨	11478.32	-22.72	2884.16	-6.40

表1.38 2022年利润前10名会员企业

企业名称	利润额/万元	同比/%
上海回力鞋业有限公司	20164.79	10.47
青岛千里行集团有限公司	12083.41	181.15
鹤壁飞鹤股份有限公司	4719.14	33.78
际华制鞋工业有限公司	2598.00	-2.96
山东鲁泰鞋业有限公司	1323.00	-27.15
浙江天宏鞋业有限公司	1135.00	-63.69
浙江人本鞋业有限公司	1066.67	-21.73
浙江环球鞋业有限公司	968.00	12.95
浙江中远鞋业有限公司	660.00	-21.48
四川省资阳市征峰胶鞋有限公司	569.00	-59.76

表1.39 2023年一季度利润前10名会员企业

企业名称	利润额/万元	同比/%
上海回力鞋业有限公司	5510.83	4.15
青岛千里行集团有限公司	2166.91	819.16
际华制鞋工业有限公司	618.00	-42.03
鹤壁飞鹤股份有限公司	535.67	-39.18
山东鲁泰鞋业有限公司	437.00	79.84
浙江天宏鞋业有限公司	224.00	-5.08
浙江环球鞋业有限公司	185.00	-39.34

续表

企业名称	利润额/万元	同比/%
河北三五五四鞋业有限公司	154.00	33.91
四川省资阳市征峰胶鞋有限公司	116.00	34.88
浙江中远鞋业有限公司	75.00	-18.48

表1.40　2022年主要胶鞋会员企业出口情况

企业名称	出口交货值/万元	同比/%
青岛千里行集团有限公司	65111.91	56.91
山东鲁泰鞋业有限公司	26896.00	2.13
青岛双星名人集团股份有限公司	7711.00	-68.55
大连金弘橡胶有限公司	5253.00	18.39
河北京力鞋业有限公司	2190.00	508.33
浙江人本鞋业有限公司	916.13	73.18
上海回力鞋业有限公司	601.13	-22.45

表1.41　2023年一季度主要胶鞋会员企业出口情况

企业名称	出口交货值/万元	同比/%
青岛千里行集团有限公司	12739.33	-4.23
山东鲁泰鞋业有限公司	4242.00	-43.20
青岛双星名人集团股份有限公司	1396.00	-72.57
大连金弘橡胶有限公司	537.00	-56.45
浙江人本鞋业有限公司	413.10	86.92
上海回力鞋业有限公司	98.66	-37.97

（2）海关统计出口数据

据海关总署统计，2022年，我国出口量最大的纺织面料鞋（税则号6404，含帆布硫化鞋）下的出口鞋，按各地出口量由大到小排序，分别是福建、浙江、广东、江苏、山东、江西、湖南、上海、四川、安徽、广西。上海的排名和上年相比有所下降，江西排名上升。按照出口国家和地区排名，靠前的增加了菲律宾，顺序分别是美国、日本、德国、菲律宾、英国等。

2022年我国胶鞋总体进出口情况见表1.42，2023年一季度我国胶鞋总体进出口情况见表1.43。

（3）海关统计主要产销国家和地区进出口数据

海关代码64019210产品主要国家和地区进出口情况见表1.44，海关代码64019900产品主要国家和地区进出口情况见表1.45，海关代码64041100产品主要国家和地区进出口情况见表1.46，海关代码64041910产品主要国家和地区进出口情况见表1.47。

表 1.42　2022 年我国胶鞋总体进出口情况

产品代码	出口				
	数量/万双	同比/%	金额/万美元	同比/%	均价/(美元/双)
64019210	5340.31	2.58	47853.47	9.24	8.96
64019900	1632.01	31.07	10235.13	27.39	6.27
64041100	8781.80	38.87	106364.47	42.39	12.11
64041910	82536.60	17.72	151603.10	1.24	1.84
合计	98290.72		316056.17		
产品代码	进口				
	数量/万双	同比/%	金额/万美元	同比/%	均价/(美元/双)
64019210	4.72	−57.89	218.29	−41.53	46.26
64019900	2.94	−45.31	67.66	38.64	23.00
64041100	937.08	−19.54	33061.92	−23.33	35.28
64041910	200.67	−72.94	2631.17	3.04	13.11
合计	1145.41		35979.03		

注：数据来源于海关总署。

表 1.43　2023 年一季度我国胶鞋总体进出口情况

产品代码	出口				
	数量/万双	同比/%	金额/万美元	同比/%	均价/(美元/双)
64019210	757.72	−73.10	6413.52	−74.1	8.46
64019900	426.21	−43.79	2486.34	−46.8	5.83
64041100	1957.54	−53.67	24038.11	−50.4	12.28
64041910	16426.70	−57.32	29500.34	−59.8	1.80
合计	19567.53		62438.31		
产品代码	进口				
	数量/万双	同比/%	金额/万美元	同比/%	均价/(美元/双)
64019210	0.65	−70.71	59.28	−45.5	90.90
64019900	0.52	−39.68	9.83	−56.1	18.86
64041100	264.73	−33.77	8606.35	−44.1	32.51
64041910	27.79	−83.20	716.92	−60.0	25.80
合计	293.69		9392.37		

注：数据来源于海关总署。

表 1.44 海关代码 64019210 产品主要国家和地区进出口情况

国家和地区	2022 年				2023 年一季度			
	进口数量/双	进口金额/美元	出口数量/双	出口金额/美元	进口数量/双	进口金额/美元	出口数量/双	出口金额/美元
加拿大	0	0	2956322	28210807	0	0	279641	2443739
美国	175	13523	13158833	158806258	14	1087	1704452	19339595
澳大利亚	41	3312	965457	9484254	0	0	429390	3789077
新西兰	0	0	623601	6718483	0	0	197326	1999810
德国	1	131	4443532	24406770	0	0	241102	1243432
法国	7076	971770	2482944	19019117	1088	399092	211282	1675268
瑞典	0	0	2364215	21133933	0	0	113686	930250
丹麦	1219	3999	1944460	18511613	0	0	178618	1485506
英国	136	10279	4946715	48721104	416	20876	238917	3335665
柬埔寨	3012	72869	3412	9049	278	3415	1756	7069
日本	3057	83183	8137318	74057206	1577	51158	1353515	11878763
中国台湾	19	357	107912	1475572	16	288	21151	299564
越南	10341	312885	529072	1629372	4	427	65220	325171

表 1.45 海关代码 64019900 产品主要国家和地区进出口情况

国家和地区	2022 年				2023 年一季度			
	进口数量/双	进口金额/美元	出口数量/双	出口金额/美元	进口数量/双	进口金额/美元	出口数量/双	出口金额/美元
美国	21	2069	1467544	22585998	10	1109	289627	3785872
日本	150	12445	3155015	16973417	24	2341	540206	3154557
英国	6	386	657217	4250974	0	0	29912	305267
韩国	0	0	731661	3547853	0	0	197688	754278
瑞典	0	0	50089	863599	0	0	4946	2761
菲律宾	1082	13990	1811012	6138262	0	0	1167944	2735049
越南	10130	42484	991371	3133329	37	3239	105125	541821
印度尼西亚	38	2536	185005	1081386	7	535	24543	70038
中国台湾	4541	22318	11879	100071	4341	16136	1195	16748
泰国	478	7700	401544	2440735	34	807	22148	142325
意大利	131	8196	203717	1745268	146	3224	12202	104698
法国	173	145126	166527	1095345	44	36781	7873	52783

表 1.46 海关代码 64041100 产品主要国家和地区进出口情况

国家和地区	2022 年				2023 年一季度			
	进口数量/双	进口金额/美元	出口数量/双	出口金额/美元	进口数量/双	进口金额/美元	出口数量/双	出口金额/美元
美国	65259	6044191	8983594	250887246	24752	2320586	1343105	38978917
比利时	1	275	1155893	39048569	0	0	294397	8152335
日本	15777	1424967	6976305	61004046	8167	760965	1465679	13398770
中国香港	1120	309986	1196921	30450320	1778	140602	353143	8250041
荷兰	197	37021	343745	5102306	15	3003	92282	645836
英国	780	111495	967080	21430170	246	30857	229867	3550260
韩国	12337	581529	2441671	28735373	1368	100595	643520	9065308
印度尼西亚	2078293	60558929	1448675	8068551	668324	16110778	412162	4161851
越南	6527338	228946414	6900105	45790276	1705595	56386998	1271989	10040202
德国	10397	916932	2409401	52866768	5797	509256	380019	7658586
缅甸	23735	417501	1551293	4516135	144	10260	319794	1102592

表 1.47 海关代码 64041910 产品主要国家和地区进出口情况

国家和地区	2022 年				2023 年一季度			
	进口数量/双	进口金额/美元	出口数量/双	出口金额/美元	进口数量/双	进口金额/美元	出口数量/双	出口金额/美元
美国	2444	153654	87591838	325647134	362	22208	15187339	63093551
日本	1099	27127	149288712	111703139	133	7613	37694055	25772925
英国	1074	47065	27216756	58535519	48	6128	5193982	11595029
法国	574	15537	23806737	39408246	1192	7050	2972819	6308348
德国	5980	188273	26847455	39613631	1926	63184	4841983	9669828
韩国	24683	91482	40243525	52013626	2491	9641	8498804	10895664
西班牙	2046	279787	24742305	45422640	1253	190324	4381470	11149383
意大利	42223	13403096	23478517	31952435	12259	4115877	3644744	5947438
中国台湾	8513	12464	31808692	9451826	15782	6938	6311180	2319651
荷兰	3	283	22923353	44125922	0	0	2547110	6256283
越南	316081	5747138	8311875	22648932	57315	1099711	798887	2703999
柬埔寨	1026927	511075	382559	939242	8418	118454	250260	487563
缅甸	77779	82307	797498	1612032	61521	27289	52540	36180

（二）行业发展亮点

1. 际华优化整合资源促创新

际华集团解放思想、刀刃向内、自我革命，2022年对原际华三五一七公司、际华三五三七公司、际华三五三九公司3家胶布鞋企业完成了"研、产、销"三统一资源优化整合，成立际华制鞋工业有限公司；际华三五一七橡胶制品有限公司更名为际华橡胶工业有限公司，主要从事混炼胶和橡胶制品业务；原际华三五三七公司技术研发中心更名为际华职业鞋靴研究院，下设重庆分院研发团队、岳阳分院研发团队，以创新组织体系、创新规则体系、创新资源体系、创新决策体系"四大技术创新体系"建设为抓手，保障技术创新工作有序开展。

2. 科研开发投入加大

（1）际华制鞋工业有限公司开展热硫化胶鞋黏合性能提升研究及应用，高品质热硫化胶鞋研究开发及产业化，热硫化橡胶大底和轻量化热塑性弹体研究与应用，鞋用吸湿排汗卫生型、高聚物、微孔发泡海绵研究及产业化，无味、无毒、环保橡胶的研究与应用等项目课题的研究应用，已按项目进度实施。通过项目课题的开展，提质降耗，产品合格率得到提升。

与贵州师范大学、贵州大学、四川大学、军需装备研究所等高校院所合作，进行项目研究开发，促进技术创新成果的推广及应用。积极利用社会资源和高校科研院所等实行产、学、研一体化发展，优势互补，协同创新。

与贵州师范大学合作攻关功能化耐磨鞋用橡胶材料技术集成及成果转化项目，获得贵州省科技进步二等奖。攻克多个影响功能化耐磨橡胶材料的关键难点技术，实现产品产业化成果转化。2023年4月，该成果技术集成创新示范项目，申报贵州省科技厅项目专项资金支持98万元。

与四川大学合作两个研究项目：功能防护鞋黏合强度控制技术研究，鞋用乳胶浆暴露放置发白技术攻关。项目解决了防静电鞋在批量生产中的关键技术难题，保证了重点产品的生产顺利完成。

深入推进与贵州大学环保多功能负载型硫化助剂及防老助剂的制备方法关键技术攻关项目研究成果的产业化转化，保障高品质产品穿用质量稳定提升。

与上海福赛特机器人有限公司共同研发热硫化胶鞋自动智能化成型生产线，实现减人增效，提升经济效益，目前已完成3条自动智能化成型流水线。

实施自主科研课题6项，开展课题技术攻关，从定额、用料、技术改造、工艺革新等进行技术创新，降低结构成本约560万元。

开发新产品153款，投产50款，其中传统渠道2款，电商产品48款，2022年实现新产品销售额3508万元。传统渠道升级改造开发的37新解放，已在2023年逐步推开市场。

2022年申报专利22件，其中发明专利7件，外观设计专利15件，并获得授权证书。2023年5月获得8件专利申请受理，获得授权发明专利2件。历年累计申请专利584件，拥有有效发明专利54件。

（2）际华橡胶工业有限公司与青岛科技大学合作开展功能性鞋用高分子材料研究，与华南理工大学合作开展聚烯烃改性材料及耐高温材料研究，与北京化工大学开展高分子弹性体材料及工艺配方研究，提高企业核心竞争力。不断加大研发投入，2022年研发费用1670.93万元，占销售收入比重为4.24%。

（3）浙江世纪鲲鹏新材有限公司致力于环保型新材料的研发与生产，其技术创新主要在3个方面：以单组分替代双组分，以水性替代油性，以无溶剂替代油性。目标是从根本上解决胶鞋行业目前普遍存在的安全隐患、有毒有害、环境污染等迫在眉睫的问题。其先后研制出单组分水性胶浆，水性消光油/亮油，单组分水性牛勃朗复合胶，为胶靴行业提供安全、环保、无毒害的解决方案。

（4）郑州圣莱特空心微珠新材料有限公司研制的高性能空心玻璃微珠，已拥有多项国家发明专利，经过近几年不断改进，已经应用于轻质橡胶鞋材，能够显著降低鞋底重量，几乎不增加生产成本，为胶鞋轻量化的发展提供了优质服务。

（5）上海瑞市化工科技有限公司在轻量化方面做了大量的研究，经过一系列的试验和测试，研制出的"水上漂白围条"相对密度低于1.0，保持了胶鞋围条基本物性和耐用性。在工艺方面，能够克服围条挤出时的膨胀，还解决了辊筒压延时的半成品收缩。这种"水上漂白围条"能够大幅度减轻硫化鞋重量，给消费者提供更轻便、舒适的穿着体验。

3. 标准实施促规范发展

2022年4月和10月，胶鞋分会组织专家对两个行业标准《功能鞋 防泼水和（或）防水评价技术规范》（制定）和《功能鞋 深冷条件下防寒评价技术规范》（制定）进行了两次研讨，根据研讨的意见和建议进行了完善。按流程，将于2023年评审后颁布实施。强制标准《个人防护装备配备规范》（GB 39800.1-4—2020）于2020年12月24日发布，2022年1月1日起执行。

4. 品牌建设提升知名度

胶鞋从劳动防护用品发展到大众喜爱的日常消费品，品牌越来越重要，胶鞋行业高度重视树立品牌、维护品牌、宣传品牌、运营品牌。有10家胶鞋企业被列入2023年度中国橡胶工业协会百强企业，分别是上海回力鞋业有限公司、青岛千里行集团有限公司、青岛双星名人集团股份有限公司、际华橡胶工业有限公司、际华制鞋工业有限公司、浙江中远鞋业有限公司、山东鲁泰鞋业有限公司、浙江天宏鞋业有限公司、浙江人本鞋业有限公司、鹤壁飞鹤股份有限公司。

（三）行业发展大事

2023年鞋类出口下行，内销疲软，面对这种不利局面，各大企业也在积极进行转型升级。

（1）际华橡胶工业有限公司为了提升鞋材试验及检测方面的能力，技术中心配置了价值653.5万元的样品试制及检验检测设备23台套。混炼中心年产3万吨混炼胶，拥有两条聚烯烃改性材料生产线，年产各类聚烯烃改性材料8400吨，同时拥有年生产能力4800万双各类鞋材鞋底的生产线设备。

（2）中瑞橡胶高分子材料股份有限公司、鹤壁飞鹤股份有限公司、际华三五三九有限公司、际华橡胶工业有限公司，获评工业和信息化部专精特新"小巨人"企业。

（3）浙江中远鞋业有限公司新投资建立产业园，运用天然乳胶及超纤维新材料，新建智能一体化成型组合生产线6条，购置多轴工业机器人、智能电器系统、多功能成型线、链条线输送机、密炼机、鞋面3D扫描站、多功能成型线等国内外先进设备，形成年产3000万双天然乳胶及超纤维高档绿色时尚鞋生产能力。项目总投资6.3亿元，用地面积约7.38万平方米，总建筑面积24.30万平方米，预计2023年底竣工投产。

（4）上海回力鞋业有限公司逐步加强核心技术的研发力度，特别是在高分子材料、体育科学，以及功能鞋团体标准方面加大投入力度，为国潮品牌注入了新活力。

（四）行业存在的问题

我国目前仍是全球最大的胶鞋生产国，但必须清醒地认识到，在快速发展的同时，胶鞋工业还存在十分突出的短板和痛点，具体表现在以下几个方面。

1. 新冠肺炎疫情负面影响超出预期

随着国际政治经济形势复杂化，外贸出口在2023年急剧下降，扩大内需是一个重大的任务。

2. 缺乏具有世界影响力的品牌

我国胶鞋企业始终致力于品牌建设，还需要精心培育具有影响力的品牌。对于一个快消品行业，品牌是最核心的竞争力，没有强有力的品牌，即使规模再大，也是大而不强。因此，缺乏世界级品牌是我国胶鞋行业痛点。

3. 自主创新意识和能力不够

在经历了世界制鞋行业几次大的产业转移后，我国胶鞋工业的规模越做越大，但缺乏原创设计、工艺及材料。很多企业意识到不能陷入成本竞争这个恶性循环的"泥沼"，要在自主创新方面加大投入，提高产品竞争力，增加企业效益。这需要一个长时间的积累过程。

4. 标准化程度有待提高

我国胶鞋行业尽管有一系列行业标准、国家标准的规范，近年来还在力推团体标准的制定，但胶鞋行业的强制性标准缺乏强有力的约束。产品上市前的设计、检测、检验等程序都没有强制性要求，从而导致很多行业标准没有落实到具体的生产过程中。遵守标准、付出成本的企业在市场竞争中并没有体现出优势，从而导致大部分企业为了市场竞争有意无意放松标准，甚至没有标准。

5. 装备水平还需再上台阶

我国胶鞋行业的装备标准化、自动化、信息化进步不小，但仍有很大的提升空间。随着人口红利的减少，装备的重要性越发凸显，装备水平的提高必将有助于行业参与全球竞争。

6. 研发能力仍需提升

我国胶鞋行业在培养新产品开发设计人员及专门技能人员，提高研发效率的目标和措施方面，还有较大提升空间。企业要根据市场情况，调整产品设计开发制度和设计体系，进一步完善产品开发体系，引进或培养复合型科研人才，加强科研团队建设，增强多方向自主研发能力，保障后续发展。

总之，尽管我国制鞋规模处于世界第一方阵，但面临外销订单转移的风险，在品牌、质量、创新、环保、装备等方面还存在明显短板，这是全行业的痛点，需要共同努力加以克服。

（五）展望与建议

2023年，国际贸易逆全球化的单边主义思潮上升，国内外市场消费都相对疲软，作为快速消费品的鞋类将承压前行。

中国橡胶工业协会胶鞋分会对19家重点生产企业2023年一季度的上报数据统计汇总显示，一些指标同比下降幅度非常大。出口方面，企业出口交货值和出口胶鞋数量首次下降且幅度较大。世界经济复苏放缓需求紧缩，全球通胀压力居高难下，制鞋产业和订单持续向国外转移，是出口持续下降的主要因素。国内市场方面，各项经营指标中，产量和销量降幅较大。

预计2023年胶鞋行业可能会延续2022年下半年的走势，胶鞋产品产量和销售量增幅在-3%～3%之间；国内销售方面，普通劳动鞋产量、销量下行压力非常大，有极大可能出现负增长，其中时尚的帆布鞋需求量可能会小幅增长。国内消费向品牌集中越来越明显，对于品牌知名度高的企业非常有利，品牌知名度低的企业压力将非常大。

国际市场订单可能减少，欧美购买力受经济因素影响有下降趋势，并且国外品牌订单向东南亚转移，出口将继续回落。

由于国内法规对个人防护用品要求越来越严格，作为特种应用的安全鞋等特种鞋靴大概率会增长。

2023年，国家提出发展国内经济，提升国内消费水平，利好制鞋企业。制鞋企业应从宏观着眼，分析世界经济和国内经济趋势，及时调整企业经营战略，坚守主营业务，继续使中国的制鞋行业向高水平、高质量方向发展。从长远看，中国经济的韧性和承压能力较强，各种不利因素不会从根本上动摇行业竞争优势，也不会改变行业升级发展的大趋势。

正在经历的变革阵痛，是一种锻造和赋能，企业应该对胶鞋行业的未来充满信心，中国胶鞋行业也必将在国家走向强盛的过程中，实现从制造强国向时尚强国的转变。中国橡胶工业协会胶鞋分会也将继续为行业提供各种服务，做好桥梁与纽带的作用，帮助会员企业取得发展。

这个转变，需要脚踏实地提升能力和优势。胶鞋行业《"十四五"发展规划指导纲要》提出，积极创建和培育自主品牌，借国潮风的回归打造世界级的中国本土品牌。积极并购国际知名品牌或买断国外品牌经营权，优化现有品牌组合，建立知识产权创新联盟，培养行业内具备知识产权实力的优势企业。

构建新优势，需要在以下几个方面真抓实干。

1. 加强交流合作，做到自律、自立、自强

当前，中国胶鞋行业正由大向强转变。借助协会独有的完整产业链力量，激发各环节的积极性，做到价值共创、风险共担、利益共享。加强上下游联系，协同上下游之间交流，打造共同发展的平台。

各企业要坚持行业领先的竞争意识、坚持企业合作共同发展的意识，同时做到自律、自立、自强。自律就是以诚信经营参与市场竞争，自立就是以科技创新核心关键技术，自强就是以无畏气概不懈攀登世界一流高峰。

2. 加强风险管控，优化产业链和供应链

要围绕产业链部署创新链，紧盯关键核心技术，提升产业链和供应链水平，维护产业链和供应链安全。结合企业自身实际，统筹推进补齐短板和锻造长板，增强产业链和供应链自主可控能力，努力在关键领域实现自主可控，保障产业链和供应链安全，增强应对国内、国际风险挑战的能力。

发挥大企业引领支撑和中小企业协作配套作用，搭建更多共性技术研发平台，加强质量基础设施建设，深入实施质量提升行动，促进产业链上下游标准有效衔接，提升中国胶鞋制造品质。

调整产业结构、产品结构，淘汰落后产能，提升行业集中度，积极为"碳达峰"和"碳中和"贡献力量。通过优势企业对劣势企业的并购或者优势企业与优势企业之间的强强合并等举措，做好产业链延伸，向微笑曲线两端发展。解决胶鞋企业小而散、研发投入少、缺乏核心技术、开发技术力量薄弱等方面的问题，逐步缩小与国际一流企业的差距。

企业应以销定产，降低库存防范风险，控制流动资金周转，正确理解国家倡导的要逐步形成以国内大循环为主体、国内国际"双循环"相互促进的新发展格局的意义。大危机往往蕴含着大分化、大调整、大机遇。抓住在疫情防控中催生的新型消费、升级消费，抓好线上消费，推动人流、物流、资金流有序转动起来，可能是一些企业实现良性发展的机会。

3. 加强4个创新，提升行业竞争力

近年来，面对消费升级、科技革命、商业变革，整个行业在加快调整转型的步伐，创新成为行业发展非常重要的动能。企业应"不忘本来，吸收外来，面向未来"，抓好4个创新（管理创新、科技创新、生产创新、营销创新），提升"两效"（效率、效益）。

在创新的过程中，加强知识产权保护。要提升文化自信，把东方美学作为激发原创性的重要动力，开发国潮新产品。构建起影响行业时尚话语体系，从跟随者变成创造者、驱动者。

胶鞋行业应抓住产业数字化创新的转型发展机遇，建设信息管理平台，提升软件、硬件融合水平，逐步推进智能产品、智能装备、智能生产线、智能车间、智能工厂研发和建设，实现智能制造。

加强制鞋企业与装备制造企业的互动，对现有智能装备的优缺点进行客观评价，使供需双方更能有效交流。在新装备研究应用方面，有条件的制鞋企业，应积极参与智能化设备和生产线的研发与应用，快速提高硫化鞋制鞋企业的智能化生产水平。

不断提高产品功能、性能研发水平、外观质量和穿着舒适程度，在舒适性、轻量化、卫生健康、绿色环保方面与冷粘鞋媲美；研究满足小众市场的功能鞋，在防砸、防刺穿、防静电、耐酸碱、耐高温、绝缘方面作深入研究，突出胶鞋功能性、经济耐用等特点。

加大新材料、新工艺基础研发力度，避免出现卡脖子的材料和工艺技术。在新材料的研究和应用上，应增强环保意识、成本意识，积极做好材料替代研究，保持产品竞争能力，向提高胶鞋产品附加值努力。

在新技术研究应用方面，多关注冷粘、注压新技术，结合硫化鞋产品特点，相互融合，以提高产品外观质量和档次；关注提高防滑性能的研究，发挥企业人才优势，加强配方研究和模具花纹设计研究。

4. 发扬工匠精神，实现标准引领

进一步建立和完善绿色制造及评价标准体系，使胶鞋行业的绿色发展得以深入实施，在产品全生命周期融入低碳发展理念，为国家"碳达峰"和"碳中和"战略目标贡献力量。

2023年，中国橡胶工业协会胶鞋分会将和行业企业共同面对挑战，协助企业完成困难时期的转型升级，并通过各种方式赋能行业，使行业企业走出困境，获得发展。

（王刚 吕建秋）

六、乳胶制品

2022年下半年，国内医用类防疫物资需求剧增，橡胶医用外科手套、检查手套产品供不应求，但其他乳胶制品如避孕套、乳胶海绵、家用手套、丁腈检查手套、织物浸渍防护手套等，出现产量、销量大幅下滑。行业统计数据显示，各项主要经济技术指标工业总产值、产品销售收入、工业销售产值、工业增加值、出口交货值、实现利润总额和实现利税总额，同比（下同）都有大幅下降。疫情过后乳胶制品行业发展将面临新的困难和挑战。

（一）基本情况

1. 2022年经济指标完成情况

2022年底，新冠肺炎疫情得到有效控制，乳胶行业内销和出口增长放缓，主要经济技术指标都出现大幅下降，行业发展步履艰难。

2022年乳胶行业主要技术经济指标完成情况见表1.48。

从表1.48可以看出，2022年乳胶行业各项主要经济指标，如产品销售收入、工业总产值、工业销售产值、工业增加值、出口交货值和利润总额，均有较大幅度的下降，只有利税总额稍有增长。

2. 国内外贸易

2022年乳胶行业生产销售形势稍有回落，除织物浸渍乳胶防护手套的出口量高于内销量外，其他产品，避孕套、橡胶外科手套、检查手套、家用手套、工业手套的出口量都低于内销量，总体反映出目前国内乳胶制品市场的供需相对稳定。

（1）生产销售情况较好

2022年，乳胶行业主要产品，除了织物浸渍胶乳防护手套、检查手套和家用手套的产销量，工业手套的销售量有所下降以外，其余产品避孕套和橡胶外科手套的产销量，工业手套的产量有显著的提高，见表1.49。

表1.48　2022年乳胶行业主要技术经济指标完成情况

指标名称	2022年	2021年	同比/%
产品销售收入/亿元	93.22	93.54	−0.34
工业总产值/亿元	89.09	98.21	−9.29
工业销售产值/亿元	91.83	95.10	−3.44
工业增加值/亿元	12.58	21.53	−41.57
出口交货值/亿元	26.06	36.00	−27.61
实现利润总额/亿元	7.92	8.68	−8.76
实现利税总额/亿元	11.39	11.20	1.70

注：数据来源于中国橡胶工业协会乳胶分会对28家统计企业的汇总。

表 1.49　2022 年主要乳胶制品生产销售情况

产品名称	2022 年	2021 年	同比/%
橡胶避孕套/亿只			
产量	37.02	35.58	4.05
销量	34.33	31.07	10.49
橡胶外科手套/亿副			
产量	12.36	10.47	18.05
销量	12.56	9.97	25.98
检查手套/亿只			
产量	17.63	32.19	−45.23
销量	28.60	38.54	−25.79
家用手套/亿副			
产量	1.5537	2.0377	−23.75
销量	1.5531	2.0340	−23.64
工业手套/亿副			
产量	1.2107	1.1507	5.21
销量	1.2504	1.3031	−4.04
织物浸渍胶乳防护手套/亿副			
产量	6.8048	7.5831	−10.26
销量	7.8075	8.0781	−3.35

注：数据来源于中国橡胶工业协会乳胶分会对 28 家统计企业的汇总。

从表 1.49 可以看出，2022 年橡胶外科手套产销量增长 18.05%和 25.98%，增幅较大。避孕套产销量增长 4.05%和 10.49%，平稳增长。工业手套产量增长 5.21%，稍有增长。但织物浸渍胶乳防护手套产销量下降 10.26%和 3.35%，这是连续 8 年持续增长后的首次下降。检查手套产销量下降 45.23%和 25.79%，家用手套产销量下降 23.75%和 23.64%，工业手套销量下降 4.04%。生产企业在经济大环境下积极调整生产规模，调整经营策略，积极拓展稳定国内市场。

（2）内销、出口差保持平稳

乳胶行业出口比重多年以来是超过一半以上的。但近年来，由于受国际大环境和出口关税等因素的影响，行业产品出口比重呈逐年下降趋势。2021 年乳胶制品出口比重为 38.49%，2022 年乳胶制品出口比重为 27.96%，与上年相比减少约 11 个百分点，见表 1.50。

橡胶避孕套、外科手套、医用检查手套等乳胶制品归类于医疗器械产品。家用手套、工业手套、织物浸渍胶乳防护手套、指套等乳胶制品与民众生活以及安全防护密切相关。在国家稳增长和扩大内需、以人为本等政策措施的大力推动下，乳胶制品的国内需求仍将保持良好的发展态势。

3. 海关进出口数据

（1）2022 年我国乳胶制品进口情况

我国进口橡胶避孕套 373.85 吨（约折合 12.33 亿只），增长 6.38%；进口平均单价 31.94 美元/千克，是同期出口避孕套平均单价（11.81 美元/千克）的 2.70 倍，进口平均单价下降 2.49%，我国橡胶避孕套进口数量呈上升趋势。

表 1.50 2022 年主要乳胶制品内销和出口情况

产品名称	2022 年	2021 年	同比/%
橡胶避孕套/亿只			
内销	21.83	20.36	7.22
出口	12.50	10.71	10.49
橡胶外科手套/亿副			
内销	9.89	7.39	33.83
出口	2.67	2.58	3.49
检查手套/亿只			
内销	17.75	16.85	5.34
出口	10.85	21.69	-49.98
家用手套/亿副			
内销	0.8846	0.9105	-2.84
出口	0.6685	1.1235	-40.50
工业手套/亿副			
内销	0.8828	0.8162	8.16
出口	0.3676	0.4869	-24.50
织物浸渍胶乳防护手套/亿副			
内销	3.8521	3.7191	3.58
出口	3.9554	4.3590	-9.26

注：数据来源于中国橡胶工业协会乳胶分会对 28 家统计企业的汇总。

进口橡胶其他手套（包括检查手套、家用手套、工业手套等乳胶手套，下同）7.57 万吨，下降 17.64%；进口平均单价 4.61 美元/千克，下降 54.13%，低于我国同类产品出口平均单价 36.23%，继续显示出国外质量低劣的"垃圾产品（裸手套）"以低质低价的形式充斥国内市场。

进口硫化海绵橡胶制其他制品 912 吨，下降 16.35%，进口平均单价 28.58 美元/千克，增长 0.89%，进口量下降，进口平均单价微增。

（2）2022 年我国乳胶制品出口情况

我国出口橡胶避孕套 6959.72 吨（约折合 22.95 亿只），增长 16.04%；出口平均单价 11.81 美元/千克，增长 17.51%。

出口橡胶其他手套 9.81 万吨，下降 70.29%；出口平均单价 7.22 美元/千克，下降 47.96%，高于进口平均单价 56.81%。

出口硫化海绵橡胶制其他制品 2.71 万吨，增长 0.76%；出口平均单价 8.05 美元/千克，增长 16.66%，出口量与上年基本持平，出口平均单价有所增长。

4. 生产与效益

乳胶制品企业特别是医疗用手套类企业，在疫情期间不断扩大手套生产规模，加强企业内部管理，提质降耗，挖掘内部潜力，进一步提高企业经济运行质量。

（1）重点抓好经济运行质量，保持行业持续稳定发展

2022 年乳胶行业产品销售收入前 10 名企业见表 1.51。

表 1.51　2022 年乳胶行业产品销售收入前 10 名企业　　　　单位：万元

排名	企业名称	2022 年	2021 年	同比/%
1	英科医疗科技股份有限公司	661381.41	1624009.37	−59.27
2	山东星宇手套有限公司	235592.00	282969.00	−16.74
3	中红普林医疗用品股份有限公司	162526.29	490931.09	−66.89
4	武汉杰士邦卫生用品有限公司	153954.60	115600.48	33.18
5	江苏金世缘乳胶制品股份有限公司	83415.73	82451.35	1.17
6	上海科邦医用乳胶器材有限公司	73227.00	52498.00	39.49
7	北京华腾橡塑乳胶制品有限公司	68820.21	69939.25	−1.60
8	苏州嘉乐威新材料股份有限公司	38582.00	34172.00	12.91
9	稳健（桂林）乳胶用品有限公司	38129.30	31881.70	19.60
10	北京瑞京乳胶制品有限公司	27912.63	24526.36	13.81

注：数据来源于中国橡胶工业协会乳胶分会对 28 家统计企业的汇总。

从表 1.51 可以看出，2022 年乳胶行业产品销售收入前 10 名企业中，有 6 家企业取得增长，其中上海科邦医用乳胶器材有限公司、武汉杰士邦卫生用品有限公司、稳健（桂林）乳胶用品有限公司的增长幅度分别为 39.49%、33.18% 和 19.60%。总体来看，企业销售收入增长幅度稍有回落；另外 4 家企业销售收入下降，下降企业数与 2021 年同期相比增加 2 家。行业呈现回落发展的态势。

（2）出口形势有所下降，国家政策支持仍需加大

2022 年乳胶行业出口交货值前 10 名企业，见表 1.52。

表 1.52　2022 年乳胶行业出口交货值前 10 名企业　　　　单位：万元

排名	企业名称	2022 年	2021 年	同比/%
1	英科医疗科技股份有限公司	547864.14	1376430.90	−60.20
2	山东星宇手套有限公司	147473.00	192448.00	−23.37
3	中红普林医疗用品股份有限公司	133546.09	478897.67	−72.11
4	苏州嘉乐威新材料股份有限公司	28368.00	25250.00	12.35
5	北京华腾橡塑乳胶制品有限公司	18427.00	24738.00	−25.51
6	广州双一乳胶制品有限公司	15830.17	9037.54	75.16
7	天长市恒生医疗器械有限公司	9239.00	11384.00	−18.84
8	安徽安宇乳胶制品有限公司	8880.00	17247.00	−48.51
9	张家港大裕橡胶制品有限公司	7477.34	19395.05	−61.45
10	湛江嘉力手套制品有限公司	4395.00	11612.00	−62.15

注：数据来源于中国橡胶工业协会乳胶分会对 28 家统计企业的汇总。

从表1.52可以看出，2022年乳胶行业完成产品出口交货值的前10名企业中，只有广州双一乳胶制品有限公司和苏州嘉乐威新材料股份有限公司2家企业取得增长，出口交货值分别增长了75.16%和12.35%；另外8家企业出口交货值下降。出口形势大幅回落。

（二）行业发展大事

1. 分会动态

（1）在乳胶分会第一项团体标准《橡胶手套气密性自动充气检测方法》于2020年1月14日发布、2020年2月1日起实施之后，2022年立项申报的3项团体标准《一次性使用医疗防护橡胶检查手套》《橡胶手套用泡洗干燥一体机》《浓缩天然胶乳 低蛋白质胶乳 规格》通过中国橡胶工业协会立项审核，并在分会的组织下如期完成送审稿。

（2）2022年乳胶行业技术论坛暨信息发布会11月16～18日在桂林举办。

（3）新增协会主席团主席单位：中红普林医疗用品股份有限公司。

2. 行业政策及动态

行业推进战略整合，实现优势互补。因历史原因，我国乳胶制品行业一直以来企业规模小而散，始终没有实现规模化发展，20世纪90年代末被迅速发展起来的马来西亚等国家的企业超越。2020年新冠肺炎疫情在全球暴发，医疗防护手套需求剧增，乳胶制品行业在关键时刻体现出了责任和担当，国内企业抓住机遇，提升手套产能，生产规模实现倍增，在国际上已具备强有力的竞争实力。在此大环境下，行业近年内完成了多家重点乳胶制品企业的收购、合并等运作，实现了强强联合、势能叠加，助力乳胶行业持续稳定健康发展，为我国成为乳胶制品强国的发展目标赋能。

3. 百强企业

获得2022年中国橡胶工业协会百强企业的有中红普林医疗用品有限公司、蓝帆医疗股份有限公司、山东英科医疗制品有限公司、山东星宇手套有限公司、江苏金世缘乳胶制品股份有限公司、北京华腾橡塑乳胶制品有限公司、上海科邦医用乳胶制品有限公司、稳健（桂林）乳胶用品有限公司。

4. 科技与创新

2022年乳胶行业加大自主创新投入力度，科技与创新不断深入，企业在绿色环保，自动化、智能化、新工艺、新材料方面迈上一个新的台阶。

（1）行业推进自动化、智能化工作

在新技术不断出现的情况下，创新发展已成为乳胶行业突破的重点方向。近年来，乳胶行业自动化推进效果非常显著，橡胶外科手套自动密封包装机、橡胶手套自动充气检测设备、避孕套自动电检的新一代机型、橡胶手套用泡洗干燥一体机、线上快速拆装手模装置等已经在行业推广使用。

（2）新材料、新工艺推陈出新

① 聚氨酯检查手套、水脱型聚氨酯超薄避孕套、聚异戊二烯手套、显微手术手套、双层双色手套等功能型医用手套系列产品已经问世并投入规模化生产。

② 低氨、无氨浓缩胶乳的生产与使用，在乳胶海绵等制品的生产中降了生产成本，节省了除氨工序，节省电力、降低噪声，减小了氨气的排放对环境造成的影响。

③ 水性聚氨酯乳液、新型涂层材料、分散剂、隔离剂、硫化包等新材料、新工艺已在国内企业中得到了良好的应用和积极的探索。

（3）节能减排、安全环保意识不断增强

乳胶行业积极推广应用节能技术，推广使用清洁能源。行业内企业在积极推广应用节能技术，环保技术方面投入加大，效果显著。

5. 瞄准市场，推动行业快速发展

据不完全统计，2020～2022年国内在建医用外科手套、检查手套和丁腈手套生产线将近800条，其中医用外科手套产能提高40%左右，极大缓解了国内对防疫物资的需求，同时我国企业向疫情严重的世界各国出口大量医用类手套。英科医疗、蓝帆医疗、山东星宇等企业生产规模快速扩大。行业的发展壮大，也推动了新工艺、新装备、新材料应用的进步。

6. 发挥协调作用，促进行业健康发展

（1）继续呼吁国家加征进口乳胶制品关税，让中国企业在公平的环境下参与国际、国内市场竞争，保障行业健康长远发展。

（2）关注行业热点问题，加强与政府的有效沟通。

（3）制定相应团标，呼吁提高一次性使用橡胶检查手套标准。

一次性使用橡胶检查手套现在执行的国家标准是参照国际标准来制定的，该标准对手套的物理性能以及针孔漏水的指标要求比较低。这样导致低质量水平的手套进入市场，特别是近10年来价低质劣的马来西亚手套大量进入国内市场，扰乱了市场，不仅存在产品使用的安全隐患，也损害了国内一大批注重产品质量企业的利益，也不利于手套行业高质量健康发展。

7. 基础建设与技改

2023年以来，国家相继出台了简政放权举措、深化金融投资改革、利率机制改革、加大经济结构调整力度等一系列改革举措，对拉动中国经济回暖并加速转型升级将起到非常重要的作用。国家发展的新思路、新举措，给乳胶行业带来了难得的发展契机。

在疫情期间，乳胶行业中民营企业看准市场适时扩大生产规模，山东星宇手套有限公司、山东英科医疗制品股份有限公司、桂林恒保健康用品有限公司等企业，新建生产线已全部投入生产。企业按照GMP规范新建厂房设施，合理布局规划、优化流程、更新设备，实现企业长远发展。

（三）行业存在的问题

1. 不合理关税依然存在

我国乳胶制品用原材料天然乳胶大部分产自泰国等东南亚国家，很大部分依赖进口。2015年1月1日起乳胶进口关税从720元/吨调至900元/吨（从量）或10%（从价），两者从低，这种极不公平的竞争，极大削弱了国内生产企业的优势和市场竞争力。

2. 生产成本持续攀升，技术人才问题突出

企业用工成本持续上升。行业28家企业报表显示，2022年1～12月份，月均费用达到7324元/人，增长15.59%。企业劳动用工依然匮乏，部分脏、累岗位无人问津。行业技术人才严重紧缺，技术力量后继无人，企业创新以及长远发展后劲不足。

3. 实现"双碳"目标应未雨绸缪

由于乳胶制品行业生产加工工艺的特性，决定了在生产过程中的很多环节都要大量消耗能源以及产生挥发性有机物（VOCs），在"双碳"以及VOCs达标考核中属于严格控制的行业，不达标企业将步履艰难。各企业必须未雨绸缪，加强锅炉、污水处理设施、煤改气等方面的投入，以确保达标排放，符合环保要求。

4. 产能过剩、竞争加剧

随着后疫情时代的到来，医用防护类手套需求量骤减，手套行业将会面临重新洗牌，国际、国内市场价格竞争更加激烈。一些疫情期间跨界进入行业的企业，因为产品市场、技术、管理等方面的先天性缺陷而无法生存，出现关停和倒闭。这些即将出现的危机要引起行业的高度重视。

5. 国外企业产能持续扩大，冲击国内市场

我国橡胶避孕套出口量、价同比呈增长趋势。由于国外多数国家对疫情放开较早，减少了对检查手套的需求，加上国际市场竞争激烈，其他手套的出口量、价大幅缩减和下降。

国外乳胶制品企业在不断扩大我国市场,特别是橡胶避孕套进口量上升,而且价格较高,面对这种情况,应该引起行业和政府有关部门的高度重视,积极应对,制定相应的对策措施,保护国内乳胶制品企业的利益。

(四)展望与建议

1. 对策与措施

(1)国家对实体经济的利好政策

2023年,国家进一步重视实体经济的发展,这将为乳胶制品行业提供有利的发展契机。

(2)天然胶乳价格保持稳定

天然胶乳平均价格起伏较为平稳。天然胶乳大环境向好,有利于行业稳定发展。

(3)调整企业发展战略、共度时艰

乳胶制品行业应加强技术交流,研究和探讨行业焦点、热点问题,增进企业间的相互沟通,共同携手面对和解决行业发展中出现的诸多问题,特别是应对环保压力、行业产品价格自律、诚信经营等方面的问题,增强抵御风险能力,增进上下游企业之间的融合。

2. 发展目标

2023年将是乳胶制品行业发展关键的一年,将面对后疫情时代的去库存、产能过剩等诸多困难和挑战。预计在2023年,乳胶行业协会报表统计内企业全年完成现价工业总产值在70.30亿元左右,下降21.1%;产品销售收入72.70亿元左右,下降22.0%;工业增加值11.00亿元左右,下降12.6%;出口交货值19.50亿元左右,下降25.2%;实现利润总额6.17亿元左右,下降22.1%;实现利税总额9.40亿元左右,下降17.5%。

虽然2023年面对的是行业发展的"寒冬",但不会改变乳胶行业努力向上的信心。在这一年里,我们将继续砥砺奋进、开拓进取、共同努力,把产业做优做强,开创乳胶行业发展的美好明天。

(涂燕玲)

第二章　橡胶原材料

一、天然橡胶

自 1904 年引种巴西橡胶树迄今,我国天然橡胶种植已有 118 年的历史。目前,已在云南、海南、广东等地约 70 个县(市)建立了生产基地,形成了天然橡胶产业社区,产业集群持续壮大,科技水平不断提升,为保障国民经济运行和国家安全、促进地区社会经济发展和边疆繁荣稳定作出了重要贡献。

(一)基本情况

1. 生产情况

(1)胶园面积和主要品种

据初步统计,到 2022 年底,我国天然橡胶种植面积约为 1685 万亩,排名世界第 4 位。全国天然橡胶开割面积保持稳步增长,2022 年达到了 1184 万亩,主要栽培品种有 PRIM600、PR107、GT1、热研 73397、IAN873 等,合计种植比例超过 80%。2013~2022 年我国天然橡胶种植面积变化趋势见表 2.1。

(2)产量和单产

2022 年,受海南开割期推迟、全国停割期提前等因素影响,全国天然橡胶产量为 85.3 万吨,较 2021 年的 87.2 万吨下降 2.2%,排名世界第 5 位。全国天然橡胶平均单产为 72.1kg/亩,较 2021 年的 78.9 kg/亩下降 8.6%。2013~2022 年我国天然橡胶产量和单产变化趋势见表 2.2。

2. 加工情况

随着我国天然橡胶生产加工布局不断优化,加工厂环保改造稳步推进,制胶产能过剩状况有所改善。据不完全统计,2022 年,我国拥有天然橡胶初加工厂约 260 座,年设计加工能力约 270 万吨。其中,海南 80 余座、云南 170 余座(万吨级以上的胶厂约 20 座)、广东 3 座。天然橡胶初加工产品主要有标准胶、轮胎胶、恒黏胶、浓缩乳胶及烟胶片、褐绉片等。云南产区以技术分级橡胶和轮胎专用胶为主,近年来开始生产浓缩胶乳。海南产区持续调整产品结构,由生产全乳胶为主转为以浓缩胶乳为主,经济效益有所改善。国内具有较大市场影响力的品牌主要包括美联、宝岛、五指山、云象、金凤、云胶、曼列、顺达等。

3. 生产效益情况

天然橡胶生产成本主要由三大部分构成。一是橡胶种植成本;二是割胶人工成本;三是加工运输成本。

(1)天然橡胶种植及相关成本投入

主要包括土地、苗木分摊、化肥农药、工具、人工管理等费用,其成本构成弹性极大,比如,肥料和农药可以不施或少施,胶园护理等投入也可以减少。此外,由于单产的地区性差异比较明显,投入产出比也不尽相同。

2022 年天然橡胶农业直接成本在 9430~11143 元/吨。

(2)割胶人工成本

该部分占农业成本的 70% 以上。由于该部分成本和胶水价格直接挂钩,所以被计入割胶人工成本的浮动性也较大。以 2022 年 11~13 元/千克的胶水折干胶价格,胶工和雇主按 60:40 分成来计算,割胶人工成本约为 6600~7800 元/吨。

(3)加工运输成本

原料胶水被送到加工厂以后,要经过凝固、压绉、造粒、干燥、称重打包等一系列加工过程(不同胶种生产工艺有所不同),考虑到工厂设

表 2.1 2013~2022 年我国天然橡胶种植面积变化趋势

年份	2013年	2014年	2015年	2016年	2017年	2018年	2019年	2020年	2021年	2022年
现有面积/万亩	1716	1742	1740	1767	1751	1717	1718	1710	1683	1685
比上年增加值/万亩	20	26	−2	27	−16	−34	1	−8	27	2
增速/%	1.2	1.5	−0.1	1.6	−0.9	−1.9	0.1	−0.5	−1.6	0.1

表 2.2 2013~2022 年我国天然橡胶产量和单产变化趋势

年份	2013年	2014年	2015年	2016年	2017年	2018年	2019年	2020年	2021年	2022年
产量/万吨	86.5	84.0	81.6	81.6	81.4	81.9	81.0	75.0	87.2	85.3
比上年增加值/万吨	6.3	−2.5	−2.4	0	−0.2	0.5	−0.9	−6.0	12.2	−1.9
增速/%	7.9	−2.9	−2.9	0	−0.2	0.6	−1.1	−7.4	16.3	−2.2
单产/(kg/亩)	84.1	80.6	76.1	75.0	71.5	74.4	71.6	65.2	78.9	72.1

备、电力、人工、管理、财务等成本，再加上部分运输费用，加工运输成本在1500~2500元/吨。

因此，天然橡胶生产直接成本（不含企业管理成本和销售成本）在10930~13643元/吨。总体而言，国营农垦的生产成本高于民营企业成本，海南产区的生产成本高于云南产区。2022年国内市场全乳标准胶平均价格为1.26万元/吨，由此可见，种植天然橡胶是亏损的。

4. 价格情况

2022年，国内外经济运行环境复杂多变，天然橡胶市场价格重心整体下移。1~6月，云南产区正常进入全面开割季，但海南产区物候较异常，当地原料供应推迟，轮胎厂开工及补库不及预期，沈阳、上海等几大汽车产业重要城市疫情突发，国内汽车工业链稳定性受到冲击，导致天然橡胶供需双减，价格呈现高开低走态势。7~10月，我国轮胎出口见顶回落，国内轮胎消费需求持续低迷，而天然橡胶进口量大幅增加，导致天然橡胶阶段性供应过剩，市场价格快速下跌，创出年内低点。11~12月，国内天然橡胶产区陆续停割，防疫政策优化调整，市场对未来预期逐渐转好，市场价格触底小幅反弹。以全乳标准胶为例，2022年均价1.26万元/吨，同比（下同）下降6.6%。2021~2022年我国天然橡胶主销区国产全乳标准胶市场价格见表2.3。

5. 进出口贸易

（1）进口

我国是世界最大的天然橡胶进口国和消费国。2022年上半年，由于轮胎出口市场表现偏强，以及年内非标基差的持续走强，我国天然橡胶进口量创下历史最高水平。据中国海关统计，2022年我国天然橡胶进口量为599.6万吨，增长13.2%，进口总额为96.0亿美元，增长10.3%。其中，纯天然橡胶进口量263.6万吨，进口额40.3亿美元；混合橡胶（天然橡胶含量95%以上，下同）进口量336.0万吨，进口额55.7亿美元。2015年《复合橡胶 通用技术规范》国家标准正式实施后，复合橡胶进口量大幅下降，2022年进口量6.4万吨，仅为实施前2014年进口量160.4万吨的4.0%。2018~2022年我国天然橡胶进口情况见表2.4。

表2.3　2021~2022年我国天然橡胶主销区国产全乳标准胶市场价格　　单位：万元/吨

月份	1月	2月	3月	4月	5月	6月	7月	8月	9月	10月	11月	12月
2021年	1.37	1.43	1.46	1.32	1.32	1.25	1.28	1.32	1.26	1.40	1.37	1.35
2022年	1.38	1.35	1.31	1.28	1.27	1.28	1.23	1.20	1.19	1.16	1.18	1.23

表2.4　2018~2022年我国天然橡胶进口情况

年份	纯天然橡胶		混合橡胶（含天然橡胶95%以上）		复合橡胶（含天然橡胶88%以下）	
	进口量/万吨	进口额/亿美元	进口量/万吨	进口额/亿美元	进口量/万吨	进口额/亿美元
2018年	259.6	36.1	295.0	42.5	11.4	3.9
2019年	245.4	33.7	265.9	37.1	8.3	3.2
2020年	229.9	30.8	353.7	47.8	6.7	2.9
2021年	238.5	38.6	291.2	48.4	7.7	3.6
2022年	263.6	40.3	336.0	55.7	6.4	3.4

2022年，我国天然橡胶的进口贸易方式主要为一般贸易、进料加工贸易和海关特殊监管区域物流货物，进口量分别为118.6万吨、84.5万吨和43.9万吨，合计占进口总量的41.2%。混合橡胶的进口贸易方式主要为一般贸易、海关特殊监管区域物流货物，进口量分别为245.6万吨、66.7万吨，合计占进口总量的52.1%。2022年我国天然橡胶进口量和主要贸易方式见表2.5。

近年来，我国天然橡胶进口来源不断优化，逐步趋于多元，主要表现为科特迪瓦、缅甸、老挝的进口量在快速增多。2022年我国天然橡胶主要从泰国、老挝、马来西亚、科特迪瓦、越南、缅甸、印度尼西亚等7个国家进口，进口量分别为113.2万吨、28.4万吨、28.2万吨、27.1万吨、26.8万吨、19.4万吨和15.9万吨，合计占比为98.3%；混合橡胶主要从泰国、越南、马来西亚、缅甸等4个国家进口，进口量分别为156.5万吨、122.8万吨、36.8万吨和12.3万吨，合计占比达97.7%。2022年我国天然橡胶和混合橡胶主要进口来源地见表2.6。

表2.5　2022年我国天然橡胶进口量和主要贸易方式

贸易方式	纯天然橡胶		混合橡胶（含天然橡胶95%以上）	
	进口量/万吨	占比/%	进口量/万吨	占比/%
一般贸易	118.6	19.8	245.6	40.9
进料加工贸易	84.5	14.1	5.5	0.09
海关特殊监管区域物流货物	43.9	7.32	66.7	11.1
保税监管场所进出境货物	14.2	2.37	18.1	0.3
边境小额贸易	1.9	0.03	0	0
来料加工贸易	0.5	0.008	0	0

表 2.6 2022 年我国天然橡胶和混合橡胶主要进口来源地

国家和地区	天然橡胶		混合橡胶（含天然橡胶 95%以上）	
	进口量/万吨	进口额/亿美元	进口量/万吨	进口额/亿美元
泰国	113.2	17.3	156.5	26.4
越南	26.8	3.4	122.8	19.7
印度尼西亚	15.9	3.0	2.1	0.4
马来西亚	28.2	4.7	36.8	6.2
柬埔寨	1.1	0.2	1.2	0.2
老挝	28.4	4.0	3.4	0.5
科特迪瓦	27.1	4.3	0	0
缅甸	19.4	2.8	12.3	2.1

（2）出口

我国生产的天然橡胶原料以自用为主，出口规模较小，2022 年天然橡胶出口量仅为 2.4 万吨，出口额为 4813.3 万美元，主要出口目的地有朝鲜、印度、伊朗等。

（二）行业发展

1. 政策措施

2022 年 4 月，习近平总书记在海南考察时强调，要完善天然橡胶产业扶持政策。

2022 年 1 月，中共中央、国务院印发的《关于做好 2022 年全面推进乡村振兴重点工作的意见》提出，要开展天然橡胶老旧胶园更新改造试点。

2022 年 1 月，农业农村部印发的《关于落实党中央国务院 2022 年全面推进乡村振兴重点工作部署的实施意见》提出，加快天然橡胶老旧胶园更新改造，推进胶园标准化生产。

2022 年 6 月，云南省人民政府办公厅印发的《云南省农业现代化三年行动方案（2022—2024 年）》提出，坚持稳面积、稳产量、提品质，稳步推进胶园更新改造、生态胶园和特种胶园建设、采胶和加工工艺技术创新应用，巩固全国天然橡胶资源安全供给主力军地位。

2022 年 3 月，中共海南省委、海南省人民政府印发的《关于做好 2022 年全面推进乡村振兴重点工作的实施意见》提出，着力打造国家级天然橡胶产业集群，发展特种橡胶种植和特种橡胶加工。

2022 年 4 月，中共海南省委办公厅、海南省人民政府办公厅印发的《关于进一步推进垦地融合发展的若干措施》提出，整合海垦集团各分公司天然橡胶种植基地，建设优质高产核心胶园、特种胶园，加快橡胶加工厂转型升级，建设天然橡胶产业集群。

2022 年 3 月，海南省发展和改革委员会、海南省工业和信息化厅印发的《关于振作工业经济运行推动工业高质量发展的行动方案的通知》提出，推动扩大天然橡胶"保险+期货"项目覆盖面，发挥价格风险管理工具作用，促进天然橡胶产业健康发展。

2. 科技创新

（1）橡胶树省工高效采胶技术体系熟化推广

中国热带农业科学院持续推进该技术的熟化、示范与推广应用，累计示范推广 32 万亩。超低频核心示范区人均干胶产量达 5822 千克，气刺短线采胶示范区人均产量和收入均提高 18.4%。

（2）橡胶树次生体胚高效繁育技术优化完善

中国热带农业科学院通过间歇浸没生物反应器高效繁育体胚技术，主栽品种热研73397和热研917的工厂化繁育效率提高2.5倍。橡胶树体胚苗规模化繁育体系进一步完善，首次走出国门落户柬埔寨。

（3）高端胶加工关键技术取得突破

中国热带农业科学院自主研发的航空轮胎专用天然橡胶试制的ARJ21飞机主轮胎等9个规格轮胎成功通过动态模拟试验验证。该天然橡胶与进口烟胶片相比，撕裂强度更优、回弹性提高8%～10%、磨耗量下降12%～24%，能较好满足航空轮胎性能的需要。张立群院士团队分别与海南天然橡胶产业集团股份有限公司、云南天然橡胶产业集团有限公司合作，成功研发出环氧化天然橡胶和超聚态天然橡胶，可作为国内高端天然橡胶原料供应。

（4）电动采胶机性能进一步升级

中国热带农业科学院研发的4GXJ型便携式电动割胶刀，突破了机械割胶毫米级精准控制、复杂树干科学仿形关键核心技术，入选"2022年中国农业农村重大新技术新产品新装备"。一批自动、半自动、智能采胶机器、采胶装置开始在海南、云南、广东植胶区试用。

（5）橡胶林碳汇研究取得新进展

2022年7月，农业农村部农垦局组织召开了橡胶林碳汇价值开发部署会，要求中国热带农业科学院、中国农垦经济发展中心、中国天然橡胶协会按照各自的职责和优势，分别承担橡胶林碳汇研究开发任务。中国热带农业科学院通过探索和分析橡胶林生态系统碳水耦合机制及其影响因素，开展了橡胶林碳汇方法学研究，集成研发橡胶林生态系统增汇减排技术，为橡胶林碳汇市场交易提供理论方法支撑；中国农垦经济发展中心进行了橡胶林碳汇研究开发的汇总工作；中国天然橡胶协会组织专家开展了橡胶林碳汇价值开发的论证和技术交流工作，并拟定了蓝皮书提纲。

3. 产业进展

2022年11月，海南天然橡胶产业集团股份有限公司发布即将并购中化国际旗下新加坡上市公司合盛农业公告。海南橡胶集团将持有中化国际合盛农业36.0%股权，同时触发强制要约收购义务，最终至多持有合盛农业70.8%股份。合盛农业是一家总部位于新加坡的天然橡胶公司，于2013年在新加坡交易所凯利板上市，在全球共拥有4处种植园及37家工厂，近60万亩橡胶林，年总加工能力142.9万吨。

为适应国家"双碳"战略的最新形势，共同推动我国天然橡胶产业绿色转型、高质量发展，探索橡胶高新技术与全产业链深度融合的新模式，中国天然橡胶协会联合13家科研单位、橡胶产业链上下游部分头部企业，于2022年9月发起共建成立了绿色橡胶发展研究院，合力开展绿色橡胶创新技术及成果的研发与应用，加速科技成果转化步伐，共同推进中国橡胶产业高质量发展。

（三）展望与建议

1. 产业展望

（1）全球天然橡胶产量仍将处于上升通道

近年来，越南、柬埔寨、缅甸、老挝等东南亚新兴产胶国和科特迪瓦等非洲新兴植胶国天然橡胶产量快速增长。疫情防控措施解除后，大量外国劳工将回归泰国、马来西亚，这两个国家的天然橡胶产量也将增加，如马来西亚的天然橡胶产量从2019年的64.0万吨减少到2022年40.0万吨，产能回归潜力大。综上，预计2023年全球天然橡胶仍将保持增产趋势。

（2）高通胀将遏制国外天然橡胶消费需求

2022年，美国以20多年来最快速度和最大规模加息，美元资产涌向美国，外汇储备弱小国家如斯里兰卡、巴基斯坦等多个国家货币快速贬值，购买力下降。激进加息后，欧美通货膨胀率仍然处在高位，到2022年底，美国、欧盟的通货膨胀率分别在6.4%和10.4%。欧洲国家经济恢复缓慢，国民消费能力下降。预计2023年全球天然橡胶需求弱于2022年。

（3）我国天然橡胶面积、产量及消费量将保持基本稳定

近年来，中央和地方政府出台了天然橡胶良种良法补助、价格（收入）保险等激励政策，划定完成天然橡胶生产保护区，支持天然橡胶产业高质量发展，全国生产面积将基本保持稳定。

进入2023年春季，云南橡胶树白粉病病情严重，大面积开割推迟，全年将小幅减产。海南植胶区因2022年延迟开割，产量减少，而2023年开割气候正常甚至较好，预计全年将小幅增产。广东植胶区的开割气候也属于正常。

综合三大植胶区情况，预期2023年我国天然橡胶产量将维持在84万吨左右。国内疫情防控措施放开后，物流运输和旅游业强劲复苏，替换轮胎需求明显增加，但国内重卡、乘用车消费市场短期内难以改善，成品高库存抑制轮胎厂开工率，预测2023年我国天然橡胶消费量将基本持平。

（4）天然橡胶价格较快上涨的可能性小

当前，正值全球天然橡胶产能快速释放期，而全球经济复苏不及预期，天然橡胶消费持续低迷，天然橡胶处于供过于求的局面，库存仍在累积。另外，欧美通货膨胀仍然处于较高位置，2023年美联储和欧洲央行继续加息并抑制天然橡胶的可能性仍然较高，因此，天然橡胶市场价格缺乏明显上涨的基础。

2. 主要问题

（1）胶价持续低迷，产业比较效益不断下滑

2012年以来，天然橡胶价格不断走低，近年持续低迷，2022年国内天然橡胶全年平均价格仅为1.2万元/吨，与此同时，人工费用和种植初加工生产成本不断攀升，胶价已连续多年在成本线以下运行，产业比较效益持续下滑。现有胶园平均亩产值不到芒果、荔枝、槟榔等其他主要热带作物的十分之一，严重挫伤胶农种植积极性。价格长期低迷导致胶农收入大大降低，胶园管理水平严重下降，大面积胶园弃割弃管，或加以砍伐改种，产业持续发展潜能下降。

（2）产业严重依赖手工作业，机械化、智能化程度低

胶园生产管理机械整体研发水平较低，在除草、采胶等环节基本依赖人工作业，生产条件艰苦、劳动强度大，智能割胶、收胶等现代化装备距离规模化、产业化应用还有较大差距。胶工老龄化趋势明显，目前全国胶工平均年龄在50岁以上。此外，胶工外流转行严重，新胶工招工难，胶工缺口越来越大，"谁来割胶"问题将日益突出，严重制约产业发展。

（3）胶园小农经营为主，产业组织化程度较低

民营胶园面积占全国六成左右，但以分散经营为主，胶园流转少、种植规模小、投入能力差、组织化程度低、抵御自然和市场风险能力弱。社会化服务组织培育不足，给我国整体推进生态胶园建设、新品种新技术推广应用、病虫害统防统治、农业保险普及实施等工作带来了较大困难。

（4）加工水平不高，高性能胶基本依赖进口

我国天然橡胶上中下游生产企业融合发展程度低，生产的天然橡胶主要以标准胶为主，其产品结构单一。此外，橡胶加工厂多、小、散、弱，存在原材料竞争、生产能力过剩、生产规模普遍较低等问题。由于技术、设备、管理水平、工厂整体素质跟不上，不同批次的产品质量波动大，一致性和稳定性较差，只能满足一般的工业用途，航天航空、舰船等特种和轨道交通等高端民用领域用胶几乎全部依赖进口。

3. 发展措施和建议

（1）强化政策支持，增强产业发展信心

出台天然橡胶生产保护区管理办法，推动相关工作有规可依、有章可循，加大保护区内土地用途管制和"建、管、护"扶持力度。优化天然橡胶基地建设项目管理办法，借鉴高标准农业农田建设的做法，支持民营园开展田间道路、储胶池等基础设施建设，提升胶园建设水平。在现有天然橡胶良种良法补助政策基础上，建议对未投产胶园给予一定补贴，提高胶农更新改造积极性。设立专项资金，支持半自动、自动、智能采胶机的推广示范，待技术熟化后，纳入农机购置补贴范围，在全国植胶区推广使用。

（2）大力发展林下经济，增加土地产出效益

橡胶林不同于一般森林树木，橡胶树既属森林树木，又是园林作物。建议制定并出台全生命周期间作模式胶园建设的行业技术标准，在土地平缓区域大力推行，以短养长、长短结合，提升单位面积效益。已开割胶园也可充分利用林下土地资源和林荫优势，发展林果、林花、林菜、林菌、林药等林下经济模式，实现多种经营。争取中央财政立项，支持三大植胶区开展橡胶林下经济示范，带动更多胶园发展农林牧复合种养，并做好产销衔接。

（3）加快社会化服务组织培育，提高组织化管理水平

探索组建橡胶种植、抚管、病虫害防治、采胶等各生产环节的社会化专业服务队伍，提供经济高效的社会化服务，充分动员各环节生产要素，最大限度挖掘植胶业潜能，降低生产成本。农垦要带头发挥自身优势，以病虫害统防统治、智能割胶为切入点，构建市场化的服务模式，打造农垦社会化服务品牌。

（4）持续优化初加工布局，推进现代化转型升级

加快资源整合步伐，调整优化天然橡胶初加工布局，淘汰生产条件差、产能低的加工厂，逐步解决初加工厂"小、散、弱"等突出问题。推进天然橡胶初加工工艺和设备升级换代，提高自动化和智能化，提升绿色环保生产水平。支持龙头企业做大做强，开发多样化的天然橡胶制品和橡胶木产品，拓展天然橡胶市场领域，示范带动产业链价值整体提升。

（5）强化关键核心技术研究，增强产业发展后劲

针对制约天然橡胶产业转型升级的全局性重大瓶颈问题，争取在品种改良、基因组学、生物反应器、种苗繁育、胶园管理、土壤质量提升、产业生态、采胶新技术、胶乳质量调控、橡胶加工等相关领域设立研发专项，按照"揭榜挂帅"机制，加快攻克全产业链各环节关键核心技术和装备，为产业可持续发展提供原动力。

（6）打通特种胶产供销链条，加快国产化进程

开展特种胶园划定和上图工作，确保建得好、管得住，能够长久发挥作用。加快建立从种植品种、胶园管理、采收胶、初加工、储运等全链条的特种用胶质量控制体系，满足高端领域用胶质量标准。推广中国天然橡胶协会绿色发展研究院的模式，积极对接下游航空、航天等企业，建立上下游参与的常态化协调沟通机制，不断提升特种用胶的国产化水平。依托天然橡胶领域科研院所、龙头企业等力量，联合建设高端天然橡胶产品技术研发实验室，协同突破具有战略性、带动性、全局性的重大关键技术。

（王丽娟　郑红裕　孙娟　郑文荣）

二、合成橡胶

2022 年，在疫情散发、需求收缩、供给冲击、预期转弱等内部压力和俄乌冲突、欧美加息等政治金融外部风险的大背景下，我国高效统筹疫情防控和经济社会发展，保持了经济社会大局稳定。中国国内生产总值较 2021 年增长 3.0%，2020~2022 年的年均复合增速为 4.5%，在全球主要经济体中居于前列。

2022 年我国汽车产销分别完成 2702.1 万辆和 2686.4 万辆，同比（下同）分别增长 3.4%和 2.1%，保持了恢复增长态势，展现出强大的发展韧性，为稳定工业经济增长起到重要作用。

2022 年，我国合成橡胶（七大基本胶种及SBCs，下同）市场产能持续增加，但内需偏弱，合成橡胶表观消费量较 2021 年下降 1.8%，至 521.9 万吨。七大基本胶种分别是丁苯橡胶（SBR，包括溶聚丁苯橡胶 SSBR、乳聚丁苯橡胶 ESBR）、丁基橡胶（IIR，包括普通丁基橡胶和卤化丁基橡胶 HIIR）、顺丁橡胶（BR）、乙丙橡胶（EPR，包括三元乙丙橡胶和二元乙丙橡胶）、丁腈橡胶（NBR）、聚异戊二烯橡胶（IR）、氯丁橡胶（CR）。

终端需求偏弱、中间环节库存消化缓慢，叠加上游原料成本走高，合成橡胶企业利润收窄，出现降负减产甚至停车现象。2022 年我国合成橡胶行业开工率约 67.1%。

在内需疲弱的背景下，合成橡胶企业积极寻求海外市场机会，2022 年我国合成橡胶出口表现亮眼。地缘政治因素影响全球合成橡胶生产和贸易格局，我国合成橡胶贴水美元价格，叠加利率、海运等利好因素，2022 年我国合成橡胶出口量增长 49.4%，至 66.3 万吨。

（一）基本情况

1. 生产现状

（1）合成橡胶产能持续扩张，新增产能以顺丁橡胶、丁苯橡胶为主，民营企业产能占比持续提升

2022 年，我国新增合成橡胶产能 28.5 万吨/年，其中，顺丁橡胶、丁苯橡胶、丁腈橡胶产能增量分别为 19 万吨/年、6 万吨/年和 3.5 万吨/年。

2022 年，我国合成橡胶总产能增长 4.3%，至 691.2 万吨/年。其中，顺丁橡胶、丁苯橡胶和 SBCs 仍为我国前三大合成橡胶胶种，合计占全国合成橡胶总产能的 78.8%，较 2021 年增加 0.4 个百分点。2022 年我国合成橡胶各胶种产能结构见图 2.1。

从投资主体看，民营企业产能占比增加了 3.2 个百分点，中国石油产能占比增加了 0.7 个百分点，中国石化和外资企业产能占比分别减少了 1 个百分点和 2.5 个百分点。2022 年，民营和其他地方企业产能占比持续提升至 33.4%，其次是中国石化，产能占比约 27.4%。中国石油和外资企业产能占比分别为 18.6%和 20.6%。2022 年我国合成橡胶各投资主体产能分布见图 2.2。

（2）合成橡胶产量继续提高，增量主要集中在顺丁橡胶、丁基橡胶和丁苯橡胶，受非一体化装置利润影响，民营企业整体开工率较低

2022 年，我国合成橡胶总产量为 467.7 万吨，增长 4%。从品种看，顺丁橡胶和丁苯橡胶新增产能释放，产量增长较多。SBCs、异戊橡胶和氯丁橡胶产量下降，其他合成橡胶品种

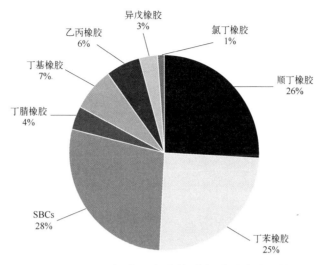

图 2.1　2022 年我国合成橡胶各胶种产能结构

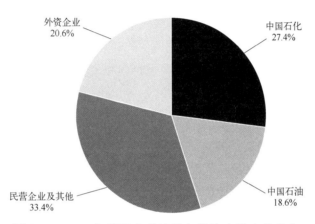

图 2.2　2022 年我国合成橡胶各投资主体产能分布

产量略增。从经营主体看,民营和地方企业产量增长约 10%,中国石化、外资企业产量略增,中国石油产量略微下降。

2022 年,中国石化、中国石油合成橡胶产量占总产量的 49.6%,减少 1.4 个百分点;外资企业产量减少 0.5 个百分点,占总产量的 22.5%;民营和地方企业产量占比 27.9%,增加 1.9 个百分点。

（3）合成橡胶开工率同比略降,不同性质企业开工情况分化较大

2022 年,我国合成橡胶产能持续扩张,但上游成本高企,下游受疫情及防控政策影响需求恢复受限,企业受产业链上下游两头夹击,装置利润受挤压、部分企业出现降负或停车,装置平均利用率由 2021 年的 67.9%略降至 67.1%。从企业性质看,中国石油开工率最高,约 81%;其次是外资企业和中国石化,开工率 7 成左右。民营和其他地方企业开工率较低,刚刚超过五成。近年国内合成橡胶平均开工率变化趋势见图 2.3。

2. 进出口情况

（1）2022 年,我国合成橡胶进口量下降。俄乌冲突、欧美国家高通胀等因素逐渐改变全球合成橡胶贸易格局,俄罗斯超越韩国、日本,成为我国合成橡胶最主要的进口来源地。

2022 年,我国合成橡胶进口量下降 4.1%,至 120.5 万吨,除顺丁橡胶外,其他胶种进口量均有不同程度的下降。从进口产品结构来看,

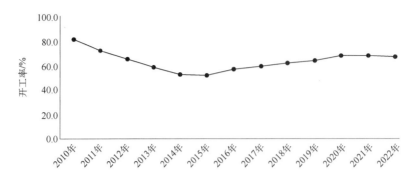

图 2.3 近年国内合成橡胶平均开工率变化趋势（开工率按年末能力计算）

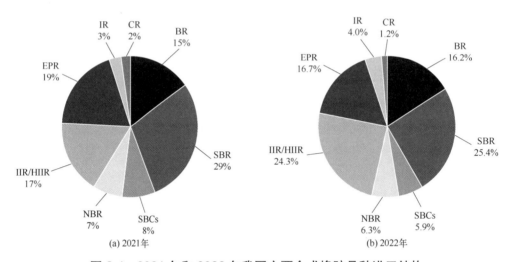

图 2.4 2021 年和 2022 年我国主要合成橡胶品种进口结构

丁苯橡胶仍是我国进口量最大的胶种，约占进口总量的 1/4，其次是丁基橡胶，两者进口量均在 30 万吨左右；顺丁橡胶、乙丙橡胶的进口量在 20 万吨左右。其他品种进口规模相对较小，占比均不足 7%。2022 年我国主要合成橡胶品种进口情况见图 2.4 和表 2.7。

表 2.7 2022 年我国主要合成橡胶品种进口量

品种	进口量/万吨	同比/%	占比/%
BR	19.5	4.0	16.2
SBR	30.7	−14.6	25.4
SBCs	7.1	−32.8	5.9
NBR	7.6	−33.1	6.3
IIR/HIIR	29.3	−32.7	24.3
EPR	20.1	−30.6	16.7
IR	4.8	−30.6	4.0
CR	1.4	−15.4	1.2
合计	120.5	−4.1	100.0

注：数据来源于中国海关，按中国石化经济技术研究院口径对部分数据做修正调整。

地缘政治影响我国合成橡胶进口结构，俄罗斯超越韩国、日本，跃居我国合成橡胶进口贸易伙伴第一位。韩国、日本一直是我国合成橡胶主要进口来源地，但2022年受俄乌冲突影响，全球合成橡胶贸易流向发生显著变化，我国合成橡胶进口来源结构也有所改变。对俄罗斯的贸易制裁改变了俄罗斯合成橡胶货源流向，积极寻求在华市场。同时，韩国因丁苯橡胶低利润而降低相应开工率，并调整部分产品结构，因此俄罗斯超越韩国、日本成为我国合成橡胶的最主要进口来源地，占进口总量的27%，而来自韩国、日本和中国台湾的进口占比有所下降。2022年我国合成橡胶主要进口国家和地区情况见表2.8。

2022年，我国合成橡胶进口贸易方式仍以一般贸易为主，占进口总量的47.5%，其次是海关特殊监管区域物流货物和进料加工贸易，占比分别为24.9%和22.2%。进口的下降主要体现在一般贸易和来料、进料加工，分别下降了31.1%、60.2%和25.7%。2022年我国各种贸易方式合成橡胶进口情况见表2.9。

表2.8　2022年我国合成橡胶主要进口国家和地区情况

国家和地区	进口量/万吨	同比/%	占比/%	较上年次序
俄罗斯	33.1	57.1	27.5	▲2
韩国	23.2	−20.0	19.3	▼1
日本	13.6	−0.3	11.3	▼1
沙特阿拉伯	11.8	0.1	9.8	—
新加坡	7.2	−0.2	6.0	—
美国	4.6	−0.5	3.8	—
德国	4.5	−0.1	3.7	▲2
泰国	4.4	−0.3	3.7	—
中国台湾	4.1	−0.6	3.4	▼2
法国	2.1	−0.4	1.7	▲1
其他	11.9	0.8	9.9	
合计	120.5	−4.1	100	

注：数据来源于中国海关，按中国石化经济技术研究院口径对部分数据做修正调整。

表2.9　2022年我国各种贸易方式合成橡胶进口情况

贸易方式	进口量/万吨	同比/%	占比/%
一般贸易	57.3	−31.1	47.5
海关特殊监管区域物流货物	30.1	61.7	24.9
进料加工贸易	26.7	−25.7	22.2
保税监管场所进出境货物	4.8	31.4	4.0
来料加工贸易	0.8	−60.2	0.6
边境小额贸易	0.9	−10.8	0.7
合计	120.5	−4.1	100.0

注：数据来源于中国海关，按中国石化经济技术研究院口径对部分数据做修正调整。

我国合成橡胶的主要进口省份为山东、江苏、浙江、上海、广州等轮胎及鞋业制造企业聚集区。山东作为我国的轮胎生产集聚区，仍是我国合成橡胶进口量最大的省份，2022年进口合成橡胶37.8万吨，占进口总量的三成左右。其次是上海、浙江、广东和江苏，进口量均超过10万吨，前五省进口量占进口总量的77.3%。2022年我国主要省（市）合成橡胶进口情况见表2.10。

（2）我国合成橡胶积极寻求海外市场机会，出口量大幅增加

2022年我国合成橡胶出口表现亮眼。一方面，国内市场需求欠佳，海外市场价格整体高于国内市场，出口套利窗口打开；另一方面，全球政治经济因素影响合成橡胶出口贸易货源结构，欧洲积极寻求亚洲货源补充。我国合成橡胶出口增长49.4%，至66.3万吨，各胶种出口量均实现增长。其中，出口量最大的是SBCs，占出口总量的34.3%。其次是顺丁橡胶和丁苯橡胶，分别出口14.4万吨和11.1万吨。2022年我国主要合成橡胶品种出口情况见表2.11。

3. 消费

2022年，我国合成橡胶表观消费量下降1.8%，至521.9万吨，较2021年减少9.2万吨，净进口量的大幅下降是表观消费减少的主要原因，在一定程度上反映了"外需强于内需"的市场特征。分产品品种来看，丁苯橡胶的表观消费量位居第一，约为147.6万吨，其次是顺丁橡胶和SBCs，表观消费量均在118万吨左右。

2022年我国合成橡胶内需较弱。2022年上半年，吉林省、上海市先后爆发严重的本土疫情，汽车产业遭受停产困境，作为我国最主要的汽车生产基地之一，上海因疫情导致的供应链断供冲击我国汽车市场，2022年二季度我国汽车产销分别下降9.4%和13.3%。

表2.10　2022年我国主要省（市）合成橡胶进口情况

进口省（市）	进口量/万吨	同比/%	占比/%	较上年次序
山东	37.7	25.4	31.3	—
上海	17.5	-2.9	14.5	—
浙江	14.1	-7.5	11.7	▲1
广东	12.1	-25.6	10.0	▼1
江苏	11.8	-16.6	9.8	—
辽宁	6.1	-14.2	5.1	▲1
福建	5.3	-26.1	4.4	▼1
安徽	2.8	-13.6	2.4	—
重庆	2.5	51.9	2.1	▲2
天津	2.1	-34.6	1.7	▼1
其他	8.4	-11.0	7.0	
合计	120.5	-4.1	100.0	

注：数据来源于中国海关，按中国石化经济技术研究院口径对部分数据做修正调整。

表 2.11　2022 年我国主要合成橡胶品种出口情况

品种	出口量/万吨	同比/%	占比/%
BR	14.4	58.1	21.7
SBR	11.1	65.3	16.7
SBCs	22.7	27.7	34.3
NBR	2.0	112.8	3.0
IIR/HIIR	7.9	110.3	12.0
EPR	4.4	12.6	6.7
IR	1.6	146.9	2.4
CR	2.2	47.8	3.3
合计	66.3	49.4	100.0

注：数据来源于中国海关，按中国石化经济技术研究院口径对部分数据做修正调整。

我国轮胎行业去库存进程缓慢、出口依赖提升。2022 年，我国半钢子午胎产量 5.11 亿条，下降 1.2%；全钢子午胎产量 1.24 亿条，下降 11.4%。从销售情况来看，2022 年我国半钢子午胎销量受益于政策支持，提升半钢子午胎产能释放 1100 万条，全钢子午胎配套减少 1060 万条。轮胎替换端，由于经济下行、基础建设、房地产等投资减弱和疫情等因素，国内轮胎替换维修市场消费触到谷底。在内需不足的背景下，国内轮胎企业纷纷出国抢订单、发掘海外市场，2022 年我国小客车轮胎和客货车轮胎出口量分别为 238.1 万吨和 404.3 万吨，分别增长 3.2%和 7.1%，企业库存略有下降。

整体来看，疫情延宕导致的供应链问题和持续性的财政及经济影响，对合成橡胶产业下游产生较大冲击。2022 年我国合成橡胶各胶种表观消费情况见表 2.12。

4. 销售情况与价格利润

2022 年，我国顺丁橡胶（高顺）价格呈现震荡下行走势，丁苯橡胶（纯胶）价格也处于历史相对低位水平。需求不足、供需错配、库存累积、物流不畅等利空因素交织，成本上行和检修对价格的支撑作用有限。

表 2.12　2022 年我国合成橡胶各胶种表观消费情况

项目	产量/万吨	净进口量/万吨	表观消费量/万吨	消费量同比/%
BR	112.8	5.2	118.0	3.2
SBR	128.0	19.6	147.6	−5.1
SBCs	134.1	−15.7	118.4	−7.3
NBR	25.1	5.6	30.7	2.8
IIR/HIIR	31.9	21.3	53.3	12.9
EPR	26.5	15.7	42.2	−7.1
IR	4.4	3.3	7.7	1.0
CR	4.9	−0.8	4.1	−37.2
合计	467.7	54.2	521.9	−1.8

注：数据来源于中国石化经济技术研究院。

顺丁橡胶（高顺）和丁苯橡胶（纯胶）2022年内最高价格出现在6月份，顺丁装置检修以及丁二烯、苯乙烯成本上涨，顺丁（高顺）、丁苯橡胶（纯胶）价格形成短暂支撑，月平均吨价分别达到14571元和12614元；年内最低价出现在12月份，月平均吨价分别为10366元和10674元。2022年，国内顺丁橡胶（高顺）和丁苯橡胶（纯胶）均价分别为13040元/吨和11021元/吨，价格重心分别下降1.5个百分点和7.2个百分点。2022年我国合成橡胶主要胶种价格走势见图2.5。

2022年，需求端偏弱导致成本波动难以向下传导，下游企业观望心态浓厚，采购多以刚需补库为主，我国顺丁橡胶（高顺）和丁苯橡胶（纯胶）价格难以在高位维持，理论利润收窄。2022年我国合成橡胶主要胶种理论利润变化趋势见图2.6。

（二）行业发展

1. 新建与技改项目

（1）浙江传化合成材料有限公司顺丁橡胶产能提升及配套装置项目

2021年，浙江传化合成材料有限公司成功取得"镍系顺丁橡胶和稀土顺丁橡胶的连续制备工艺"发明专利证书，实现了柔性连续生产稀土顺丁橡胶。2022年，浙江传化合成材料有限公司投资14003.89万元，通过对现有生产线实施扩建改造，新增5万吨/年顺丁橡胶产能，同时增加配套催化剂（异辛酸镍折纯12.0吨/年，新癸酸钕折纯130吨/年）的合成单元。项目建成后，该公司形成年产15万吨的顺丁橡胶生产能力，可实现镍系和钕系顺丁橡胶的柔性切换生产。

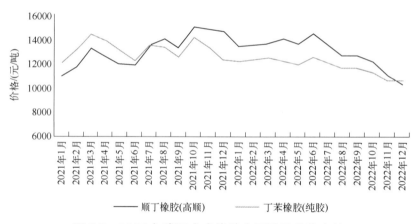

图2.5　2022年我国合成橡胶主要胶种价格走势

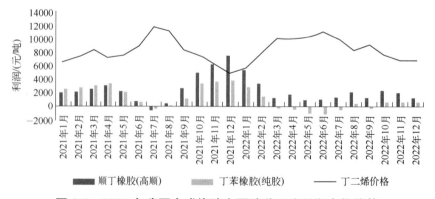

图2.6　2022年我国合成橡胶主要胶种理论利润变化趋势

(2)淄博齐翔腾达化工股份有限公司 4 万吨/年顺丁橡胶及配套项目建成投产

2022 年 1 月,淄博齐翔腾达化工股份有限公司拟在原有设计产能 5 万吨/年顺丁橡胶装置的基础上,继续投资扩建 4 万吨/年顺丁橡胶装置,并配套建设 20 万吨/年丁二烯抽提装置。2022 年 8 月,公司投资扩建的 4 万吨/年顺丁橡胶项目生产线已建设完工,装置流程已全线贯通并顺利产出合格产品,实现一次开车成功。同时 4 万吨/年顺丁橡胶项目配套的 20 万吨/年丁二烯抽提装置也已建成投产,实现一次开车成功并顺利打通装置全流程。

(3)山东益华橡塑科技有限公司新建 10 万吨稀土系顺丁橡胶项目

2022 年,山东益华橡塑科技有限公司建设年产 10 万吨稀土系顺丁橡胶项目并于当年年底投产。

(4)独山子石化新建 6 万吨/年溶聚丁苯橡胶生产线投料生产

2021 年新疆独山子石化公司新建年产 6 万吨溶聚丁苯橡胶项目,生产线采用中国石油自主知识产权专有技术,主要设备全部实现国产化,降低了装置投资费用,整体能耗和物耗水平与国外先进水平相当。2022 年 3 月 10 日,6 万吨/年溶聚丁苯橡胶生产线正式投料生产。

(5)中国石油兰州石化公司年产 3.5 万吨特种丁腈橡胶装置投产

中国石油兰州石化公司 3.5 万吨/年特种丁腈橡胶装置于 2021 年 3 月项目开工建设,投资近 8 亿元,采用自主知识产权技术,生产的产品涵盖通用、特种、低腈、中腈、高腈等多系列 30 多个牌号。2022 年 3 月 29 日项目中交,5 月 20 日产出合格产品,标志着该装置顺利建成投产,实现了开工一次成功。

2. 技术与专利

(1)中国石油"12 万吨/年溶聚丁苯橡胶工艺包""5 万吨/年 SEBS 工艺包"通过审查

2022 年 2 月,由中国石油石油化工研究院兰州化工研究中心自主开发的"12 万吨/年溶聚丁苯橡胶工艺包""5 万吨/年 SEBS 工艺包"顺利通过中国化工学会组织的专家审查。专家一致认为两个工艺包工艺设计与设备选型合理可行、工艺技术成熟、指标先进、"三废"排放符合相关环保要求,可进行大规模推广应用。两个工艺包通过审查,标志着中国石油在合成橡胶领域掌握了成熟的高性能溶聚丁苯橡胶和苯乙烯类弹性体氢化成套技术。

"12 万吨/年溶聚丁苯橡胶工艺包"针对国内高性能绿色轮胎对胎面胶用材料高性能化的要求,开发了两项主要关键技术:苯乙烯/乙烯基含量匹配控制及精确控制技术和溶聚丁苯橡胶官能化技术。在此基础上完成了苯乙烯低、中、高含量的 8 个牌号产品的开发,包括市场需求量大的通用产品、雪地胎及超高性能轮胎专用产品、官能化系列产品等,能更好地满足客户需求,代表着未来溶聚丁苯橡胶发展方向。

"5 万吨/年 SEBS 工艺包"针对热塑性弹性体 SBS 耐老化、耐黄变性差的问题,开发了热塑性弹性体 SBS 氢化成套技术。通过工艺优化和工程化技术开发,最终开发了高效稳定的镍系加氢催化体系及高效的金属离子脱除工艺技术;优化了聚合、加氢、凝聚、后处理、溶剂回收等工序的工艺流程、设计参数以及关键设备的结构和型式;产品加氢度及金属离子残留量可达国外同类产品先进水平。

(2)我国稀土橡胶催化剂工程化技术再获突破

2022 年 4 月,中国石油石油化工研究院特聘专家创新团队自主开发的单活性中心稀土金属催化剂,在独山子石化公司制备顺丁橡胶连续聚合中试获得成功。聚合效率约为当前主流三元稀土催化剂的 20 倍,可生产多种牌号高性能稀土顺丁橡胶,实现了我国稀土橡胶催化剂科学研究和工程化技术的新突破。这项催化剂技术是石化院特聘专家创新团队的原创性成果。此次连续聚合中试的成功，打通了单中心稀土金属催化剂在连续聚合装置上的应用流程，为后续工业试验奠定了坚实基础，推动了后续"稀土-溶液聚合"平台技术的研发，为进一步开发基于碳四、碳五原料的多种新型弹性体材料铺平了道路。

（3）铁系催化丁戊橡胶合成与应用关键技术通过成果鉴定

2022年7月23日，由中国科学院青岛生物能源与过程研究所和中石化巴陵石油化工有限公司合作完成的铁系催化丁戊橡胶合成与应用关键技术，通过了中国石油和化学工业联合会组织的科技成果鉴定。该项目创制的铁系丁戊橡胶新材料技术与产品，解决了我国溶聚丁苯橡胶依赖进口的难题。

青岛能源所与山东玲珑轮胎股份有限公司、山东昊华轮胎有限公司等企业合作，进行了铁系丁戊橡胶在轮胎胎面胶中替代溶聚丁苯橡胶的应用技术研究，并完成了轮胎制造评测。结果表明：铁系丁戊橡胶可以完全替代依赖进口的溶聚丁苯橡胶，且铁系丁戊橡胶轮胎的湿地抓着指数可高达1.63，达到欧盟新标签法A级（参比胎B级）。

基于铁系丁戊橡胶的高性能轮胎技术开发，青岛能源所与青岛森麒麟轮胎股份有限公司签署全面战略合作协议。森麒麟轮胎透露，计划未来3~5年，运用该技术生产四季轮胎和冬季轮胎，从而实现该技术的产业化本土应用。

（4）中国石化10万吨级连续SSBR工艺包过审

2022年10月，由中国石化北京化工研究院开发的10万吨/年连续溶聚丁苯橡胶工业装置成套技术工艺包，通过中国石化集团科技部审查。经审查，该技术自动化程度高，适合大规模生产，拥有12项国家发明专利授权、5项专有技术，具有较强创新性和自主运作权，为下一步加快技术转化，实现高端SSBR产品规模化、集约化生产奠定基础。据悉，北京化工研究院科研团队在SSBR成套工艺技术基础上，开发了7个牌号产品，覆盖全钢胎、半钢胎等类型高性能轮胎用SSBR产品，技术指标达国际先进水平。

3. 政策及规范

（1）由工业和信息化部印发的《重点新材料首批次应用示范指导目录（2021年版）》自2022年1月1日起施行

其中，先进化工材料特种橡胶及其他高分子材料主要包含星形支化卤化丁基橡胶、生物基杜仲胶、超聚态天然橡胶、苯乙烯基弹性体、生物基可降解聚酯橡胶和氢化丁腈橡胶等。该文件的印发对于加快发展新材料，推动技术创新，支撑产业升级，建设制造强国具有重要战略意义。

（2）《合成橡胶牌号规范》（GB/T 5577—2022）发布

2022年3月，《合成橡胶牌号规范》（GB/T 5577—2022）国家标准发布，并于2022年10月1日实施。该标准起草单位为中国石油天然气股份有限公司石油化工研究院、中国合成橡胶工业协会等。

（3）《关于加快合成橡胶行业绿色制造体系建设的指导意见》发布

为贯彻落实"双碳"战略目标，积极架构合成橡胶行业绿色制造体系，2022年5月，中国合成橡胶工业协会印发了《关于加快合成橡胶行业绿色制造体系建设的指导意见》。文件梳理了绿色制造体系的发展脉络，剖析了构建绿色制造体系的重要意义，提出了合成橡胶行业构建绿色制造体系的严峻性与紧迫性。同时，分别从建设目标、建设原则、实施步骤3个方面对构建合成橡胶行业绿色制造体系进行规划，提出力争2025年我国合成橡胶行业绿色制造体系基本建成。

（4）《轮胎行业绿色工厂评价 要求》和《轮胎制造绿色供应链管理 要求》2项轮胎行业标准发布

2022年10月，由中国橡胶工业协会组织行业企业完成的《轮胎行业绿色工厂评价 要求》（HG/T 6061—2022）和《轮胎制造绿色供应链管理 要求》（HG/T 6062—2022）两个行业标准发布，于 2023 年 4 月 1 日实施。

其中，《轮胎制造绿色供应链管理 要求》规定了轮胎制造企业绿色供应链管理目的、范围、总体要求及产品生命周期绿色供应链的策划、实施与控制要求，适用于轮胎制造企业绿色供应链建立、管理。

（三）展望与建议

2023 年，我国将面临更为复杂的外部环境，随着欧美国家持续加息，全球经济增速下滑，部分国家可能出现经济衰退。同时，欧美国家大规模的财政和货币宽松政策，刺激居民支出向耐用品消费转移，我国出口可能会受到全球经济增速放缓和部分发达国家消费结构转换的双重影响。此外，俄乌冲突导致的供给收缩，加剧欧美国家的通胀水平，2022 年美联储和欧洲央行高频次、大幅度加息以应对高通胀。2023 年欧美国家或有超预期的降息动作，将影响国际资本流动、人民币汇率以及我国货币政策调整空间。

在外部市场收紧的趋势下，内需或将随着国内经济恢复逐渐走强。目前我国终端消费中，服务业消费恢复速度快于商品消费，而工业需求恢复通常又滞后于终端商品消费，因此 2023 年我国工业恢复或将依赖于基建和制造业投资。

我国合成橡胶行业总体产能过剩，大而不强、竞争力弱、装置总体利用率不高、通用牌号过剩、高端特种牌号不足、产品应用研究不足、基础研究欠缺。目前，我国已经有能力生产所有的通用合成橡胶品种，产能、产量、消费量也跃居世界首位，但产品同质化现象严重，高附加值产品占比依然较低，很多特种高性能产品长期依赖进口。产品、工艺创新不足，绿色产品开拓不足，调整产品结构、提高市场竞争力，已成为我国合成橡胶工业面临的首要问题。

2023 年合成橡胶产能将进一步扩张，在工业需求恢复相对滞后的情况下，我国合成橡胶企业面临来自供给端和需求端的双重压力，竞争将更为激烈。合成橡胶企业需加强产业链合作，瞄准需求优化生产、升级装备提效降本、协同合作应用开发，从企业、产业多维度推动行业持续健康发展。

（杨惠馨）

三、废橡胶综合利用

2022年，废橡胶综合利用行业在压力中前行，在困难中发展。与一般传统制造业不同的是，废橡胶综合利用行业还面临着更大的转型压力。在压力和困难面前，行业同仁积极调整经营思路，加大转型升级步伐，在政策的引领下，走出了一条发展之路。

目前，我国废橡胶综合利用的主要方式有4种，分别为硫化橡胶粉和橡胶粒、再生橡胶、轮胎翻新、热裂解。原型利用和热能利用是另外两种利用方式，但体量较小。从2021年开始，由于能源紧张，煤价上升，以低端废橡胶为利用主体的热能转换利用在水泥行业开始逐渐应用。

（一）基本情况

1. 胶粉、再生橡胶

再生橡胶生产在我国是废橡胶利用的主力军和主要方式，再生橡胶产品本身也在下游市场的使用中具有良好的性价比。我国再生橡胶生产及应用情况处于世界领先位置。中国作为一个发展中大国，同时也是一个橡胶资源匮乏的国家。充分利用废旧橡胶生产再生橡胶，不仅是对我国橡胶资源的补充，也是将废旧橡胶化害为利、变废为宝的一种卓有成效的方法。2010年9月15日，工业和信息化部颁布《轮胎产业政策》，明确"三胶"——天然橡胶、合成橡胶、再生橡胶是橡胶工业的主要原材料，确定了再生橡胶弥补我国橡胶资源的重要地位。再生橡胶已经成为天然橡胶和合成橡胶外的第三种重要橡胶资源。

据不完全统计，2022年，我国再生橡胶产量达到420万吨，同比（下同）略有降低；胶粉产量达到105万吨，略有增长。胶粉是生产再生橡胶的主要材料，440万吨再生橡胶需400万吨胶粉，连同直接应用胶粉105万吨，胶粉用量达到500多万吨。我国不仅是世界最大的再生橡胶生产国，还是世界上最大的胶粉生产国。

中国橡胶工业协会废橡胶综合利用分会对29家会员单位的统计数据显示，2022年再生橡胶、胶粉总产量为87.87万吨（其中普通再生橡胶50.07万吨、特级再生橡胶7.53万吨、特种再生橡胶10.27万吨、胶粉20.00万吨），下降6.40%；销售量84.71万吨，下降9.48%。

2022年，再生橡胶、胶粉工业总产值35.57亿元，下降14.17%；工业销售产值36.05亿元，下降1.70%。全年实现利税总额3.27亿元，下降27.64%（见图2.7、图2.8）。

2023年第一季度，29家重点企业再生橡胶、胶粉总产量为19.16万吨（其中普通再生橡胶11.38万吨、特级再生橡胶1.50万吨、特种再生橡胶2.35万吨、胶粉3.93万吨），增长3.45%；销售量17.49万吨，增长0.89%。29家企业合计废旧轮胎处理量（折算）为22.03万吨。

同期，这些企业的再生橡胶、胶粉现价工业总产值为7.34亿元，增长8.32%；工业销售产值7.29亿元，增长5.65%。产品出口交货值（现价）3242.74万元，下降26.33%。实现利润总额2976万元，下降39.11%。盈利企业23家。实现利税总额6746万元，下降4.06%。从一季度数据看，工业总产值、工业销售产值、产品销售收入、销售量同比均有增长。

2016~2022年我国胶粉和再生橡胶产量见表2.13，2016~2022年废橡胶处理量见表2.14。

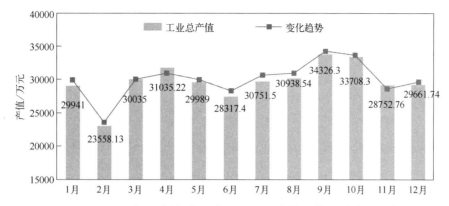

图 2.7　2022 年再生橡胶、胶粉工业总产值及其月度变化趋势

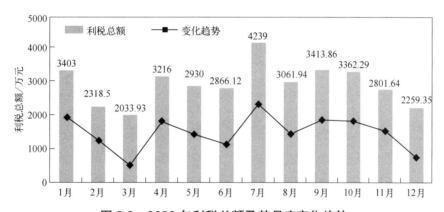

图 2.8　2022 年利税总额及其月度变化趋势

表 2.13　2016～2022 年我国胶粉和再生橡胶产量　　　　单位：万吨

项目	2016 年	2017 年	2018 年	2019 年	2020 年	2021 年	2022 年
胶粉	65	70	80	80	85	100	105
再生橡胶	460	480	440	460	460	440	420

注：数据来源于中国橡胶工业协会废橡胶综合利用分会统计数据测算。

表 2.14　2016～2022 年我国废橡胶处理量（胶粉、再生橡胶）　　　　单位：万吨

项目	2016 年	2017 年	2018 年	2019 年	2020 年	2021 年	2022 年
再生橡胶	460	480	440	460	460	440	420
胶粉	65	70	80	80	85	100	105
合计	525	550	520	540	545	540	535
废旧轮胎处理量	1270	1350	1450	1480	1390	1300	1280

注：数据来源于中国橡胶工业协会废橡胶综合利用分会统计数据测算。

再生橡胶作为原料，能够用在轮胎、力车胎、胶管胶带、胶鞋、橡胶制品、防水卷材等产品中。其中，轮胎作为最主要的橡胶制品，也是再生橡胶最具潜力的应用领域。从当前数据来看，再生橡胶在力车胎行业的使用量最大，占再生橡胶生产量的40%、胶管胶带占比为20%、胶鞋为5%、其他橡胶制品为10%。

2. 轮胎翻新

轮胎翻新是国家鼓励的废橡胶综合利用处置方式之一，也是国际上公认的减量化的重要方式。但由于受车辆的治超治限和相关政策影响，轮胎使用期增加，翻新行业发展近几年出现下降状况；翻新企业的产能利用率普遍不高，一直处于小幅下滑的趋势中。从市场情况来看，翻新轮胎进入市场销售的比例很小，翻新企业主要是通过与大型矿业及运输公司签订合作协议的方式开展翻新业务。翻新轮胎的品种主要集中在载重轮胎上，工程机械轮胎胎体使用时破损严重，报废率高，有实力的企业为保证产品质量，更倾向于使用大品牌的旧轮胎进行翻新。

这种合约式的业务模式保证了翻新企业的业务，有利于翻新企业建立较为稳定的供需关系，节约运输费用，但也制约了行业整体发展，具有一定的局限性和地域性。在生产工艺方面，轮胎翻新有预硫化法和模压法两种工艺。预硫化法生产效率高，单胎能耗低，耐磨性好，目前在国内的技术中已经普及，被越来越多的企业采用。

相对固定的市场，制约了翻新行业的长远发展，使企业只能捆绑在大型矿业公司和运输集团身上，自身发展空间和经营利润难以保证。微薄的利润又让企业很难在技术和扩张上取得新进展。所以，轮胎翻新行业要进一步取得新的更大发展，需要政策层面进一步大力和明确推动，比如轮胎产品从生产就要考虑翻新因素，在使用中明确翻新要求，对翻新产品使用给予清晰标准界定等。翻新企业也要进一步转变思路，提供专业化、差异化服务，严格翻新标准，不断提升产品质量，推动行业整体水平不断提升，促进行业健康发展。

3. 热裂解

废橡胶热裂解是我国废橡胶综合利用的处置方式之一。废橡胶热裂解主要是指废轮胎的热裂解，包括热解和催化降解两种方式。废橡胶经过裂解反应，其主要产品是废轮胎裂解油、热裂解炭黑、热裂解废旧钢丝等。

裂解油是废橡胶热裂解的主要产品，目前主要用作燃料油。从生产工艺上来看，目前我国热裂解行业主要还是使用间歇式工艺。连续式热裂解设备由于价格较高，投入较大，使用率还不高。由于热裂解油的二次开发受限，该处理方式的价值提升潜力点在于裂解炭黑的深加工和再制造。

自2019年开始，热裂解在示范项目的带动、裂解技术的进步和行业内企业的推动下，得到快速发展，一批项目快速上马。2020~2022年，虽然受到新冠肺炎疫情的影响，依然有不少热裂解新上项目（见表2.15）。新项目的快速建设，给我国废橡胶综合利用行业带来了巨大增量，也使我国废橡胶的处置能力得到进一步加强，甚至在全国范围内推升了废轮胎价格。废橡胶综合利用行业的整体发展，逐步开始受原材料影响。

从2020年开始，行业出现了一个新的变化，那就是虽然汽车保有量依旧在增加，但废橡胶的产生量却在2020年见顶回落，2022年继续回落。这是因为废轮胎产生量的主力是卡客车轮胎，随着更多耐磨轮胎产品推出、公路超载现象减少，载重汽车的轮胎报废周期也从2019年的7~9个月延长到1年以上。乘用车保有量虽然增加较多，但由于乘用车轮胎相对较轻，且报废周期偏长，其增长不足以弥补卡客车轮胎报废量的减少。废旧轮胎的产生量在2019年继续向上增长，汽车保有量达到2.6亿辆的规模，但是卡车的保有量增长相对较少，在轮胎耐磨性不断增长的情况下，废轮胎的报废率也有了一定程度下降。

表 2.15 2020 年下半年以来废橡胶综合利用行业新上项目一览表

企业名称	项目名称	时间	项目产能
汉中润利再生科技有限公司	废旧轮胎再生资源循环利用项目	2020 年 9 月	年可加工处理废旧轮胎 6 万吨
陕西宏绿鼎康再生资源有限公司	废旧橡胶加工利用项目	2020 年 9 月	年可加工处理废旧橡胶 2.5 万吨
安徽克林泰尔环保科技有限公司	12 万吨/年固废（轮胎）裂解循环利用项目	2021 年 4 月	年处理废旧轮胎 12 万吨，生产再生环保炭黑 4.2 万吨/年、轮胎再生油 5.4 万吨/年、钢丝 1.44 万吨/年。同时可实现每年约 12 万吨的碳排放减排量和近 5 万吨的再生石油类资源
昌江叉河循环经济工业园	昌江废旧轮胎综合回收利用生产项目	2021 年 9 月	其中一期年处理废旧轮胎 3 万吨；二期工程在一期工程厂房内新建一条裂解生产设备，年处理废旧轮胎 3 万吨
霍邱县康庄大道物资再生资源利用有限公司	年处理 8 万吨废旧轮胎项目	2021 年 11 月	项目建成后，年可处理 8 万吨废旧轮胎，形成回收炭黑 2.576 万吨、裂解油 3.232 万吨、钢丝 0.832 万吨、不凝气 1.3496 万吨的生产能力
焦作蓝天资源循环有限公司	废旧轮胎无害化再生利用	2022 年 2 月	年处理 20 万吨废旧轮胎，实现无害化再生利用
湖北海睿环保新材料科技有限公司	年处理 10 万吨废旧轮胎综合利用扩能项目	2022 年 2 月	扩建产能为年处理 6 万吨废旧轮胎（橡胶）胶粉自动化生产线制取弹性体新材料。项目建成后，可实现年处理 10 万吨废旧轮胎，预计年产值 40000 万元，创税约 3000 万元
湖北康睿环保科技有限公司	废旧轮胎综合利用项目	2022 年 2 月	项目投资 2 亿元，项目建成后实现年均总产值 1.08 亿元，年均纳税总额 500 万元
玲珑轮胎股份有限公司 克林泰尔环保科技有限公司	全面战略合作签约	2022 年 4 月	克林泰尔在国内已布局 3 个废旧轮胎循环利用工厂，未来将紧密结合玲珑轮胎的"7+5"全球布局，开展在海内外的废旧轮胎循环利用工厂新项目。力求在 3 年内完成"5+2"的海内外战略布局，成为全球废旧轮胎循环利用的龙头企业
陕西玲珑轮胎有限公司	国内第 6 个生产基地	2022 年 4 月	年产 1200 万套半钢子午线轮胎、300 万套全钢子午线轮胎、10 万套航空胎（含 6 万套翻新胎）、10 万套特种胎、50 万套翻新汽车胎和 100 万套内胎及垫带

续表

企业名称	项目名称	时间	项目产能
鲁控金山环科新材料（山东）有限公司	建设高档再生橡胶循环利用产业园	2022年4月	项目规划总投资13.7亿元，其中一期投资2.1亿元，建设再生橡胶生产线2条、废旧轮胎破碎生产线1条。主要打造废旧橡胶分解、混炼、环保塑化橡胶生产、橡胶制品生产等四大板块，全部达产后年可实现销售收入10亿元、纳税5000万元
海南鑫锦再生资源利用有限公司	废旧轮胎综合利用项目（热裂解）	2022年8月	项目总投资1.2亿元，分两期建设2条裂解废旧轮胎生产线，每年可处理废旧轮胎约6万吨，相当于800万条废旧轮胎外胎
安徽浩悦生态科技有限责任公司	合肥市（庐江）资源循环利用项目	2022年8月	年综合利用废橡胶轮胎15万吨
抚州克林泰尔环保科技有限公司	年产10万吨环保炭黑绿色循环利用示范项目	2022年7月环评公示	年产10万吨环保炭黑绿色循环利用示范项目，年处理废轮胎30万吨
山东博瑞特能源科技有限公司	年处理20万吨废旧轮胎资源综合利用项目	2022年7月4日签约	年处理20万吨废旧轮胎资源综合利用项目
江西秉能智能科技有限公司和吉威国际科技有限公司联合投资	年处理40万吨子午线废旧轮胎	2023年1月29日	投资2亿元，兴建年处理40万条废旧子午线轮胎再生资源利用项目
贵州省桂平市翰苑化工有限公司	年处理废旧轮胎10万吨	2023年2月2日	年可处理废旧轮胎10万吨，轮胎硫化橡胶粉生产线8条
信阳博悦环保科技有限公司	10万吨废旧轮胎热解项目	2023年2月17日	年处理10万吨废旧轮胎热解项目

废轮胎产生量的减少，又进一步加剧了热裂解、再生橡胶企业货源的矛盾，部分热裂解企业由于没有充足的材料来源，大量使用卡车胎进行裂解，不仅仅浪费了宝贵的橡胶资源，也进一步推高了废轮胎价格。

基于此，废橡胶综合利用分会通过总会（中国橡胶工业协会）向工信部提出了"分类处置、梯次利用"的建议。建议我国废橡胶行业的综合利用，应该避免资源浪费、避免盲目投资、避免污染环境和无序竞争。应科学规划，对废橡胶综合利用坚持分类管理处置，实现梯次利用，严格遵守减量化优先，资源化利用，无害化兜底的处置原则，最大限度地发挥橡胶的资源化利用，实现高值化利用。建议胶粉、再生橡胶应作为资源化利用的主要途径，其主要来源为900以上废轮胎，轮胎翻新作为减量化的主要方式，热裂解应作为无害化兜底的最终方式，其主要原料来源应为废旧乘用车胎、力车胎和各种橡胶杂件。

这些建议得到了工信部的认可和重视，后

续将会在进一步充分调研的基础上进行科学规划。最终达到既解决废橡胶产生的黑色垃圾问题，又使橡胶资源得到科学的循环利用，节约了资源，减少了整体碳排放，也为环境作出积极贡献的目的。

（二）行业发展

虽然当前行业发展仍然面临着较大的压力，但行业发展整体面貌处于积极改善的过程中。

1. 在"双碳"背景下，国家对循环经济的发展更加重视，但对行业绿色发展的要求也更加明确

（1）2021年9月10日，国家发展改革委发布关于向社会公开征集《中华人民共和国循环经济促进法》（简称《循环经济促进法》）修订意见和建议的公告，面向社会公开征求意见。公告明确指出，这次征求意见是为深入贯彻落实中共中央、国务院关于"碳达峰、碳中和"的重大决策部署，根据"十四五"循环经济发展规划》有关要求而组织开展的。《循环经济促进法》是做好循环经济的纲领性法规，将对我国循环经济的发展做出新的规范和指导，在"双碳"的远景目标下，循环经济也将会被赋予新的、更加丰富的内涵和要求。修订后的《循环经济促进法》将会给行业带来更加清晰明确的指导和方向。

（2）2021年2月22日，国务院发布了《关于加快建立健全绿色低碳循环发展经济体系的指导意见》（国发〔2021〕4号）。意见的出台将废橡胶综合利用行业的发展提升到了一个新的高度。

（3）2021年12月30日，财政部、税务总局发布2021年第40号文件"关于完善资源综合利用增值税政策的公告"，对包括废橡胶在内的再生资源行业增值税即征即退，作出更加规范和力度更大的规定。40号文和2015年财税78号文相比，主要变化有以下几点：资源名称及适用范围有所扩大，78号文规定为废旧轮胎，40号文规定为废旧轮胎、废橡胶；退税比例由50%提高到70%；综合利用产品和劳务名称范围有所扩大，修改为"橡胶粉、翻新轮胎、再生橡胶、废旧轮胎/橡胶再生油、废旧轮胎/橡胶热裂解炭黑"，热裂解首次列入，40号文还对产品和劳务进行了明确，增值税一般纳税人销售自产的资源综合利用产品和提供资源综合利用劳务，可享受增值税即征即退政策；技术标准和相关条件进一步细化，放松了产品原料来源比例，由胶粉100%、再生橡胶95%，统一修改为70%，更加符合市场实际情况。

（4）2022年1月27日，工业和信息化部、国家发展改革委、科学技术部、财政部、自然资源部、生态环境部、商务部、国家税务总局等8部门联合印发《关于加快推动工业资源综合利用的实施方案》，明确到2025年，钢铁、有色、化工等重点行业工业固废产生强度下降，大宗工业固废的综合利用水平显著提升，再生资源行业持续健康发展，工业资源综合利用效率明显提升。力争大宗工业固废综合利用率达到57%。工业资源综合利用法规政策标准体系日益完善，技术装备水平显著提升，产业集中度和协同发展能力大幅提高，努力构建创新驱动的规模化与高值化并行、产业循环链接明显增强、协同耦合活力显著激发的工业资源综合利用产业生态。

（5）2022年4月7日，工业和信息化部、国家发展改革委、科学技术部、生态环境部、应急管理部、国家能源局6部门印发《关于"十四五"推动石化化工行业高质量发展的指导意见》。围绕创新发展、产业结构、产业布局、数字化转型、绿色安全等5个方面目标，凝练出聚焦创新发展、产业结构、产业布局、数字化转型、绿色低碳、安全发展等六大重点任务。在加快绿色低碳发展方面，着重提出要发展清洁生产绿色制造，滚动开展绿色产品、绿色工厂、绿色供应链和绿色园区认定，构建全生命周期绿色制造体系，鼓励企业采用清洁生产技术装备改造提升，从源头促进工业废物"减量化"；提高资源循环利用效率，推动石化化工与建材、冶金、节能环保等行业耦合发展，提高工业副产石膏等固废综合利用水平，推动废塑料、废弃橡胶等废旧化工材料再生和循环利用。在不断出台政策鼓励行业发展的同时，国家和地方也对行业的具体发展提出新的明确要求。

（6）2021年11月5日，山东省生态环境厅召开发布会，将再生橡胶行业纳入淘汰低效落后产能行业。2022年5月，山东省公布固体废物污染环境防治条例（征求意见稿），明确对固体废物跨省转运提出具体要求。

（7）2022年6月23日，国家生态环境部就《固体废物分类目录（征求意见稿）》公开征求意见，明确指出，编制固体废物分类目录的目的是为贯彻落实《中华人民共和国固体废物污染环境防治法》，更好支撑固体废物的规范化、精细化、信息化管理。在目录里，废橡胶被列为"可再生类废物"，属于工业固体废物，代码为SW17，细分代码为900-006-17。

2. 行业转型升级取得新进展，行业发展面貌逐步得到改观

环保治理水平得到真正提高，环保理念深入人心。环保设备得到不断突破和应用，环保治理水平显著提升，清洁生产水平有了明显改观，清洁生产示范工厂开始涌现。截至2022年底，已经有10多家业内企业开展并完成了新建或改造，特别是龙头企业的清洁生产水平大大提高，行业转型升级取得明显进展。江苏中宏环保科技有限公司的标准化工厂在安徽、福建、山西、山东等相续落地生产。采用宿迁远泰一体机的新工厂，如河南焦作蓝天循环资源有限公司、安徽国能复合新材料有限公司、广饶长冠再生资源有限公司等，相续投入生产。青岛高机科技有限公司、江苏睿博环保设备有限公司、南京绿金人橡塑高科有限公司、中胶橡胶资源再生（青岛）有限公司的应用项目也越来越多。

越来越多的企业实现了清洁生产，加强源头产污控制，加强产污后的收集和处理，应用多种方式的环保治理组合得到认可和普及，废橡胶综合利用行业特别是再生橡胶行业脏乱污的生产面貌得到改观。

中国橡胶工业协会组织制定的《再生橡胶行业绿色工厂评价 要求》团体标准，在2021年底通过最终评审，2023年4月1日正式发布施行。绿色工厂的评价和管理将是下一步衡量企业绿色发展的重要标志。当前，"碳中和、碳达峰"的要求逐渐清晰，在"双碳"的总体要求下，循环经济行业被赋予更深的内涵，战略地位更加凸显，碳轨迹、碳核算等课题研究提上了日程。目前，中橡协组织制定的《胶粉、再生橡胶行业碳排放核算方法》团体标准工作也正在按照预定计划向前推进，预计2023年底公开发布。

3. 在"碳达峰、碳中和"的背景下，社会资本对行业的关注度和参与度都在提升

在社会资本的参与下，胶粉生产有了更多开拓性研究。胶粉生产过程中的温控越来越好，对辊磨粉机在细粉生产上的应用也越来越多，胶粉的品质也有所提升。在机械法胶粉生产取得进步的同时，水脉冲法也得到了突破性发展，高能（南京）环保科技股份有限公司、东莞市秉能橡胶有限公司、滕州思达新材料有限公司等3家公司已经进入实质性开发阶段。

再生橡胶的生产也出现了多品类、多样性的发展趋势。从种类上来说，根据橡胶制品种类的不同，开发进而生产不同种类的再生橡胶，胶鞋、胶板、力车胎、内胎等专用再生橡胶越来越有了明确的区分；从品种上来说，丁基、乳胶、三元乙丙、丁腈、胶囊、彩色等再生橡胶品种也越来越多；从形状上来说，除了目前主流的片状，颗粒状、粉末状再生胶都得到了生产和应用。颗粒再生橡胶以江苏中宏为突破，青岛高机正在生产粉末再生胶。再生胶在各种橡胶制品中的应用也更加广泛和普遍，强力不是再生胶评价的优先指标也得到了更多用户认可。

（三）行业存在的问题

虽然行业发展出现了很多积极变化，但不可否认，当前废橡胶综合利用行业也有不少亟待解决的问题。

主要问题表现在以下3个方面。一是行业转型升级要加快推进。环保和节能将是行业转型升级的主旋律，清洁生产将是最基本要求。各地已经出台一系列政策，以推动产业转型升级。二是废旧轮胎价格波动加剧，行业的整体盈利能力有待提高。三是再生产品的应用还没有得到突破性的提高。随着再生产品标准化建设的推进，清洁生产的实现，橡胶再生产品特别是胶粉、再生橡胶的生产和应用逐步有了清晰标准。这为胶粉、再生橡胶的应用提供了支持。

当前，废橡胶综合利用行业发展面临的问题和困难较多，转型升级叠加国际关系变化带来的经贸格局影响，使行业发展面临复杂局面，企业稳健经营显得特别重要。因此，行业企业应做好以下3点，力争实现社会责任和企业效益的有机结合，推进行业和企业的共同发展。

（1）进一步增强规范发展意识，树立规范发展理念

要从长远发展的视角来审视当前行业和企业的发展。要树立信心，无论是对自己，还是对未来。自信，是企业发展的基础和核心，进而团队才会有信心，才能更好地依靠团队实现快速发展。对未来有信心，要把再生橡胶行业发展放在国家发展的大局下进行考量。相信未来，才能做到科学规划，制定长远战略。要积极研究政策，在绿色转型的道路上走在行业发展前列，走在清洁生产的前列，走在安全规范、环保规范、用能规范、财务规范、管理科学的行业企业前列。

在当前的复杂发展局面下，除了相信自己、相信团队、相信未来之外，还要紧紧守住公司的现金流。在世界经济进入加息周期的大环境下，债务问题将会显得更加突出，资金安全，保持现金流会变得特别重要。

（2）要树立品牌意识

要以品质赢得市场和未来，以创新来应对未来的新变化。随着国家经济结构不断优化和生态文明建设持续深入推进，以及"双碳"总体目标任务的提出和落实，包括废旧橡胶在内的再生资源行业也得到越来越多的重视。国家相继出台了一系列支持再生资源回收利用行业发展的新政策，推动行业实现绿色发展和规范化、标准化建设，这给行业的整体发展带来了新的机遇，行业的绿色发展路径也越来越清晰明确。再生资源循环利用行业不但要实现再生过程的清洁生产，还要实现再生利用的安全绿色，这两者相辅相成，缺一不可。要坚持品质引领，品质是品牌的基础，没有品质，不会有品牌。要不断提高认识，把质量作为品牌的核心。没有质量，产品或服务即使拥有再华丽的外表和包装，在市场也不会长久，更不可能成为品牌。反之，品牌如果不注重质量可靠性和质量提升、发展，已有的形象和地位迟早也会丧失或损毁。因此，培育品牌、推进品牌建设，务必全面贯彻"质量第一"的理念，全员全过程全领域体现质量、反映质量需求、强化质量管控。

废橡胶综合利用分会将加强走访，加大宣传力度，同时，积极筹划协会成立40周年庆典，通过多渠道、多方位、多层面宣传优秀企业，让更多企业的优秀产品为市场知晓，助力企业品牌建设，推动再生产品应用，推动行业健康发展。

（3）积极创新，实现降本增效、节能减排

当前，生产成本快速上升削弱了企业的竞

争力，降成本是改善实体经济发展环境的重要举措。要保持实体经济持续健康发展，根本还在于技术和管理的创新。以牺牲环保、清洁生产、劳动保护和弄虚作假降低产品成本的短视行为，不仅扰乱了市场秩序，危害到企业技术进步和管理创新，最终还将影响我国废橡胶综合利用行业的健康发展。应通过科技创新和现代企业管理制度创新，逐步减少资源浪费、增加企业效益，降低企业生产成本，从而提升企业自身的核心竞争力。

综合来说，解决废轮胎产生的黑色污染问题，做好橡胶的循环利用，是我国社会发展赋予废橡胶综合利用行业的历史使命。建设生态文明，保护绿水青山，实现"双碳"目标，需要废橡胶综合利用行业发挥更大作用。再生资源产业发展是生态文明建设的重要内容，是实现绿色发展的重要手段，也是应对气候变化、保障生态安全的重要途径。相信，在党和政府的大力关怀下，在社会有识之士的积极参与支持下，中国的废橡胶综合利用行业一定能够积极求变，主动实现绿色转型，获得健康持续发展，并引领世界废橡胶综合利用行业，为国家的"双碳"目标的实现和生态文明建设作出应有贡献。

（祁学智）

四、生物基橡胶

生物基橡胶是指由生物资源通过生物、化学以及物理等方法制取的天然橡胶，如杜仲胶、银菊胶、蒲公英胶、生物基合成橡胶（由各种生物基单体如生物基乙烯、丙烯、丁二烯、异戊二烯等合成），具有绿色、环境友好、原料可再生以及可生物降解的特性。

随着全球经济的快速发展，能源危机、环境污染和气候变化问题日益突出，建立基于植物的可再生工业原料体系，以维持人类社会的可持续发展已成为共识。近年来，中国、美国、日本和欧洲等国家和地区都在积极开展寻求新型生物橡胶资源的开发工作。

我国是全球最大的天然橡胶进口国和消费国，但受地理位置限制，我国天然橡胶自给率不足20%。据中国天然橡胶协会统计，2022年我国巴西橡胶树宜植区不到2000万亩，天然橡胶产量仅为85.3万吨，进口量接近600万吨，进口依赖度超过85%。

据世界经济与合作发展组织（OECD）预测，到2030年将有35%的化学品和其他工业产品来自生物制造，生物制造在生物经济中的贡献率将达到39%，超过生物农业（36%）和生物医药（25%），且将有25%的有机化学品和20%的化石燃料由生物基化产品取代。

近年来，为了应对气候变化、减少碳足迹和实现"碳中和"，国外大型轮胎企业竞相制订应对计划，普利司通、米其林、马牌轮胎、横滨橡胶等轮胎巨头公开宣布，逐步加大除三叶天然橡胶以外的生物基材料应用比例，2050年轮胎制造实现100%使用可持续发展材料，推动生物基橡胶材料的开发和利用已势在必行。

（一）杜仲胶

杜仲橡胶是具有橡塑二重性的优异的高分子材料，广义上来讲，分为天然杜仲橡胶与合成杜仲橡胶两类。两者与产于三叶橡胶树的天然橡胶化学成分相同，但分子结构不同，杜仲胶为反式聚异戊二烯，三叶天然橡胶则为顺式聚异戊二烯。世界上有2000多种植物中含有顺式异戊橡胶，而含有反式异戊橡胶的植物却很稀少。天然反式聚异戊二烯橡胶目前主要包括杜仲橡胶、古塔胶和巴拉塔胶。天然杜仲橡胶从杜仲树的籽、叶、皮、根中通过物理或化学提取法而制得。古塔胶主要由马来西亚半岛、印度尼西亚等热带地区产的山榄科植物的树皮和树叶中的胶乳制得。巴拉塔胶主要由产于圭亚那和委内瑞拉等地的一种山榄科植物的胶乳制得。合成杜仲橡胶则由石油裂解后所得的C_5馏分中的异戊二烯在特定的催化条件下聚合制得。

杜仲胶作为一种特殊功能型高分子材料，具有优异的耐疲劳、耐磨、防震及抗撕裂性能，同时具有易结晶、熔点低、绝缘性强、耐水湿、抗酸碱、热塑性好和形状记忆优良等特征。基于杜仲胶独特的结构与性能，可以开发出三大类不同用途的材料：橡胶高弹性材料、低温可塑性材料及热弹性材料，广泛应用于橡胶工业、航空航天、国防、船舶、化工、医疗、体育等国民经济各领域，产业覆盖面极广。不同分子量的杜仲胶又可以适应不同制品的应用需求。根据国内外的应用研究和实践证明，杜仲胶独具的橡塑两重性和极高的黏结性能，使其在很多方面的性能均大大优于三叶天然橡胶，通过与三叶天然橡胶和其他合成橡胶及塑料共混或改性，可以制备多种综合性能优异，适用于交通、航空、航海、化工、医疗等领域的特殊橡胶制品，也可以用于生产安全、长寿命的节油轮胎及其他橡胶制品。研究证明，生物基杜仲橡胶与其他橡胶材料共混或改性应用，可开发出崭新的功能新材料，大大利于提升橡胶产品的综合性能。

1. 2022年我国杜仲胶产业化进展

2022年9月，黑龙江瓦维洛佳公司与北京化工大学联合建成百吨级杜仲胶生产线，2023年7月试生产取得成功。

未来3年，我国有望建成2~3套千吨级生物基杜仲胶生产装置，满足国内相关领域的需求。

2. 杜仲胶及胶乳提取技术进展

近10年来，我国杜仲胶提取技术取得一系列突出进展，已经从过去的碱浸法、机械法、溶剂法，过渡到更加高效、环保的生物酶解提取法、生物酶解+溶剂提取法、物理法+酶解+溶剂提取法、超声波+溶剂提取法、爆破+溶剂提取法、全物理提取法等。

（1）物理法+酶解+溶剂提取法

湘西老爹生物有限公司与吉首大学、贵州大学联合开发了物理法+酶解+溶剂提取法，将剥壳后含胶量约40%的粗胶，用生物酶进行酶解，去掉约50%的纤维素和木质素，得到含胶量80%以上的粗胶，进一步采用吉首大学的乙酸自催化法分离粗胶中的纤维素、半纤维素和木质素，得到纯度90%的粗胶，然后再用石油醚溶剂萃取纯化到94%以上。该体系将物理法、生物法、化学法有机结合，实现了从杜仲翅果中快速、高效提取杜仲胶的目标，具有反应条件温和、对设备要求低、无污染、杜仲胶收率和纯度高的特点，应用前景广阔。

（2）生物酶解提取法

生物酶解提取法是贵州大学张学俊教授开发的一种新型绿色提胶技术，该技术直接利用单一的纤维素酶或复合酶（纤维素酶、果胶酶、蛋白酶）将杜仲组织中的纤维素类、果胶、蛋白质类等物质降解为单糖和低聚糖，破坏杜仲组织的致密结构，使杜仲胶暴露在外，实现提取杜仲胶的目的。

（3）生物酶解+溶剂提取法

山东贝隆杜仲生物工程有限公司与贵州大学合作，采用生物酶解技术，获得胶含量为78%~82%的籽壳粗胶，并进一步采用石油醚溶剂溶解过滤除渣，获得纯度超过98%的结块溶剂纯胶。

（4）超声+酶解+物理综合提取法

西北大学李多伟教授等开发了一种超声+酶解+物理综合提取法，以杜仲叶、皮以及杜仲籽壳为原料，采用超声+酶解+物理捻揉提取生产技术分离杜仲胶丝，通过浓缩酶解液、喷粉获得饲料添加剂，然后将粗胶丝通过溶剂提取、析晶、纯化、干燥获得杜仲精胶。该工艺较好地解决了杜仲胶丝的分离问题，其中酶解液再利用可生产饲料添加剂，解决了大量酶解废液对环境的污染问题，以及无法规模化生产的问题，可以在不破坏杜仲叶、皮成分，尤其是热敏成分绿原酸的前提下实现自动化、规模化生产。

（5）杜仲胶水相/有机相两相萃取——层析杜仲胶纯化法

吉首大学开发了杜仲胶水相/有机相两相萃取及层析杜仲胶纯化法，分三步实现，即杜仲粗胶的提取、水相-有机相两相萃取纯化、层析柱纯化得到纯化杜仲胶精品，纯度在95%以上。

（6）蒸汽爆破+溶剂抽提结合法

对杜仲树皮或叶进行蒸汽爆破预处理后，加入由果胶酶、木聚糖酶、纤维素酶和β-葡聚糖酶组成的复合酶进行水解，得到杜仲粗胶。粗胶经干燥后用石油醚冷凝提取得到杜仲精胶。

利用蒸汽爆破法预处理，可以避免对杜仲原料进行过度粉碎，既节省了提取时间，又有效避免了因为长时间发酵造成部分杜仲胶被氧化，保持了胶体的物理性能、分子结构和聚合度。中国林业科学研究院孙志强团队的试验结果证明，蒸汽爆破预处理破坏了叶片内部组织的细胞壁和纤维网结构，大大缩短了木质素去除和杜仲胶的提取时间，提高了杜仲胶的产率。

（7）全物理提胶法

全物理提胶法是一种新型的非溶剂绿色提胶技术，三门峡杜仲产业研究院采用严瑞芳研究员的技术，目前已建成小型试验装置。湖南中胶公司通过特殊的力化学断裂技术将生物基橡胶与非胶生物组织分离，采用水相提纯技术获得纯度 90% 左右的生物基杜仲胶，生产过程中的水溶物经过膜浓缩、干燥，可以作为保健食品原料，也可作为饲料功能添加剂或高纯度绿原酸的生产原材料。

（8）溶剂法杜仲胶、杜仲树脂复合提取法

贵州杜仲胶工程研发技术人员李保刚开发了溶剂法杜仲胶、杜仲树脂复合提取法。首先从前处理阶段投入杜仲叶原料，经过杜仲叶专用粉碎机组的搓揉粉碎、筛分后，减少原料处理量，接着通过一个密闭的工艺系统，先后生产出杜仲浸膏粉、杜仲胶和杜仲树脂，剩余的渣滓发酵后用于生产优质有机肥料。该生产工艺使加工的原料得到了充分综合利用，整个生产过程无污染、低耗能、低排放，大幅降低了生产成本和工人劳动强度，强化了环境保护和安全生产。

3. 2022年杜仲胶应用开发新进展

西北农林科技大学在生物基杜仲胶系列功能薄膜材料的开发方面取得进展。利用杜仲活性成分提取剩余残渣得到杜仲胶，将杜仲胶与纳米纤维素复合，制备了杜仲胶/纳米纤维素复合薄膜。该复合薄膜具有较好的拉伸性能和良好的热稳定性，热降解温度范围约 200～500℃，最大热分解速率为 2.1mg/min。此外，该复合薄膜还具有良好的水蒸气阻隔性，小于对照薄膜，可应用于食品包装、农业保水等领域。

将杜仲胶与从中药材荆芥提取残渣中获取的硅烷化纤维素复合，制备出表面超疏水性油水分离薄膜。该复合薄膜具有很好的力学性能和优良的油水分离效果，可应用于水体污染、环境污染、有机溶剂高效回收等领域。

将杜仲胶与石墨烯复合，制备出了石墨烯/杜仲胶光热转化薄膜。该薄膜具有良好的力学性能、热稳定性、水蒸气阻隔性和光热转化效率，可应用于光热转化、农业增温等领域。

（二）其他生物基橡胶

1. 2022年国外生物基橡胶发展

2022年4月，美国国防部（DoD）、美国空军研究实验室（AFRL）和美国生物工业制造与设计生态系统（BioMADE）发布了投资数百万美元的蒲公英橡胶研发计划，与俄亥俄州农业材料公司（Farmed Materials）合作种植和提取天然蒲公英橡胶。生产的蒲公英橡胶将用于生产军用飞机轮胎，将由固特异公司与俄亥俄州代顿的莱特-帕特森空军基地的空军研究实验室（AFRL）合作，在严格条件下制造测试。

2022年5月，固特异公司发布了含有生物基大豆化合物的MetroMiler城市交通轮胎和部分由大豆油化合物制成的商用轮胎。用大豆油制成的 Endurance WHA 轮胎现已接受订购，并于2022年第三季度投入生产。EnduranceWHA轮胎旨在通过双层胎面胶帮助优化胎面磨损以及 24/32″滑行深度，以延长垃圾运输应用中的胎面寿命，从而使垃圾运输车队行驶时间更长。

2023年5月，日本住友橡胶发表声明，与韩国锦湖石油化工公司、日本苯乙烯单体制造商出光兴产株式会社共同签署了长期谅解备忘录，建立了一个"生物材料"供应链，出光兴产株式会社将基于质量平衡法生产生物基苯乙烯单体；锦湖石化随后使用生物苯乙烯单体生产生物基溶聚丁苯橡胶；住友将协调合作，开发生物材料市场。

2022年7月，倍耐力公司展示了其在轮胎中使用木质素填充物的新技术，采用新型化学处理和共沉淀技术，经过多年的研发，成功将木质素混合到橡胶胶料中。该工艺流程经过优化，已在汽车轮胎产品中成功应用。木质素作为一种生物基材料，是造纸工业制浆过程的副产品，现替代炭黑作为轮胎和橡胶制品增强的填料。倍耐力将从一种轮胎尺寸的应用开始，因为每种轮胎应用的木质素胶料可能会有不同，正在开发的轮胎混炼胶中，木质素填充物的含量约为15%，这意味着可以替代一半的炭黑。

2022年9月，赢创公司宣布，与奥地利Pörner集团、泰国Phichit Bio Power有限公司开展战略合作，开发出可持续沉淀法ULTRASIL®二氧化硅，其关键原材料硅酸钠系通过农业废料稻壳灰制成。全新可持续ULTRASIL®二氧化硅采用生物基硅酸钠制备，生产过程全程使用绿色能源。因此，这种新型可持续沉淀法二氧化硅的碳足迹可降低30%。

2. 国内生物基橡胶新进展

生物基工程弹性体是由可再生的生物质资源（玉米、土豆、甘蔗等）经发酵得到生物基单体，比如癸二酸、衣康酸、丁二酸、1,3-丙二醇及1,4-丁二醇，再经化学合成得到弹性体聚合物。生物基弹性体可以像传统的天然橡胶或者合成橡胶一样制成轮胎以及其他橡胶制品。

我国以北京化工大学为代表的高校及研究机构在生物基工程弹性体领域取得了一系列的研究成果，主要包括聚酯基生物基工程弹性体，生物基形状记忆聚合物通过1,3-丙二醇、癸二酸和衣康酸经缩合得到另外一种生物基工程弹性体，如聚癸二酸二丙酯、生物基导电聚酯、衣康酸酯基生物基工程弹性体、大豆油基生物工程弹性体等。

2022年8月16日，全生物基可降解鞋在我国研发成功，在北京化工大学举行研发成果发布活动。北京化工大学先进弹性体材料研究中心，在北京市自然科学基金重点基金、国家自然科学基金重点基金、国家"十三五"重点研发计划、国家基金委基础科学中心项目，以及多家企业特别是彤程新材料集团的大力支持下，在张立群院士的引领下，历经18年科学研究，利用分子结构设计开发了生物基可降解聚酯橡胶材料，生产出全生物基可降解鞋，这对解决废弃鞋对环境的污染具有重要意义。该中心解决了新型聚酯橡胶加工与服役性能提升问题，攻克了可降解鞋底与鞋面、鞋帮的粘接问题，最终制备得到了符合性能需求的全生物基可降解橡胶鞋底。该鞋底在堆肥条件下可快速降解，110天内降解率达到70%以上，但在日常使用时可以保持稳定。同时，利用制备的生物基可降解鞋底，其鞋面选择大麻纤维或竹纤维材料，鞋垫选择玉米秆乳胶材料，鞋带和鞋胶均选择了生物基可降解材料，经过多次研发及试穿，完成了全生物基可降解鞋的制作，打通了大规模生产的工艺流程，并进行了小批量化生产。

北京化工大学先进弹性体中心研发的生物基可降解聚酯橡胶材料，突破了高分子量多元共聚酯橡胶连续化生产工艺难题，完成了连续化千吨中试试验。研究团队在分子结构设计、聚合工艺与装备、高效催化剂以及复合材料组成调控及界面相互作用等方面开展了大量研究，突破了新型聚酯橡胶从实验室阶段到小试、中试过程中的系列技术瓶颈，解决了加工问题与服役性能提升问题，最终制备出绿色低碳、无毒无害且性能优异的生物基可降解聚酯橡胶及其下游产品。在堆肥条件下，该橡胶在130天内可以实现70%以上完全变成水和二氧化碳，且残留部分没有环境污染风险，是一种新型的环保橡胶材料。

在 2021 年由中国石油和化学工业联合会组织的成果鉴定会上，认为该技术在分子结构方面具有独创性且整体达到国际领先水平。成功研发出的可降解轮胎、可降解鞋、可降解口香糖、可降解塑料增韧剂、全降解口罩等新型可降解产品，有望从根本上解决轮胎等制品产生的磨屑污染，缓解不易回收、不可降解橡胶制品的环境压力问题。

2023 年 7 月 20 日，由江苏恒辉安防股份有限公司投资 10 亿元的 11 万吨生物基可降解聚酯橡胶产业化项目正式签约，将落地于江苏省南通市如东县洋口港经济开发区。该项目除年产 11 万吨生物基可降解聚酯橡胶项目外，还包括生物基可降解聚酯橡胶材料及其他相关橡胶材料在手套、轮胎用胶、鞋材用胶等各领域的研发。

（王凤菊）

五、橡胶助剂

2022年恰逢中国橡胶助剂工业诞生70周年。在过去70年里，中国橡胶助剂工业走过了从无到有、从小到大、从大到强的历程。

中国橡胶工业起步于1915年的广东兄弟塑胶公司，1934年中国第一条轮胎在上海诞生。但当时中国没有自己的橡胶助剂工业，全部需要进口解决。在新中国成立初期，我国橡胶助剂工业还处于空白期，随着抗美援朝战争爆发，西方对我国进行封锁，橡胶工业面临因橡胶助剂匮乏而停产的局面。1950年东北轻工业局橡胶研究室开始研究橡胶助剂，1951年研发成功橡胶促进剂M和TMTD，1952年移交沈阳新生化工厂生产，当年产出13吨。1952年南京化工厂研发成功并投入生产防老剂甲(N-苯基-$α$-萘胺)，当年产量25吨。尽管总产量只有38吨，但却揭开了我国生产橡胶助剂的历史篇章。进入20世纪70年代，一批研究院如北京橡胶工业研究设计院、山西省太原化工研究所等逐步开展多品种助剂的开发，为我国橡胶助剂产业的快速发展打下良好基础。

随着我国改革开放进程加快，在"七五""八五"期间，我国轮胎工业先后引进了11条子午线轮胎生产线。自1985年开始，原化工部组织50余家科研院所和企业进行科技攻关，用5年时间完成了21大类68个品种新型助剂的开发，1992年建成了27条新产品的中试线，并逐步根据需求扩大生产线。至2000年，我国橡胶助剂生产能力达到15万吨/年，当年产量11万吨，产品达200余个，特别是加工型橡胶助剂产能最大，形成了完整的橡胶助剂工业体系。

进入了新世纪，2001年，中国橡胶工业协会根据行业发展的需求设立了橡胶助剂专业委员会，56家企业成为专委会首批会员单位。从此，中国橡胶助剂工业以科技创新为先导，持续稳定健康发展。此后20年，在专委会的统一组织指导下，橡胶助剂行业都有明确的战略方针和具体的任务目标，其中"十五""十一五"的战略方针是"坚持科技进步，以环保、安全、节能为中心，发展绿色化工，打造世界名牌"。1999年，科技部下达了国家中小企业创新基金项目，橡胶助剂企业承担了20余个项目。2009年，阳谷华泰率先在国内建立国家橡胶助剂工程技术研究中心，引领了全国橡胶助剂企业的科技进步。2008年，科技部下达了国家科技支撑计划"橡胶助剂的清洁生产和特种功能型助剂的开发"，国内主要企业都承担了这一项目。2009年专委会组织编制了《中国橡胶助剂科技发展报告》一书，在专委会成立10周年（2011年）又编制《中国橡胶助剂工业的清洁生产》，提出了"清洁生产引领中国橡胶助剂走向世界"的口号。这一举措，推动了"十二五"期间自动化、连续化、数字化、信息化的建设，在橡胶助剂行业掀起了建设现代化工厂的高潮。同期，橡胶助剂行业的效益突飞猛进，实现了由弱到强、接轨世界水平的过渡。

2015年，中国橡胶助剂逐步进入崭新的微化工时代。"十三五"期间，橡胶助剂专委会在南京、青岛、濮阳、天津召开了4次微反应技术应用大会。同期，行业内已建成10余套万吨级产业化装置，具有国际领先水平，其中3项获得国家技术发明奖。

"十三五"末，中国橡胶工业协会官方媒体《中国橡胶》杂志发表题为"中国橡胶助剂工业进入了绿色化、智能化、微化工化的新时期"专题文章。这句话也是对 70 年中国橡胶助剂工业发展过程的肯定。几代人见证了橡胶助剂行业的成长，见证了助剂人依靠科技进步，拼搏奋斗的精神。

（一）基本情况

1. 主要经济数据完成情况

2022 年，中国橡胶助剂行业经营业绩全面增长，各项指标创下新高。据中国橡胶工业协会橡胶助剂专委会统计，2022 年，实现总产值 324.5 亿元，同比（下同）增长 10%。销售收入 314.5 亿元，增长 8.82%，其中出口额 104.43 亿元，增长 13.51%。产量 137.49 万吨，增长 0.33%，其中出口量 39.39 万吨，增长 4.87%。全行业从业人员共计 16360 人，人均产值 192.2 万元。销售收入超过 20 亿元的企业有 5 家，圣奥化学科技有限公司销售收入超 50 亿元，位居行业第一名。10 亿~20 亿元以上的企业有 2 家，5 亿~10 亿元以上的企业有 9 家。5 亿元以上企业销售收入合计为 255.78 亿元，占全行业的 81.3%。2022 年中国橡胶助剂行业销售收入 5 亿元以上企业见表 2.16。2022 年中国橡胶助剂行业主要经济数据统计见图 2.9。

2. 产品与产量

据中国橡胶工业协会橡胶助剂专委会统计，2022 年，橡胶防老剂产量为 39.42 万吨，下降 4.89%；橡胶硫化促进剂产量 34.87 万吨，下降 2.24%；橡胶加工助剂 30.9 万吨，增长 5.5%；橡胶硫化剂 19.3 万吨，增长 11.88%；特种功能型助剂 13 万吨，下降 2.84%；预分散母胶粒产品 7.36 万吨，下降 6.83%。2022 年中国橡胶助剂分类产品产量见图 2.10。

表 2.16　2022 年中国橡胶助剂行业销售收入 5 亿元以上企业

序号	单位名称	工业总产值/亿元	销售收入/亿元
1	圣奥化学科技有限公司	54.54	52.92
2	山东尚舜化工有限公司	42.50	41.03
3	山东阳谷华泰化工股份有限公司	38.22	35.17
4	彤程新材料集团股份有限公司	22.36	22.62
5	科迈化工股份有限公司	20.03	20.09
6	蔚林新材料科技股份有限公司	14.83	13.13
7	中国石化集团南京化学工业有限公司	12.89	12.89
8	山东斯递尔化工科技有限公司	8.13	8.20
9	南京曙光精细化工有限公司	8.17	8.11
10	江苏强盛功能化学股份有限公司	7.60	7.93
11	鹤壁元昊新材料集团股份有限公司	6.05	5.95
12	河南省开仑化工有限责任公司	6.48	5.62
13	荣成市化工总厂有限公司	5.47	5.47
14	武汉市径河化工有限公司	5.50	5.40
15	汤阴永新化学有限责任公司	5.41	5.10
16	浙江鸿盛化工有限公司	5.17	5.03

注：数据来源于中国橡胶工业协会橡胶助剂专委会。

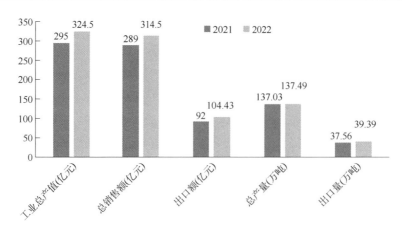

图 2.9　2022 年中国橡胶助剂行业主要经济数据统计

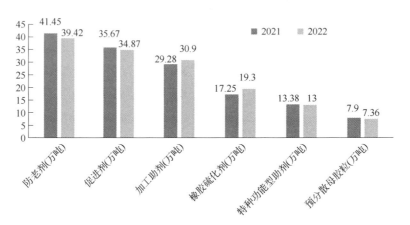

图 2.10　2022 年中国橡胶助剂分类产品产量

（1）橡胶防老剂

2022 年，橡胶防老剂产量为 39.42 万吨，下降 4.89%。其中 6PPD 产量 21 万吨，下降 6.25%；TMQ 产量 12.1 万吨，下降 3.2%。

防老剂 6PPD 产量最大的圣奥化学科技有限公司，全年产量 13.65 万吨，继续保持橡胶防老剂 6PPD 产量世界第一位置。山东尚舜化工有限公司、中国石化集团南京化学工业有限公司产量分别排名第二和第三。

2022 年 12 月 25 日，镇江李长荣综合石化工业股份有限公司停产。该公司拥有 5 万吨/年甲基异丁基酮生产装置，产能约占全国总量的 50%。甲基异丁基酮最大用量为生产橡胶防老剂 6PPD，国内主要的 6PPD 生产企业均在该工厂采购。这家企业的停产对橡胶防老剂 6PPD 的生产影响较大。

橡胶防老剂 TMQ 产量最大的中石化南京化学工业有限公司，产量为 3.4 万吨。紧随其后的科迈化工股份有限公司产量 3.3 万吨，山东斯递尔化学工业有限公司 2.5 万吨和山东尚舜化工有限公司 2.37 万吨。

其他酚类防老剂国内产量最大的企业为江苏飞亚化学工业集团股份有限公司，物理防老剂（微晶蜡）产量最大的企业为山东阳谷华泰化工股份有限公司。

（2）橡胶硫化促进剂

2022 年，橡胶硫化促进剂产量为 34.87 万吨，下降 2.24%。山东尚舜化工有限公司产量最大，为 9.62 万吨；促进剂销售量排名第二和第三的企业分别为科迈化工股份有限公司和山东阳谷华泰化工股份有限公司。

在细分产品中，用量较大的两个硫化促进

剂产品是 TBBS 和 CBS，产量分别下降 8.75% 和 7.35%；促进剂 MBTS、DPG、DCBS 的产量分别下降 0.98%、增长 2.85%、增长 8.62%。小品种类的超速硫化促进剂，国内主要以鹤壁元昊新材料集团股份有限公司和蔚林新材料科技股份有限公司为主，两家公司的产量分别为 2.26 万吨、2.12 万吨。

MBT 作为原料未计入橡胶助剂产量数据当中。据专委会统计，2022 年，MBT 产量为 21.38 万吨，其中溶剂法工艺占 80%左右。德兴市钟山橡胶助剂有限公司、河北惠语化工有限公司的 MBT 产品以酸碱法工艺为主，市场有一定需求量，如用于促进剂 DCBS、精制促进剂 MBTS、医药中间体等。

（3）加工助剂

2022 年，加工助剂产量为 30.9 万吨，增长 5.5%，其中出口量 6.89 万吨。加工助剂产量最大的彤程新材料集团股份有限公司，产量 9 万吨；其次为山东阳谷华泰化工股份有限公司，产量 6.5 万吨。

加工助剂类别中产量最大的产品是增黏类树脂，达 11.4 万吨，彤程新材料集团股份有限公司产量最大，其次为江苏麒祥高新材料有限公司。

均匀剂产量 3.34 万吨，其中阳谷华泰和江苏锐巴新材料科技有限公司产量均超万吨。

隔离剂生产厂家众多，大多数产量都在 3000 吨/年以下，产量较大的企业为青岛福诺化工科技有限公司，为 0.71 万吨。

分散剂产量 3 万吨。分散剂牌号众多，多数是根据用户的使用情况进行产品定制，通用型产品不多，主要生产企业为山东阳谷华泰化工股份有限公司、武汉径河化工有限公司、江苏锐巴新材料科技有限公司、江苏卡欧化工股份有限公司、青岛福诺化工科技有限公司、江西德宏新材料有限公司等。

防焦剂 CTP 国内主要以山东阳谷华泰化工股份有限公司和汤阴永新化学有限责任公司为主，防焦剂 CTP 的用量很小，全球消耗量在 2.6 万吨/年左右。

其他加工助剂生产企业还有鹤壁市恒力橡塑股份有限公司，拥有 5000 吨/年塑解剂 DBD 装置。

（4）功能型助剂

2022 年，功能型助剂产量为 13 万吨，下降 2.84%，出口量 3.45 万吨。功能型助剂产量最大的彤程新材料集团股份有限公司，产量 3.4 万吨。细分产品黏合树脂，江苏国立化工科技有限公司产量为 1.51 万吨；补强树脂方面，彤程新材产量为 2.56 万吨。阳谷华泰的黏合剂、补强树脂等特种功能型助剂产量也达到 1.6 万吨。橡胶用硅烷偶联剂系列，南京曙光精细化工有限公司产量接近 3 万吨。江阴市三良橡塑新材料科技有限公司的钴盐黏合剂系列产品，产量达 3000 吨，该公司搬迁新工厂以后将钴盐黏合剂产能扩充到 1 万吨/年。

近几年，新能源汽车轮胎带动特种功能型助剂的发展，抗湿滑树脂、抗撕裂树脂用量呈现递增状态。目前，国内的抗湿滑树脂主要以进口埃克森、科腾公司产品为主，进口量约在 1.6 万吨。江苏麒祥高新材料有限公司目前拥有 5000 吨/年产能装置。

（5）橡胶硫化剂

橡胶硫化剂主要有元素硫、硒、碲及含硫化合物、有机过氧化物、醌类化合物、胺类化合物、硫化树脂、金属氧化等。国内目前应用以硫黄类为主。

2022 年，橡胶硫化剂产量为 19.3 万吨，增长 11.88%。增长产品主要为不溶性硫黄，国内产量达 16.3 万吨，出口量 2.9 万吨。阳谷华泰在 2017 年掌握高热稳定性不溶性硫黄连续法生产工艺以后，目前连续法工艺的不溶性硫黄产能达 5.7 万吨/年，另有 2 万吨间歇式工艺装置，总体产能接近 8 万吨，其不溶性硫黄产量为 4.8 万吨，产量国内最大。其次为尚舜化工，产量为 4 万吨。2021 年底，四川中信华诚化工科技有限公司 3 万吨/年不溶性硫黄项目投产，2022年销售量达到 2.2 万吨。其余年生产能力在万吨级以上的企业，还包括无锡华盛橡胶新材料科技股份有限公司、圣奥化学科技有限公司、河南省开仑化工有限责任公司、蔚林新材料科技股份有限公司、江苏宏泰橡胶助剂有限公司等。

有机过氧化物在国内主要以江苏强盛功能化学股份有限公司为主，该公司 2022 年有机过氧化物产量接近 2.5 万吨。其目前拥有 4 万吨/年产能，另有在建产能 2 万吨/年。

（6）橡胶助剂预分散母胶粒

2022 年，橡胶助剂专委会会员企业橡胶预分散母胶粒产量为 7.36 万吨，下降 6.83%。预分散母胶粒生产企业数量众多，全国达百余家，大多数企业的装置规模在千吨以下，主要集中在东莞、中山、晋江等地，为制鞋、橡胶密封条、密封圈等配套。据不完全统计，橡胶预分散母胶粒国内整体产量约 10 万吨。产能超过万吨级规模装置的企业中，宁波艾克姆新材料有限公司产能 2.5 万吨/年，产量 1.8 万吨，国内产量排名第一；南京福斯特科技有限公司位居第二，产量 1.53 万吨。其余还包括山东阳谷华泰化工股份有限公司、珠海科茂威新材料有限公司、中山涵信威新材料有限公司、苏州希诺斯实业有限公司。

装置产能在 5000 吨/年左右的生产企业还有嘉兴北化高分子助剂有限公司、江苏锐巴新材料科技有限公司、山东尚舜化工有限公司、连连利源新材料有限公司、欧米亚（上海）投资有限公司等。2022 年橡胶助剂预分散母胶粒主要生产企业见表 2.17。

3. 科技进步

2022 年，橡胶助剂行业坚持低碳减排、创新发展，科技进步成绩斐然。行业企业获得发明专利、实用新型专利共 226 项，获得省部级科技奖项 4 项，国家第七批制造业单项冠军示范企业 1 家，工业和信息化部第四批专精特新"小巨人"企业 8 家。2022 年橡胶助剂行业所获省部级奖项见表 2.18，所获国家级荣誉见表 2.19，所获专利（发明专利及实用新型）见表 2.20。

表 2.17 2022 年橡胶助剂预分散母胶粒主要生产企业

序号	企业名称	产量/万吨
1	艾克姆新材料股份有限公司	1.80
2	福斯特新材料科技有限公司	1.53
3	山东阳谷华泰化工股份有限公司	0.86
4	苏州希诺斯新材料有限公司	0.80
5	中山涵信威新材料有限公司	0.65
6	珠海科茂威新材料有限公司	0.64
7	嘉兴北化橡胶助剂有限公司	0.57

表 2.18 2022 年橡胶助剂行业所获省部级奖项

序号	项目名称	颁发单位	获得奖项	获奖单位
1	高性能不溶性硫黄绿色关键技术开发	中国石油和化学工业联合会	科技进步二等奖	山东阳谷华泰化工股份有限公司
2	高二聚体含量TMQ橡胶防老剂绿色合成工艺开发及产业化项目	中国石油和化学工业联合会	科技进步二等奖	圣奥化学科技有限公司

续表

序号	项目名称	颁发单位	获得奖项	获奖单位
3	绿色轮胎用高性能萜烯树脂产业化技术及应用	中国石油和化学工业联合会	科技进步三等奖	江苏麒祥高新材料有限公司
4	秋兰姆类促进剂硫-硫键可控构建及产业化关键技术	河南省科技厅	科技进步三等奖	鹤壁元昊化工有限公司

表 2.19　2022 年橡胶助剂行业所获国家级荣誉

序号	名称	获奖时间	颁发单位	获奖单位（包含子公司）
1	第七批制造业单项冠军示范企业	2022 年	工业和信息化部	宁波艾克姆新材料股份有限公司
2	第四批专精特新"小巨人"企业	2022 年	工业和信息化部	蔚林新材料科技股份有限公司
3	第四批专精特新"小巨人"企业	2022 年	工业和信息化部	河南省开仑化工有限责任公司
4	第四批专精特新"小巨人"企业	2022 年	工业和信息化部	江苏飞亚化学工业集团股份有限公司
5	第四批专精特新"小巨人"企业	2022 年	工业和信息化部	江阴市三良橡塑新材料有限公司
6	第四批专精特新"小巨人"企业	2022 年	工业和信息化部	青岛福诺化工科技有限公司
7	第四批专精特新"小巨人"企业	2022 年	工业和信息化部	江苏强盛功能化学股份有限公司
8	第四批专精特新"小巨人"企业	2022 年	工业和信息化部	江苏麒祥高新材料有限公司
9	第四批专精特新"小巨人"企业	2022 年	工业和信息化部	鹤壁市恒力橡塑股份有限公司

表 2.20　2022 年橡胶助剂行业所获专利（发明专利及实用新型）

序号	专利名称	单位	专利性质
1	一种橡胶硫化促进剂 CBS 母液中回收物料的装置	鹤壁市恒力橡塑股份有限公司	实用新型
2	一种促进剂 M 生产过程中的物料回收装置	鹤壁市恒力橡塑股份有限公司	实用新型
3	一种从 DBD 树脂中回收物料的方法	鹤壁市恒力橡塑股份有限公司	发明专利
4	一种环保型隔离剂循环均质罐	江阴市三良橡塑新材料有限公司	实用新型
5	一种环保型隔离剂生产用热水罐	江阴市三良橡塑新材料有限公司	实用新型
6	硼酰化钴新型离心式造粒机	江阴市三良橡塑新材料有限公司	实用新型

续表

序号	专利名称	单位	专利性质
7	新癸酸钴生产废气处理系统	江阴市三良橡塑新材料有限公司	实用新型
8	一种新型硼酰化钴反应釜	江阴市三良橡塑新材料有限公司	实用新型
9	一种橡胶防护蜡的自动上料筛选设备	青岛福凯橡塑新材料有限公司 青岛联康油脂制品有限公司	实用新型
10	一种复合微晶蜡自动输送包装机	青岛福诺化工科技有限公司 青岛福凯橡塑新材料有限公司	实用新型
11	一种改进的隔离剂硫化试验模具	青岛福诺化工科技有限公司 青岛福凯橡塑新材料有限公司	实用新型
12	一种酚醛树脂生产用取样容器	青岛福诺化工科技有限公司 青岛联康油脂制品有限公司	实用新型
13	一种低软化点高分散复合烃类树脂制造控温系统	青岛福诺化工科技有限公司 青岛联康油脂制品有限公司	实用新型
14	一种新型重结晶提纯设备	青岛福诺化工科技有限公司 青岛福凯橡塑新材料有限公司	实用新型
15	一种新型间苯二胺提纯设备	青岛福诺化工科技有限公司 青岛福凯橡塑新材料有限公司	实用新型
16	一种橡胶挤出机新型切粒装置	青岛福凯橡塑新材料有限公司、青岛联康油脂制品有限公司	实用新型
17	一种淀粉接枝新型环保硬挺剂及其制备方法	青岛福诺化工科技有限公司 青岛联康油脂制品有限公司	发明专利
18	一种活性染料耐气候色牢度提升剂及其制备方法和应用	青岛福凯橡塑新材料有限公司	发明专利
19	一种活性染料色牢度提升剂及其制备方法和应用	青岛福凯橡塑新材料有限公司	发明专利
20	一种橡胶抗硫化返原剂 1,3-双(柠糠酰亚胺甲基)苯的制备方法	山东斯递尔化工科技有限公司	发明专利
21	一种冷却路径可调的橡胶助剂粒子输送装置	苏州硕宏高分子材料有限公司	实用新型
22	一种去粉式橡胶助剂粒子中转装置	苏州硕宏高分子材料有限公司	实用新型
23	一种橡胶助剂切粒机吹粉装置	苏州硕宏高分子材料有限公司	实用新型
24	一种环保型防老剂母胶粒及其制备方法及橡胶制品	宁波艾克姆新材料股份有限公司	发明专利
25	一种丙烯酸酯类橡胶的硫化交联活性剂预分散母胶粒及其制备方法	宁波艾克姆新材料股份有限公司	发明专利
26	一种综合促进剂母胶粒及其制备方法及硫化橡胶制品	宁波艾克姆新材料股份有限公司	发明专利

续表

序号	专利名称	单位	专利性质
27	一种热塑性弹性体手感预分散母粒的调匀设备	宁波艾克姆新材料股份有限公司	发明专利
28	一种减震橡胶及其制备方法和应用	宁波艾克姆新材料股份有限公司	发明专利
29	一种橡胶促进剂MBT提纯新工艺	山东尚舜化工有限公司	发明专利
30	一种精制橡胶促进剂MBT的方法	山东尚舜化工有限公司	发明专利
31	一种防粘料的化工物料搅拌混合装置	辽宁鑫星新材料有限公司	实用新型
32	一种用于化学原料的搅拌装置	辽宁鑫星新材料有限公司	实用新型
33	一种用于空压机的减震支撑装置	辽宁鑫星新材料有限公司	实用新型
34	一种进料速度可调式造粒机	辽宁鑫星新材料有限公司	实用新型
35	一种化工用冷却装置	辽宁鑫星新材料有限公司	实用新型
36	一种新型混合搅拌装置	辽宁鑫星新材料有限公司	实用新型
37	一种防锈真空泵	辽宁鑫星新材料有限公司	实用新型
38	橡胶助剂有机废液高效蒸馏装置专利证书	河南省开仑化工有限责任公司	实用新型
39	不溶性硫黄干燥设备的旋转制动装置	河南省开仑化工有限责任公司	实用新型
40	一种过氧化二苯甲酰废料的处理方法	江苏强盛功能化学股份有限公司	发明专利
41	一种β-羟亚胺基双膦酰类衍生物及其制备方法	江苏强盛功能化学股份有限公司	发明专利
42	一种β-磷酰基肟自由基化合物及其制备方法	江苏强盛功能化学股份有限公司	发明专利
43	一种β-胺基磷酸类衍生物及其制备方法	江苏强盛功能化学股份有限公司	发明专利
44	一种β-胺基羟基膦酰类衍生物及其制备方法	江苏强盛功能化学股份有限公司	发明专利
45	一种β-羟亚胺基羟基膦酰类衍生物及其制备方法	江苏强盛功能化学股份有限公司	发明专利
46	一种固液分离、洗涤一体化设备	江苏强盛功能化学股份有限公司	实用新型
47	一种防爆灯安装结构	江苏强盛功能化学股份有限公司	实用新型
48	反应釜溢流结构和溢流反应釜	江苏强盛功能化学股份有限公司	实用新型
49	2,5-二甲基-2,5-双(叔丁基过氧基)己烷母液的资源化处理方法	常熟市滨江化工有限公司（子公司）	发明专利
50	一种钢衬塑料的盐浴回收方法	常熟市滨江化工有限公司（子公司）	发明专利
51	一种钢衬塑料的溶剂浴回收方法	常熟市滨江化工有限公司（子公司）	发明专利
52	一种有机过氧化物-碳酸钙废料的资源化回收处理方法	常熟市滨江化工有限公司（子公司）	发明专利

续表

序号	专利名称	单位	专利性质
53	一种二烷基类过氧化物-白炭黑废料的资源化回收处理方法	常熟市滨江化工有限公司（子公司）	发明专利
54	一种 1,1-双(叔丁基过氧基)-3,3,5-三甲基环己烷废料的资源化处理方法	常熟市滨江化工有限公司（子公司）	发明专利
55	一种新型尾气处理补风装置	常熟市滨江化工有限公司（子公司）	实用新型
56	一种高撕裂性能耐切割耐屈挠的轮胎胎面材料及制备方法	江苏锐巴新材料科技有限公司	发明专利
57	一种橡胶分散剂稀释过滤装置	江苏锐巴新材料科技有限公司	实用新型
58	一种橡胶分散剂造粒装置	江苏锐巴新材料科技有限公司	实用新型
59	一种具有高定伸应力的橡胶组合物	江苏锐巴新材料科技有限公司	发明专利
60	一种偶联剂生产线中提升冷却效率的造粒机	嘉兴北化高分子助剂有限公司	实用新型
61	一种冷却振动筛	嘉兴北化高分子助剂有限公司	实用新型
62	一种造粒机的快速冷却布料装置	嘉兴北化高分子助剂有限公司	实用新型
63	用于冷凝造粒机的承接输送装置	嘉兴北化高分子助剂有限公司	实用新型
64	用于冷凝造粒机的自动筛选装置	嘉兴北化高分子助剂有限公司	实用新型
65	一种带有除碎渣功能的造粒机用排料机构	嘉兴北化高分子助剂有限公司	实用新型
66	一种密炼机的进料装置	嘉兴北化高分子助剂有限公司	实用新型
67	聚 α-甲基苯乙烯间苯二酚甲醛树脂生产线	嘉兴北化高分子助剂有限公司	发明专利
68	合成CTP使用后的溶剂中CTP的回收方法	汤阴永新化学有限责任公司	发明专利
69	一种连续流微反应合成橡胶防焦剂CTP的系统和方法	汤阴永新化学有限责任公司	发明专利
70	一种防焦剂CTP的制备方法	汤阴永新化学有限责任公司	发明专利
71	精馏过程中节约热能的装置	汤阴永新化学有限责任公司	实用新型
72	一种废液雾化喷射装置	汤阴永新化学有限责任公司	实用新型
73	一种高效萃取洗涤装置	汤阴永新化学有限责任公司	实用新型
74	一种新癸酸镍的制备方法及应用	浙江巍翔科技集团有限公司	发明专利
75	一种橡胶内脱模剂及其制备方法	浙江巍翔科技集团有限公司	发明专利
76	一种以离子液体为载体的炭黑分散剂搅拌混合处理装置	浙江巍翔科技集团有限公司	实用新型
77	一种橡胶增硬剂混合补充装置	浙江巍翔科技集团有限公司	实用新型

续表

序号	专利名称	单位	专利性质
78	一种白炭黑分散剂加工用原料融化装置	浙江巍翔科技集团有限公司	实用新型
79	一种超细云母粉除磁装置	威海市铎豪碳纳米科技有限公司	实用新型
80	一种TQ橡塑补强剂生产用加热搅拌装置	威海市铎豪碳纳米科技有限公司	实用新型
81	一种防结块的超细云母粉烘干机	威海市铎豪碳纳米科技有限公司	实用新型
82	一种超细云母粉加工用混合装置	威海市铎豪碳纳米科技有限公司	实用新型
83	一种用于橡胶补强剂的混合搅拌机构	威海市铎豪碳纳米科技有限公司	实用新型
84	一种牡蛎壳加工研磨装置	威海市铎豪碳纳米科技有限公司	实用新型
85	一种TQ橡塑补强剂原料粉碎装置	威海市铎豪碳纳米科技有限公司	实用新型
86	一种TQ橡塑补强剂生产用原料研磨装置	威海市铎豪碳纳米科技有限公司	实用新型
87	一种TQ橡塑补强剂用研磨装置	威海市铎豪碳纳米科技有限公司	实用新型
88	一种用于超细云母粉的加工生产装置	威海市铎豪碳纳米科技有限公司	实用新型
89	一种超细云母粉的制备及回收的生产装置	威海市铎豪碳纳米科技有限公司	实用新型
90	一种高白度超细合成云母粉的分级筛	威海市铎豪碳纳米科技有限公司	实用新型
91	一种用于去除云母中杂质的装置	威海市铎豪碳纳米科技有限公司	实用新型
92	一种超细云母粉分级沉降罐	威海市铎豪碳纳米科技有限公司	实用新型
93	一种用于超细云母粉的筛分装置	威海市铎豪碳纳米科技有限公司	实用新型
94	一种方便筛选甲基丙烯酸锌杂质剔除装置	丰城市友好化学有限公司	实用新型
95	一种丙烯酸锌混合调制罐装设备	丰城市友好化学有限公司	实用新型
96	一种具有高反应活性的固体酸催化剂及其制备方法	江苏国立化工科技有限公司	发明专利
97	一种环保型橡胶粘合剂生产用的高效冷却装置	江苏国立化工科技有限公司	发明专利
98	一种用于测试交联改性橡胶粘合剂强度的实验装置	江苏国立化工科技有限公司	实用新型
99	一种用于橡胶粘合剂生产的高效冷却装置	江苏国立化工科技有限公司	实用新型
100	一种生产橡胶粘合剂用的母粒分散输送装置	江苏国立化工科技有限公司	实用新型
101	一种用于提高橡胶抗湿滑性能的低聚物的制备方法	江苏麒祥高新材料有限公司	发明专利

续表

序号	专利名称	单位	专利性质
102	一种具有抗撕裂性能的改性树脂、制备方法及其应用	江苏麒祥高新材料有限公司	发明专利
103	一种橡胶组合物及其制备方法和应用	江苏麒祥高新材料有限公司	发明专利
104	一种树脂造粒烟气处理装置	江苏麒祥高新材料有限公司	实用新型
105	一种树脂颗粒速冷仓	江苏麒祥高新材料有限公司	实用新型
106	一种环氧改性酚醛树脂及其制备方法和应用	江苏麒祥高新材料有限公司	发明专利
107	一种二酰肼预分散母胶粒组合物及其制备方法	江苏麒祥高新材料有限公司	发明专利
108	一种全自动连续气体吸收装置	江苏麒祥高新材料有限公司	实用新型
109	一种树脂自清洁过滤器	江苏麒祥高新材料有限公司	实用新型
110	一种用于富氧燃烧热风炉、窑的二氧化碳回收装置	江苏麒祥高新材料有限公司	实用新型
111	一种二硫代氨基甲酸类硫化交联剂的制备方法	江苏麒祥高新材料有限公司	发明专利
112	一种过氧化二苯甲酰废料的处理方法	江苏强盛功能化学股份有限公司	发明专利
113	一种高效自动化的橡胶活性剂粒子定量输出装置	江西德弘新材料有限公司	实用新型
114	一种橡胶活性剂反应釜的出料过滤装置	江西德弘新材料有限公司	实用新型
115	一种高利用率防黏连橡胶助剂造粒装置	江西德弘新材料有限公司	实用新型
116	一种橡胶用高分散性活性剂生产装置	江西德弘新材料有限公司	实用新型
117	一种用于橡胶促进剂CBS生产的反应釜搅拌装置	山东法恩新材料科技有限公司	实用新型
118	一种用于橡胶促进剂NOBS生产的氧化反应釜	山东法恩新材料科技有限公司	实用新型
119	一种用于橡胶促进剂NOBS生产的反应釜的抽真空系统	山东法恩新材料科技有限公司	实用新型
120	一种NOBS回用母液装置	山东法恩新材料科技有限公司	实用新型
121	一种NOBS打浆投料装置	山东法恩新材料科技有限公司	实用新型
122	一种橡胶促进剂MBT提纯新工艺	山东尚舜化工有限公司	发明专利
123	一种精制橡胶促进剂MBT的方法	山东尚舜化工有限公司	发明专利
124	一种橡胶促进剂MBT提纯新工艺	山东尚舜化工有限公司	发明专利
125	一种精制橡胶促进剂MBT的方法	山东尚舜化工有限公司	发明专利

续表

序号	专利名称	单位	专利性质
126	一种不溶性硫黄的制备方法及其所用的抗返原稳定剂	山东阳谷华泰化工股份有限公司	发明专利
127	一种二硫化二己内酰胺的制备方法	山东阳谷华泰化工股份有限公司	发明专利
128	一种橡胶助剂1,6-二(N,N-二苄基氨基甲酰二硫)己烷的制备方法	山东阳谷华泰化工股份有限公司 山东戴瑞克新材料有限公司	发明专利
129	一种4,4′-二硫代二吗啉的合成方法	山东阳谷华泰化工股份有限公司 山东戴瑞克新材料有限公司	发明专利
130	一种防焦剂 N-苯基-N-三氯甲硫基苯磺酰胺的环保型合成方法	山东阳谷华泰化工股份有限公司	发明专利
131	一种1,1′-二硫代二己内酰胺的合成方法	山东阳谷华泰化工股份有限公司	发明专利
132	一种促进剂 M 改性烷基酚-甲醛树脂及其制备方法和应用	山东阳谷华泰化工股份有限公司 山东戴瑞克新材料有限公司	发明专利
133	三嗪类防老剂中间体的制备方法	山东阳谷华泰化工股份有限公司	发明专利
134	一种利用微通道反应器制备全氯甲硫醇的方法	山东阳谷华泰化工股份有限公司	发明专利
135	一种不溶性硫黄的粒径控制方法	山东阳谷华泰化工股份有限公司	发明专利
136	一种橡胶硫化剂 DTDC 的合成方法	山东阳谷华泰化工股份有限公司	发明专利
137	三(N-1,4-二甲基戊基对苯二胺基)-1,3,5-三嗪及其中间体的制备方法	山东阳谷华泰化工股份有限公司	发明专利
138	一种一锅法绿色合成烷基酚-乙醛树脂的方法	山东阳谷华泰化工股份有限公司	发明专利
139	一种不溶性硫黄的萃取方法及所用设备	山东阳谷华泰化工股份有限公司	发明专利
140	一种双马来酰亚胺丙基二乙氧基硅烷及其制备方法和用途	山东阳谷华泰化工股份有限公司	发明专利
141	一种对苯醌二肟的制备方法	山东阳谷华泰化工股份有限公司	发明专利
142	一种三羟甲基丙烷三丙烯酸酯的合成方法	山东阳谷华泰化工股份有限公司	发明专利
143	一种接枝化烷基苯酚酚醛树脂及其制备方法	山东阳谷华泰化工股份有限公司	发明专利
144	一种二苄胺的制备方法	山东阳谷华泰化工股份有限公司	发明专利
145	一种制备防焦剂 N-苯基-N-三氯甲基苯磺酰胺的方法	山东阳谷华泰化工股份有限公司	发明专利
146	2,4,6-三(N-1,4-二甲基戊基对苯二胺基)-1,3,5-三嗪的制备方法	山东阳谷华泰化工股份有限公司	发明专利
147	一种硫化剂组合物、用于制备混炼胶的组合物、混炼胶及其制备方法、轮胎	华奇（中国）化工有限公司 彤程新材料集团股份有限公司	发明专利

续表

序号	专利名称	单位	专利性质
148	橡胶促进剂废水的高效处理方法	彤程化学（中国）有限公司 彤程新材料集团股份有限公司 彤程精细化工（江苏）有限公司	发明专利
149	一种硫化树脂及其制备方法和应用	彤程化学（中国）有限公司 彤程新材料集团股份有限公司	发明专利
150	一种新型防护蜡及其在二烯烃橡胶领域的应用	彤程化学（中国）有限公司 彤程新材料集团股份有限公司	发明专利
151	一种硫化天然不饱和酚改性脂肪酸含硫锌皂盐及其制备方法和应用	彤程化学（中国）有限公司 彤程新材料集团股份有限公司	发明专利
152	一种超高液相色谱法分离并检测间甲酚和对甲酚含量的方法及应用	彤程化学（中国）有限公司 彤程新材料集团股份有限公司	发明专利
153	一种含硫酚醛树脂及其制备方法	北京彤程创展科技有限公司 彤程新材料集团股份有限公司	发明专利
154	一种含有树脂复合物的橡胶组合物及应用	北京彤程创展科技有限公司 彤程新材料集团股份有限公司 常州常京化学有限公司	发明专利
155	一种工程胎胎面用橡胶组合物及应用	北京彤程创展科技有限公司 彤程新材料集团股份有限公司	发明专利
156	一种橡胶用有机硅烷涂敷钢丝复合物、制备方法及涂覆方法	北京彤程创展科技有限公司 彤程新材料集团股份有限公司	发明专利
157	一种制备橡胶促进剂 CZ 的方法及橡胶组合物	北京彤程创展科技有限公司 彤程新材料集团股份有限公司	发明专利
158	一种制备橡胶促进剂 NS 的方法及橡胶促进剂 NS	北京彤程创展科技有限公司 彤程新材料集团股份有限公司	发明专利
159	一种低生热、耐老化的橡胶组合物及轮胎胎面	北京彤程创展科技有限公司 彤程新材料集团股份有限公司	发明专利
160	苯乙烯含量的测定方法及其应用	北京彤程创展科技有限公司 彤程新材料集团股份有限公司	发明专利
161	具有含多硫结构酚醛树脂的橡胶组合物、应用及轮胎	北京彤程创展科技有限公司 彤程新材料集团股份有限公司	发明专利
162	一种用 HPLC 定量分析混炼胶中有机添加剂的检测方法	北京彤程创展科技有限公司 彤程新材料集团股份有限公司	发明专利
163	一种含有机酸金属盐酚醛树脂复合物的橡胶组合物及其制备方法和应用	北京彤程创展科技有限公司 彤程新材料集团股份有限公司	发明专利
164	用于制备橡胶材料的组合物、橡胶材料及其制备方法、防喷器	北京彤程创展科技有限公司 彤程新材料集团股份有限公司	发明专利
165	一种混合烷基间苯二酚改性粘合树脂及其制备方法、橡胶组合物和橡胶制品	北京彤程创展科技有限公司 彤程新材料集团股份有限公司	发明专利

续表

序号	专利名称	单位	专利性质
166	一种混合烷基间苯二酚改性腰果酚-甲醛粘合树脂及制备方法、橡胶组合物和橡胶制品	北京彤程创展科技有限公司 彤程新材料集团股份有限公司	发明专利
167	一种橡胶组合物及其制备方法和橡胶制品	北京彤程创展科技有限公司 彤程新材料集团股份有限公司	发明专利
168	一种原料不确定下的酚醛树脂产品质量预测方法	华东理工大学彤程化学（中国）有限公司 彤程新材料集团股份有限公司	发明专利
169	一种固料融化装置	华奇（中国）化工有限公司 彤程新材料集团股份有限公司	实用新型
170	温水循环系统	华奇（中国）化工有限公司 彤程新材料集团股份有限公司	实用新型
171	一种加粉装置	华奇（中国）化工有限公司 彤程新材料集团股份有限公司	实用新型
172	固体料投料系统	华奇（中国）化工有限公司 彤程新材料集团股份有限公司	实用新型
173	一种可分层精密控温的反应釜	华奇（中国）化工有限公司 彤程新材料集团股份有限公司	实用新型
174	一种树脂溢流槽结构	华奇（中国）化工有限公司 彤程新材料集团股份有限公司	实用新型
175	一种袋式精密过滤器	华奇（中国）化工有限公司 彤程新材料集团股份有限公司	实用新型
176	颗粒状二硫化二异丁基秋兰姆的制备方法	蔚林新材料科技股份有限公司	发明专利
177	多功能橡胶硫化助剂及其制备方法和应用	蔚林新材料科技股份有限公司	发明专利
178	一种二硫化碳高效回收装置	蔚林新材料科技股份有限公司	实用新型
179	用于不溶性硫黄淬火混合的混合器	蔚林新材料科技股份有限公司	实用新型
180	用于废水处理的反应釜	蔚林新材料科技股份有限公司	实用新型
181	反应釜搅拌轴固定装置	蔚林新材料科技股份有限公司	实用新型
182	焚烧炉用气液雾化器	蔚林新材料科技股份有限公司	实用新型
183	管道反应器及反应系统	蔚林新材料科技股份有限公司	实用新型
184	一种污水处理装置	蔚林新材料科技股份有限公司	实用新型
185	管道泵外置机封组件	蔚林新材料科技股份有限公司	实用新型
186	废液过滤净化装置	蔚林新材料科技股份有限公司	实用新型
187	计量泵进口缓冲罐	蔚林新材料科技股份有限公司	实用新型

续表

序号	专利名称	单位	专利性质
188	一种六羟甲基三聚氰胺的生产系统	无锡华盛橡胶新材料科技股份有限公司	实用新型
189	一种橡胶粘合剂A、RA生产用反应釜	无锡华盛橡胶新材料科技股份有限公司	实用新型
190	一种用于不溶性硫黄生产的改进型固液分离、脱溶系统	无锡华盛橡胶新材料科技股份有限公司	实用新型
191	一种橡胶粘合剂RA生产用筛分混合装置	无锡华盛橡胶新材料科技股份有限公司	实用新型
192	一种新型乳液低粒径高效抗氧剂的制备方法	江苏飞亚化学工业集团股份有限公司	实用新型
193	一种制备4,4-双(α,α-二甲基苄基)二苯胺的方法	江苏飞亚化学工业集团股份有限公司	实用新型
194	对甲基苯酚-双环戊二烯异丁基化树脂抗氧剂的合成方法	江苏飞亚化学工业集团股份有限公司	实用新型
195	制备4-(α,α-二甲基苄基)二苯胺和4,4′-双(α,α-二甲基苄基)二苯胺混合物的方法	江苏飞亚化学工业集团股份有限公司	实用新型
196	一种用联苯加热的二苯胺反应装置	江苏飞亚化学工业集团股份有限公司	实用新型
197	固定床合成吩噻嗪的制备方法	江苏飞亚化学工业集团股份有限公司	实用新型
198	一种ABS高性能抗氧剂制备方法	江苏飞亚化学工业集团股份有限公司	实用新型
199	一种苯乙烯化二苯胺抗氧剂制备方法	江苏飞亚化学工业集团股份有限公司	实用新型
200	反应器内加氮气的苯胺合成二苯胺法	江苏飞亚化学工业集团股份有限公司	实用新型
201	一种具有防粘附功能的反应釜	江苏福瑞达新材料有限公司	实用新型
202	一种稳定性好的化学试剂瓶存放装置	江苏福瑞达新材料有限公司	实用新型
203	一种用于进行液态烷基化反应的自消泡型反应器	江苏飞亚化学工业集团股份有限公司	实用新型
204	一种石油树脂定量包装装置	濮阳市新天化工有限公司	实用新型
205	一种石油树脂絮状物分离装置	濮阳市新天化工有限公司	实用新型
206	石油树脂造粒机冷却装置	濮阳市新天化工有限公司	实用新型
207	石油树脂有机聚合物的混合分离装置	濮阳市新天化工有限公司	实用新型
208	一种化工废水处理装置	濮阳市新天化工有限公司	实用新型
209	一种石油树脂生产用聚合釜	濮阳市新天化工有限公司	实用新型
210	一种化工用原料蒸馏器	濮阳市新天化工有限公司	实用新型

(二）行业发展

橡胶助剂新产品研发的重要性越来越凸显。党的二十大报告指出，积极稳妥推进"碳达峰、碳中和"，立足我国能源资源禀赋，坚持先立后破，有计划分步骤实施碳达峰行动。下游橡胶制品企业不断探索如何尽可能地使用天然衍生材料和其他可持续材料作为橡胶和其他部件材料，如二氧化碳制备丁二烯、裂解炭黑、稻壳制备二氧化硅、改性木质素等。橡胶助剂用可持续材料也应根据下游橡胶制品的改变而改变，开发改性生物基高抗湿滑树脂、开发提高裂解炭黑用量的补强树脂、开发增强橡胶韧性的改性木质素等。

易产生亚硝胺类的橡胶助剂，目前已经全部被绿色环保的产品替代。行业还需开发环境友好型材料，如替代会产生醌物质的防老剂6PPD的新型防老剂，替代99.7%氧化锌的新型活化剂等。

发展高技术含量、自主创新和特色产品，是橡胶助剂行业一直坚持的发展方向。大力发展连续生产工艺，降低"三废"产生，提高生产效率，实现产业自动化、信息化、智能化生产。近几年行业内不断涌现橡胶助剂制备新工艺，比如阳谷华泰不溶性硫黄连续生产工艺，大幅降低生产成本，成为全球第3个掌握该工艺的企业，圣奥化学高含量防老剂TMQ，采用自主开发的新型液体催化剂，并基于该催化剂研制了连续流反应器，实现了连续化生产；蔚林股份联合清华大学开发连续流工艺制备硫化促进剂MBTS，减少了"三废"产生，提高了生产效率；科迈化工开发连续流工艺生产制备硫化促进剂CBS和TBBS；尚舜化工联合清华大学开发年产6万吨连续生产硫化促进剂MBT项目即将建设。这些先进工艺，都标志着企业在科技创新的道路上不断前行。

在新产品的开发和应用方面，福诺化工自主开发了永久型胶囊隔离剂。使用该隔离剂处理的胶囊可以连续硫化200次以上，隔离效果优异。一条胶囊使用过程中仅需涂刷一次或几次，即可达到胶囊的使用寿命终点。通过烘箱预处理的工艺可以降低工人劳动强度，明显提高生产效率。

青岛海佳橡胶助剂有限公司自主开发的环保型固态油，是一种由传统的黏稠液态橡胶操作油改制成的便于计量、称重的固态橡胶操作油。其主要由液态橡胶操作油、增黏树脂等组成聚合物，软化点较低，操作效果、使用性能均优于液态黏稠橡胶操作油。该产品呈固态粉状，分散性好、不飞扬，使用时无需加热，易于操作，是节能环保的新材料。

杭州中德化学工业有限公司2022年投产的补强剂木质素材料，在杭州已经形成3万吨/年产能，广西北海也在开工建设10万吨/年的生产装置。其要点是在浓缩的造纸废液中加甲醛制成木质素甲醛树脂，再按比例加入硫黄、氧化锌、硬脂酸、硫化剂、硫化促进剂、硫化活化剂，与橡胶在一定温度下进行硫化。该方法可使橡胶中填充大量木质素仍不需加软化剂，这既节省大量橡胶，又可获得优良性能的硫化胶，同时硫化过程中不会尘土飞扬污染环境，又使造纸废液变害为利，社会和经济效益显著。

氧化锌作为硫化活性剂，在胶料的生产、橡胶制品的使用和回收过程中会从橡胶释放到环境里，也会在使用过程中通过轮胎的磨损释放出去。锌的释放会对环境、人体健康，尤其是对锌比较敏感的水生生物造成不利影响。欧盟2003/105/EC法规，将氧化锌划分为N类，即对环境有害物质。2016年，美国加利福尼亚州提出法案（SB1206），建议限制氧化锌在轮胎中的使用，虽然该法案目前还没有明确的实施时间，但是国内企业在剖析国外轮胎中发现，某国际著名巨头轮胎中的氧化锌含量相比国内减少了60%左右。

近几年，关于低锌高效活性剂的产品越来

越受到重视，科迈化工子公司科迈特新材料有限公司一直致力于低锌材料的开发。超锌活性剂 AK-1 是科迈特新材料研发的氧化锌纳米粒子与有机配位聚合体（MOF）的配位复合材料。该产品解决了纳米氧化锌自身的团聚问题，以及氧化锌与胶料相容性及分散性的问题，同时具有一定润滑和防焦功能。

2019 年，上海大学纳米研究中心、常州大学、福州大学无机盐化工研究所和中翔纳米科技有限公司联合开发了低锌环保高分散活性剂。该产品在无机物填充聚合物体系中，通过化学偶合或离子键合进行自组装，达到解团聚和促进分散作用。其有机结构部分与高分子材料具有良好的亲和性，可以改善和提升无机填料与基体聚合物的界面相容性和界面结合力，从而改善填充聚合物的流变性能。产品可在不改变配方的情况下直接等量替代氧化锌。

（三）展望与建议

2022 年，橡胶助剂行业经历了前所未有的各种复杂状况，取得了极不平凡和极其不易的成绩。2023 年，全国各地和各个领域生产经营、社会活动、日常活动均步入正常化。2020～2022 年橡胶助剂工业连续 3 年经营业绩接连创下新高，产品总产量 2015～2022 年也连创新高，出口额突破百亿元人民币，要保持这样的业绩存在诸多挑战。中国经济在"十八大"以来的 10 年，年均增速 6.6%，今后 10 年的经济增速目标是保持在 5%左右。中国经济已经告别高增长时代，步入高质量发展的新阶段。

新能源汽车轮胎将是 2023 年行业关注的重中之重。2022 年国内新能源汽车产量 705.8 万辆，出口 67.9 万辆。我国轮胎企业借此契机，通过配套市场共同走向世界。新能源汽车轮胎主要在宽断面、低滚阻、抗湿滑性能好等方面提出新要求，对橡胶助剂产生的影响是偶联剂的用量、抗湿滑树脂的用量将逐步提升，其宽断面也将提升橡胶助剂的使用量。

目前，中国橡胶助剂工业多个品种的产品处于产能过剩状态，国内橡胶助剂产能 2023 年可达 220 万吨，按照目前已立项和在建规模，预计到 2025 年可达 262 万吨。短缺经济时代已经过去，靠规模和数量取胜的时代已经过去，行业要转变拼规模、拼投资、拼资源的传统理念，把高质量放在首位，把绿色低碳和产业链供应链安全摆在更加突出的位置。

产品过剩、市场混乱、盲目跟风上产能，将导致产品市场价格始终处于微盈利，甚至不盈利状态。企业盈利性差，对科技创新的积极性也就不高。

加强国内企业之间的合作，深化国际交流与合作是一项重要工作。中国橡胶工业协会橡胶助剂专委会将通过深化交流与合作，更好地推动中国橡胶助剂工业的高质量发展，保持橡胶助剂工业强国地位。

（王延栋）

六、骨架材料

橡胶骨架材料是橡胶工业重要的原材料之一，主要用于轮胎、胶管胶带、密封和减震等橡胶制品。骨架材料的作用是承受来自橡胶制品内部和外部的作用力，提高制品的强度，并限制其变形量，保持尺寸稳定，而且在很大程度上决定着橡胶制品的使用功能、应用领域、使用寿命、产品价值和成本。

（一）基本情况

中国是世界橡胶工业大国，也是橡胶骨架材料的生产和消耗大国，目前已建成品种规格基本齐全、产品质量优秀、配套设施完善的完整工业体系，主要品种产能均占世界总量的一半以上。目前，橡胶骨架材料主要以钢丝、涤纶、锦纶（包括锦纶6和66）和强力人造丝四大类为主，钢丝产量和耗用量居首位。各主要品种骨架材料中国和世界产能情况见表2.21。

1. 2022年行业运行情况

2022年，百年变局和疫情叠加，全球经济增长放缓和局部矛盾突出，面对复杂严峻局面和诸多超预期因素冲击，我国橡胶骨架材料行业实现平稳运行，为橡胶工业的发展提供了坚实保障。同时行业也面临着较强的需求收缩和产能过剩的矛盾，原材料价格波动很难及时传导至下游，造成企业经营压力增大和利润下滑，运行走势呈现出高位回落态势。伴随着国内橡胶骨架材料产能逐步上涨，产能过剩问题日益凸显，因此本土企业纷纷布局出口市场，出口市场成为拉动行业快速发展的主要驱动力。

轮胎工业在橡胶骨架材料的应用领域中占据首位，橡胶骨架材料的发展历程与轮胎工业的发展息息相关。据中国橡胶工业协会轮胎分会统计，2022年中国轮胎产量6.67亿条，下降6.7%。其中半钢子午胎5.11亿条，下降1.35%；全钢子午胎1.24亿条，下降10.8%；斜交胎3200万条；子午化率达95.2%。

受下游轮胎行业需求下降的影响，在2021年高基数背景下，2022年橡胶骨架材料主要经济指标均出现了不同程度的下滑。

2. 2022年主要产品产量情况

据中国橡胶工业协会骨架材料专业委员会对43家行业重点会员企业的统计，2022年骨架材料行业销售收入下降3.63%，利润

表2.21 各主要品种骨架材料中国和世界产能情况　　单位：万吨

产品	钢帘线	胎圈钢丝	锦纶帘布	涤纶帘布
中国	345	135	42	50
世界	550	240	80	96
占比/%	62.7	56.3	52.5	52.1

注：数据来源于中国橡胶工业协会骨架材料专业委员会。

下降 44.04%。总产量 431.13 万吨，同比（下同）下降 9.79%；出口 108.26 万吨，增长 7.98%，出口率达 25.11%。上半年出口市场成为拉动行业发展的动力，但下半年以来，出口增幅持续下滑，全年出口交货值增长 24.02%。骨架材料行业主要经济指标——销售收入、利润、出口交货值走势见图 2.11～图 2.13。2022 年主要骨架材料价格走势见图 2.14。2022 年我国骨架材料产量及出口情况见表 2.22。

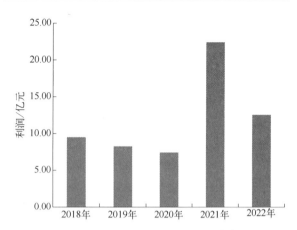

图 2.12　骨架材料行业利润走势

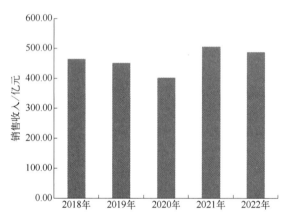

图 2.11　骨架材料行业销售收入走势

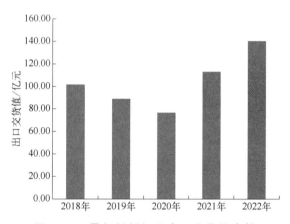

图 2.13　骨架材料行业出口交货值走势

（1）钢丝骨架材料

2022 年钢帘线产量 252.30 万吨，下降 7.35%，出口交货量 64.36 万吨，增长 10.63%；胎圈钢丝产量 90.34 万吨，下降 12.87%，出口交货量 14.53 万吨，增长 7.58%。从 2022 年我国钢帘线和胎圈钢丝产量走势（见图 2.15）可以看出，四季度以来钢丝骨架材料受市场需求走弱影响，呈现持续下滑的情况。

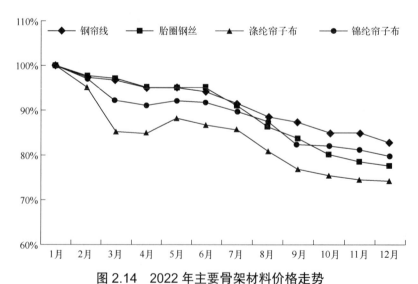

图 2.14　2022 年主要骨架材料价格走势

表 2.22　2022 年我国骨架材料产量及出口情况

产品名称	产量/万吨	同比/%	出口率/%
钢帘线	252.30	-7.35	25.51
胎圈钢丝	90.34	-12.87	16.08
胶管钢丝	26.56	-8.76	21.72
锦纶帘子布	27.52	-1.27	40.23
涤纶帘子布	28.64	-5.14	39.80
帆布	6.03	-3.67	18.74
合计	431.13	-9.79	25.11

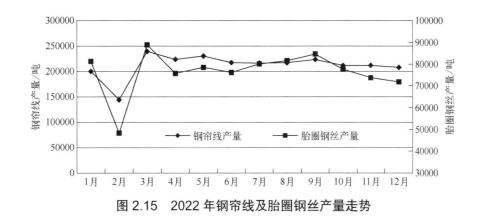

图 2.15　2022 年钢帘线及胎圈钢丝产量走势

2022 年行业集中度进一步提高，钢帘线产量排名前 5 位的江苏兴达、贝卡尔特（中国）、大业（含胜通）、江苏骏马、首佳科技合计市场占有率达 79.26%，胎圈钢丝产量排名前 5 位的大业（含胜通）、江苏兴达、高丽制钢（中国）、江苏胜达、山东创大合计市场占有率达 80.23%，两者均较上年增加近 5 个百分点。

我国钢丝骨架材料逐步向更高强度升级，助力轮胎行业轻量化、绿色低碳发展。据中国橡胶工业协会骨架材料专业委员会统计，2022 年钢帘线超高强度（ST）和特高强度（UT）使用比例已经达到 35.9%，胎圈钢丝高强度（HT）使用比例已经过半。普通强度（HT）钢丝骨架材料使用比例逐步降低。钢帘线、胎圈钢丝按照强度等级使用情况统计见表 2.23。

表 2.23　钢帘线、胎圈钢丝按强度等级使用情况统计

产品	年份	NT/%	HT/%	ST/%	UT/%
钢帘线	2021 年	17.8	49.4	30.3	2.5
	2022 年	12.9	51.1	33.2	2.7
胎圈钢丝	2021 年	51.4	43.5	5.1	
	2022 年	44.0	55.0	1.0	

2022年，我国钢丝骨架材料行业扩产步伐仍在加速推进。江苏兴达钢帘线股份有限公司年产35万吨钢帘线项目一期投产，拟建设"二厂年产5万吨"胎圈钢丝扩产改造项目，兴达钢帘线泰国二期项目总投资约16亿元，设计年产钢帘线20万吨；山东大业新材料有限公司项目设计年产钢帘线30万吨、胎圈钢丝10万吨、镀锌钢丝10万吨；中天钢铁集团（淮安）新材料有限公司"150万吨超高强精品钢帘线项目"于2022年1月8日奠基，2022年11月18日湿拉车间设备启动运行；山东经纬钢帘线科技有限公司"一期工程3#、4#胎圈钢丝生产线"，通过了竣工环保验收，至此经纬钢帘线公司胎圈钢丝产能达到15万吨/年；东台万宏新材料科技有限公司5万吨胎圈钢丝项目投产。新增产能将进一步加剧行业的市场竞争。

（2）纤维骨架材料

① 锦纶帘子布

2022年锦纶帘子布产量27.52万吨，下降1.27%，出口交货量11.07万吨，微降0.67%。其中，锦纶6帘子布产量17.20万吨，下降0.48%；锦纶66帘子布产量10.32万吨，下降2.55%。神马实业、江苏骏马产量分别位居锦纶66帘子布和锦纶6帘子布行业头部。

随着锦纶66重要原材料己二腈的国产化，国内锦纶66产能也在逐步释放，2022年锦纶帘子布行业新增产能包括：平顶山神马帘子布发展有限公司3万吨/年尼龙6差异化纤维、2.5万吨/年尼龙6帘子布；骏马化纤股份有限公司新建2万吨高性能尼龙66帘子布项目，并于12月开工投产；江阴沙江纺织科技有限公司投资新建了江苏沙江化纤有限公司，建成后尼龙66浸胶帘子布产能可达2万吨/年。

② 涤纶帘子布

2022年涤纶帘子布产量33.28万吨，下降5.14%，出口交货量11.40万吨，增长5.53%。市场布局方面，产量5万吨以上的企业有江苏骏马、联新开平、嘉兴晓星、浙江海利得，合计市场占有率达68%，产量在2万吨以上的企业还有海龙博莱特、江苏太极。2022年锦纶帘子布和涤纶帘子布产量走势见图2.16。

3. 2023年一季度行业运行情况

2023年以来，市场需求逐步回暖，产业链、供应链加快恢复，但国际形势依然复杂严峻，国外增长存在不确定性，国内市场需求不足制约仍然存在，企业效益恢复面临不少困难。

2023年一季度，骨架材料行业27家企业完成现价工业总产值68.94亿元，下降9.01%；完成销售收入71.51亿元，下降4.38%；实现出口交货值23.50亿元，下降8.69%，出口率（值）32.86%，减少1.55个百分点；实现利税

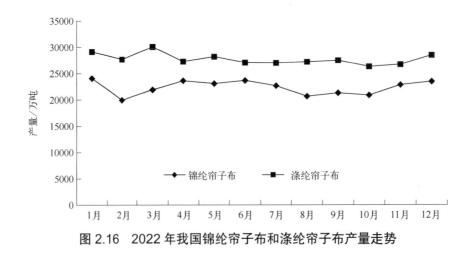

图2.16 2022年我国锦纶帘子布和涤纶帘子布产量走势

3.00亿元，下降38.02%；实现利润2.01亿元，下降46.17%；销售收入利润率2.80%，减少2.18个百分点；出现11家亏损企业，亏损额1.25亿元；产成品库存21.49亿元，下降17.07%。

43家企业骨架材料总产量109.33万吨，增长6.00%。其中钢丝帘线产量64.95万吨，增长11.20%；胎圈钢丝产量22.39万吨，增长2.94%；胶管钢丝产量6.19万吨，下降2.25%；涤纶帘布产量8.37万吨，下降4.11%；锦纶帘布产量6.11万吨，下降6.90%；帆布产量1.32万吨，下降2.88%。

（二）行业发展

随着全球橡胶制品市场的扩大，橡胶骨架材料的需求将继续增长。同时，环保、节能和可持续发展也将成为行业的重要发展方向。此外，数字化和智能化生产技术的应用也将带动行业的进一步发展。随着市场竞争的加剧，骨架材料生产企业纷纷采取各种措施调整产品结构，包括引进新设备，改造原有设备，调整产品生产比例，生产新产品等，提高了企业综合实力。骨架材料企业尤其重视技术创新和工艺改进，技术部门在提高产品性能、提高生产效率及节能环保等方面做了大量工作，将大量新技术、新工艺应用到骨架材料的研发和生产中，最终提高了自身的核心竞争力，直接推动了产业技术升级。

1. 行业集中度不断提高

随着市场竞争加剧，行业利润长期在低位运行，骨架材料行业进入成熟期，头部企业规模、成本和市场优势较为明显，未来会持续扩大产能，逐步增加市场占有率，进一步挤压中小企业的生存空间，一些落后低端产能将逐渐退出市场，市场集中度将得到进一步提升。

2. 逐步走向国际化

全球轮胎生产布局正在发生变化。一方面，由于一些贸易保护政策的实施，轮胎新增产能正向东南亚地区转移，近几年该地区新增轮胎产能已达3000万条，并仍在增长。另一方面，中国轮胎企业在共建"一带一路"倡议的指引下，加大了在巴基斯坦等国家的合作与投资。并在北非、东欧地区投资建厂。

骨架材料企业在东南亚的投资相应增加，如兴达泰国工厂一期投产和二期建设、海利得越南基地投产等。东南亚、印度及东欧地区商用轮胎的子午化率也在不断提高，随着经济与道路设施的不断提升，还会进一步升高，从而增加了子午线轮胎材料的使用，国内骨架材料企业出口量将不断增加。

3. 产品不断升级

① 强度逐渐提高。采用各种高强度、超高强度的骨架材料可以使轮胎轻量化，降低轮胎滚动阻力，减少轮胎在制造和使用过程中的二氧化碳排放。2022年ST、UT钢帘线市场占有率已达36%，"十四五"末将达到40%以上。

② 铜-锌-钴三相合金镀层钢帘线将逐步在市场上推广应用，有效减少了钴对环境的污染。

③ 结构更适应轮胎生产需求。采用新结构骨架材料可使骨架材料与橡胶结合更加紧密，从而提高轮胎强度、延长轮胎使用寿命。

④ ST胎圈钢丝的研制与推广。轮胎的轻量化趋势不可逆转，ST胎圈钢丝在保证其他理化性能满足客户要求的前提下，在轮胎强度上可以显著降低钢丝和橡胶的使用量，从而降低轮胎生热，提升轮胎使用寿命，降低滚动阻力。同时开展缆型胎圈的开发及应用研究。缆型胎圈解决了传统六角型钢丝圈尖角对胎体帘线的剪切作用，减少应力集中，避免子口断爆现象。目前缆型胎圈主要应用于高性能轿车轮胎、航空轮胎及要求较高的载重轮胎。

⑤ 满足高端胶管产品要求，制定胶管钢丝质量标准、控制流程，与国际行业标杆接轨。为尽早实现输油胶管的国产化，需要开发出高质量的胶管钢丝产品，以配合海上输油胶管使用要求，提升海上输油胶管的产品性能。

⑥ 品种更加多样化。不同种类骨架材料可满足不同轮胎性能的需求，有利于提高轮胎质量，降低轮胎生产成本。加强混合帘线、冠带锦纶帘线、高性能纤维帘线（芳纶等）、生物基尼龙新材料浸胶帘线的推广应用。

⑦ 打破己二腈依赖进口，制约锦纶66发展的瓶颈，突破己二腈的生产技术，形成国产己二腈的产业化应用。开发特高强锦纶66浸胶帘子布，满足民用大飞机以及军用特种航空轮胎的应用，填补国内空白。加快推进锦纶66/芳纶直经直纬帆布代替钢丝带芯在输送带中的应用，形成产业化能力。推广锦纶66单根浸胶线绳在轮胎冠带新型生产技术中的应用。

4. 节能减排、绿色发展深入实施

不断优化能源结构，提高绿色能源使用比例；提高各种资源的循环利用率，如水、酸、润滑液、托盘、工字轮等；减少有毒有害原材料的使用，加快绿色环保浸胶液的开发和推广应用；开展纤维再生、生物基原材料、钢材回收、可降解技术的研究；使用高效节能装备和工艺改进，持续降低单位产品综合能耗；确定全行业"双碳"目标实施路线图，助推橡胶行业"双碳"目标的落实。

5. 智能化制造水平提升

骨架材料行业耗能高、劳动力密集，面对日趋严苛的环保节能要求、日渐攀升的劳动成本、新兴产业的剧烈冲击等多重压力，领先的大型企业将会投入更多的资源提高智能制造水平，引入大数据管理系统，提高软硬件的融合程度，并尝试做到全程信息流、物流追踪控制，同时与轮胎企业的信息建立有效的连接，从而提高劳动生产效率，稳定和提升产品质量，实现装备、生产过程和管理的智能化。

（三）展望与建议

（1）加强原材料供应链管理

与供应商建立稳定的合作关系，确保原材料的稳定供应。同时，密切关注原材料价格波动，采取灵活的采购策略，降低成本压力。

（2）提高产品质量稳定性

加强生产工艺控制，完善质量管理体系，严格进行产品质量检测和鉴定。同时，加强与橡胶制品企业的合作，了解市场需求，根据客户反馈进行产品改进和优化。

（3）推动环保和可持续发展

增强环境保护意识，推动清洁生产，减少废弃物排放。同时，鼓励企业采用可再生材料，减少对有限资源的依赖，实现可持续发展。

（4）加强科技创新和人才培养

投入更多资源用于研发新材料和先进的生产技术，提升产品性能和竞争力。此外，加强人才培养，吸引和培养更多具有创新能力的人才，推动行业的科技发展。

2023年，宏观经济总体呈现"内生外降"态势。世界经济增速放缓，下行压力加大，国外通胀高企、地缘政治动荡都将影响世界经济前景。2023年是我国全面贯彻落实党的二十大精神的开局之年，也是"十四五"规划实施的关键一年，面对充满不确定的内外部环境，我国继续稳字当头，疫情转向促使经济运行全面好转，我国经济总体将呈现较为明显的复苏态势。预计2023年骨架材料行业将总体回升走稳，希望企业抓住机遇，克服困难，保障中国橡胶工业健康稳定发展。

（于涛）

七、炭黑

炭黑行业与汽车、橡胶工业的发展密不可分，但同时也是传统行业，在国家实现"碳达峰、碳中和"的目标中扮演着重要角色。

进入2022年以后，炭黑行业延续了上一年的萎靡不振，各项经济指标不尽如人意，受上下游的打压，企业亏损严重，发展后劲不足。

（一）基本情况

1. 产品情况

（1）产能和产量

2022年炭黑产量下降，而同期产能增加。据中国橡胶工业协会炭黑分会统计，2022年炭黑总产量为595万吨，同比（下同）下降5.93%。从2017年开始，受环保压力和原材料紧张等不利因素影响，我国炭黑产量增速开始放缓，2018年产量增长速度为3.29%，2019年产量增长速度继续回落至0.59%，2020年在疫情影响下炭黑产量出现负增长，2021年因国内疫情控制良好，以及下游轮胎市场带动和早期炭黑新建产能释放，全国炭黑产量触底反弹，2022年受国际形势及下游市场影响产量继续回落。

产能方面，2022年全国炭黑产能约为867万吨，增加2.86个百分点。而产量不增反降，如果按照当年的产量和产能来计算，2022年全国炭黑行业开工率约为68.7%，减少约8.4个百分点。

2023年上半年，炭黑分会对会员企业的统计数据显示，炭黑产量为234万吨，微增1.81%，下游轮胎市场的复苏支撑了炭黑产量的增长。2022年和2023年上半年主要炭黑企业产量完成情况见表2.24。

（2）生产效益

2022年统计会员企业利润总额只有6亿元，下降76.78%。而2023年1～6月份，情况再度恶化，出现了全行业亏损的局面，利润下降130.50%，有一半的企业处于亏损状态，行业举步维艰，内卷十分严重。炭黑企业利润下降的主要原因是原材料价格快速下跌，并且幅度较大，炭黑企业大都存有一定高位原料库存，无法快速消化，加之产出产品销售困难，炭黑出货速度缓慢，普遍高价炭黑库存较多，因此炭黑企业亏损持续加重。由于炭黑企业高价原料库存较大，因此实际均面临较大的运营亏损压力。2022年炭黑行业会员企业生产完成情况见图2.17，2023年1～6月橡胶行业、炭黑行业主要经济指标完成情况见图2.18和图2.19。

（3）销售情况

炭黑分会33家重点企业2022年完成现价工业总产值436.30亿元，增长19.61%；实现销售收入463.95亿元，增长18.43%。2023年上半年完成现价工业总产值200.19亿元，下降0.25%；实现销售收入212.18亿元，增长1.28%。2020年开始疫情催涨原材料市场高位运行，炭黑产品销售价格水涨船高，致使在炭黑产量下降的情况下销售收入仍然保持增长。2023年随着原材料价格回落，不足以支撑炭黑产品价格高位的情况下，行业销售收入回落。同时，国家经济开始整体恢复，汽车轮胎等消费市场开始复苏，2023年上半年轮胎等行业销售收入增速明显，然而利好还没有传递到炭黑行业。

表 2.24 2022 年和 2023 年上半年主要炭黑企业产量完成情况　　　　单位：吨

企业名称	2022 年	同比/%	2023 年上半年	同比/%
江西黑猫炭黑股份有限公司	897364	-4.04	435698	-0.16
金能科技股份有限公司	559798	34.90	276278	14.98
龙星化工股份有限公司	445864	-4.80	209633	-2.85
山西永东化工股份有限公司	350866	1.71	177267	0.35
山西安仑化工有限公司	343463	-2.77	172952	2.25
山西三强新能源科技有限公司	263836	1.39	158694	25.36
苏州宝化炭黑有限公司	235442	-2.47	119877	7.25
杭州中策清泉实业有限公司	122445	-1.11	66093	13.78
山东联科新材料有限公司	124508	0.30	64358	12.54
青州市博奥炭黑有限责任公司	142830	-10.42	61092	-13.63
烁元新材料（东营）股份有限公司	143604	-8.75	58916	-19.51
山东华东橡胶材料有限公司	101536	-9.89	51721	8.82
以上企业合计	3731556	0.97	1852579	3.88
总计	5947896	-5.93	2341101	1.81

注：表格中 2022 年"总计"是对全国产量的统计数据汇总；2023 年上半年"总计"是对炭黑分会会员企业的统计数据汇总。

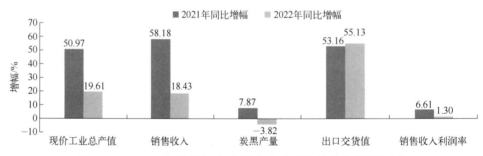

图 2.17 2022 年炭黑行业会员企业主要经济指标增幅对比

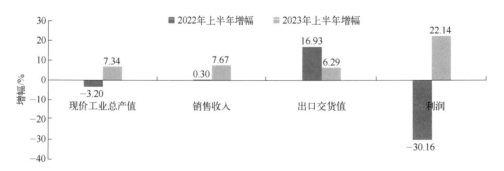

图 2.18 2023 年 1~6 月橡胶行业主要经济指标增幅对比

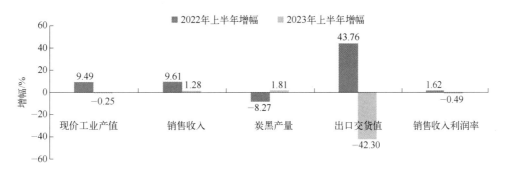

图 2.19　2023 年 1～6 月炭黑行业主要经济指标增幅对比

据中国橡胶工业协会对 318 家重点会员企业的统计，2022 年全行业销售收入增长 3.78%，增幅较上年度减少 13.64 个百分点。细分专业中，轮胎、胶管胶带、橡胶制品、胶鞋、炭黑、助剂 6 个专业实现正增长，其中炭黑、助剂 2 个专业增幅超过 10%；2023 年上半年，全行业销售收入增长 7.67%，较上年同期增加 7.38 个百分点。仅有乳胶、助剂、骨架 3 个专业为负增长，主要数据情况见图 2.20 和图 2.21。

2. 进出口贸易

（1）2022 年我国炭黑出口情况

据海关总署统计，2022 年全年出口炭黑 81 万吨，增长 12.28%；出口额为 13.2 亿美元，增长 41.46%；出口均价 1633.8 美元/吨，增长 25.99%，出口地以亚洲为主。见表 2.25。

（2）2022 年我国炭黑进口前 10 位国家和地区

2022 年我国进口炭黑 10.39 万吨，上涨 1.72%，进口额为 3.5 亿美元，上涨 11.97%，进口均价 3411.6 美元/吨，上涨 10.08%；主要进口地中，俄罗斯取代美国成为我国最大的炭黑进口地之一，见表 2.26。

（3）2023 年上半年我国炭黑进口前 10 位国家和地区

2023 年上半年，我国进口炭黑 126880 吨，增长 163.85%。值得注意的是自俄罗斯进口 87248 吨，爆长了 4757.91%，占总进口量的近 70%。不仅数量呈几何式上涨，平均单价也非常低，只有 1019 美元/吨，比我国出口炭黑平均价格低 34%。进口俄罗斯炭黑的省份中，山东省进口量最多，其次是浙江省和江苏省，分别激增了约 7398.20%、19399.55%和 44013.20%。2023 年上半年我国炭黑进口前 10 位国家和地区见表 2.27。

（4）2023 年上半年我国炭黑出口前 10 位国家和地区

与俄罗斯炭黑大量进入我国市场形成反差的是，2023 年上半年我国出口炭黑数量和金额双双下降。2023 年上半年出口炭黑 331101 吨，下降了 23.78%，出口额 50959 万美元，下降 27.01%；出口均价为 1539 美元/吨，基本与上年同期持平（见表 2.28）。

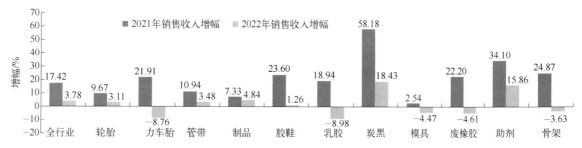

图 2.20　2022 年协会统计行业及各专业销售收入增幅对比

图 2.21　2023 年上半年协会统计行业及各专业销售收入增幅对比

表 2.25　2022 年我国炭黑出口数据

月份	2022 年		2021 年		同比/%		
	出口量/吨	出口额/美元	出口量/吨	出口额/美元	出口量	出口额	出口均价
1 月	55287	84305728	73747	83314919	−25.03	1.19	34.98
2 月	38090	57249186	55669	66739888	−31.58	−14.22	25.37
3 月	55725	89046972	87354	109807536	−36.21	−18.91	27.12
4 月	79652	126518847	79894	100194345	−0.30	26.27	26.66
5 月	105296	173624591	676215	83916348	55.71	106.90	32.87
6 月	100475	167463392	61020	77686257	64.66	115.56	30.91
7 月	88060	145877843	55697	74611255	58.11	95.52	23.66
8 月	71402	116812010	49850	66669639	43.23	75.21	22.33
9 月	63791	104141222	40762	54872873	56.50	89.79	21.27
10 月	56299	91515510	43439	59180423	29.60	54.64	19.32
11 月	43481	75222545	45637	66832698	−4.72	12.55	18.13
12 月	52680	92002014	60934	91952469	−13.55	0.05	15.73
合计	810240	1323779860	721624	935778650	12.28	41.46	25.99

表 2.26　2022 年我国炭黑进口前 10 名国家和地区

国家和地区	2022 年		2021 年		同比/%	
	进口量/吨	进口额/美元	进口量/吨	进口额/美元	进口量	进口额
俄罗斯	17156	20005764	2366	2662776	625.0	651.3
韩国	16194	35202741	17678	35302867	−8.4	−0.3
日本	13745	71500665	15580	68504192	−11.8	4.4
比利时	10760	74435864	10659	62720281	1.0	18.7
美国	10148	42187999	16931	49557203	−40.1	−14.9
加拿大	7570	15946266	6650	13955134	13.8	14.3
德国	6553	33131087	8892	32691189	−26.3	1.3

续表

国家和地区	2022年		2021年		同比/%	
	进口量/吨	进口额/美元	进口量/吨	进口额/美元	进口量	进口额
中国台湾	5772	10171264	5362	7976612	7.6	27.5
泰国	5599	9734192	7246	10002295	−22.7	−2.7
荷兰	2959	15342769	2091	8498988	41.5	80.5
前10位合计	96457	327658611	93456	291871537	3.2	12.3
其他合计	7461	26871718	8705	24750178	−14.3	8.6
总计	103918	354530329	102161	316621715	1.72	11.97

表2.27　2023年上半年我国炭黑进口前10位国家和地区

国家和地区	进口量/吨	进口额/美元	进口量同比/%	进口额同比/%
俄罗斯	87248	88866219	4757.91	3295.51
韩国	6865	17493084	−19.85	−7.22
比利时	6316	40910164	31.64	21.45
日本	5578	32533860	−28.03	−12.50
白俄罗斯	5560	5167474	++	++
美国	3116	15943891	−51.80	−35.26
德国	2030	13124933	−50.15	−27.80
加拿大	1936	4142642	−53.95	−52.83
泰国	1713	2546463	−39.79	−39.76
中国台湾	1683	2661834	1.26	−7.23
前10位合计	34797	134524345	64.81	49.94
其他合计	92063	104989444	241.39	22.76
总计	126860	239513789	163.85	36.67

表2.28　2023年上半年我国炭黑出口前10位国家和地区

国家和地区	出口量/吨	出口额/美元	出口量同比/%	出口额同比/%
泰国	99050	132062728	−20.54	−29.13
越南	75658	102932729	−20.58	−31.30
印度尼西亚	34461	52715727	−21.22	−17.36
波兰	18609	34261884	−55.37	−52.15
日本	11927	23196337	−11.93	9.37
德国	10354	18253366	−39.04	−37.75

续表

国家和地区	出口量/吨	出口额/美元	出口量同比/%	出口额同比/%
印度	10219	13958209	58.46	24.10
塞尔维亚	8962	13549052	110.62	113.57
匈牙利	7772	21928444	−63.23	−36.49
中国台湾	7252	10899997	−34.46	−40.77
前10位合计	284264	423758473	−24.95	−28.49
其他合计	46837	85828660	−15.78	−18.71
总计	331101	509587133	−23.78	−27.01

（二）行业发展

（1）新产品新技术的开发与应用

为了实现炭黑行业差异化发展，炭黑企业越来越重视炭黑产品和炭黑技术的开发与应用，加大新技术、新产品研发力度。据炭黑分会不完全统计（不包括国外炭黑公司新品发布，仅据中国国家知识产权局发布消息），2022年至2023年上半年有关炭黑的技术及产品授权公告多达66项，其中涵盖了新产品、新技术、环境保护及智能制造等众多方面。

辽宁营口辽滨炭黑公司以生物焦油为原料，开发了一种低碳高效生产炭黑的方法，国家知识产权局于2022年1月28日以专利授权公告号CN 113956684予以公布。

龙星化工股份有限公司开发了一种炭黑尾气分段低氮燃烧设备，国家知识产权局于2022年1月28日以专利授权公告号CN 113983477予以公布。

茂名环星新材料有限公司开发了一种调整造粒炭黑粒度分布的方法，国家知识产权局于2022年1月28日以专利授权公告号CN 113956688予以公布。

苏州宝化炭黑有限公司开发的高体积电阻率炭黑与制造工艺及应用，国家知识产权局于2022年2月25日以专利授权公告号CN 114085555予以公布。

茂名环星新材料股份有限公司开发的密封胶用炭黑及其制备方法和应用，国家知识产权局于2022年2月25日以专利授权公告号CN 114085556予以公布。

扬州超威燃烧器有限公司和苏州宝化炭黑有限公司开发的一种炭黑尾气低氮燃烧器，国家知识产权局于2022年2月18日以授权公告号CN 215863371予以公布。

邯郸黑猫炭黑有限责任公司研发的自移式炭黑管道疏通机器人，国家知识产权局以授权公告号CN 218502860予以公布。

通过以上专利信息，从侧面可以看出我国炭黑企业对产品开发及技术改造的重视程度和保护意识逐渐增强。

（2）新标准的制定与实施

为了适应炭黑产品作为多功能原材料的特性，加强炭黑产品标准化工作，炭黑分会近几年来积极开展征集制定团体标准的工作，先后完成了《炭黑行业准入技术规范》《炭黑原料油煤焦油》《长纤维色母粒用炭黑》等团体标准。同时积极组织开展强制性国家标准《橡胶行业（轮胎和炭黑）单位产品能源消耗限额》的修订工作。2023年，还在开展《石墨化炉专用炭黑》《炭黑行业污染物排放自动检测标记规则》等团体标准的编制工作。

（3）特种炭黑市场的挑战

一直以来国内特种炭黑市场长期被跨国公司垄断，近年来跨国公司加大了特种炭黑产品的在华投资力度。

与此同时，国内大型炭黑生产企业也意识到自主创新的重要性，纷纷加大高性能炭黑、特种炭黑的研发投入，以应对跨国公司在国内不断巩固的统治地位，同时为自身发展开辟新途径。

① 美国卡博特

2022年6月30日，卡博特公司徐州工厂正式投产，将使卡博特每年新增5万吨特种炭黑的生产能力，成为国内最大的特种炭黑产品制造商。这是卡博特在中国的第4家炭黑生产基地，也是其在华首家独资公司。

2022年，卡博特正式收购东海炭素(天津)有限公司，成立卡博特高性能电池材料（天津）有限公司，决定投资5000万美元将原来的TB3/4生产线升级改造成高端电池用导电炭黑生产线。2023年3月，TB3导电炭黑升级改造项目开工，预计2024年一季度投产。高性能导电炭黑主要用于动力电池和储能电池，年产能将达到1.5万吨。

② 印度阿迪亚博拉集团

2022年5月31日，博拉炭黑宣布将在全球范围内增加20万吨/年的产能，以应对不断增长的市场需求。其中，在中国、印度各增加8万吨产能，在匈牙利增加4万吨产能，预计在2024年完成投资计划。2022年7月，济宁博拉碳材料有限公司获印度博拉集团续建投资1.5亿美元。该项目利用现有厂房，不新增建设用地，将建设3条4万吨生产线。

③ 德国欧励隆

2021年8月26日，欧励隆工程炭（淮北）有限公司12万吨/年新型炭黑项目举行奠基仪式。项目总投资1.2亿美元（约8.6亿元人民币），用地160亩。项目分两期建设，一期建设两条生产线，形成产能7万吨/年；二期建设两条生产线，形成产能5万吨/年。主要生产中高端橡胶炭黑和特种炭黑，预计在2023年投产。

该生产基地是欧励隆工程炭集团投资建设的全球第15家、中国第2家新工厂，位于安徽（淮北）新型煤化工合成材料基地。

④ 江西黑猫炭黑股份有限公司

2023年5月24日，青岛黑猫新材料研究院与华南理工大学、北京化工大学签约产学研战略合作，协议涵盖新能源方面新型锂钠电池导电剂及负极材料；循环双碳减排方面的生物质制备炭黑及废轮胎热裂解回收炭黑高值化研发与应用以及高性能炭黑开发与应用等8个合作项目，这些研发项目的实施落地将对黑猫股份在新旧动能转换、"双碳"减排循环利用以及高端炭黑产品的开发及推广方面起到巨大推动作用。

乌海黑猫炭黑有限责任公司超导电炭黑自动化生产线正在进行试生产，2023年企业根据市场需求，加大研发投入，计划建成年产2万吨超导电炭黑项目，项目总投资4.21亿元。已生产的几款特种炭黑正在各大锂电池厂家进行测试，一旦通过将标志着锂电池导电剂完成国产替代，届时将打破该行业长期以来由国外技术垄断的现状，同时也为黑猫股份转型发展提供强劲的动能。

2022年10月28日，黑猫股份发布公告，拟出资2亿元在江西省乐平市塔山工业园设立全资子公司"江西黑猫纳米材料科技有限公司"，投建"年产2万吨超导电炭黑项目"，项目预计投资总额2.6亿元。另外，公司与复旦大学、复旦大学张江科技研究院签署合作协议，决定共同建立"黑猫股份-复旦大学-张江科技研究院新能源碳材料校企联合实验室"，开展新能源领域纳米碳、硅碳负极及其相关产品的科研项目研究，并进行产学研合作。

2022年7月29日，黑猫股份发布公告，拟出资 1.9 亿元在内蒙古乌海市设立全资子公司——内蒙古黑猫纳米材料科技有限公司，并以其为投资主体，筹资 4.21 亿元，新建 5 万吨超导电炭黑产能。

2021 年 10 月 23 日，江西黑猫炭黑股份有限公司、安徽黑钰颜料新材料有限公司合作设立"特种炭黑总部经济（安徽）项目"，双方拟以安徽黑钰厂区作为特种炭黑新产品全国研发及销售总部，新建 4 号生产车间，布置平磨仪、压滤值测试机等设备，进行炭黑黑度检测、炭黑着色力检测等检测实验。项目总投资 5 亿元，实施单位为安徽黑猫新材料有限公司。

⑤ 山西龙星化工股份有限公司

2022 年 6 月 30 日，山西龙星碳基新材料循环经济产业项目举行开工奠基仪式。该项目总投资 31 亿元，计划分两期完成，主要建设碳基新材料研发中心、年产 40 万吨高纯度纳米炭黑生产线、高效蒸汽发电装置、先进节能环保设施等，见表 2.29。

项目产品可满足高等级纳米炭黑应用，满足汽车、铁路交通、航空航天、航运、生物、生活消费品、新能源领域等高端行业需求。项目还将通过能源资源的高效整合交互，实现与园区企业协同发展、合作共赢的循环经济发展模式。新项目规划行业领先的超低能耗和超低排放水平，实现未来的绿色生态可持续发展。

⑥ 山西永东化工股份有限公司

2021 年 3 月，永东化工投资 2.94 亿元的煤焦油精细加工及特种炭黑综合利用项目开工。项目规划建设周期为 24 个月，项目建成后，新增炭黑产能 7 万吨/年，包括高性能低滚动阻力炭黑、高端制品炭黑、导电炭黑、高色素炭黑等特种炭黑。

⑦ 烁元新材料（东营）股份有限公司

烁元新材料将投资 1 亿元，重点实施 3 万吨橡胶用高性能炭黑项目，以巩固其在高品质炭黑市场的竞争优势。

（三）行业存在的问题

1. 原材料价格波动困扰及下游市场把控难题

2022 年煤焦油等原材料价格持续高位运行，2023 年上半年，回落走低，造成炭黑企业利润下降明显。由于高温煤焦油价格快速下跌，并且幅度较大，炭黑企业大都存有一定高位原料库存，无法快速消化，加之产品销售困难、出货缓慢，普遍高价炭黑库存较多，因此炭黑企业亏损持续加重。并且煤焦油价格暴涨暴跌，炭黑企业大多高价原料库存较大，因此实际均面临较大的运营亏损压力，2022 年及 2023 年上半年煤焦油和蒽油价见表 2.30。

表 2.29　山西龙星碳基新材料循环经济项目列表

序号	名称	设计指标	备注
1	橡胶用炭黑/(万吨/年)	32	一期、二期各 16 万吨/年
2	导电炭黑/(万吨/年)	2	一期、二期各 1 万吨/年
3	电极材料用炭黑/(万吨/年)	1	一期工程
4	色素炭黑/(万吨/年)	2	一期、二期各 1 万吨/年
5	Si-69 专用炭黑/(万吨/年)	3	一期 1 万吨/年、二期 2 万吨/年
6	发电量/(万兆瓦时/年)	56	一、二期各 28 万兆瓦·时/年

表 2.30　2022 及 2023 年上半年煤焦油及蒽油价格变化

月份	煤焦油			蒽油		
	平均价格/(元/吨)	环比变化/(元/吨)	同比/%	平均价格/(元/吨)	环比变化/(元/吨)	同比/%
2022 年						
1 月	4694	120	65	4708	93	59
2 月	4764	70	61	4770	62	47
3 月	4853	89	52	4826	56	41
4 月	4866	13	52	4905	79	46
5 月	5231	365	43	5240	335	43
6 月	5025	-206	29	4996	-244	28
7 月	5242	217	35	5174	178	34
8 月	5415	173	38	5345	171	39
9 月	5846	431	43	5861	516	47
10 月	6162	316	43	6126	265	42
11 月	6348	186	34	6355	229	37
12 月	6373	25	39	6178	-177	34
2023 年						
1 月	5202	-1171	11	5561	-617	18
2 月	5341	139	12	5235	-326	10
3 月	5070	-271	5	5308	73	10
4 月	4143	-927	-15	4777	-531	-3
5 月	3155	-988	-40	3695	-1082	-30
6 月	3973	818	-21	4315	620	-14

原材料价格波动是炭黑企业一直面对的难题，炭黑产品的价格走势与实际产品生产耗用原材料的价格走势不匹配，原材料市场的价格波动和下游轮胎行业对原材料成本价格的预期，是造成炭黑行业盈利水平波动的主要原因，使炭黑企业经营困难。

2023 年上半年，下游轮胎市场复苏，重现繁荣，与炭黑行业惨淡的市场环境形成鲜明的对比。可以说下游轮胎行业的复苏，并没有拉动炭黑行业的向好发展，未形成共同向好的联动效果。此消彼长的尴尬现象，也是长期以来困扰炭黑及轮胎企业间利润平衡的难题。

数据显示，轮胎行业 2023 年上半年实现销售收入 1012.65 亿元，增长 14.94%。综合外胎产量 32381 万条，增长 14.16%。其中子午线轮胎产量 31174 万条，增长 14.72%；全钢子午线轮胎产量 6435 万条，增长 12.28%。实现出口交货值 531.53 亿元，增长 15.60%；出口率（值）为 40.35%，增加 0.43 个百分点。出口轮胎交货量 15213 万套，增长 15.32%，其中出口子午胎 14627 万套，增长 16.98%；出口率（量）为 46.98%，增加 0.47 个百分点。

除上述主要经济指标呈现两位数增长以外，轮胎上市公司预告的企业利润也有大幅度的增加。

2. 新旧产能转换对行业的冲击

随着我国炭黑行业的发展及技术进步，炭黑生产企业新旧产能不断转换，新产能的快速加入及旧产能的缓慢退出造成炭黑行业产能过剩，低价竞争严重。每次新产能的释放都会冲击市场，而旧产能往往要坚持到无法生存才被迫退出市场，这个过程让整个炭黑行业都不断经历痛苦的折磨，这也是市场经济带来的必然结果。2022年及2023年前7个月，炭黑分会收集到的有关新建炭黑项目，产能达到惊人的249万吨/年。龙星化工在山西长治建设40万吨炭黑基地，箭达天下（黑龙江）新材料科技公司投资10.1亿元建设年产30万吨炭黑项目，华东橡胶材料24万吨炭黑项目签约落地内蒙古，新星炭黑在山西原平新建15万吨炭黑项目，河津正帆科技新建13万吨特种炭黑项目，新疆奥斯特炭黑科技公司拟建年产12万吨炭黑项目，济宁博拉投资1.5亿美元增加12万吨产能等。这些项目的最终投产，势必冲击现有市场秩序，需要炭黑企业提前做好应对市场冲击的准备。

3. 存在的问题

首先，尽管炭黑行业最近几年在产品研发及技术创新方面有所发展，但是基本停留在技术改革层面，行业的全面升级改造进程较慢，与下游轮胎行业相比，从智能制造、数字经济等方面发展速度明显较慢，不能适应下游企业快速发展的要求。

其次，原材料价格波动，以及新旧产能转换造成的长期产能过剩，企业低价倾销竞争等长期影响，行业盈利水平不稳定的难题一直没有找到好的解决办法。

最后，因为炭黑行业高能耗、高二氧化碳排放强度的属性，在国家"双碳"政策落地后，对行业的影响不容乐观。

（四）展望与建议

为了炭黑行业长期稳定发展，早日实现橡胶强国战略，提出如下建议：

第一，针对炭黑行业现状，国家有关部委研究制定切实可行的工作方案，确保行业合理盈利水平，淘汰落后产能，保证行业利润空间和研发投入。

第二，建议行业加快特种炭黑、轮胎热裂解炭黑等其他碳基产品的研发速度，差异化发展，找出炭黑行业发展新动能和新动力。

第三，建议紧跟国家"双碳"战略，做好节能降耗工作，打造绿色工厂、智慧工厂，增强企业发展后劲。

（丁丽萍 姚新啟）

八、白炭黑

（一）沉淀法白炭黑

1. 基本情况

2022年国际环境复杂多变，全球流动性总量收缩，欧美持续加息，全球经济处于增长疲软和通胀高企的困境。面对困难局面，国家及时出台一揽子稳经济政策措施，我国经济顶住下行压力，全年GDP稳中有增，有效支撑起国民经济的发展基础。白炭黑行业在消费需求不足和工业原料价格上涨的双重压力下，整体毛利率水平下降。

（1）产能和产量

截至2022年底，国内沉淀法白炭黑生产厂家共53家，总生产能力达到277万吨/年，同比（下同）增长3.21%；实际产量175.21万吨，下降2.89%。其中，规模在5万吨以上的企业有18家，总产能为209.2万吨/年，增长2.63%；实际产量143.98万吨，下降1.83%。2022年我国沉淀法白炭黑年产能超过5万吨的企业统计见表2.31，2022年我国沉淀法白炭黑产能和产量统计（按企业规模）见表2.32。

表2.31　2022年我国沉淀法白炭黑年产能超过5万吨的企业统计

序号	企业名称	产能/(万吨/年)	备注
1	确成硅化学有限公司（含无锡、安徽凤阳、三明阿福硅材料有限公司及泰国工厂）	33.00	上市公司
2	株洲兴隆新材料股份有限公司	18.00	民营企业
3	三明市丰润化工有限公司（含丰润、丰源）	18.00	民营企业
4	山东联科科技股份有限公司	20.00	上市公司
5	浙江新纳材料科技有限公司（含浙江横店、福建漳平、安徽凤阳）	14.50	民营企业
6	福建三明正元化工有限公司（三明巨丰化工）	15.00	民营企业
7	索尔维白炭黑（青岛）有限公司	11.50	外资企业
8	无锡恒诚硅业有限公司	11.50	民营企业
9	赢创嘉联白炭黑（南平）有限公司	10.00	外资企业
10	福建三明盛达化工有限公司	10.00	民营企业
11	合盛硅业股份有限公司（新疆）	8.00	香港上市公司
12	吉药控股吉林通化双龙化工有限公司（含江西万载双龙）	6.60	上市公司
13	沙县金沙白炭黑有限公司	6.50	民营企业
14	金能科技股份有限公司	6.00	上市公司

续表

序号	企业名称	产能/(万吨/年)	备注
15	福建远翔新材料股份有限公司	5.60	上市公司
16	江西黑猫炭黑股份有限公司	5.00	上市公司
17	三明同晟化工有限公司	5.00	民营企业
18	嘉翔（福建）硅业有限公司	5.00	民营企业
合计		209.20	

表2.32　2022年我国沉淀法白炭黑产能和产量统计（按企业规模）

企业规模/万吨	企业数/家	占比/%	产能/(万吨/年)	占比/%	产量/万吨	占比/%
≥5	18	33.96	209.2	75.52	143.98	82.18
2～5	16	30.19	45.6	16.46	22.17	12.65
1～2	14	26.42	20.4	7.36	7.96	4.54
<1.0	5	9.43	1.8	0.65	1.10	0.63
合计	53	100	277	100	175.21	100

从企业地区分布看，国内67%以上的沉淀法白炭黑企业分布在华东地区，产量占全国的79.33%，其中福建三明市有白炭黑生产企业13家，总产能83.3万吨，约占全国的30%。2022年我国沉淀法白炭黑产能和产量统计（按地区）见表2.33。

（2）上市公司产能和收入情况

2022年，国内沉淀法白炭黑生产企业在沪市、深市、创业板和新三板挂牌的上市公司共有9家（合盛硅业年报中未单独披露白炭黑销售情况，白炭黑为混炼胶自用）。2022年我国沉淀法白炭黑上市公司产能和收入情况见表2.34。

（3）高分散沉淀法白炭黑企业产能情况

在国家"双碳"战略目标下，节能低碳的绿色轮胎代表未来行业发展方向，绿色轮胎用高分散沉淀法白炭黑（HDS）国内需求增长势头迅猛。目前中国能够生产高分散白炭黑的厂家有11家，其中外资企业1家，为索尔维白炭黑（青岛）有限公司；内资企业10家（见表2.35）。

表2.33　2022年我国沉淀法白炭黑产能和产量统计（按地区）

企业所在地区	企业数量	占比/%	产能/(万吨/年)	占比/%	产量/万吨	占比/%
华东	36	67.92	219.7	79.31	143.58	81.95
中南	8	15.09	31.2	11.26	22.28	12.72
华北	4	7.55	6.0	2.17	2.65	1.51
西南	2	3.77	3.5	1.26	1.50	0.86
东北	2	3.77	8.6	3.10	3.20	1.83
西北	1	1.89	8.0	2.89	2.00	1.14
合计	53	100	277	100	175.21	100

表2.34　2022年我国沉淀法白炭黑上市公司产能和收入情况

序号	股票名称	股票代码	产能/(万吨/年)	2022年白炭黑销售收入/亿元	2021年白炭黑销售收入/万元	同比/%
1	黑猫股份	002068	5.0	2.24	1.82	23.20
2	龙星化工	002442	3.5	0.99	1.1	−10.60
3	联科科技	001207	20.0	6.37	5.31	19.81
4	吉药控股	300108	6.6	1.78	2.12	−16.09
5	同德化工	002360	1.5	0.0228	0.3647	−93.74
6	确成硅化	605183	33.0	16.48	15.03	16.20
7	金能科技	603113	6.0	0	0	停产
8	金三江	301059	5.0	2.79	2.03	37.70
9	远翔新材	836763	5.6	3.58	3.93	−8.78
合计			86.2	34.25	31.70	8.04

注：数据来自2022年上市公司年报。

表2.35　我国高分散沉淀法白炭黑生产厂家　　　　　　　　　　单位：万吨

序号	生产厂家	合计年产能	HDS年产能
1	确成硅化学股份有限公司	33.0	20
2	索尔维白炭黑（青岛）有限公司	11.5	11
3	株洲兴隆新材料股份有限公司	18.0	6
4	浙江新纳材料科技有限公司	14.5	3
5	福建三明正元化工有限公司	15.0	7
6	山东联科白炭黑有限公司	20.0	8
7	通化双龙化工股份有限公司	6.6	3
8	金能科技股份有限公司	6.0	3
9	无锡恒诚硅业有限公司	11.5	6
10	江西黑猫炭黑股份有限公司	5.0	3
11	龙星化工股份有限公司	3.5	3
12	福建三明盛达化工有限公司	10.0	5
合计		154.6	78

（4）进出口情况

2022年我国白炭黑出口增幅显著，全年出口白炭黑62.28万吨，增长29.07%；出口金额6.78亿美元，增长33.32%。由于高端白炭黑国内需求增长，进口白炭黑也呈现增长趋势，全年进口白炭黑9.01万吨，增长1.95%；进口金额2.33亿元，增长6.80%。亚洲国家仍然是白炭黑进出口贸易均比较活跃的国家。2022年我国白炭黑进出口情况见表2.36。

表 2.36　2022 年我国白炭黑进出口情况

月份	进口量/kg	出口量/kg	进口额/万美元	出口额/万美元
1月	8240	49797	1857	5801
2月	6571	35753	1616	4399
3月	8026	49091	1935	6116
4月	7869	44247	1992	5820
5月	7100	65803	1935	6936
6月	7892	55445	2169	6102
7月	6878	48234	1892	5940
8月	8778	63126	2172	5541
9月	6292	59465	1718	5229
10月	6729	45737	1762	4981
11月	7861	46707	2209	5358
12月	7850	59381	2101	5617
合计	90086	622786	23358	67840

注：以上数据来源国家统计局（商品代码 28112290）。

随着我国劳动力成本的增长，制鞋业出现向越南、印度、巴基斯坦等劳动力更低廉的国家转移的趋势。这些国家尚无白炭黑生产企业，所需白炭黑基本上从我国进口，由此导致 2022 年白炭黑出口快速增长。我国白炭黑产品出口量前 4 位的依次为越南 9.38 万吨、印度尼西亚 6.56 万吨、日本 5.73 万吨、韩国 5.63 万吨；进口量前 3 位的依次为中国台湾 2.88 万吨、泰国 1.41 万吨、日本 1.14 万吨。

（5）消费情况

沉淀法白炭黑作为橡胶补强材料，主要用于鞋类、轮胎和其他浅色橡胶制品。2022 年我国制鞋企业数量保持稳定，全年鞋靴累计出口额 576 亿美元，增长 20.4%；出口量 92.9 亿双，增长 6.6%；轮胎市场需求下滑 8.9%，销量为 2.94 亿条，其中半钢胎和全钢胎销量分别为 2.40 亿条和 0.54 亿条，全钢胎受"国五""国六"标准影响，下降幅度较大，由此带来轮胎用白炭黑需求下降；输送带、传动带、砻谷胶辊、PVC 片材、热塑性橡胶和硅橡胶软管等行业的需求保持稳定。

沉淀法白炭黑在非橡胶行业中的用途主要包括：在农药、饲料等行业中用作载体或流动剂，在牙膏中用作摩擦剂和增稠剂，在涂料行业用作分散剂、抗沉降剂或消光剂，在医药、食品等行业用作吸附剂等。在消费比例方面，用于农药、兽药、饲料行业的消费比例接近国外，用于涂料和牙膏行业的消费比例偏低，用于造纸行业在国内基本空白。2022 年我国沉淀法白炭黑行业消费情况见表 2.37。

2. 行业发展

（1）改扩建情况

沉淀法白炭黑改扩建项目主要是企业通过节能、降碳和数字化转型升级提高产能，2022 年全国沉淀法白炭黑在建项目的生产能力共有 25.9 万吨。2022 年我国沉淀法白炭黑在建项目及进展见表 2.38。

表2.37　2022年我国沉淀法白炭黑行业消费情况

行业	鞋类	轮胎	其他橡胶制品	兽药饲料	涂料	牙膏	其他	合计
表观消费量/万吨	33.5	38.5	12	11.5	3.5	4.2	6.38	109.58
消费比例/%	30.57	35.13	10.95	10.49	3.19	3.83	5.82	100

注：沉淀法二氧化硅表观消费量=国内总产量-出口量+进口量，并扣除气相法白炭黑部分。

表2.38　2022年我国沉淀法白炭黑在建项目及进展

企业名称	新建或扩建	建设规模/(万吨/年)	计划投产年限	说明
金三江（肇庆）硅材料股份有限公司	扩建	6	2023年	
确成硅化学股份有限公司	扩建	7.5	2023年12月	
云南氟磷电子科技有限公司	新建	1	2023年	氟硅酸综合利用
山东联科新材料股份有限公司	扩建	3.4	2023年	
广州凌玮科技股份有限公司	新建	2	2023年	
山东国海化工有限公司	改扩建	4	2023年	改造
福建中闽大地纳米新材料有限公司	新建	2	2023年	
合计		25.9		

（2）品种和质量

沉淀法白炭黑主要品种有鞋用沉淀法白炭黑、轮胎用易分散沉淀法白炭黑、轮胎用高分散沉淀法白炭黑、硅橡胶用沉淀法白炭黑、兽药及饲料添加剂用沉淀法白炭黑、牙膏摩擦剂和增稠剂用沉淀法白炭黑、食品及医药用沉淀法白炭黑、塑料薄膜开口剂用沉淀法白炭黑、涂料消光剂和增稠剂用沉淀法白炭黑、农药和火火剂用沉淀法白炭黑等，剂型有纳米级、超细、粉状、微珠和块状等。

产品质量方面，高分散沉淀法白炭黑取得长足进步，确成硅、三明正元、龙星化工、黑猫股份、联科科技、通化双龙等国内知名企业已具备一定的生产能力，产品质量符合国家标准《橡胶配合剂　高分散沉淀水合二氧化硅》（GB/T 32678—2016）。

（3）科技进步

金三江（肇庆）硅材料股份有限公司"高摩擦清洁型牙膏用二氧化硅关键技术研发及产业化"获2022年广东省高新技术企业协会科学技术奖一等奖。

2022年国内各种刊物发表沉淀法白炭黑制备、应用及改性论文100余篇。主要集中在3个方面。

制备工艺技术研究。如"碳化法制备微米级球形多孔二氧化硅""沉淀二氧化硅的合成工艺及涂料应用的发展状况""核壳型二氧化硅的研制及其在牙膏中的应用""煤矸石酸浸渣制备白炭黑的工艺研究"。

沉淀法白炭黑改性研究。如"硅烷偶联剂原位改性白炭黑/溶聚丁苯橡胶复合材料的流变性能和力学性能研究""绿色物理改性纳米二氧化硅及复合涂料抗刮性能""接枝修饰二氧化硅及其在辐照交联聚己内酯材料增强中的应用""湿法球磨改性二氧化硅补强丁苯橡胶"。

沉淀法白炭黑应用研究。如"牙膏用二氧化硅铜耗值的研究""牙膏用二氧化硅吸水量的研究""高分散白炭黑9100GR在胎面胶中的应用""高分散性白炭黑在半钢子午线轮胎胎面胶中的应用""二氧化硅作为抗结剂在食盐中的应用研究""白炭黑结构对胎面胶性能的影响""白炭黑填充丁腈橡胶性能研究"。

创新是引领发展的第一动力，保护知识产权就是保护创新。近年来，国内白炭黑企业非常重视知识产权保护，众多企业对其核心技术和设备申请了多项发明专利和实用新型专利。2022年申请发明专利和实用新型专利120余项，主要有沉淀法白炭黑新产品、新工艺，沉淀法白炭黑改性技术，沉淀法白炭黑应用技术等。2022年我国沉淀法白炭黑申请的部分制备/应用专利见表2.39。

表2.39 2022年我国沉淀法白炭黑申请的部分制备/应用专利

序号	申请号	名称	申请人
1	2022100705350	一种用于白炭黑生产加工的原料反应设备	无锡恒诚硅业有限公司
2	2022100549352	一种带有加热预处理的白炭黑加工用干燥装置	无锡恒诚硅业有限公司
3	2022100749397	一种橡胶填料用高分散改性白炭黑的制备	江西双龙硅材料科技有限公司
4	2022101783200	一种二氧化碳制备白炭黑的方法	六盘水师范学院
5	2022101815358	一种高分散白炭黑的制备方法	江苏爱特恩高分子材料有限公司
6	2022103600863	一种高品质改性白炭黑及其制备方法	三明学院
7	2022109595553	一种新型白炭黑及其制备方法	安徽凤阳赛吉元无机材料有限公司
8	2022110303096	一种饲料白炭黑的制备方法	三明市丰润化工有限公司
9	2022110924871	一种蓄电池隔板专用白炭黑制备方法	确成硅化学股份有限公司
10	2022112086332	一种全自动白炭黑生产设备	广州凌玮科技股份有限公司
11	2022114576035	一种高温硫化硅橡胶用高透明高补强性能沉淀白炭黑及其制备方法与应用	华南理工大学；金三江（肇庆）硅材料股份有限公司
12	2022102635155	一种高流散性二氧化硅的生产装置及其制备方法	福建省三明巨丰化工有限公司
13	2022103039436	一种耐磨轮胎橡胶用二氧化硅及其制备方法	福建省三明同晟化工有限公司
14	202210365109X	一种纳米水合二氧化硅超疏水改性制备方法	福建远翔新材料股份有限公司
15	2022106625398	一种高稳定疏水改性纳米二氧化硅及其制备方法	河南海博瑞硅材料科技有限公司
16	202210931529X	一种二氧化硅的制备方法及其应用	安徽进化硅纳米材料科技有限公司
17	2022112589882	一种低吸油、低比表面积二氧化硅的制备方法	福建正盛无机材料股份有限公司
18	202210975938X	一种沉淀法白炭黑的表面改性方法	湖北新蓝天新材料股份有限公司

3. 展望与建议

我国提出在"十四五"期间将加快数字化发展，建设数字中国。利用数字技术完成转型升级，提高效率、增强能力和获取利润，这不仅是企业转型升级的重要方向，也为企业弯道超车提供了无限机遇。

未来，白炭黑企业应该抓住数字化转型发展机遇，根据自身的实际情况和需求，结合信息化、自动化和数字化等手段，实现管理和运营的数字化、智慧化，实现产品升级和结构调整，以达到降本增效的目的，不断推动企业高质量发展。

作为硅基功能型材料，白炭黑与人民生活息息相关。我国作为发展中国家，人均汽车保有量与欧美等发达国家相比，仍有较大发展空间。牙膏、涂料等产品，随着人民对美好生活的追求，内需增长依旧强劲。所以沉淀法白炭黑的增长点主要来源于轮胎、硅橡胶、牙膏、涂料等领域的需求增长。另外，在"双碳"目标的引领下，用二氧化碳代替硫酸生产沉淀法白炭黑，也有很好的发展前景。

（二）气相法白炭黑

1. 基本情况

据全国硅产业绿色发展战略联盟（SAGSI）统计，2022年全球气相法白炭黑产能为49.12万吨，增长7.0%，增量全部来自中国。2022年，我国气相法白炭黑产能为21.27万吨，占全球总产能的43.0%；产量约14.23万吨，占全球总产量的42.0%。

（1）产能和产量

截至2022年底，气相法白炭黑生产厂家有22家，其中外资/合资企业4家（卡博特蓝星、德山化工、张家港瓦克化学、赢创新安），上市企业8家（新安股份、东岳集团、黑猫股份、合盛硅业、新特能源、宏柏新材、唐山三孚、恒星科技）。我国气相法白炭黑生产厂家见表2.40。

2022年，气相法白炭黑年产能为21.27万吨，增长18.00%；产量14.23万吨，增长4.29%。其中，内资企业共17家，年产能11.16万吨，产量约7.91万吨；外资/合资企业共4家，年产能6.28万吨，产量约5.21万吨。2022年我国气相法白炭黑企业产能和产量见表2.41。

我国气相法白炭黑生产企业主要分布于新疆、江苏、浙江及江西等地区。主要因为这些地区分布有多家有机硅生产企业，可为气相法白炭黑生产提供可靠且低廉的原料供应。

（2）进出口情况

据SAGSI统计，2022年我国气相法白炭黑进口量为0.41万吨，下降12.8%；出口量为2.27万吨，增长13.5%；净出口量为1.86万吨，增长21.6%。

（3）消费情况

2022年我国气相法白炭黑市场表观消费量约12.37万吨，主要用作有机硅弹性体的补强剂，目前在硅橡胶领域的使用量占其总消费量的60%以上，在其他有机硅产品如硅树脂中也有少量应用。另外在涂料、油墨、非硅胶黏剂、合成树脂、化学机械抛光（CMP）、蓄电池、医药、橡胶加工、食品、农业、日化、造纸、润滑油等领域，气相法白炭黑的应用保持增长态势。2022年我国气相法白炭黑消费结构见表2.42。

2. 行业发展

（1）新建及改扩建情况

2022年全国气相法白炭黑新建、改扩建项目大多为2021年存续，受疫情影响，项目存在不同程度延期。2022年我国气相法白炭黑新建、改扩建及拟建项目情况见表2.43。

（2）品种和质量

气相法白炭黑产品型号按亲水型、疏水型分为A系列和B系列。A系列按比表面积分为A90、A110、A150、A200、A250、A300、A380；B系列按比表面积分为B90、B110、B150、B200、B250、B300、B380。2022年，依据GB/T 20020—2013《气相二氧化硅》标准，气相法白炭黑产品合格率大于95%。

表 2.40 我国气相法白炭黑生产厂家

序号	生产厂家	区域	产能/(万吨/年)	备注
1	卡博特（蓝星江西+恒业成内蒙古）	华东、华北	2.26	合资
2	瓦克化学（张家港）有限公司	华东	2.00	外资
3	德山化工（浙江）有限公司	华东	1.12	外资
4	赢创新安（镇江）硅材料有限公司	华东	0.90	外资
5	湖北汇富纳米材料股份有限公司	华中	2.00	
6	浙江合盛硅业有限公司（嘉兴+泸州+新疆）	华东、西南、西北	2.20	沪市
7	协鑫高科纳米新材料（徐州）有限公司	华东	1.00	
8	新疆晶硕新材料有限公司	西北	1.30	香港
9	山东东岳有机硅材料股份有限公司	华东	2.20	深市
10	峨眉山长庆化工新材料有限公司	西南	0.50	
11	浙江富士特白炭黑有限公司	华东	0.75	
12	唐山三孚纳米材料有限公司	华北	0.60	沪市
13	江西宏柏新材料股份有限公司	华东	1.00	沪市
14	浙江新安化工集团股份有限公司（开化合成+江南化工）	华东	0.60	沪市
15	宁夏福泰硅业有限公司	西北	1.00	
16	宜昌三泰科技有限公司	华中	0.34	
17	江西黑猫炭黑股份有限公司	华东	0.20	深市
18	浙江中天东方氟硅材料股份有限公司	华东	0.15	
19	徐州中兴化工有限公司	华东	0.10	
20	吉林共进工贸有限公司	东北	0.25	
21	内蒙古恒星化学有限公司	华北	0.30	
22	河南晖弘新材料有限公司	华中	0.50	
	合计		21.27	

表 2.41 2022 年我国气相法白炭黑企业产能和产量

企业性质	企业数量	占比/%	产能/(万吨/年)	占比/%	产量/万吨	占比/%
外资/合资	4	18.18	6.28	29.53	5.21	36.61
内资	18	81.82	14.99	70.47	9.02	63.39
合计	22	100	21.27	100	14.23	100

表 2.42　2022 年我国气相法白炭黑消费结构

消费领域	用途	表观消费量/万吨	占比/%
有机硅（含硅橡胶、硅脂等）	补强剂	8.56	69.2
涂料、油墨	防流挂、抗沉降剂、消光剂	0.78	6.3
胶黏剂	补强剂、提高耐磨性、阻燃性和耐老化性	0.71	5.7
CMP	化学机械抛光	0.58	4.7
复合材料	合成树脂、蓄电池等	0.56	4.5
其他	电池、食品、医药、化妆品等	1.19	9.6
总计		12.37	100.00

注：数据来源于 ACMI/SAGSI。

表 2.43　2022 年我国气相法白炭黑新建、改扩建及拟建项目情况

企业名称	新建或扩建	产能/(万吨/年)
宜昌汇富硅材料有限公司	二期	2
合盛硅业（石河子）	新建	0.8
江西宏柏新材料股份有限公司	新建	2
云南能投	新建	0.5
宁夏福泰硅业有限公司	二期	0.5
合计		5.8

（3）科技进步

在 2021 第四届中国氟硅行业标准人会暨 2021 年团体标准审查会网络会议上，由广州汇富研究院有限公司主持制定的团体标准《气相二氧化硅表面硅羟基含量测试方法》（T/FSI 049—2020）荣获标准创新贡献特等奖。

2022 年国内各种刊物发表气相法白炭黑制备、应用及改性论文 20 余篇，主要集中在气相法白炭黑应用研究，如"改性气相二氧化硅在负电磁性墨粉中的应用""处理型气相法二氧化硅在环氧富锌涂料中的应用研究""气相法白炭黑在气凝胶保温涂料中的应用""气相法二氧化硅处理程度对硅橡胶性能的影响""气相法二氧化硅对硅橡胶力学性能的影响""气相法二氧化硅在不饱和聚酯树脂中的应用""气相法白炭黑负载离子液体抗静电改性超高分子量聚乙烯的制备及性能"等。

2022 年，国内申请气相法白炭黑工艺、设备和应用发明专利和实用新型专利有 20 多项。2022 年我国气相法白炭黑申请的部分设备和应用专利见表 2.44。

表2.44 2022年我国气相法白炭黑申请的部分设备和应用专利

序号	申请号	名称	申请人
1	2022107372724	一种气相法白炭黑脱酸装置及脱酸方法	合盛硅业股份有限公司
2	2022109133501	一种静态混合装置及气相法白炭黑生产系统	合盛硅业股份有限公司
3	2022112409377	一种2-乙氧基乙胺修饰气相法白炭黑有机载体的制备方法和应用	西北大学
4	2022115714865	一种气相法白炭黑生产用小颗粒回收除尘器	协鑫高科纳米新材料（徐州）有限公司
5	2022115977818	一种气相法白炭黑制备用闪蒸罐	协鑫高科纳米新材料（徐州）有限公司
6	2022116331460	一种用于气相法二氧化硅包装的多功能包装机及方法	湖北汇富纳米材料股份有限公司；佛山市金银河智能装备股份有限公司
7	2022117307168	一种气相法白炭黑脱酸方法	浙江工程设计有限公司；新疆合盛硅业新材料有限公司
8	2022117289352	一种气相法白炭黑尾气处理装置及方法	浙江工程设计有限公司；新疆西部合盛硅业有限公司
9	2022108844898	一种高纯度二氧化硅泡沫陶瓷的制作方法	徐州协鑫太阳能材料有限公司
10	2022105322538	一种二氧化硅气凝胶的制备方法	纳诺科技有限公司；宁波合盛集团有限公司

3. 发展与建议

在过去的50多年里，气相法白炭黑生产企业不断提升产能、完善工艺技术，亲水型气相法白炭黑产品质量和供应量已经达到或接近国外水平，我国已经成为全球除德国、美国和日本外能自主生产气相法白炭黑产品的少数国家之一。目前国际市场上的疏水型气相法白炭黑产品基本被跨国公司垄断，我国只有极少数企业具备自主生产疏水型产品的能力，且产能较小，加上国外公司进行技术封锁，不对外转让，因此，国内企业需要加大研发力度，提高自主创新能力，在产业协同和人才引进等方面，国家应给予更多的政策支持。

另外，受新能源产业飞速发展影响，原料四氯化硅的价格持续走高，其与一甲基三氯硅烷的价差持续拉大，使用两种原料的成本分化明显；未来拟在建项目也以园区循环化和一体化自产自销为主。

（朱春雨）

第三章 橡胶配套工装设备

一、橡胶机械

（一）基本情况

2022年上半年，我国橡胶机械行业总体延续2020年、2021年的结构性牛市，但下半年增长有些乏力。整体来看，2022年我国橡胶机械行业销售收入同比（下同）仅增长1.1%，增速创近年来最低水平；出口势头不错，出口交货值增长44.1%；行业利润指标仍不理想；行业集中度大幅提高，订单向龙头企业倾斜。2023年上半年，大部分橡胶机械企业订单不足，生产出现缺口，预计全年形势不容乐观。

1. 我国橡胶机械企业全球排名情况

2022年，我国橡胶机械行业在科技创新、产品升级、技术改造、智能化等方面取得良好业绩。在按2021年销售收入排名的"2022年度全球橡胶机械30强"中，我国共有14家企业榜上有名，占总席位的46.6%；"10强"中占4席。其中，软控股份有限公司销售收入增长1.2%，以4.69亿美元位居世界橡胶机械首席。萨驰智能装备股份有限公司排名第4位，大连橡胶塑料机械有限公司排名第5位，桂林橡胶设计院有限公司排名第9位。2022年度世界橡胶机械企业排名见表3.1。

表 3.1 中国企业在 2022 年度世界橡胶机械企业排名情况　　单位：百万美元

2022年排名	2021年排名	公司名称	2022年	2021年	2020年	2019年
1	2	软控股份有限公司	469.9	464.4	373.3	271.0
4	4	萨驰智能装备股份有限公司	258.3	246.2	189.4	146.0
5	6	大连橡胶塑料机械有限公司	161.7	172.9	173.4	106.2
9	8	桂林橡胶设计院有限公司	117.7	130.1	77.5	60.6
14	11	天津赛象科技股份有限公司	68.9	104.2	71.6	85.1
15	15	益阳橡胶塑料机械集团有限公司	58.2	65.5	52.6	42.6
16	21	桂林橡胶机械有限公司	57.6	49.7	46.3	52.3
20	20	福建天华智能装备有限公司	49.8	51.9	45.4	34.3
23	22	大连第二橡塑机械有限公司	44.5	48.6	47.7	50
24	—	华澳轮胎设备科技股份有限公司	40.5	39.5	—	—
25	23	青岛海琅特种装备有限公司	40.2	48.0	45.2	68.4
26	18	北京万向新元科技股份有限公司	36.8	57.1	70.5	44.9
27	—	无锡双象橡塑机械有限公司	35.0	17.4	—	—
30	30	绍兴精诚橡塑机械有限公司	18.6	22.8	18.9	14.2

2. 生产和销售情况

据中国化工装备协会橡胶机械专业委员会对全国21家主要橡胶机械厂家2022年主要经济指标的统计，橡胶机械销售收入为104.1亿元，仅增长1.1%。据此估算，2022年我国橡胶机械全行业总销售收入达到137.5亿元，增长1.1%。

橡胶机械企业生产上半年经营情况好于下半年，上半年大多企业开机率保持较高水平。下半年，轮胎设备招标项目减少，行业承接订单大幅减少。轮胎销售不理想，几家头部轮胎企业调整或放缓轮胎投资，导致上半年签订的部分订单不能执行或者延迟交货，行业库存为近年较高水平。另一方面，我国工程轮胎行业掀起一波投资小高潮，工程胎设备需求很大，大大缓解了橡胶机械订单不足的矛盾，一些以工程胎设备为主的企业，经营情况相对较好。2020~2022年我国主要橡胶机械企业销售收入情况见表3.2。

表 3.2　2020~2022年我国主要橡胶机械企业销售收入情况　　单位：万元

序号	企业名称	2022年销售收入	2021年销售收入	2020年销售收入	主要产品
1	软控股份有限公司	327250	296000	242433	输送称量配料系统、成型、裁断、检测、硫化设备等
2	大连橡塑机械有限公司	112638	110225	112700	开炼机、密炼机、压延机、挤出机等
3	萨驰智能装备股份有限公司	178000	157000	123100	成型机、硫化机等
4	天津赛象股份有限公司	47995	66452	46558	成型、裁断、胎面挤出等
5	中国化学桂林工程有限公司	81594	82916	50379	胎面挤出生产线等
6	桂林橡胶机械有限公司	40100	31665	30072	硫化机
7	万向新元科技股份有限公司	25600	36400	45822	输送称量配料系统等
8	大连第二橡塑机械有限公司	30500	31000	31000	炼胶设备等
9	益阳橡胶塑料机械集团有限公司	40527.73	41742	34214	密炼机、硫化机等
10	华澳轮胎设备科技股份有限公司	21000	36300	—	硫化机
11	福建天华智能装备有限公司	28381	33083	29517	硫化机
12	青岛海琅特种设备有限公司	28000	30600	29400	硫化机、成型机等
13	无锡双象橡塑机械有限公司	25600	11111	7716	压延生产线等
14	四川亚西橡塑机器有限公司	3880	12000	15011	密炼机、再生胶设备

续表

序号	企业名称	2022年销售收入	2021年销售收入	2020年销售收入	主要产品
15	中国航空制造技术研究院	4890	2400	2000	成型机等
16	绍兴精诚橡塑机械有限公司	12957	14517	12301	挤出设备等
17	内蒙古富特橡塑机械有限责任公司	8000	8200	7500	挤出设备等
18	宁波千普机械制造有限公司	7252	9138	8310	平板硫化机等
19	桂林中昊力创机电设备有限公司	11232	17741	8019	裁断设备等
20	大连益达橡胶机械有限公司	3200	3500	3000	胎面线、密炼机等
21	江苏中轮机械有限公司	2307	4342	3095	设备大修

3. 企业效益

2022年橡胶机械行业产品总体毛利水平仍偏低，盈利能力不强，主要原因是市场需求下降，竞争激烈，订单价格偏低，而钢材等原材料价格仍高位运行，导致成本大幅上升，产品毛利率为近年较低水平。另一原因是部分企业订单不足，生产不饱和，下游企业产品延迟交货。

4. 出口交货值情况

据估算2022年我国橡胶机械行业总出口创汇6.5亿美元，增长16%。

出口交货值较高的有软控股份、大连橡塑机械、天津赛象科技、萨驰智能、华澳设备、益阳橡胶机械、中国化学桂林工程公司、桂林橡胶机械及青岛海琅特种设备，企业出口交货值均超过1亿元。出口增长的主要原因是近年来我国轮胎行业在国外尤其是东南亚启动新建/扩建轮胎项目较多，对橡胶机械需求较多，我国橡胶机械企业承接了大量海外轮胎投资订单。2022年，海外疫情完全放开，米其林等世界轮胎巨头投资恢复疫情前水平，国际市场对橡胶机械需求增加。另外，我国人民币对美元持续贬值也有利于我国橡胶机械出口。

2023年，轮胎企业在海外建设投资水平不减，世界轮胎巨头投资项目增加，人民币对美元汇率至7元左右，这些对橡胶机械出口形成利好。预计2023年我国橡胶机械行业出口交货值保持增长是大概率事件。2018~2022年我国橡胶机械出口交货值情况见表3.3。

表3.3 2018~2022年我国橡胶机械出口交货值情况   单位：万元

序号	公司名称	2019年	2020年	2021年	2022年	主要出口产品
1	软控股份有限公司	33600	61009	57600	133606	上辅机、成型机等
2	萨驰智能装备股份有限公司	30000	25000	30000	20000	成型机、硫化机等
3	益阳橡胶塑料机械集团有限公司	15142	13104	11978	15535.4	密炼机、硫化机等
4	大连橡塑机械有限公司	10472	9216	15807	35225	密炼机、开炼机等
5	桂林橡胶机械有限公司	15641	8690	15288	11002.7	硫化机等

续表

序号	公司名称	2019年	2020年	2021年	2022年	主要出口产品
6	中国化学桂林工程有限公司	10354	5897	22592	13019	挤出设备
7	华澳轮胎设备科技股份有限公司	—	—	6984	18000	硫化机
8	万向新元科技股份有限公司	11000	5274	4875	4000	输送称量配料系统
9	大连第二橡塑机械有限公司	950	4420	4420	4700	炼胶设备
10	天津赛象科技股份有限公司	33200	3737	14665	32312.66	成型机、裁断机等
11	福建天华智能装备有限公司	9710	3119	15608	865.2	硫化机
12	桂林中昊力创机电设备有限公司	—	2519	4950	4300	裁断设备
13	宁波千普机械制造有限公司	2310	1500	1965	1965.1	平板硫化机等
14	绍兴精诚橡塑机械有限公司	1115	1454	1487	4328	挤出设备
15	无锡双象橡塑机械有限公司	4350	245	—	4375.3	压延生产线等
16	青岛海琅特种装备科技有限公司	—	135	10100	11000	硫化机

随着我国橡胶机械水平提高，橡胶机械进口相对前几年有所下降。对压延、裁断等设备，轮胎企业倾向于进口；硫化设备大多选用国产品牌；成型设备除从VMI购买50余组外，其他大多选用国产品牌；密炼设备方面，国内轮胎企业比较偏爱日本神户制钢、德国H-F公司的产品，进口出现一定反弹；挤出设备很少从国外进口；钢丝帘布压延机组、X光轮胎检验机等从国外进口有一定的份额。

（二）行业发展

1. 技术改造、产能扩充及资本运作情况

随着我国轮胎行业转型升级步伐加快，节能环保、智能化要求提高，橡胶机械企业技术改造的重点放在提高产品精度、稳定性及智能化方面。

2022年2月，青岛软控机电工程有限公司被纳入"2021年支持建设青岛市技术创新中心名单"，获批建设青岛市新能源汽车储能装置制造技术创新中心。该公司将继续加大投入，推动创新产品研发、科技成果转化及应用示范，争创国家级、省级技术创新中心。

2022年4月，教育部办公厅批准大连橡塑与华南理工大学合作共建"高分子先进制造省部共建协同创新中心"。双方将在拉伸流变及在线监测技术在石化装备和橡胶机械上的应用等方面进行深度研究。该中心的合作创建对大连橡塑面向世界科技前沿技术和行业重大需求，实现企业可持续性的创新引领、完成战略性产品结构调整、成为国际一流的橡胶石化高端装备综合服务供应商意义重大。

益阳橡胶机械投入658万元，引进三维设计项目。该项目经过1年多的建设，已完成5套密炼机产品型号三维设计，初步使用效果良好，现已在该公司全面推广。该三维设计项目引进西门子全套整体战略解决方案，通过"三维到工艺""三维到现场""三维到设备"的分步发展策略，将实现覆盖设计、工艺、制造、仿真、检测各环节的完整数字化制造体系。

2022年6月，桂林橡胶机械有限公司与山东华盛橡胶集团签约，计划在广饶县大王经济开发区内共同成立、经营华东地区橡胶机械设备大修中心项目。

2022年10月，新元科技通过向特定对象发行A股股票，募集资金5.77亿元。新控股股东的引入，一是顺应行业趋势，推进主营业务发展；二是拓宽融资渠道，构建多层次融资结构；三是提升市场信心。

2022年11月，中国化学工程集团有限公司旗下公司中国化学工业桂林工程有限公司，与上海华谊（集团）旗下公司双钱轮胎集团有限公司，举行海外项目战略合作签约仪式，双方将进一步深化央地合作，树立项目管理合作新标杆。

2022年12月，软控诸暨智能装备产业园正式启用，标志着软控在新能源领域又跨出了坚实的一大步。该园区是浙江软控智能科技有限公司所在地，占地80亩，主要用于新能源行业物料处理、混合均化及智能整线系统的研发制造。作为全球新能源企业的战略供应商，浙江软控将立足诸暨园区，打造新能源行业智能制造产业园和零碳产业园，引领行业发展，积极赋能全球能源体系变革。

2. 科技创新

2022年3月，桂林橡胶机械新型88″（2270）液压式双模工程胎硫化机在客户应用现场顺利硫化出首条农业子午线轮胎。该规格硫化机将模具更换时间由原来的4小时缩短至50分钟，人工成本降低，能源利用率提高，可广泛用于硫化22.5″-42″工程轮胎、农业轮胎等。此外，该规格硫化机还能直接对接自动物流系统，实现了自动、快速无极调模，蒸汽管路采用集成阀组形式，较传统蒸汽管路节能10%以上。

2022年4月，大连橡塑研制的"大型串联橡胶密炼机组"顺利通过由中国机械工业联合会组织的科技成果鉴定。鉴定组认为，该项目拥有自主知识产权，打破了国外的技术垄断，总体技术达到国际先进水平，其中混炼数值仿真模型和智能混炼控制技术处于国际领先水平。与传统炼胶工艺相比，该密炼机组由多段式炼胶改为一段式，开放式炼胶改为封闭式，效率提高60%以上、节能效率提升20%～50%，实现了高污染炼胶工艺向绿色制造的革命性变革，并实现国际首创的智能控制系统等技术突破，与传统炼胶工艺相比，实现节能、环保、高效、智能的跨越；解决了"高均匀性串联密炼、低温恒温炼胶控制技术、机组高可靠运行"等技术难题，攻克了机组的设计、制造、智能控制等关键技术，发明了高效低温混炼啮合型转子和高耐磨无裂纹合金堆焊工艺技术，提高了转子、混炼室等关键零部件的耐磨性；创立了混炼数值仿真模型和混炼评价体系；实现整机全方位可靠密封；发明了智能混炼控制系统和预测性维护智能化系统软件，可实现机组远程诊断和高效运维，具有高效、环保、智能等技术特点。2022年4月，益阳橡胶机械与国内大型橡胶企业成功签约，生产制造其自主研发的剪切型密炼机GN700和大型双螺杆挤出压片机XJY-ZS 1100/500等新产品。

2022年8月，由中国橡胶工业协会组织，青岛海琅特种装备科技有限公司主起草，多家企业共同参与的《轮胎工业智能装备技术指南》《轮胎工业互联网边缘控制》《轮胎工业智能装备联网规范》3项行业团体标准通过专家组第3轮评审。3项标准基于轮胎行业个性化需求和高度柔性化连续生产的特点，从装备数字化、智能化视角，将机器视觉、边缘控制、云服务、AI算法等新技术与传统轮胎自动化设备相融合，形成以数据为核心的轮胎智能装备，实现轮胎企业工业互联网技术驱动下的新决策，彻底变革轮胎企业的业务流程和生产方式，促进轮胎行业的数字化、智能化转型升级。

2022年8月，"2023年软控新产品新技术发布会"在青岛举行，全球首发FAR20-S全自动小料全球标准机型，以及橡胶行业首创的"MCC3.0"工业软件平台、U-share优享工业品平台、MESIIC工业互联网平台。这是软控以软件定义产品、用平台服务客户的新起点，也是助推橡胶行业智能化发展的新探索。全自动小料全球标准机型 FAR20-S，具备一键启动、故障导航、参数智能设置等功能，可配合自动码垛、AGV 等自动物流装备，其在智能化、无人化、可靠性、现场快速交付等方面都有了较大的提升，尤其是大幅度降低对人的能力（包括操作运维等）的依赖，进一步推动了密炼车间无人化进程。MCC 是一款具有高通信速率、高响应速度，拥有自主版权的工业软件平台，可以大幅提升设备的智能体验、降低工厂对人的依赖、降低人员的培养和拥有成本，"MCC3.0" 在功能性、稳定性和可拓展性上均处于行业引领地位。U-share 优享工业品平台是软控面向橡胶行业打造的供应链平台，为客户提供一站式工厂备品备件交互采购专业服务，为每一台橡胶装备提供全生命周期的服务。MESIIC 是依托于软控的 ROC 产品平台和自主研发算法工厂，解决橡胶轮胎行业个性化定制需求多、生产过程复杂、装备运维成本高等问题。MESIIC 贯穿橡胶装备的全生命周期，为客户提供更深度的服务。

2022 年 11 月，赛象科技一拖 N 钢丝圈生产线问世。该生产线适用于非公路轮胎的钢丝圈部件的特殊生产需求。单条钢丝圈生产线可同时满足非公路轮胎的极大尺数规格跨度，如 15~54in 农用机械轮胎、20~63in 工程机械轮胎。该生产线具备节能、占地面积小、可灵活组合、便于维护、高性价比等优势，实现了多机组、多规格钢丝圈成型同时生产，减少了因单台钢丝圈生产线频繁更换工装造成的停机时间，从而有效提升了设备的使用效率，有效降低了用户的工装采购量。各机组独立生产，互不干扰，灵活排产。多组缠绕机组共同使用 1 台挤出机及温控装置，极大降低了使用能耗。

2022 年 11 月，由软控股份牵头承担的国家智能制造综合标准化项目"面向橡胶制品行业智能工厂系统集成标准研制与试验验证"顺利通过验收。该项目基于橡胶轮胎混合制造模式现状开展研究与试验验证，形成了《橡胶轮胎智能工厂通用要求》等 6 项标准草案，旨在解决轮胎制造全价值链多工序、多主体参与导致数据标准不一致、数据管理不规范、数据难以发挥有效作用等问题。项目组搭建面向橡胶轮胎行业的智能制造标准验证平台，为行业智能制造标准的研制提供平台验证能力。

2022 年 12 月，建阳龙翔科技 "LCG-2530 大规格胶囊反包轮胎成型机" 认定为 2022 年福建省首台（套）重大技术装备。

3. 荣誉奖励

2022 年，我国橡胶机械企业荣获多项奖励荣誉。

软控股份半钢子午线轮胎成型机产品荣获"工信部制造业单项冠军产品"，"基于大规模定制的橡胶装备数字化设计与仿真平台的实施"荣获第十五届全国石油和化工企业管理创新成果一等奖，MCC 模块化平台软件获评 2022 年第六批"山东省首版次高端软件产品"，软控股份被青岛市授予"青岛市智能制造装备产业链链主企业"。

赛象科技的"赛象云橡胶机械装备 MRO 质量管控工业互联网平台"成功入选 2022 年工业互联网示范项目名单，"一种高效率三鼓成型机"荣获第 24 届中国专利优秀奖，"农用子午线轮胎柔性化成型机"入选 2022 年天津市首台（套）重大技术装备集成应用项目。

中国化学工业桂林工程有限公司获得第六届广西壮族自治区"主席质量奖"。桂林橡胶设计院有限公司"五复合橡胶挤出机头"项目荣获第 23 届中国专利金奖。桂林橡胶机械荣获 2022 年广西数字化车间企业称号。桂林中昊力创被认定为 2022 年"广西瞪羚企业活力十强"企业。

益阳橡机成功入选第三批湖南省先进制造业和现代服务业融合发展试点，并获评湖南省智能制造标杆车间。

大连橡塑获得第九届辽宁省省长质量奖银奖，"大型串联橡胶密炼机组研发与应用"荣获大连市科技进步一等奖，大连橡塑650L切线型密炼机等5项产品进入辽宁省首台（套）目录。

萨驰智能在第十届全球智能物流产业发展大会暨2022全球物流装备企业家年会上，荣膺"技术创新奖"。

青岛胜迈自动化科技有限公司"智能型轮胎内胎垫带装填机"荣获第三届山东省装备制造业科技创新三等奖，被评为第三届山东省装备制造科技创新先进企业。

2022年我国橡胶机械主要鉴定验收项目相对偏少，具体情况见表3.4。

4. 企业信息化与智能化建设情况

智能制造是全球先进制造业发展的趋势，是我国橡胶机械发展方向。

软控股份一直致力于橡胶轮胎装备的研发平台建设，以橡胶轮胎装备的模块化为核心，确定"一个中心、两种方法、三个平台"，即以客户需求为中心，以标准化方法、模块化方法为途径，以产品平台、技术平台、测试平台为支撑，逐步建设完善基于模块化的轮胎装备智能开发平台，并形成了基于模块化的轮胎装备定制生产管控模式，全面推动装备模块化、标准化应用，可快速满足客户个性化定制需求。在此支撑下，软控陆续推出了PS2A、TPRO-S、TP-3等多款整体技术达国际先进水平的智能化装备产品，推动橡胶轮胎装备行业智能发展。

作为服务轮胎制造商的离散型机械生产厂家，桂林橡机面临产品生产"个性化、多品种、小批量"的挑战。为此，他们以"效率更高、成本更低、差错率更小、绿色制造"为方向，进行数字化转型。如购置数控龙门加工中心、数控卧式镗铣床等数字化加工和检测设备，对部分原有设备进行了数字化改造。设备最多的车间数控化率达到85%，在离散型生产车间现场管理中，实现了高档数控机床与工业机器人、智能传感与控制装置、智能检测与装配装备等关键技术装备的互联互通与高度集成。企业运用三维设计与仿真系统，提高了仿真加工能力，产品开发实验周期缩短20%以上，开发成本下降20%以上。数字化车间建设使企业的研发和生产环境有了明显提升，生产效率大幅提高，生产成本显著降低。

2022年9月，由益阳橡机自主开发完成的《橡塑机械定额管理系统》《橡塑机械不合格品管理系统》两项生产管理软件获得国家版权局颁发的软件著作权登记证书。软件与现有的生产业务流程匹配度高，灵活性高，提升了企业生产管理水平。

（三）展望与建议

2023年我国橡胶机械行业面临很多机遇。

（1）我国轮胎行业转型升级，产业发展模式由规模速度型向质量效益型转变，迫切需要橡胶机械行业助力，高精度、稳定性高、自动

表3.4 2022年我国橡胶机械行业主要鉴定验收情况

序号	企业名称	通过验收项目或成果名称
1	软控股份有限公司	2018年智能制造综合标准化与新模式应用项目"面向橡胶制造行业智能工厂系统集成标准研制与试验验证"
2	软控股份有限公司	青岛市自主创新重大专项——"混合制造模式下产线的智能管控系统研究及应用示范"
3	桂林中昊力创机电设备有限公司	高效智能化钢丝帘布裁断机研制
4	大连橡胶塑料机械有限公司	大型串联橡胶密炼机组研发与应用

化程度高的产品颇受欢迎,给橡胶机械行业带来新的发展机遇。

(2)轮胎行业智能制造、数字制造、无人化车间、"未来工厂"及"黑灯工厂"建设,对橡胶机械提出更高的要求,扩大了橡胶机械行业体量。

(3)我国新能源汽车快速发展,配套市场给我国轮胎头部企业带来了发展的契机,将带动我国中高档轮胎发展,增加中高档橡胶机械需求。

(4)全球工程胎"热度"将持续,有利于橡胶机械企业利润水平的改善和积累。近两年启动的子午线工程胎项目有贵州轮胎、赛轮股份、河南风神、建新轮胎、双钱轮胎、杭州中策、徐州徐轮、山东玲珑、福建海安、三角轮胎及华盛轮胎等,形成子午线工程胎产能超过100万套,另有将近300万套产能正在进行和启动,以此估算2023年可为橡胶机械提供30亿~40亿元的订单,为橡胶机械行业稳定发展提供保障。

另一方面,我国橡胶机械行业也面临很大挑战。

(1)我国轮胎产能结构性过剩明显,传统轮胎扩张已成历史,对传统橡胶机械的需求下降。

(2)山东将轮胎列入"两高"行业,对我国轮胎产业格局产生了一定影响,大大降低了以山东地区为主的橡胶机械的生存和发展。

(3)国外对我国轮胎及橡胶机械行业实行贸易壁垒,直接影响我国轮胎及橡胶机械出口。

目前我国轮胎项目除工程胎外,整体投资项目偏少,只有少量填平补齐需求,大多橡胶机械企业订单不足,开机率偏低,预计2023年橡胶机械销售收入增长不乐观。在出口方面,国外轮胎投资恢复到疫情前水平,人民币兑美元汇率保持在7元左右,当前我国轮胎企业对外投资项目还较多,所以预测橡胶机械出口交货值将继续保持增长,加之钢铁、有色等大宗产品价格继续下降或持平走势,对橡胶机械企业盈利提供支撑,预计2023年行业利润相对乐观。

(陈维芳)

二、轮胎模具

2022年，地缘政治局势动荡不安，世界经济下行风险加大，国内经济受到疫情散发多发、极端高温天气等超预期因素的反复冲击，需求收缩、供给冲击、预期转弱三重压力持续演化，发展环境的复杂性、严峻性、不确定性上升。受到国际、国内经济局势的共同作用，轮胎模具行业生产、销售和实现利润都受到严重影响，行业走过了艰难的一年。

2022年，下游行业需求波动，生产的不连续性、不确定性等因素导致企业压力巨大，加剧了作为制造业底层的模具制造业的决策风险，行业不仅面临物流运输阻断、海运价格飙升、原材料价格大幅上涨、国内市场萎缩等外部挑战，同时还要克服产能结构性过剩、产品同质化内卷严重、企业盈利水平走低等不利因素。面对各种挑战，行业企业及产业链上下游企业同心同德、协同合力、积极应对，展现出了非凡的韧性和抗风险能力，逆境之中体现出模具生产大国的担当。

（一）基本情况

据中国橡胶工业协会橡胶机械模具分会对行业19家重点企业的统计，2022年实现现价工业总产值52.61亿元，同比（下同）下降4.99%；实现销售收入51.06亿元，下降4.47%；完成模具产量3.8万套，下降5.30%；实现出口交货值38.55亿元，增长4.39%；出口率（值）为75.51%，增加6.41个百分点；实现利税16.78亿元，下降5.20%；实现利润9.45亿元，下降5.12%；产成品库存额为2.44亿元，增长8.82%。2022年，我国橡胶机械模具行业经济运行主要有以下几方面的特点。

1. 盈利能力下降

2022年，行业经济下行压力加大，原材料、物流、能源等价格大幅上涨。模具产品面临上下游挤压带来的成本压力加剧，导致模具生产及配套企业利润空间被严重挤压。同时，企业订单不足，库存上升，经济效益急剧恶化。工业总产值、销售收入及利润等主要经济指标都小幅下降，唯独出口交货值小幅增长。其中，下降幅度最大的就是利润指标。当然，这里面除了市场的原因，还有行业企业自身的问题，低价竞标、企业间相互压价竞争的老问题一直没得到改善。

2. 不确定性因素增多

多种原因导致企业生产、交通、物流、仓储等配套行业受限，给企业生产经营带来严重影响。原材料等配套件不能如期到达，导致产品不能按期交货，企业生产成本、销售成本、人工成本等大幅增加。

从全年看，一季度开局良好；二季度受局地疫情及其引发的交通物流不畅影响，下行压力陡然增加；三季度稳中向好；四季度由于疫情反复与外需市场下滑，增速有所放缓，国内市场订单较往年下降20%左右。同时，市场订单也不均衡，全钢胎模具订单大幅减少。企业在原材料采购、零部件采购、物流运输等方面不能保证时效性，在生产组织过程中突发问题频发。国内市场消费不振，需求收缩、供给冲击、预期转弱的三重压力已经显现，行业产能过剩、结构性矛盾突出，开拓市场、提振信心、深化供给侧结构性改革已迫在眉睫。

3. 外贸企业受阻严重

美国等发达经济体的紧缩政策对全球经济冲击正在不断扩大，并在叠加新冠肺炎疫情和俄乌冲突等负面因素之后开始显现，加剧了外贸形势的复杂性，上半年出口企业面临空运价格暴涨、中欧班列停运等风险。从三季度开始，海运价格开始下降，但全球通胀也使进口原材料和配件价格水涨船高，企业生产成本大幅上升。同时，在海外建厂或需到国外提供调试服务的人员，其正常安排和配置无法保障，往返费用高且不可控，模具企业的生产经营成本大幅增加。

4. 出口占比加大，订单向头部企业集中

出口创汇指标连续多年增长，是我国轮胎模具行业的最大亮点。2022年，轮胎模具市场订单向头部集中越来越明显，行业集中度越来越高，强者愈强。据统计，2022年，山东豪迈机械科技股份有限公司的销售收入占行业总销售额的60%，出口交货值占行业总量的85%。此外，模具行业出口占比明显继续加大，国际化轮胎模具供应发展势头不减。近几年企业"走出去"战略稳步推进，由产品出口型为主逐步向技术、资本服务运营一体化输出转变，推动产业链协同发展，持续提升企业品牌影响力，促进产业升级和产品结构调整，行业运行质量进一步提高。作为国际模具市场重要组成部分的基本面稳固。

5. 发展步入快车道

众所周知，轮胎模具企业多数是中小型企业，目前仍有不少企业采用传统的作坊式管理，模具的交货期、成本、质量控制一直是企业管理的难点和痛点。模具制造订单随机性高、设计变更多、质量要求高、交付周期短，且单件生产的方式增加了产品的生产难度。面对越来越激烈的市场竞争，企业需抓住数字化转型机遇，优化资源利用率，最大限度缩短生产周期，严格控制成本、质量、交货期，以此提高企业的应变能力、创新能力和经济效益。实践证明，数字化转型越成功的企业，抗风险能力也越强。

6. 存在问题

（1）行业盈利能力长期偏弱拖累创新发展。原材料价格持续高位，账款回收难，资金周转率低；轮胎模具价格多年不升反降，行业利润水平连续10年呈下滑态势。行业和企业科研、技术、管理、产品创新等需要持续稳定的人力、物力和资金投入，企业达不到正常盈利水平，行业创新发展就会无以为继、功亏一篑。因此，全行业必须要重视市场发展规律并及时进行有效调整，把效益提上来，把科研投入和基础管理加上去。

（2）行业结构性产能过剩矛盾依然突出。企业技术人才严重不足，缺乏高级工匠，人力资源质量优势关乎企业未来希望。智能制造还处于初级阶段，领先企业已经在智能制造方面进行了初级探索，但大部分企业在生产、贮存、交付等过程中，依然保留大量的重复性人工操作，存在用工成本高、效率低、经济效益差等问题。

7. 发展亮点

我国轮胎模具行业经过40多年的快速发展，已具备了迈向高质量发展的基础条件。斜交胎模具是在一穷二白的基础上发展起来的，子午胎模具是1987年通过引进德国生产技术发展起来的。通过30多年的消化吸收，伴随着中国轮胎行业的快速发展，中国已经成为全球轮胎模具生产大国，产量大约占全球产量的40%左右。

目前，国内轮胎模具生产行业有2家上市公司，即山东豪迈机械科技股份有限公司和巨轮智能装备股份有限公司。

豪迈公司是国家首批制造业单项冠军示范企业、国家技术创新示范企业、国家知识产权示范企业。该公司设有国家企业技术中心、博士后科研工作站等省部级以上科研创新平台13处，牵头成立橡胶模具及制造装备产业技术创新战略联盟，与清华大学、上海交大、华中

科大、西安交大等20多家单位进行"产学研用"联合攻关,获得山东省科技进步一等奖、中国机械工业科学技术一等奖、中国好设计银奖等奖励,先后获得授权专利1604项(其中国内发明专利373项,国际发明专利23项),主持及参与国家、行业、团体标准制修订共37项,有24项科技成果通过鉴定,其中10项达到国际领先水平。2022年,豪迈研发投入达2.95亿元,承担省级以上研发项目300余项。

巨轮公司是国家"火炬"计划重点高新技术企业、国家技术创新示范企业,该公司建有国家企业技术中心、博士后科研工作站、院士科研工作站、轮胎模具国家地方联合工程研究中心、广东省轮胎模具工程技术研究开发中心,形成高层次自主创新平台,拥有多项发明专利及专有技术。

近三年来,我国轮胎模具行业负重前行,在稳运行、稳出口、稳就业等方面为国家和社会作出了积极贡献。同时,行业深入推进转型升级,加速新兴产业发展,涌现出大量科技创新成果,发展亮点频出。

(1)困境逆战,寻求突破

在全球经济下行的环境中,轮胎模具市场订单略有下滑。外部形势严峻,企业提出向管理要效益,优化组织结构,夯实标准化、基础性工作,推进自动化、智能化生产线等。企业在做好基础工作的同时,努力研制安全、节能、减排的产品;多开发一些可替代进口的产品;积极升级信息化、智能化;重视培训、创新和效率提升;警惕外部不确定因素,做好各种预案,提高应变能力,积极融入"内外经济两个大循环"发展战略;重视"走出去",稳外商、拓市场。同时,挖掘内潜力,扩产业、树品牌。

(2)绿色发展,转型升级

在国家"双碳"战略目标引领下,项目向着绿色、低碳、智能化、自动化方向迈进。企业依托重点实验室,规划研发战略,布局电加热、刚性内模等新技术。其中,电加热硫化机作为轮胎行业节能降耗的新晋产品,实现了以电加热代替煤等耗能加热,可单独控制并任意调整胶囊内部的压力与温度,并为轮胎企业调整优化硫化工艺、提升轮胎质量奠定基础,国内外客户的需求十分迫切,市场前景广阔。

(3)海外布局,不断完善

关注客户需求,持续改进提高。行业骨干企业纷纷建立起覆盖全球的轮胎模具研发、生产与服务体系,在东南亚、印度、欧美等国家和地区继续投资,增加新模具产能。只要轮胎生产企业密集的地方,都有轮胎模具企业的布局,尽可能地满足客户的本土化采购需求。已建和新建成的工厂,将进一步完善海外市场布局,遍布全球的海外公司将为广大客户提供更快、更便捷的模具解决方案。

(4)对外贸易量增质升

2022年,模具出口占比明显继续加大,国际化模具供应呈勃勃生机、健康发展的势头,作为国际模具市场重要组成部分的基本面稳固。这几年行业骨干企业纷纷在国外设立子公司,形成了较为完备的轮胎模具全球生产服务体系,实现近距离服务客户。他们将根据产业政策,致力于发展并开拓轮胎模具事业及相关橡胶机械设备领域,实现产业链的不断完善和延伸;进一步加大国内外市场的开发力度,持续提高国际市场份额,不断拓展行业发展空间。

(5)创新助推产品向纵深发展

过去的3年里,中国轮胎模具行业的生存环境及产业链已发生重大变化。行业受上下游两端夹击,盈利水平逐年下降。一些大厂商韬光养晦,纷纷把目光放在了新的盈利点上。其中,豪迈公司有序推进创新体系建设,其自主研发的专用设备不仅提高了模具生产效率,更是完善了产品的加工工艺,大大提高了产品质量。2023年,豪迈公司继续拓展机床业务,并计划采用经销和直销相结合的模式开拓市场,机床产品已收到订单并对外销售,2022年数控机床业务收入达1.46亿元。巨轮公司在生产模具的同时，还研制和生产轮胎用硫化机和工业机器人。在机器人的研发制造方面，该公司是全国首批15家机器人规范企业、广东省装备制造业50强企业，该公司的高精度液压式轮胎硫化机在轮胎行业也有很高的知名度和市场占有率。

（二）挑战与机遇

1. 挑战

2023年，行业依然面临着疫情、国际环境恶化、全球经济下行的不确定性，以及国际资本市场波动、大宗商品价格高位、贸易壁垒、全球供应链局势仍然趋紧等因素，使橡胶工业外贸环境趋于严峻。当前制造业发展面临高速增长时代已过、大基建时代已过、后疫情时代已来临。这些因素导致国内经济短期内面临巨大压力，外需下降、出口受阻，国内市场总需求收缩、市场预期不稳，消费和投资增长势头减弱，将给行业稳定增长带来很大的挑战。

2. 机遇

中央经济工作会议将"着力扩大国内需求"作为2023年经济工作的第一大任务，内需将接替外需挑起中国经济复苏的大梁。2023年，行业的规划项目、新旧基建项目将加快落地，这对稳定投资和增长都有推动作用。同时，汽车工业、国产大飞机的发展、RCEP协定、进口替代等都将给轮胎及配套行业带来新机遇。尤其2023年2月以来，全国经济正从疫情影响中复苏，步伐较之前预期得更快，制造业投资继续发力，稳增长政策的持续传导，轮胎行业转型升级，企业海外建厂、扩大生产的意愿显著提升。

同时，新能源汽车是当前全球汽车和轮胎行业的热门话题，国内外轮胎客户纷纷研发设计针对电动汽车专用、配套的轮胎，未来将带来模具需求的增加；全钢胎市场在2022年受国内经济放缓的影响，处于低谷期，随着国内基建投资的持续推进，全钢替换胎市场需求将进一步提升，也会带动模具需求；非公路轮胎、工程胎和工程胎硫化机需求依然会保持增长，预计至少将持续至2025年，这些对模具行业来说都是较好的机遇。

（三）展望与建议

我国轮胎行业的生产经营、出口情况正在恢复。2023年上半年轮胎企业开工率有所回升，出口情况也好于预期。与之配套的轮胎模具市场也在慢慢恢复，尽管行业还面临诸多问题，但我国轮胎模具市场空间大、行业发展韧性强，一切都朝着好的方向发展。

1. 2023年展望

2023年1～3月，橡胶机械模具分会统计的19家会员企业共完成工业总产值11.75亿元，增长4.23%，增速较上年同期增加3.35个百分点。完成出口产品交货值41787.83万元，增长1.58%，增速较上年同期下滑4.28个百分点。产品出口交货值占工业总产值的35.55%，较上年同期略有下降。实现销售收入11.79亿元，增长1.05%，增速较上年同期提升0.28个百分点。实现利润总额12858.98万元，增长5.09%，增速较上年同期增加4.7个百分点。2023年一季度行业运行主要有以下特点。

（1）市场需求回暖

从目前总体趋势看，轮胎模具订单稍有增加。2023年一季度开局，我国轮胎企业开工率有所回升，外贸出口连续多月大增。轮胎行业的良好发展势头，推高了对轮胎模具的市场需求。2023年一季度，模具产品销售额稍有上升。除工程胎模具市场增幅较多以外，其他半钢胎和全钢胎模具的增幅并不很明显，市场全面恢复、需求旺盛的感觉还比较弱，总体订单仍显不足。

（2）企业盈利状况有所好转

今年模具的主要原材料、运费等价格略有下降。与2022年同期比较，模具产品价格相对稳定，波动不大。同时，国内各项稳经济、促发展政策的实施，也使企业盈利情况向好的方面在转变，行业实现利润总额同比有小幅增长。

（3）外贸出口增长乏力

与2022年同期相比，2023年初出口额明显下降。受国际和地区复杂形势及国外贸易封锁等多重因素影响，行业产品出口数量虽同比略增，但出口增速下滑明显，"眼前一亮"的大单不多，感觉增长乏力，预测下半年外贸市场能有所好转。

（4）企业对未来信心不足

在中美博弈、后疫情时代、俄乌冲突、金融危机和经济周期等多重因素的综合作用下，未来市场不确定性因素太多，企业决策者对未来经济走势充满焦虑情绪。

当前，世界正值百年未有之大变局，产业变革潮流势不可挡，市场竞争日益加剧，橡胶行业面临的挑战前所未有。虽然一季度行业发展趋势向好，但仍存在太多变数。在此背景下，行业企业应充分估计困难和矛盾，看清形势和问题，做好确定性的事情，调整认知并练好企业内功，在提高生产效率、降低生产成本、改善产品性能上多下功夫。同时，针对节能减排、安全生产和数字化、自动化方面，捕捉商机、寻求突破。

2．建议

（1）做好"促转型"工作

对于轮胎模具制造企业来说，早已形成成熟的生产方式，但从企业发展的角度来看，仍有很多痛点。要想从源头解决这些问题，就必须根据新发展阶段的新要求，坚持问题导向，更加精准地贯彻新发展理念，切实解决发展不平衡、不充分的问题，这就迫切要求加快经济发展方式的转变。在此过程中，一要重视"质"的提升；二要敏锐把握市场需求；三要深耕海外市场。

我国轮胎模具市场发展日趋平缓，企业要发展壮大，就要抓住时机扩大外贸出口，借此与国际市场接轨，学习国际先进技术，提升品牌影响力，坚持向转型升级、绿色低碳、智能化、高质量、高附加值方向发展，以此实现质的有效提升和量的合理增长，真正完成由轮胎模具大国向强国迈进。

（2）稳中求进

轮胎模具加工技术的日趋成熟、市场生态圈的形成、行业结构性产能过剩及市场预期减弱等多因素作用下，行业想继续保持高速增长已经变得越来越难。当前"稳增长"才是行业抵御经济下行压力的一场硬仗。越是复杂的局面，越是困难的问题，越需要同行之间的协作和配合。所以，行业在发展过程中应准确把握"稳字当头、稳中求进"的总基调，在此基础上追求再提升、再进步。

（3）树立风险防范意识

汇率风险已经成为出口企业的重要风险之一。2023年，随着疫情防控政策的优化，中国经济走强态势愈发明显，外界机构普遍预测人民币双向波动的可能性逐步加大。美国几家银行的破产风波，一度引发了全球金融市场的恐慌，人民币逆市回升。因此建议出口企业务必重视汇率波动问题，树立正确的汇率风险防范意识，建立健全内部风险管控体系，提高应对汇率风险的能力。

（4）做好长远布局

贸易的多元化有助于减少企业对特定市场的依赖，更有助于为我国企业参与国际分工争取更有利的贸易条件。在中美贸易摩擦不断、国际地区局势紧张的背景下，产品出口价格将愈发敏感，低价路线不但损害企业自身利益，从长远看，还将影响我国轮胎模具行业的国际形象。建议企业在国际贸易中抱团取暖，从长远考虑，以优质、优价的产品布局国际中高端市场，争取从"以量取胜"转变为"以质取胜"。

（5）追求高质量发展

高质量发展是一项系统工程，需要把准内涵、统筹推进、全面落实。从纵向上看，我国轮胎模具行业发展取得了历史性突破，是值得无比自豪的；从横向上看，我们与国际先进企业相比，在生产效率、经营质量、科技水平等方面，还存在一定的差距和不足，需要以高质量发展为牵引，全力推动质量变革、效率变革、动力变革，实现安全、高质量、高效率、可持续的发展。至少应把握好以下几个方面：

一是牢牢把握提质增效升级的根本任务。加快调整优化产业结构，大力淘汰落后产能。加快"两化"深度融合，全面提升产品供给质量，稳步提高产业发展水平，不断增强国际竞争能力，加快向全球产业链和价值链中高端迈进。

二是牢牢把握加快转变发展方式这个根本要求。坚决摒弃粗放式发展，推进智能发展和绿色发展，进一步提高资源配置效率，降低生产成本，不断提升投资收益率、全要素劳动生产率，推动效率变革。

三是牢牢把握增强科技创新能力这一根本动力。加强科技人才队伍建设，加大科技投入力度，加快突破一批影响产业高质量发展的关键核心技术和"卡脖子"技术，增强自主创新能力，培育产业发展新动能。

（姜馨）

第四章 山东、浙江和台湾地区橡胶工业

一、山东省轮胎工业

2022年，面对国内外严峻复杂的巨大风险挑战及疫情反复频发、经济下行压力不断加大等不利因素影响，山东省橡胶轮胎行业抓机遇、迎挑战，着力构建新发展格局，促进高质量发展。以市场为导向研发新产品、新材料，将技术创新和管理创新相结合，不断提升企业核心竞争力；积极推动互联网、大数据、人工智能与产业深度融合，加速行业向数字化转型升级，不断赋能行业发展；企业"走出去"战略稳步推进，由产品出口型为主逐步向技术、资本服务运营一体化输出转变；推动产业链协同发展，持续提升企业品牌影响力，促使产业升级和产品结构调整，行业运行质量进一步提高。

（一）基本情况

（1）2022年经济运行情况

轮胎是山东省的优势产业，其产量、销售收入、实现利税、出口交货量及科研开发能力，连续20年居国内各省（区、市）首位，截至2022年底，山东省有轮胎生产企业263家（含力车胎、摩托车胎），正常生产企业258家，停产企业5家；其中，子午线轮胎生产企业73家。山东省轮胎产能达到5.09亿条/年，其中，全钢子午胎产能1.37亿条/年，半钢子午胎产能3.72亿条/年。斜交胎及摩托车胎生产企业190家，标胎产能为6857万条/年。

2022年，山东省综合外胎产量4.34亿条，下降（同比，下同）4.09%。子午线轮胎产量4.32亿条，下降4.08%，其中全钢子午胎产量9129万条，下降7.3%；半钢子午胎产量3.41亿条，下降3.08%。实现营业收入1481.54亿元，增长3.66%；实现利润47.31亿元，增长57.63%。

2022年山东省完成轮胎出口交货值766.5亿元，占全国出口交货值（1304.18亿元）的58.32%，比上年同期的679.63亿元增长12.79%。

（2）2023年1～5月份经济运行情况

进入2023年以来，我国轮胎行业宏观环境转好，开工率明显提升，原材料价格处于下行通道。天然橡胶需求没有实质性改善，需求仍然偏弱，价格在低位徘徊；合成橡胶受环保、降碳政策等影响，价格波动幅度较大，总体价格高于天然橡胶。橡胶用炭黑优势正在弱化。橡胶助剂产品价格走势在环保技术取得进步后，逐步走向平稳。出口市场占据中国轮胎半壁江山，后疫情时代，全球供应链已逐步恢复，外贸出口仍处于较大幅度增长态势。

山东省橡胶行业协会对入统的15家轮胎企业的统计数据显示，2023年1～5月份综合外胎产量累计1.11亿条，增长14.01%。子午胎产量1.10亿条，增长13.93%。其中，全钢子午胎产量为2677.74万条，增长19.49%；半钢子午胎产量为8372.31条，增长12.26%。

2023年1～5月份山东省轮胎出口交货值累计353.4亿元，增长17.7%，占全国轮胎出口交货总值（583.71亿元）的60.54%。

（二）行业发展

1. 经济运行特点

（1）两极分化趋势更加明显

得益于国外建厂等因素影响，山东省轮胎龙头企业实现了营收及效益的双增长，而部分中小企业运行困难。

赛轮集团2022年实现销售收入219.02亿元，增长21.69%；实现利润总额13.32亿元，增长1.43%。

玲珑轮胎实现营业收入170.06亿元，下降8.47%；归属于上市公司股东的净利润为2.92亿元，下降63.03%。

青岛森麒麟轮胎有限公司2022年实现营收62.92亿元，增长21.53%；归属于上市公司股东的净利润为8.01亿元，增长6.30%。

三角轮胎有限公司实现营收92.20亿元，增长2.97%；归属于上市公司股东的净利润为7.38亿元，增长22.86%。

浦林成山（山东）轮胎有限公司2022年实现营业收入81.52亿元，增长8.2%；净利润3.94亿元，增长42.5%。

与龙头企业相反，部分中小企业由于产品单一，品牌知名度低，销售不畅，资金周转困难，出现了停产现象。

（2）半钢子午胎产销好于全钢子午胎，全钢子午胎生产企业亏损面进一步扩大

2022年我国汽车保有量达到3.19亿辆，增长5.8%，新能源汽车保有量达到1310万辆，增长67.13%。随着汽车保有量的增长，半钢胎替换市场也有较大幅度增长，因此半钢子午胎国内市场稳定增长。

受疫情冲击，物流运输受到极大影响，业务量出现大幅下滑，叠加商用车产销出现大幅下滑，造成2022年全钢子午胎市场疲软，需求下降。2022年，我国商用车累计产销分别为318.5万辆和330万辆，分别下降31.8%和32.2%，其中，重卡产销量分别为72.34万辆和76.76万辆，分别下降50.68%和51.23%，减少重卡原配胎800万条以上。企业库存大幅增加，市场竞争更加激烈，企业经营困难加剧。据山东省橡胶行业协会了解，山东省全钢子午胎生产企业亏损面超过80%，部分小企业难以为继。

（3）轮胎出口保持了两位数增长，新兴市场出现新突破

2022年山东省轮胎出口交货值达到766.5亿元，增长12.79%。受俄乌冲突的影响，欧盟国家轮胎企业撤离俄罗斯市场，我国对俄轮胎出口出现大幅增长。2022年我国轮胎出口俄罗斯总计18.51万吨，增长68.79%。此外，向伊拉克出口轮胎13.37万吨，增长42.67%；向印度尼西亚出口轮胎10.52万吨，增长30.76%，山东省轮胎企业在开拓新兴市场方面走在前列。

2. 企业国际化步伐加快，提高了经济效益和市场竞争力

山东省轮胎企业国际化步伐进一步加快，由亚洲转入欧盟地区。随着轮胎国际市场竞争不断加剧，美国及欧盟等对我国轮胎发起多轮"双反"调查，影响了山东省轮胎出口的快速增长，为了摆脱贸易摩擦对轮胎出口的影响，省内优势轮胎企业纷纷走出国门到国外建厂。既扩大了山东省轮胎的国际市场占有率，也减少了贸易摩擦对出口的影响。

（1）赛轮集团是山东省轮胎行业第一个走出去建厂的企业，先后在越南和柬埔寨建厂，实际达产年产能超过2000万条，为企业贡献了大部分的利润，国外产品利润远高于国内。

（2）玲珑轮胎先后在泰国、塞尔维亚建设了生产工厂，泰国达产年产能1720万条，塞尔维亚工厂也开始试生产，为进一步扩大欧洲市场份额打下了良好基础。

（3）森麒麟轮胎泰国工厂轮胎生产能力达到1200万条，正加快推进欧洲智能制造基地"西班牙年产1200万条高性能轿车、轻卡子午线轮胎项目"，非洲智能制造基地"森麒麟（摩洛哥）年产600万条高性能轿车、轻卡子午线轮胎项目"建设，欧洲及非洲新产能规划，是公司践行"833plus"战略规划的主要步骤。

（4）浦林成山轮胎有限公司泰国生产基地二期项目已于2022年第一季度陆续投产，泰国

基地已经形成全钢子午胎 200 万条、半钢子午胎 800 万条的产能。

（5）金宇轮胎集团越南工厂于 2022 年底投产，形成年产 200 万条全钢子午胎产能。2021 年完成销售收入 1.35 亿元，实现"零"的突破。2022 年完成销售收入 11 亿元，发挥了海外基地的实力。

（6）为更好地进行全球生产布局，青岛双星与锦湖轮胎共同投资 19 亿元，扩大锦湖轮胎越南工厂产能。2022 年已基本完成项目四期的建设，2023 年产量将超过 1000 万条。

2023 年 5 月，双星柬埔寨轮胎工厂正式奠基。该工厂位于柬埔寨桔井省，一期投资约 2 亿美元，年产 850 万条高性能子午线轮胎（含 700 万条半钢子午胎和 150 万条全钢子午胎）。

另外，还有部分优势企业也启动了国外建厂的步伐，山东轮胎企业国外生产能力已接近 1 亿条，因此国际市场占有率将进一步提高，山东轮胎的品牌影响力也将越来越大。

3. 产业集群建设成效显著

经过多年发展，山东省轮胎行业初步形成了两大产业集群，分别是以青岛、烟台、威海为主的半岛轮胎产业集群，以东营、潍坊为中心的鲁北轮胎产业集群，5 市合计产能占山东省子午胎产能的 76%，产业集群建设成效显著（见表 4.1）。

鲁北轮胎产业集群是山东省最大的产业集群，以广饶轮胎企业为主。在 2022 年度世界轮胎 75 强排行榜中（以 2021 年销售收入进行排名），中国大陆上榜企业 30 家，中国台湾企业 4 家。其中山东省轮胎企业 20 家，数量占大陆上榜企业的 67%，而鲁北产业集群上榜企业达到 10 家，占山东省上榜企业数量的 50%。涌现出了许多国内知名品牌，金宇、恒丰、兴源、华盛、永盛、中一、方兴等，在国内外轮胎行业具有一定的影响力。

4. 加快行业兼并重组步伐，助推企业做大做强

为了加快山东省轮胎行业兼并重组，优化产业及产品结构，提高资源利用率，山东省橡胶行业协会配合山东省化工专项行动办公室在 2022 年 9 月对山东省轮胎兼并重组情况进行了调研摸底，形成了山东省轮胎行业兼并重组概况报告。

（1）2018 年，双星集团出资 39 亿元，控股韩国第二大轮胎企业锦湖轮胎，大幅提高了双星轮胎在国际市场的影响力。同时，双星轮胎出资 9 亿元，收购了破产的恒宇科技半钢子午胎，成立了广饶吉星轮胎有限公司，使双星轮胎增加了 1000 万条半钢子午胎的产能。

（2）山东恒丰轮胎收购破产的德瑞宝轮胎和沃森橡胶，通过收购，恒丰轮胎产能由 3000 万条增加到 4600 万条,进一步提高了恒丰轮胎的市场占有率，扩大了品牌影响力，使恒丰轮胎产能进入省内轮胎前列。

（3）赛轮集团收购了破产的山东安驰橡胶有限公司，建设工程胎与非公路轮胎项目，进一步扩大市场占有率。

（4）山东华盛橡胶收购了破产的山东永泰集团和位于广饶开发区的恒宇科技，扩大了全钢子午胎产能，使华盛集团产能翻番，成为山东省轮胎的骨干企业。

表 4.1 山东省子午线轮胎产业集群基本情况

集群名称	地区	产能/(万条/年)	占山东省比重%
半岛轮胎产业集群	青岛、烟台、威海	14101	31
鲁北轮胎产业集群	寿光、广饶	20960	45

（5）山东永盛橡胶收购了破产的恒宇橡胶在大王镇的老厂，扩大了公司全钢胎产能，巩固了在山东省轮胎行业的优势地位。

（6）浙江物产集团由原材料供应商向下游生产企业延伸，收购莱州豪克轮胎、东营奥戈瑞轮胎、广饶盛泰集团、青州盛世泰来橡胶有限公司4家企业，成立了山东雄鹰轮胎集团，集团年产能达到1986万条（全钢胎552万条、半钢胎1434万条），成为山东省乃至我国重要的轮胎生产企业。

通过调研发现，整合重组中也存在一些问题，一是山东省轮胎龙头企业对整合发展的意愿不强，能力不足；二是整合重组成本过高，相关手续变更程序繁琐，给参与收购的企业带来诸多困难。

山东省橡胶行业协会积极向政府部门反映目前整合中的困难和问题，希望政府部门提供更多扶持政策，充分调动龙头企业的积极性，发挥企业主体作用，引导和激励企业自愿、自主参与龙头企业整合。

5. 科技投入不断加大，取得丰硕成果

2022年，全行业科技研发取得良好成绩，硕果累累，企业研发投入不断增加。

由赛轮集团与怡维怡橡胶研究院、益凯新材料联合开发的合成橡胶连续液相混炼关键技术开发及产业化应用项目荣获山东省技术发明一等奖。

6家轮胎企业进入2022年山东省科技领军企业名单，分别为赛轮轮胎、森麒麟轮胎、三角轮胎、玲珑轮胎、浦林成山、赛轮（东营）轮胎。另外，豪迈科技、济南圣泉、青岛软控机电、山东大业、山东尚舜化工、淄博齐翔腾达化工、金能科技、蓝帆医疗等橡胶相关企业也入选上榜名单，入选企业占山东省科技领军企业的5.5%。

福麦斯轮胎、滕森轮胎两家轮胎企业入选山东省科技小巨人企业名单，益凯新材料、科捷机器人、阳谷华泰、京博中聚、英科医疗等橡胶行业相关企业也入选科技小巨人企业名单。

6. 全钢工程子午胎和巨型工程轮胎正成为市场新热点

（1）诸城涌安橡胶科技有限公司采用赛轮集团液体黄金轮胎技术，投资5.56亿元，新购置、改造设备192台，其中新购进半成品设备11台，成型机8台，硫化机39台，新增年产成品工程轮胎7.01万吨（折混炼胶5.61万吨）。该项目竣工时间预计为2024年5月。

（2）2022年12月底，赛轮集团发布公告，根据自身战略规划及市场需求状况，拟对青岛工厂非公路轮胎项目进行技术改造并调整产品结构，将非公路轮胎中49英寸以下的规格调整为49英寸以上（含49英寸），项目投资总额8.33亿元。

（3）2023年2月1日，寿光福麦斯轮胎年产1200万条半钢子午胎设备技改项目，开始进行环境影响评价征求意见公示。项目拟投资6500万元，在保持1200万条产能和主体工艺不变的情况下，进行"填平补齐"与智能化升级改造。

（三）展望和建议

1. 存在问题

近年来，在全球产业链供应链不稳定的情况下，山东省轮胎行业靠外贸支撑住了微增长的发展速度。现今，轮胎企业对国际市场需求不要盲目乐观。欧美国家开始强调"近岸外包""友岸外包"，将所谓"供应链安全"置于产品本身之上。同时，全球轮胎市场周期性波动进入下行区间。

随着中国经济结构调整，新能源汽车异军突起，且"中国制造"走在前列，扭转了乘用车以国外品牌为主的局面，进而可以利好中国轮胎产业。

轮胎行业面临的成本压力迅速上升。电力、

天然气、煤等能源动力涨价有可能成为改变生产成本结构的主要因素。其次是国内人工成本持续上升。单就人工成本而言，除去其他综合因素，我国已成为人工成本除欧美日以外的高地。轮胎行业的环保支出在迅速上升，已成为轮胎生产成本构成中不可忽略的因素。

在原材料方面，进口天然胶高关税问题依然迟迟无解。

在这样的情况下，轮胎产业正在步一些传统工业的后尘，失去制造的成本优势。

2. 行业发展优势

（1）国内产业技术进步加速，制造水平与世界先进水平差距快速缩小。

（2）以智能制造为引领。轮胎企业的人均生产效率大幅提高，新技术、新材料广泛应用。

（3）产业链配套完整。轮胎行业节能降耗还有较大潜力。近3年，中国轮胎业的生态环境已经发生重大变化，有的变化可能是不可逆的。轮胎行业只有加倍努力，以正面变化冲销已经发生的负面因素，才能保持轮胎"山东制造"的优势。

3. 建议

2023年，轮胎行业发展的关键是抓住市场需求的四大机遇，一是抓住新能源汽车发展带来的新机遇；二是抓住内需带来的国内市场的机遇；三是实现对外贸易高质量发展的机遇；四是海外生产基地建设的机遇。

2023年，围绕轮胎行业发展的热点、难点问题，轮胎企业要狠抓绿色化、智能化融合发展，进行多维度、深层次的探讨，坚持行业转型升级，加快高质量发展，在变局和困局中坚定走在前、开新局。

（张洪民）

二、浙江省橡胶工业

受国内疫情多点暴发、原材料及能源价格大幅度上涨、国内市场严重萎缩等影响，2022年初，浙江省橡胶工业开工率走低，利润同比下降。5月份，随着国内疫情防控形势总体改善，政府出台"稳经济"一揽子政策措施逐步显现，国内需求有所恢复，尤其是汽车行业在政策刺激下，降幅明显收窄，国内物流保通保畅，行业生产运行态势出现积极变化。全年实现销售收入499.1亿元，增长3.81%；出口交货值突破190亿元大关，同比（下同）增长27.68%，达199.09亿元，占销售收入的比重为39.89%。

（一）基本情况

1. 增收不增利

2022年，浙江省橡胶行业在原材料及能源价格大幅上涨等诸多不利因素叠加的影响下，利润总额同比下降，行业增收不增利。2022年浙江省橡胶工业主要经济指标见表4.2。

2. 重点产品产量萎缩

2022年，国内疫情多点暴发，市场需求下降，浙江省橡胶行业主要产品产量都出现不同程度的萎缩，其中力车胎和传动带产量下降最为明显，轮胎产量近5年来首次呈萎缩态势。输送带、履带、汽车V带、橡胶助剂和合成橡胶等产品产量有所增长。2022年浙江省橡胶工业主要产品产量见表4.3。

3. 出口额突破190亿元

2022年，面对全球经济衰退预期加重以及需求前景转弱等不利影响，浙江省橡胶行业积极应对，早预判、早部署，外贸运行仍保持快速度发展态势。据浙江省橡胶协会统计，2022年，浙江省出口交货值突破190亿元大关，增长27.68%，达199.09亿元，增幅比上年同期增加14个百分点。

（1）出口恢复疫情前的增长趋势

2022年，随着外贸物流逐步改善，浙江省橡胶行业外贸运行态势出现积极变化，外贸基本恢复疫情之前的状态，增幅较2019年增加17.78个百分点。

（2）重点产品出口量价齐增

2022年，随着海外疫情趋于平稳和外贸物流逐步改善，部分重点产品市场补货需求积极释放，如胶鞋、输送带、合成橡胶和履带等需求最旺，出口量、出口交货值和出口单价齐增。2022年浙江省橡胶工业主要产品出口交货值见表4.4，2022年浙江省橡胶工业主要产品出口均价见表4.5。

表4.2　2022年浙江省橡胶工业主要经济指标

项目	2022年	2021年	同比/%
现价工业产值/亿元	499.56	489.04	2.15
产品销售收入/亿元	499.10	486.77	2.53
利润总额/亿元	34.01	34.13	-0.36
利税总额/亿元	40.34	42.08	-4.13

表 4.3 2022 年浙江省橡胶工业主要产品产量

主要产品名称	2022 年	2021 年	同比/%
轮胎/万条	8684.44	8993.39	-3.44
子午胎	8175.61	8495.28	-3.76
力车胎/万条	400.68	506.28	-20.86
胶管/万标米	6.49	6.75	-3.85
输送带/万平方米	13270.10	12716.25	4.36
橡胶履带/万条	92.05	78.56	17.17
汽车 V 带/万条	7723.41	7618.36	1.38
传动带/万 A 米	54658.86	62112.00	-16.05
胶鞋/万双	917.84	955.28	-3.92
合成橡胶/吨	136189.57	123111.81	10.62
炭黑/吨	167095.40	171350.00	-2.48
橡胶助剂/吨	18500.00	18000.00	2.78

注：标米和 A 米均为胶管专用长度单位。

表 4.4 2022 年浙江省橡胶工业主要产品出口交货值

主要产品名称	出口量	同比/%	出口交货值/万元	同比/%
轮胎/万条	3142.13	-11.37	1468198.1	27.85
力车胎/万条	1945.82	-22.89	77767.2	-25.47
胶鞋/万双	482.76	49.78	17495.0	68.09
传动带/万 A 米	14457.79	-2.83	48764.9	-2.53
输送带/万平方米	2966.93	19.55	88151.1	26.69
橡胶履带/万条	51.82	26.73	97162.4	37.34
油封/万只	97.10	-50.52	192.0	-29.13
炭黑/吨	2722.00	-27.41	2420.8	-4.83
合成橡胶/吨	40193.25	29.72	47376.8	59.43

表 4.5 2022 年浙江省橡胶工业主要产品出口均价

主要产品名称	出口均价	同比/%	较 2022 年 1～9 月提高/%
轮胎/(元/条)	467.26	44.24	77.65
力车胎/(元/条)	39.96	-4.67	-19.39
胶鞋/(元/双)	36.24	12.80	53.95
传动 V 带/(元/A 米)	3.37	0.30	48.45

续表

主要产品名称	出口均价	同比/%	较2022年1~9月提高/%
输送带/(元/平方米)	29.70	5.96	5.88
橡胶履带/(元/条)	1875.00	7.60	27.73
油封/(元/只)	1.98	43.48	-5.26
炭黑/(元/吨)	8893.46	35.91	0.05
合成橡胶/(元/吨)	11787.25	22.91	-3.85

（3）出口拉动作用提升

2022年，虽然世界经济正处在恢复期，但市场需求明显好转，浙江省橡胶行业出口拉动明显提升。据浙江省橡胶协会统计，2022年，浙江省橡胶行业实现销售收入499.1亿元，增长3.81%；其中，出口交货值199.09亿元，占销售收入的39.89%，增加6个百分点。

（4）橡胶机械出口量价齐增

2018年世界橡胶机械行业销售收入开始了下降走势，2021年上半年止跌，2021年下半年迎来全面增长，2021年全年总体取得较大反弹，2022年浙江省橡胶机械行业出口进入上升通道，出口额、出口量齐增，2022年浙江省橡胶机械出口额为4328万元，是2021年的17.65倍；出口35套设备，是2021年的16.5倍。

（5）杭州出口一如既往领跑全省

杭州市橡胶企业早预判、早部署，从容应对疫情、原辅材料上涨和贸易摩擦带来的不利影响，有效促进外贸快速恢复。2022年，杭州地区橡胶产品出口额为146.25亿元，增长23.38%，占全省橡胶产品出口总额的72.46%。

（6）轮胎出口拉动全省增长

2022年，随着海外疫情趋于平稳，浙江省轮胎出口额的增幅超过出口量增幅39个百分点，呈良好发展的态势，出口额增幅高于全省出口额增幅0.17个百分点，出口额占全省橡胶出口总额的73.75%，增加0.12个百分点。

（7）炭黑出口维持积极态势

目前俄乌冲突仍然没有结束的迹象，在欧洲炭黑供应紧张、国际原油价格成本高位、人民币汇率走弱的形势下，炭黑出口利好较多，呈现了积极态势，出口均价稳定在8000多元，并逐季稳定提高，全年出口均价较2022年前三季度增加0.05个百分点。

4. 重视节能降耗

2022年，浙江省橡胶行业以节能降耗为手段，求生存、促发展，采用多项措施有效控制能源成本，加快行业可持续发展步伐，综合能源消耗43.47万吨标煤，下降3.68%。

5. 积极应对贸易摩擦

2022年1月，南非国际贸易管理委员会（international trade administration commission of South Africa，ITAC）发布通知，宣布正式启动对来自中国的新充气橡胶轮胎的反倾销调查。海关数据显示，调查期内我国出口南非市场涉案产品总值约2.3亿美元，其中浙江省涉案产品约294万美元，占涉案金额的12.78%。南非市场是我国轮胎出口市场比较重要的市场之一，其中中策橡胶于2022年4月完成全部问卷提交。2022年9月9日，南非调查机关发布实施38.33%的临时反倾销税率。

2022年2月17日，巴西外贸秘书处发布公告，宣布对进口自中国的农用轮胎（"被调查产品"）启动反倾销日落复审调查，倾销调查期为2020年7月至2021年6月，损害调查期为2016年7月至2021年6月。中策橡胶于2022年5月提交了相应问卷，于2022年10月提交了补充问卷。

2022年8月，美国商务部对我国出口到美国的半钢轮胎开展反倾销反补贴年度复审，反倾销调查期为2021年8月1日至2022年7月31日，反补贴调查期为2021年1月1日至2021年12月31日。中策橡胶于2022年8月30日向美国商务部提交了双反年度复审申请并立案，并提交了相关问卷。

6. 俄乌冲突影响原材料供应和价格

近年来，国际关系日趋复杂，各国纷纷建立严格的合规监管制度，使企业全球化进程面临更多挑战。俄乌冲突的爆发，对全球经济、金融和产业链产生了深刻影响，给中国企业的涉俄业务带来了极大的风险，浙江省橡胶行业也没能幸免，如合成橡胶是橡胶行业的主要原材料之一，而俄罗斯是全球重要的合成橡胶供应集散地，也是产油大户。俄乌冲突爆发，给这两种原材料供应和价格带来了极大的不确定性。据浙江省橡胶协会调研，2022年浙江省从俄罗斯进口粉末丁基橡胶约1000吨，占全国进口量的14%，后来该产品价格已从17500元/吨上涨到20000元/吨；受俄乌局势升级及其触发的西方对俄罗斯制裁影响，如欧洲取消对俄罗斯出口产品，浙江省橡胶行业部分从欧洲出口至俄罗斯的产品订单可能被取消。

（二）行业发展

集群发展是浙江省橡胶行业的发展特点，产业集群已成为浙江省橡胶行业发展的重要产业组织形式和载体，并在促进浙江省橡胶行业经济发展中发挥着越来越重要的作用。产业集群构成了浙江橡胶特色的区域性产业组织形态，近年来一直呈现良好的发展态势，产业集中度在不断提升，但在疫情持续蔓延的大环境下，集群区域发展不平衡，竞争力有强有弱。

据统计，2022年，温州市规模以上橡胶制品企业产值为30亿元，下降14%；宁海汽车规模以上橡胶制品产值为145亿元，增长3.57%；三门县规模以上胶带企业产值为47亿元，增长4.44%；天台县规模以上胶带企业产值为40亿元，增长3.60%；瑞安市规模以上胶鞋企业产值54亿元，下降1.82%。

1. 行业投资

2022年，浙江省橡胶行业投资步伐依旧坚定，抗风险能力不断提升。据浙江省橡胶协会调研，2022年浙江省橡胶行业总投资91.28亿元。其中包括浙江中远鞋业有限公司投资6.3亿元的年产3000万双天然乳胶及超纤维高档绿色时尚鞋未来工厂建设项目，利用天然乳胶及超纤维新材料，新建智能一体化成型组合生产线6条，购置多轴工业机器人、智能电器系统、多功能成型线、链条线输送机、密炼机、鞋面3D扫描站、多功能成型线等国内外先进设备；中策钱塘实业有限公司投资5亿美元新建650万套/年全钢胎5G数字工厂，采用全球先进的生产工艺和技术装备，建设全过程自动化、全流程信息化、全领域智能化、全方位绿色化的先进的轮胎数字工厂；中策清泉实业有限公司投资20亿元的250万套/年的全钢载重轮胎项目，位于杭州市富阳区，建设面积64818平方米；中策天津计划投资28亿元的高端绿色轮胎制造产业链提升改造项目，预计未来3年内年销售收入可达40亿元；浙江传化合成材料有限公司拟投资1.4亿元，通过对现有生产线实施扩建改造，新增5万吨/年顺丁橡胶产能，建成后，其厂区将形成年产15万吨顺丁橡胶的能力，可实现镍系和钕系顺丁橡胶的柔性切换生产，该项目催化剂均用于顺丁橡胶生产，不外售；宁波莱力机电设备实业有限公司投资3850万元新建年产165T橡胶注射成型机150台（套）项目，有利于完善当地机械配件产业链，形成产业聚集效应；嘉兴韩泰轮胎有限公司投资282.49万美元进行静音产品技术升级改造项目，主要采用降低轮胎空腔噪声消音处理技术，引进具有国际先进水平的轮胎自动堆垛/拆垛、激光清扫、喷涂及贴海绵设备等，进一步提升嘉兴韩泰原有高性能产品的舒适性能。

2. 制定标准

开展团体标准制定有利于浙江省橡胶企业引领市场、提高权威、申报项目、政府奖励和整合资源，加快企业转型升级的步伐，是提升企业综合能力的唯一捷径。为此2022年围绕浙江省橡胶产业发展状况，通过系统诊断，梳理产生团体标准重点培育产品16个。经过浙江省橡胶协会和起草单位一年的努力，已顺利发布。

3. 科技创新

2022年，浙江省橡胶企业持续坚持管理创新、提质增效，加大研发投入和新产品开发，为行业发展注入新的动力。2022年浙江省橡胶行业研发费用达18.01亿元，增长15.38%，增速高于营业收入11.57个百分点；研发经费投入强度达到3.61%；新产品产值120.05亿元，增长5.45%。据统计，共有72项新产品入围2022年省级新产品试制计划项目。这25项新产品的成功研发，激发了企业创新活力，营造了良好的创新创业生态环境，加快了创新平台建设，切实提升了浙江省橡胶行业的自主创新水平。

4. 存在问题

目前制约行业发展的问题主要表现在缺乏逆境预警机制、产品技术含量较低、出口产品价格偏低、产品结构同质化、营销成本过高、粗放式增长明显、企业规模偏小、资金缺乏现象突出、行业发展和资源环境的矛盾，此外，2022年，原材料价格和能源价格暴涨带来的利润缩减的问题尤为突出。

（三）展望和建议

2023年1~3月，受国际环境复杂多变的影响，浙江省橡胶行业生产经营继续延续上年增收不增利的发展状况，工业总产值为121.02亿元，增长6.37%；销售收入119.79亿元，增长1.72%；利润总额7.11亿元，下降1.91%。

2023年，浙江省橡胶行业出口面临极大的困难和挑战，企业一要不断练好内功，提升竞争力；二要用好国家相关政策，使企业顺利渡过难关，实现浙江省橡胶行业高质量发展。

（王逸田）

三、台湾地区橡胶工业

（一）基本情况

从1929年台湾有了橡胶制品厂至今，台湾橡胶工业已有90多年的历史，是台湾最早的工业。2022年，台湾橡胶制品产值为1025.67亿元新台币（下同），占全球的1.2%。若包含台商海外工厂产值，则超过2000亿元新台币，占全球的3.4%。受产业外移影响，台湾橡胶制品产值在1992年达到高峰，占台湾制造业总产值的1.15%，以后逐年下滑，2022年占比为0.60%；其占台湾化学工业总产值的比例也从1992年的4.55%逐年下滑到2022年的2.48%。2022年全球与中国台湾橡胶制品产值情况见表4.6。

（二）行业发展

1. 发展历程及产业规模
（1）发展历程

① 1948年成立台湾区橡胶工业同业公会，凝聚同业力量，同业合作而不是对立，促进同业繁荣发展。

② 1952年成立橡胶实验室，即后来1976年财团法人台湾区橡胶工业研究试验中心的前身，注重技术及前瞻研究思考，促进产业持续发展。

③ 20世纪70年代，鞋类产业发展带动台湾橡胶制品产业发展。1972年，鞋类包括布面球鞋、雨鞋、雪靴、鞋底等，产值占台湾橡胶制品总产值的50%，轮胎类仅占35%，工业用品则占15%，制鞋成为当时的当红产业，更一度成为世界生产基地。

④ 1974年台湾启动内需自足的石化工业建设，带动相关橡胶原料开发。台橡、中橡、优品等原料橡胶厂也陆续开工生产，大幅取代进口产品，建立起橡胶制品产业的供应链和产业竞争优势条件的雏形。

⑤ 20世纪90年代前后，橡胶厂开始海外投资潮。新台币从1983年40.06元汇兑1美元逐年升值，1992年达25.16元。在1983～1997年间台币高值汇兑期，冲击了台湾以外销为导向的制品产业，加上台湾胶鞋业因劳动力人口不足，自1989年起陆续外移到东南亚或中国大陆等地，成为台湾产业外移的繁盛时期，人型

表4.6　2022年全球与中国台湾橡胶制品产值情况　　　　单位：亿美元

橡胶制品分类	全球橡胶		中国台湾橡胶			全球台商	
	产值	占比/%	产值	占中国台湾比例/%	占全球比例/%	产值	占比/%
轮胎类	1700	63	12.59	37	0.7	65.93	3.9
非轮胎类	1000	37	21.32	63	2.1	28.31	2.8
合计	2700	100	33.91	100	1.3	94.24	3.5

注：数据来源于台湾橡胶暨弹性体工业同业公会（下同）；以1美元兑30元新台币估算。

橡胶企业都已经在大陆设立生产基地。

⑥ 加入全球化经济活动。2002年加入世界贸易组织（WTO），2011年启动海峡两岸经济合作架构协议（ECFA），开启与大陆互为关税减免，台湾的经济活动与全球化市场联结而不至于被边缘化。

⑦ 2012年台湾区橡胶工业同业公会正式更名为"台湾橡胶暨弹性体工业同业公会"。增加弹性体经营领域，不仅符合不断变革的橡胶产业潮流需求，也壮大了台湾橡胶产业的层次与格局。

（2）产业规模

台湾橡胶暨弹性体工业同业公会以企业资本额及营业额作为评定标准（见表4.7），吸纳较高等级企业入会。根据标准，截至2023年5月15日，会员企业共计453家，厂商规模分别为一级86家、二级43家、三级104家、四级56家、五级164家。

会员分布于台湾北部（宜兰、花莲、基隆、台北、桃园、新竹）、中部（苗栗、台中、彰化、南投、云林）及南部（嘉义、台南、高雄、屏东、台东、澎湖）。以北部较多，共计194家，占42.8%；其次为中部167家，占36.9%；南部92家，占20.3%。

资本额10亿元新台币以上的会员厂商有21家，占会员总数的4.6%，资本额占比高达89.9%；资本额1亿元新台币到10亿元新台币间的会员厂商有74家，占会员总数的16.3%，资本额占比为7.7%；资本额1000万元新台币至1亿元新台币的会员厂商有220家，占会员总数的48.6%，资本额占比为2.2%；资本额1000万元新台币以下的会员厂商有138家，占会员总数的30.5%，资本额占比为0.2%。

按产品区分，会员厂商中非轮胎工业制品厂商有289家，占63.8%。台湾橡胶暨弹性体工业同业公会会员资本额与产品分析见表4.8。

2. 人力资源与薪资

2022年台湾橡胶制品从业人员38656人，平均薪资39886元新台币。橡胶制品业薪资低于制造业平均薪资，但高于塑胶制品业。2017~2022年台湾橡胶制品业受雇人数与平均薪资比较见表4.9。

3. 产值

2022年，台湾橡胶制品产值为1025.67亿元新台币，同比（下同）增长0.81%。其中，轮胎总产值为372.33亿元新台币，下降0.4%，占橡胶制品总产值的36.3%；非轮胎橡胶制品中的工业用橡胶制品为291.04亿元新台币，增长6.22%，占橡胶制品总产值的28.4%；其他橡胶制品为362.31亿元新台币，下降0.35%，占总产值的35.3%。2017~2022年台湾橡胶制品产值情况见表4.10。

表4.7 台湾橡胶暨弹性体工业同业公会会员评定标准　　单位：万元新台币

分级	资本额	营业额
一级	2000以上	12000以上
二级	800~1999	6000~12000
三级	400~799	3000~5999
四级	200~399	1000~2999
五级	200以下	1000以下

第四章 山东、浙江和台湾地区橡胶工业

表4.8 台湾橡胶暨弹性体工业同业公会会员资本额与产品分析

会员资本额分布				产品分析				
资本额	企业家数	占比/%	资本额累计/千元	占比/%	原料企业家数	轮胎企业家数	工业用品企业家数	资源回收企业家数	橡胶机械企业家数
10亿元以上	21	4.6	260389309	89.9	10	5	5	0	1
1亿~10亿元	74	16.3	222224029	7.7	19	7	37	2	9
1000万~9999万元	220	448.6	6417609	2.2	36	19	148	3	14
999万元以下	136	30.5	558124	0.2	24	5	99	1	9
合计	453	100.0	289589071	100.0	89	36	289	6	33
占比/%					19.6	8.0	63.8	1.3	7.23

注：资本额以新台币计。

表4.9 2017~2022年台湾橡胶制品业受雇人数与平均薪资比较

年份	制造业		橡胶制品业		塑料制品业	
	受雇人数	平均薪资/元	受雇人数	平均薪资/元	受雇人数	平均薪资/元
2017年	2831468	47837	39211	39043	138884	37903
2018年	2860987	50167	40136	39446	139615	37537
2019年	2859387	51327	40263	39538	140170	39959
2020年	2845266	51588	39963	40555	138197	40798
2021年	2862327	55826	39040	40920	135395	43798
2022年	2871559	57167	28656	39886	131283	44161

注：薪资以新台币计。

表4.10 2017~2022年台湾橡胶制品产值情况　　单位：百万元新台币

年份	轮胎类	工业用橡胶制品	其他橡胶制品	合计	同比/%
2017年	41345	24073	31021	96439	3.02
2018年	39424	23701	31527	94653	-1.85
2019年	43233	23223	31401	97857	3.38
2020年	42451	22489	29724	94664	-3.26
2021年	37783	27601	36359	101743	7.48
2022年	37233	29104	36231	102568	0.81

4. 生产销售

（1）轮胎

轮胎是台湾橡胶制品中产值最大的产品，在原料需求、生产技术、质量水平及投资规模等方面均高于其他制品，所以所投入的各项资源也较其他橡胶制品多样而丰富，是橡胶制品产业的核心代表，若能掌握轮胎制品业发展，即可推测橡胶产业全貌。台湾专业生产汽车轮胎的厂商，以南港、泰丰、正新、建大、华丰、台湾普利司通6家公司为主，各有专精项目。前5家为股票上市的本地厂商，都已在中国大陆或泰国、越南、印度尼西亚等地设有制造工厂。

台湾轮胎厂除可以满足约35万辆/年台湾新车市场和677万辆汽车保有量替换轮胎市场外，外销量维持在65%以上，历年平均出口单价均低于内销平均单价。2022年外销平均单价为1292元/条，内销平均单价为1595元/条。受美国反倾销影响，2022年汽车外胎产量1558.6万条，下降8.1%；出口量1095.7万条，出口率（量）70.3%；总销售额217.84亿元新台币，增长0.7%。近年台湾汽车外胎产销及进出口情况见表4.11~表4.13。

表4.11　近年台湾汽车外胎产量、销售及外销情况

年份	产量/千条	销售量/千条	销售值/百万元新台币	平均单价/(元新台币/条)	内销量/千条	内销值/百万元新台币	平均单价/(元新台币/条)	直接外销量/千条	直接外销值/百万元新台币	平均单价/(元新台币/条)	外销量占比/%	外销额占比/%
2017年	22651	22101	27872.2	1261.0	5523	8544.8	1547	16578	19327.3	1166	75.0	69.3
2018年	20672	20953	26808.1	1279.0	5178	8036.8	1552	15775	18771.3	1190	75.3	72.1
2019年	22074	22031	29124.1	1322.0	5087	7854.0	1543	16944	21270.1	1255	76.9	73.0
2020年	21662	21669	28618.2	1321.0	5093	7611.7	1495	16576	21006.5	1267	76.5	73.4
2021年	16954	16756	21631.7	1291.0	4901	7499.9	1530	11855	14131.8	1192	70.8	65.3
2022年	15586	15736	21783.9	1384	4779	7622.1	1596	10957	14161.8	1292	69.6	65.0

表4.12　2022年台湾汽车外胎出口地情况

出口地	汽车外胎							
	乘用子午胎		乘用斜交胎		客货子午胎		合计	
	数量/千条	金额/千美元	数量/千条	金额/千美元	数量/千条	金额/千美元	数量/千条	金额/千美元
美国	2238.8	111807	2257.1	57164	28.1	1608	4523.9	170579
澳大利亚	628.0	51136	5.7	231	68.5	4445	702.2	55812
日本	1095.8	41245	327.4	10843	75.7	3077	1498.9	55165
加拿大	253.2	11814	605.4	19239	24.9	1514	883.4	32567
荷兰	280.7	14347	3.7	382	34.4	1391	308.8	16120
沙特阿拉伯	333.5	14591	7.5	270	10.3	627	351.4	15488
德国	332.2	12069	3.5	246	0.0	0	335.7	12315
新西兰	125.1	8005	2.0	113	6.1	380	133.3	8498

续表

出口地	汽车外胎							
	乘用子午胎		乘用斜交胎		客货子午胎		合计	
	数量/千条	金额/千美元	数量/千条	金额/千美元	数量/千条	金额/千美元	数量/千条	金额/千美元
墨西哥	90.0	5836	0.6	108	48.9	2038	139.5	8082
西班牙	152.0	5332	82.3	2032	4.2	251	238.5	7615
阿联酋	113.0	4114	24.1	1444	33.1	1528	170.2	7086
英国	175.9	6094	0.4	58	0.6	38	176.9	6190
巴西	74.4	1443	106.8	3482	3.5	349	184.8	5274
危地马拉	103.0	3751	0.0	0	12.4	640	115.4	4391
意大利	100.9	3291	13.2	407	1.4	75	115.4	3773
厄瓜多尔	66.3	3480	0.2	30	0.3	72	66.8	3582
韩国	56.1	3218	2.7	21	3.6	286	62.4	3525
约旦	111.6	2706	0.1	15	22.6	613	134.3	3334
埃及	68.3	1775	4.3	1092	11.6	449	84.3	3316
斯里兰卡	78.1	2768	0.0	5	6.8	348	85.0	3121
俄罗斯	32.8	2745	2.0	299	0.5	49	35.3	3093
菲律宾	53.7	2571	2.6	228	3.1	169	59.4	2968
伊拉克	72.1	2467	0.0	0	14.2	424	86.2	2891
其他地区	743.2	34530	152.5	5563	161.3	9415	1057.0	49508
合计	7378.7	351135	3604.1	103272	566.3	29886	11549.1	484293

注：数据来源于台湾橡胶暨弹性体工业同业公会。

表4.13　2022年台湾汽车外胎进口地情况

进口地	乘用子午胎		乘用斜交胎		客货子午胎		合计	
	数量/千条	金额/千美元	数量/千条	金额/千美元	数量/千条	金额/千美元	数量/千条	金额/千美元
中国大陆	1596.1	83485	0.1	3	565.2	81153	2161.3	164641
泰国	654.7	34376	—	—	244.1	35198	898.7	69574
日本	722.4	43667	0.1	7	114.7	15762	837.2	59436
德国	216.5	20151	0.0	4	17.3	4241	233.8	24396
法国	158.3	16631	0.0	2	3.4	241	161.8	16874
西班牙	126.5	12338	—	—	6.6	2322	133.1	14660
韩国	219.9	12332	—	—	3.3	189	223.2	12521

续表

进口地	乘用子午胎		乘用斜交胎		客货子午胎		合计	
	数量/千条	金额/千美元	数量/千条	金额/千美元	数量/千条	金额/千美元	数量/千条	金额/千美元
意大利	84.3	10448	0.0	15	2.0	814	86.4	11277
捷克	134.1	9917	—	—	4.2	202	138.3	10119
罗马尼亚	115.9	9748	—	—	0.8	204	116.7	9952
菲律宾	196.6	8819	—	—	—	—	196.6	8819
匈牙利	65.3	7974	—	—	—	—	65.3	7974
波兰	91.2	6908	—	—	6.1	851	97.3	7759
斯洛伐克	68.7	5481	—	—	2.9	225	71.6	5706
印度尼西亚	136.1	4060	—	—	44.8	1622	180.9	5682
葡萄牙	69.9	5433	—	—	—	—	69.9	5433
马来西亚	83.7	4013	—	—	1.5	227	85.2	4240
美国	22.5	3446	0.0	8	4.0	564	26.5	4018
墨西哥	15.5	2463	—	—	—	—	15.5	2463
其他地区	82.6	4714	0.0	1	8.6	1390	91.2	6105
合计	4860.8	306404	0.3	40	1029.4	145205	5890.5	451649

注：数据来源于台湾橡胶暨弹性体工业同业公会。

台湾新车用轮胎市场，基本由台湾普利司通和正新各占50%；售后维修市场获利比新车市场高，长期以来销售前2名是法国米其林和日本普利司通。

台湾目前每年进口轮胎品牌约达250种，其中法国米其林进口额约占30%，日本普利司通约占15%，德国马牌约占10%，日本横滨约占7%，4家企业的进口额占总进口额约六成。

（2）摩托车胎

台湾摩托车胎生产厂商主要有正新、建大、华丰、固满德、特耐、石榴及益碁等7家，合计日产能在3万条以上。除供应台湾130万辆/年摩托车需求外，仍有出口。2022年外销量占总销售量的39.7%，外销额占总销售额的61%。有别于汽车外胎内销价高、外销价低的状况，摩托车胎行业历年平均出口单价均高于内销价格。2022年出口平均单价为906元/条，内销单价为381元/条。近年台湾摩托车外胎产销及进出口情况见表4.14～表4.16。

（3）自行车胎

台湾主要自行车胎生产厂商有正新、华丰、建大、世发等。近年台湾自行车形成运动休闲风潮，带动自行车胎的需求量增加，帮助台湾自行车胎找到高值产品的转型契机。

在进口方面，因台湾自开放大陆产轮胎进口后，所有大陆进口的自行车胎仍以台商生产为主。虽然台湾自行车胎具有质量优势，但由于人力成本较高，大部分产业都已外移，产量减少，因此从印度尼西亚、泰国的进口有增加趋势。

自行车外胎出口数量为11790千条，出口额148666千美元，均价12.6美元/条；进口数量为4769.3千条，进口额35829千美元，均价7.5美元/条。

表 4.14 近年台湾摩托车外胎产量、销售及外销情况

年份	产量/千条	销售量/千条	销售值/百万元新台币	平均单价/(元新台币/条)	内销量/千条	内销值/百万元新台币	平均单价/(元新台币/条)	直接外销量/千条	直接外销值/百万元新台币	平均单价/(元新台币/条)	外销量占比/%	外销额占比/%
2017年	11725	12174	5834.2	479	7617	2537.5	333	4557	3296.7	723	37.4	56.5
2018年	11103	11386	5743.3	504	6857	2342.0	342	4529	3401.3	751	39.8	59.2
2019年	11950	11467	5872.7	512	6876	2342.2	341	4591	3530.5	769	40.0	60.1
2020年	11715	11542	6233.1	540	6692	2337.1	349	4850	3895.7	803	42.0	62.5
2021年	11679	11670	6713.6	573	6517	2333.1	358	5153	4380.4	850	44.2	65.2
2022年	9808	10147	5984.1	590	6116	2331.4	381	4031	3652.7	906	39.7	61.0

表 4.15 2022年台湾摩托车外胎出口地情况

出口地	数量/千条	金额/千美元	平均单价/(美元/条)
美国	983.2	42010	42.7
墨西哥	527.5	32592	61.8
中国大陆	261.7	5482	20.9
日本	411.5	5192	12.6
秘鲁	458.7	5181	11.3
加拿大	98.2	4870	49.6
澳大利亚	55.8	2061	37.0
德国	85.6	1984	23.2
奥地利	95.1	1628	17.1
荷兰	61.9	1580	25.5
意大利	94.8	1394	14.7
波兰	56.0	1245	22.2
葡萄牙	32.8	1180	36.0
英国	35.7	1035	29.0
其他地区	730.4	15346	21.0
合计	3988.9	122780	30.8

注：数据来源于台湾橡胶暨弹性体工业同业公会。

表 4.16　2022 年台湾摩托车外胎进口地情况

进口地	数量/千条	金额/千美元	平均单价/(美元/条)
印度尼西亚	361.9	4939	13.6
中国大陆	518.4	4033	7.8
日本	74.5	3264	43.8
印度	313.5	3164	43.8
泰国	141.2	25.2	17.7
越南	277.8	1789	6.4
西班牙	15.1	1233	81.6
德国	28.4	1009	35.5
塞尔维亚	46.6	911	19.6
韩国	25.7	676	26.4
斯洛文尼亚	4.0	171	42.7
巴西	1.9	68	35.2
其他地区	3.7	176	48.2
合计	1812.7	23935	13.2

注：数据来源于台湾橡胶暨弹性体工业同业公会。

自行车内胎出口数量为 11412.7 千条，出口额 22548 千美元，均价 2.0 美元/条；进口数量为 2913.6 千条，进口额 3378 千美元，均价 1.2 美元/条。

台湾车辆公会资料显示，台湾自行车产业历年来出口表现突出，占 90%。每年自行车产量约 400 万辆以上，因此进口产品主要是供自行车组装而再出口贸易用，并非供消费。近年台湾自行车内外胎进出口情况见表 4.17～表 4.19。

表 4.17　近年台湾自行车内外胎进出口情况

产品名称		2022 年		2021 年		2020 年	
		数量/千条	金额/千美元	数量/千条	金额/千美元	数量/千条	金额/千美元
出口	自行车外胎	11790.0	148666	12541.4	133145	8962.8	81027
	自行车内胎	11412.7	22548	15085.4	25424	14476.4	21421
进口	自行车外胎	4769.3	35829	5539.5	36896	4537.4	23880
	自行车内胎	2913.3	3378	3866.1	3806	3114.1	2680

注：数据来源于台湾橡胶暨弹性体工业同业公会。

表 4.18 2022 年台湾自行车外胎主要出口地情况

出口地	数量/千条	金额/千美元	均价/(美元/条)
美国	2877.1	37763	13.1
德国	1120.6	16498	14.7
中国大陆	1420.3	15008	10.6
西班牙	779.9	10814	13.9
加拿大	361.1	7315	20.3
荷兰	561.5	6945	12.4
意大利	384.0	6900	15.4
英国	257.5	4429	17.2
澳大利亚	301.2	4415	14.7
法国	760.9	3864	5.1
越南	274.4	3226	11.8
日本	338.9	2789	8.2
柬埔寨	204.9	2213	10.8
巴西	167.7	1720	10.3
捷克	144.4	1663	11.5
葡萄牙	137.5	1658	12.1
菲律宾	108.6	1480	13.6
新西兰	91.3	1437	15.7
瑞士	74.1	1305	17.6
挪威	60.1	1139	19.0
其他地区	1363.8	17085	12.5
合计	11790.0	148666	12.6

注：数据来源于台湾橡胶暨弹性体工业同业公会。

表 4.19 2022 年台湾自行车外胎主要进口地情况

进口地	数量/千条	金额/千美元	平均单价/(美元/条)
越南	1220.8	10041	8.2
中国大陆	1899.5	8775	4.6
泰国	840.8	8154	9.7
印度尼西亚	598.0	5463	9.1

续表

进口地	数量/千条	金额/千美元	平均单价/(美元/条)
德国	86.7	2047	23.6
日本	24.9	503	20.2
印度	67.1	366	5.5
法国	18.9	334	17.6
意大利	5.4	64	11.9
其他地区	7.2	82	11.4
合计	4769.3	35829	7.5

注：数据来源于台湾橡胶暨弹性体工业同业公会。

（4）胶带

台湾输送带生产厂商有鑫永铨、三五、兴国、三力达、安雄、建亿、和北等，其中鑫永铨为上市公司。鑫永铨、兴国及三力达公司以外销为主，三五公司则以内销为主。

2022年台湾胶带产品总销售值为4196705千元新台币，下降0.1%；其中，直接外销值为2626934千元新台币，下降3.7%，占总产值的62.6%。近年台湾胶带产销及进出口情况见表4.20～表4.22。

表4.20 近年台湾胶带产销情况   单位：千元新台币

年份	产值	销售值	直接外销值	内销值	外销额占比/%
2017年	3496909	3677193	2354524	1322669	64.0
2018年	3626387	3774578	2657501	1117077	70.4
2019年	3861138	3888122	2576041	1312081	66.3
2020年	3500591	3716471	2380059	1336412	64.0
2021年	3945314	4200541	2728794	1471747	65.0
2022年	3885517	4196705	2626934	1569771	62.6

注：数据来源于台湾橡胶暨弹性体工业同业公会。

表4.21 2022年台湾橡胶带主要出口地情况

出口地	三角带		输送带		传动带		合计	
	数量/吨	金额/千美元	数量/吨	金额/千美元	数量/吨	金额/千美元	数量/吨	金额/千美元
美国	0.3	5	9381.5	43835	16.4	459	9398.2	44299
荷兰	42.4	424	1634.2	9128	63.8	663	1740.4	10215
中国大陆	14.2	105	184.9	2550	45.0	4093	244.0	6748
法国	—	—	1435.4	6394	18.2	131	1453.6	6525

续表

出口地	三角带		输送带		传动带		合计	
	数量/吨	金额/千美元	数量/吨	金额/千美元	数量/吨	金额/千美元	数量/吨	金额/千美元
日本	—	—	870.3	6021	0.2	18	870.5	6039
加拿大	10.9	152	531.9	2422	1.0	14	543.8	2588
中国香港	15.3	2253	18.4	89	1.1	155	34.8	2497
英国	—	—	448.5	1876	2.3	32	450.8	1908
阿联酋	63.0	537	15.5	93	99.6	716	178.2	1346
泰国	—	—	144.1	903	4.5	162	148.6	1065
越南	0.4	25	66.8	789	10.6	241	77.9	1055
土耳其	—	—	12.7	70	200.4	845	213.1	915
孟加拉国	0.0	5	114.4	605	43.9	218	158.2	828
新西兰	0.2	2	154.4	776	1.1	6	155.8	784
马来西亚	1.0	65	47.6	549	4.9	112	53.4	726
德国	0.7	31	69.8	483	7.1	168	77.6	682
南非	—	—	164.5	634	0.7	33	165.1	667
其他地区	64.3	519	534.0	3775	231.9	2696	830.2	6990
合计	212.6	4123	15829	80992	752.7	10762	16794.3	95877

注：数据来源于台湾橡胶暨弹性体工业同业公会。

表4.22 2022年台湾橡胶带主要进口地情况

进口地	三角带		输送带		传动带		合计	
	数量/吨	金额/千美元	数量/吨	金额/千美元	数量/吨	金额/千美元	数量/吨	金额/千美元
日本	47.9	1464	331.7	6479	420.9	15805	880.5	23748
德国	5.4	257	19.7	596	70.8	2784	95.9	3637
泰国	74.2	674	6.0	202	170.4	2671	250.5	3547
印度尼西亚	56.7	623	3.3	95	119.0	2389	179.0	2907
美国	3.3	130	13.4	356	32.8	1547	49.5	2033
法国	6.2	75	1.6	67	69.7	1648	77.5	1790
意大利	1.7	52	37.1	737	28.8	930	67.5	1719
越南	50.1	253	30.6	136	181.6	1117	262.3	1506
印度	28.4	277	11.2	79	65.4	849	105.0	1205
罗马尼亚	2.9	138	0.2	8	32.3	840	35.4	986

续表

进口地	三角带		输送带		传动带		合计	
	数量/吨	金额/千美元	数量/吨	金额/千美元	数量/吨	金额/千美元	数量/吨	金额/千美元
英国	1.3	35	12.2	168	20.2	666	33.6	869
中国大陆	1.5	39	8.9	135	67.1	691	77.5	865
新加坡	0.9	10	0.3	65	44.6	710	45.9	785
韩国	8.7	221	37.0	245	12.7	299	58.4	765
马来西亚	23.2	174	132.6	250	12.6	334	168.3	758
西班亚	3.1	146	0.1	5	6.5	217	9.6	368
瑞士	—	—	0.7	35	5.7	295	6.4	330
其他地区	3.2	186	9.9	208	11.8	428	24.9	822
合计	318.5	4554	656.4	9866	1372.8	34220	2347.7	48640

注：数据来源于台湾橡胶暨弹性体工业同业公会。

(5) 橡胶油封

台湾橡胶油封生产厂商主要有茂顺、全兴、南彰、台普、嵩赞、亮宇等近 140 家。茂顺密封组件科技股份有限公司以其他类股上市，是目前台湾唯一上市的橡胶密封专业制造厂，产品出口至全球 70 多个国家和地区，营业收入以两位数稳定增长，并在中国大陆、泰国、印度、巴西、俄罗斯及伊朗等地设有子公司。2022 年台湾橡胶油封总销售额为 15531750 千元新台币，其中直接外销值占比达 79.7%，为 12374260 千元新台币，外销地区以美国居首。近年台湾橡胶油封产销及进出口情况见表 4.23～表 4.25。

(6) 橡胶管

台湾橡胶管生产厂商主要有协机、岱德、三和兴、长镒、向明、旭铭、维丰、久桦等。2022 年台湾橡胶管产量 62991 千米，销售值为 2023.0 百万元新台币，下降 4.9%；外销值占 32.7%，为 662.3 百万元新台币。近年台湾橡胶管产销及进出口情况见表 4.26～表 4.28。

表 4.23 近年台湾橡胶油封产销情况   单位：千元新台币

年份	产值	销售值	直接外销值	内销值	外销值占比/%
2017 年	10086019	11003070	8780839	2222231	79.8
2018 年	10805082	12169239	9705049	2464190	79.8
2019 年	10519279	11641895	9288434	2353461	79.8
2020 年	9915940	11063550	8564421	2499130	77.4
2021 年	12366870	13834550	10802140	3032409	78.1
2022 年	13879350	15531750	12374260	3157492	79.7

注：数据来源于台湾橡胶暨弹性体工业同业公会。

表 4.24　2022 年台湾橡胶油封主要出口地情况

出口地	数量/吨	金额/千美元	平均单价/(美元/千克)
美国	3921.9	100723	33.7
中国大陆	771.5	51798	67.1
德国	1210.8	26779	22.1
日本	368.2	11788	32.0
英国	194.6	10274	52.8
荷兰	227.8	10045	44.1
墨西哥	123.2	4940	40.1
马来西亚	323.8	4497	13.9
俄罗斯	1129.4	4271	3.8
新加坡	41.2	4230	102.6
印度	234.9	4187	17.8
波兰	909.7	4167	4.6
其他地区	2354.5	47359	20.1
合计	11811.4	316414	26.8

注：数据来源于台湾橡胶暨弹性体工业同业公会。

表 4.25　2022 年台湾橡胶油封主要进口地情况

进口地	数量/吨	金额/千美元	平均单价/(美元/千克)
日本	353.5	33333	94.3
美国	118.9	32792	275.9
中国大陆	1092.4	21700	19.9
泰国	602.8	18573	30.8
越南	2272.2	9186	4.0
意大利	62.0	8617	139.0
德国	47.5	3941	83.0
墨西哥	10.9	2081	190.1
丹麦	52.2	1992	36.9
韩国	40.6	1789	44.0
英国	10.1	1296	138.1
其他地区	163.9	9711	59.2
合计	4827	145036	30.0

注：数据来源于台湾橡胶暨弹性体工业同业公会。

表 4.26　近年台湾橡胶管产销情况

年份	产量/千米	产值/百万元新台币	销售值/百万元新台币	直接外销量/千米	直接外销值/百万元新台币	外销值占比/%
2017 年	61043	1930.8	2008.0	26321	546.7	27.2
2018 年	62865	1923.5	1999.2	27984	604.5	30.2
2019 年	60601	1793.0	1895.7	28972	624.8	33.0
2020 年	57673	1585.1	1682.6	26824	504.3	30.0
2021 年	66162	1993.4	2127.9	29839	624.1	29.3
2022 年	62991	1866.5	2023.0	32413	662.3	32.7

表 4.27　2022 年台湾橡胶管主要出口地情况

出口地	数量/吨	金额/千美元	平均单价/(美元/千克)
美国	2026.7	14322	7.1
中国大陆	877.5	5304	6.0
加拿大	549.1	3254	5.9
日本	182.5	2332	12.8
印度	241.9	1369	5.7
阿联酋	186.9	817	4.4
德国	206.9	713	3.4
泰国	151.3	704	4.7
韩国	77.2	645	8.4
英国	228.5	644	2.8
奥地利	19.5	566	29.0
越南	168.5	559	3.3
其他地区	1568.1	5702	3.6
合计	6484.7	36931	5.7

注：数据来源于台湾橡胶暨弹性体工业同业公会。

表 4.28　2022 年台湾橡胶管主要进口地情况

进口地	数量/吨	金额/千美元	平均单价/(美元/千克)
日本	2620.3	18519	7.1
中国大陆	2250.0	13813	6.1
泰国	324.4	4817	14.8
德国	147.1	3085	21.0
美国	99.1	3020	30.5
印度尼西亚	142.1	2527	17.8

续表

进口地	数量/吨	金额/千美元	平均单价/(美元/千克)
韩国	293.5	2339	8.0
瑞士	42.4	1329	31.3
波兰	55.8	1201	21.5
意大利	113.4	1093	9.6
马来西亚	203.5	1032	5.1
其他地区	497.2	7275	14.6
合计	6788.9	60050	8.8

注：数据来源于台湾橡胶暨弹性体工业同业公会。

（7）橡胶手套

台湾早在1953年就有橡胶手套制品工厂，在1989年艾滋病恐慌时期曾经爆增到90多家，恐慌退潮后又恢复到早期既存企业家数，新创企业较少。近年因全球新冠疫情的因素，使手套的需求居高不下。目前，台湾橡胶手套生产厂商主要有玉山乳胶、谷和（谷钿）、民安化学、盟丰橡胶（欣翔手套）、鸿亿实业（翔茂）、联彰橡胶、福华手套、联合发等，橡源橡胶、橡林工业、裕章、德龙兴业、泰福橡胶等也有产品供应。

2017~2022年，橡胶手套销售值从2017年的637.1百万元新台币下降到2022年的425.5百万元新台币，直接外销值比例从27.5%下降到20.3%。近年台湾橡胶手套产销及进出口情况见表4.29~表4.31。

（8）翻新轮胎

2022年台湾从事翻新轮胎的企业有10多家，从北到南主要有东大、升达、三千、金轮、富强、六和、玉山、任佑员、献茂、建发等，年翻新量约60万条，产值约25亿元新台币，主要供应内销需求，只有部分出口。

5. 技术研发

台湾橡胶工业从20世纪70年代鞋类发展初期到90年代产业外移，是引进国外橡胶制品技术鼎盛时期，台湾橡胶业的技术发展与合作主要以日本和美国为主。到1990年产业外移后，就未见有大型国外技术合作开发项目。台湾主要橡胶企业与国外技术合作情况见表4.32，台湾橡胶产业研究创新开发情况见表4.33。

表4.29　近年台湾橡胶手套产销情况

年份	产量/千双	产值/百万元新台币	销售值/百万元新台币	外销量占比/%	外销值占比/%
2017年	128850	539.8	637.1	36.7	27.5
2018年	93556	512.5	701.8	29.1	26.9
2019年	74604	665.8	748.1	22.3	21.7
2020年	48825	698.9	586.8	19.1	16.5
2021年	45389	513.8	635.1	21.3	14.4
2022年	38845	425.5	425.5	29.6	20.3

表4.30　2022年台湾橡胶手套主要出口地情况

出口地	数量/吨	金额/千美元	平均单价/(美元/千克)
美国	190.8	1647	8.6
中国大陆	174.3	1318	7.6
日本	83.8	1027	12.2
智利	45.8	332	7.2
沙特阿拉伯	43.1	319	7.4
印度尼西亚	24.0	284	11.8
澳大利亚	19.2	271	14.1
阿联酋	14.9	145	9.7
韩国	2.2	127	59.0
德国	8.4	122	14.5
其他地区	103.0	886	8.6
合计	709.6	6478	9.1

注：数据来源于台湾橡胶暨弹性体工业同业公会。

表4.31　2022年台湾橡胶手套主要进口地情况

进口地	数量/吨	金额/千美元	平均单价/(美元/千克)
印度尼西亚	5025.7	22937	4.6
马来西亚	2611.2	17088	6.5
泰国	1694.5	12563	7.4
越南	619.1	4472	7.2
中国大陆	709.4	4134	5.8
斯里兰卡	209.6	1159	5.5
日本	15.7	645	41.1
印度	15.8	117	7.4
美国	1.5	104	68.1
德国	0.5	104	212.7
韩国	5.1	55	10.8
法国	0.2	49	241.4
其他地区	0.6	190	334.5
合计	10908.9	63617	5.8

注：数据来源于台湾橡胶暨弹性体工业同业公会。

表 4.32 台湾主要橡胶企业与国外技术合作情况

公司名称	合作国家	合作重点	合作厂家
泰丰轮胎公司	日本	轮胎	住友橡胶工业株式会社
正新橡胶公司	日本	轮胎	通伊欧橡胶工业株式会社
建大工业公司	美国	轮胎	固铂轮胎橡胶公司
华丰橡胶公司	日本	轮胎	住友橡胶工业株式会社
台湾普利司通公司	日本	轮胎	普利司通公司（80%）
中台橡胶公司	日本	工业用品	ASAHI Corp.
台裕橡胶公司	日本	工业用品	丰田合成株式会社（45%）
亿全橡胶公司	日本	工业用品	滚华护膜工业
台湾华尔卡工业	日本	工业用品	日本 Baruka 工业（55%）
协机工业公司	日本	工业用品	横滨橡胶株式会社（49%）
三五橡胶公司	日本	时规皮带	日本阪东化学株式会社
全拓工业公司	日本	油封	NOK Corp.
厚生公司	日本	一般制品	凡丸山工业
台橡公司	美国	丁苯橡胶	B.F.古德里奇公司
台橡公司	日本	顺丁橡胶	宇部兴产（UBE）株式会社
中橡集团-林园先进材料科技股份有限公司	美国	炭黑	大陆碳公司
南帝化学工业公司	美国	丁腈橡胶	B.F.古德里奇公司
南帝化学工业公司	日本	合成乳胶	Nippon Zeon Co.
国联硅工业公司	德国	白炭黑	赢创工业集团
国成工业公司	日本	精炼胶	日本合成橡胶公司（30%）

注：数据来源于台湾橡胶暨弹性体工业同业公会。

表 4.33 台湾橡胶产业研究创新开发情况

产业	研发经费占产业营业额的比重	家数
轮胎业	4.19%	17
工业用品业	0.70%	42
一般制品业	0.89%	28
橡胶制品业	2.12%	87

注：数据来源于台湾橡胶暨弹性体工业同业公会。

6. 进出口情况

近年来台湾橡胶制品业销售值一直是出口大于进口。2022 年橡胶制品出口总值为 17.01 亿美元，下降 0.64%；进口总值为 10.33 亿美元，增长 0.58%。

（1）出口

轮胎类出口值为 8.82 亿美元，占总出口值的 51.8%。轿车轮胎及轻卡轮胎虽受美国高额反倾销税影响而出口量大幅减少，但出口仍以美国为主，达3.22亿美元，占轮胎类出口总值的36.6%；出口欧盟1.31亿美元，占轮胎类出口值的14.8%；出口日本0.76亿美元，占8.7%；出口澳大利亚0.66亿美元，占7.4%。前四大目的地出口额共计5.95亿美元，占比67.5%。

2022年非轮胎橡胶制品出口值达8.16亿美元，占橡胶制品总出口值的48%，下降0.63%。其中，出口美国3.0亿美元，占非轮胎类外销值的36.9%；出口欧盟1.31亿美元，占15.9%；出口中国大陆1.13亿美元，占13.8%；出口越南0.46亿美元，占5.7%。四大主要目的地合计占比72.3%。近两年台湾橡胶制品出口情况见表4.34～表4.36。

表4.34 近两年台湾橡胶制品出口统计

产品	2022年		2021年		出口额同比/%
	出口量	出口额/千美元	出口量	出口额/千美元	
子午线轮胎	7932435 条	380227	8790038	402580	−506
汽车外胎	3616622 条	104066	3827428	111741	−6.9
汽车内胎	19346 条	136	23257	124	9.7
摩托车外胎	3988858 条	122780	4975615	149077	−17.6
摩托车内胎	627611 条	2971	668507	3142	−5.4
自行车外胎	11789983 条	148666	12541420	133145	11.7
自行车内胎	11412746 条	22548	15058389	25424	−11.3
翻新轮胎	16392 条	710	5658	632	12.3
其他外胎	3989839 条	98443	3793192	91876	7.2
其他内胎	350127 条	1195	518030	1495	−20.1
车胎类小计	43743977 条	881742	50201534	919236	−4.1
已使用汽胎	7142559 千克	3137	5833755	2333	34.5
胶管	6484694 千克	36931	6400786	33582	10.0
V带	212593 千克	4123	291382	4733	−12.9
平面输送带	15828993 千克	80992	18819979	83278	−2.8
其他传动带	752727 千克	10762	783360	10523	2.3
橡胶油封	11811409 千克	316414	11631386	259756	21.8
橡胶手套	709469 千克	6478	1123572	16231	−60.3
胶丝	134145 千克	1448	133840	1363	6.2
橡胶绝缘胶带	248064 千克	1923	226144	2092	−8.1
橡胶辊筒	157646 千克	1266	231571	1368	−7.5
其他橡胶制品	68681769 千克	355817	69323873	376943	−5.6
非轮胎类小计	105021689 千克	816154	108965893	789959	3.3
合计		1701033		1771438	−0.6

注：数据来源于台湾橡胶暨弹性体工业同业公会。

表 4.35　近两年台湾轮胎主要出口地情况

2022年				2021年			
排名	出口地	出口额/千美元	占比/%	排名	出口地	出口额/千美元	占比/%
1	美国	322127	36.5	1	美国	366825	39.8
2	欧盟	130689	14.8	2	欧盟	130652	14.2
3	日本	76349	8.7	3	日本	75731	8.2
4	澳大利亚	65670	7.4	4	澳大利亚	56453	6.1
5	加拿大	48451	5.5	5	加拿大	45782	5.0
6	墨西哥	42488	4.8	6	墨西哥	33633	3.6
7	中国大陆	22677	2.6	7	中国大陆	22600	2.5
8	沙特阿拉伯	16632	1.9	8	沙特阿拉伯	18867	2.0
9	英国	13435	1.5	9	英国	17500	1.9
10	新西兰	11362	1.3	10	新西兰	11048	1.2
前10名小计		749880	85.0	前10名小计		779091	84.5
其他		131862	15.0	其他		140145	15.5
出口合计		881742	100	出口合计		919236	100

注：数据来源于台湾橡胶暨弹性体工业同业公会。

表 4.36　近两年台湾非轮胎类橡胶制品主要出口地情况

2022年				2021年			
排名	出口地	出口额/千美元	占比/%	排名	出口地	出口额/千美元	占比/%
1	美国	300799	36.9	1	美国	266698	33.8
2	欧盟	130083	15.9	2	欧盟	137868	17.5
3	中国大陆	112659	13.8	3	中国大陆	111405	14.1
4	越南	46345	5.7	4	越南	39856	5.0
5	日本	35753	4.4	5	日本	35410	4.5
6	英国	19855	2.4	6	中国香港	28648	3.6
7	中国香港	17009	2.1	7	英国	23738	3.0
8	加拿大	15673	1.9	8	加拿大	12965	1.6
9	泰国	12275	1.5	9	泰国	12588	1.6
10	印度	10955	1.3	10	马来西亚	10763	1.4
前10名小计		701406	85.9	前10名小计		679939	86.1
其他		114748	14.1	其他		110020	13.9
出口合计		816154	100	出口合计		789959	100

注：数据来源于台湾橡胶暨弹性体工业同业公会。

（2）进口

2022年橡胶制品进口总值达10.3亿美元，增长0.6%。其中轮胎进口额5.37亿美元，占橡胶制品类总进口额的52%。从中国大陆进口1.86亿美元，占轮胎类34.6%；从欧盟进口1.25亿美元，占23.2%；从泰国进口0.81亿美元，占15.1%；从日本进口0.70亿美元，占13%。四大进口来源地进口额共计4.61亿美元，占轮胎类进口额的85.9%。

2022年非轮胎橡胶制品进口总额4.96亿美元，占橡胶制品类进口总额的48%。进口来源地以日本为主，进口额1.09亿美元，占非轮胎橡胶制品进口额的22.1%；中国大陆已成为第二大进口来源地，进口额为0.89亿美元，占18%；从泰国进口0.64亿美元，占12.6%；从欧盟进口0.61亿美元，占12.4%。该四大进口来源地进口额共计3.15亿美元，占63.4%。近两年台湾橡胶制品进口情况见表4.37～表4.39。

表4.37 近两年台湾橡胶制品进口情况

产品	2022年		2021年		进口额同比/%
	数量	进口额/千美元	数量	进口额/千美元	
径向层轮胎/条	5887400	451331	5698877	436238	3.5
汽车外胎/条	3056	318	8773	385	-17.4
汽车内胎/条	236442	923	238368	1059	-12.8
摩托车外胎/条	1812702	23935	1679440	21528	11.2
摩托车内胎/条	423832	676	409328	712	-5.1
自行车外胎/条	4769345	35829	5539485	34896	2.7
自行车内胎/条	2913313	3378	2866136	3806	-11.3
翻新轮胎/条	1495	1706	1794	1753	-2.7
其他外胎/条	752218	17598	873454	13919	26.4
其他内胎/条	894536	1488	951742	1507	-1.3
车胎类小计/条	17694339	537182	19267397	515803	4.1
已使用汽胎/千克	736932	331	857032	460	-28.0
橡胶管/千克	6788907	60050	5917020	56863	5.6
V型橡胶带/千克	318464	4554	456948	7164	-36.4
平面输送带/千克	656360	9866	723033	11634	-15.2
其他传动带/千克	1372842	3422	1643848	42203	-18.9
橡胶油封/千克	4826980	145036	3276884	133975	8.3
橡胶手套/千克	10908860	63617	8064933	81527	-22.0
橡胶丝/千克	2020816	6675	2859457	9515	-29.9
橡胶绝缘胶带/千克	134889	1504	129524	1576	-4.6
橡胶辊筒/千克	6243	84	9227	122	-31.2
其他橡胶制品/千克	35681598	170434	34519261	166226	2.5
非轮胎类小计/千克	62715959	496371	57600135	510805	-2.9
合计		1033884		1027068	0.4

注：数据来源于台湾橡胶暨弹性体工业同业公会。

表 4.38 近两年台湾轮胎主要进口地情况

	2022 年				2021 年		
排名	进口地	进口额/千美元	占比/%	排名	进口地	进口额/千美元	占比/%
1	中国大陆	185809	34.6	1	中国大陆	172520	33.4
2	欧盟	124557	23.2	2	欧盟	126222	24.4
3	泰国	81144	15.1	3	泰国	80062	15.5
4	日本	69836	13.0	4	日本	59371	11.5
5	印度尼西亚	16346	3.0	5	印度尼西亚	15387	3.0
6	越南	15373	2.9	6	越南	15160	2.9
7	韩国	13495	2.5	7	韩国	9666	1.9
8	菲律宾	8819	1.6	8	菲律宾	7846	1.5
9	印度	5086	0.9	9	美国	5547	1.1
10	美国	4584	0.9	10	马来西亚	3392	0.7
前 10 名小计		525069	97.7	前 10 名小计		495173	95.9
其他		12113	2.3	其他		21090	4.1
合计		537182	100	合计		516263	100

注：1. 数据来源于台湾橡胶暨弹性体工业同业公会。
2. 进口额合计含已使用汽胎。

表 4.39 近两年台湾非轮胎橡胶制品主要进口地情况

	2022 年				2021 年		
排名	进口地	进口额/千美元	占比/%	排名	进口地	进口额/千美元	占比/%
1	日本	109384	22.1	1	日本	110830	21.7
2	中国大陆	89341	18.0	2	中国大陆	94659	18.5
3	欧盟	61361	12.4	3	泰国	64464	12.6
4	美国	54554	11.0	4	欧盟	64171	12.6
5	泰国	49754	10.0	5	美国	47152	9.2
6	印度尼西亚	31482	6.3	6	马来西亚	39159	7.7
7	马来西亚	29177	5.9	7	印度尼西亚	34014	6.7
8	越南	22399	4.5	8	越南	13538	2.7
9	韩国	14571	2.9	9	韩国	12129	2.4
10	新加坡	9604	1.9	10	新加坡	7939	1.6
前 10 名小计		471627	95.1	前 10 名小计		488055	95.5
其他		24744	4.9	其他		22750	4.5
合计		496371	100	合计		510805	100

注：数据来源于台湾橡胶暨弹性体工业同业公会。

7. 原材料

台湾橡胶材料种类供应情况见表4.40。

（1）天然橡胶

台湾所需天然橡胶全部依赖进口。2022年台湾进口天然橡胶85741.3吨，下降11.6%。其中，从泰国进口30486.6吨，占进口量的35.6%；从越南进口29030.9吨，占33.9%；从印度尼西亚进口18345.6吨，占21.4%；从马来西亚进口4812.0吨，占5.6%。前4名合计进口达82675.1吨，占96.4%。

2022年天然乳胶进口以泰国、马来西亚及越南为主，其中从越南进口量快速增长。2022年台湾天然橡胶进口情况见表4.41。

表4.40 台湾橡胶材料种类供应情况

项目		台湾生产	进口
原料	天然橡胶	—	NR/LATEX
	合成橡胶	SBR/BR	SBR/BR/TPE/NBR/IR/IIR/EPDM/CR/AR/ECO/HNBR/Q/FKM/LATEX
		TPE	
		NBR/LATEX	
	其他	炭黑/白炭黑/硫黄/助剂/加工油等	白炭黑/促进剂/防老剂/助剂/加工油等
复合材料	骨架材料	线纱/帘布/铁件等	钢丝/线纱/帘布等
原料混合设备		辊筒	
配方与混合技术		原料混炼工程	
制品加工设备		压出机/压延机/成型机设备	
制品加工技术		制品加工工程KNOW-HOW	

表4.41 2022年台湾天然橡胶进口情况 单位：千克

进口地	2022年进口量				2021年进口量
	天然乳胶	天然橡胶	合计	同比/%	
泰国	3795105	26691539	30486644	−10.0	33857903
越南	466800	28564080	29030880	−11.6	32846700
印度尼西亚	—	18345600	18354600	−19.5	22779200
马来西亚	509959	4302000	4811959	−19.4	5972130
柬埔寨	—	1708800	1708800	302.7	424320
缅甸	—	624960	624960	47.2	423360
危地马拉	—	512820	512820	161.8	195895
斯里兰卡	—	165975	165975	−46.4	309500
中国大陆	7093	40325	47418	326.8	11111
其他地区	1585	4645	6230	—	205993
合计	4780542	80960744	85741286	−11.6	97026112

注：数据来源于台湾橡胶暨弹性体工业同业公会。

（2）合成橡胶

台湾热塑性弹性体总产能达66万吨/年，分别为李长荣42.3万吨/年、奇美13.8万吨/年、台橡5万吨/年及英全5万吨/年，并大量出口。

合成橡胶原料制造是化工行业化学材料的一环。台湾乙烯产能全球排名第9位，合成橡胶原料产能则在全球排名第6位。自从1974年台湾启动石化产业后，台橡、中橡、优品等大型原料橡胶厂的投入，为台湾橡胶制品业发展奠定了重要的基础。此后陆续有申丰、久联、奇美、李长荣、英全等企业加入合成橡胶的生产行列，奠定了台湾在全球合成橡胶原料领域的地位。

台橡及南帝公司早年即在中国大陆设厂。

目前，台湾生产供应合成橡胶的种类以苯乙烯-丁二烯橡胶（SBR）、聚丁二烯橡胶（BR）、丙烯腈-丁二烯橡胶（NBR）、丙烯腈-丁二烯乳胶（NBR LATEX）及热塑性橡胶（TPE）为主，除供应台湾橡胶厂需求外，还大量外销全世界。所需原料如丁二烯、苯乙烯等，主要由中油、台塑石化、台湾苯乙烯以及国乔公司供应，不足部分则进口补足，产业结构完整，产品价格随石油价格波动，但比天然橡胶价格相对稳定。其他未生产的合成橡胶如IR、IIR、EPDM、CR、ECO、ACM、Q、HNBR、FKM等则依赖进口。近两年台湾橡胶原料进口情况见表4.42。

表4.42 近两年台湾橡胶原料进口情况

产品名称	2022年		2021年		金额同比/%
	进口量/千克	进口额/千美元	进口量/千克	进口额/千美元	
天然橡胶	4780542	6428	5957338	8315	-22.7
天然乳胶	80960744	148918	91068774	175037	-14.9
丁苯胶乳	3595042	7174	4171543	7470	-4.0
氯丁胶乳	547424	2341	420671	1476	58.6
丁腈胶乳	486355	534	854707	2543	-79.0
其他胶乳	22106	62	33711	74	-16.2
TPR	8742483	27687	9918833	31219	-11.3
SBR	21582886	45380	30906125	61150	-25.8
BR	25141798	57605	32701485	64441	-10.6
IIR	2259961	4674	4562079	8241	-43.3
CIIR/BIIR	8071611	22331	12608485	28579	-21.9
CR	7847433	44571	8137963	36579	21.8
NBR	9999311	44153	12819064	48515	-9.0
IR	4120433	14673	5061630	14449	1.6
EPDM	20331379	53253	26696148	55441	-3.9
天然胶与人造胶混合物	90246	317	115366	291	8.9
聚硫橡胶	38026	256	50756	510	-49.8
其他合成橡胶	4961432	24037	6598080	29391	-18.2
小计	203679212	504394	252682758	573721	-12.1
炭黑	41026017	78744	57520090	89543	-12.1
促进剂	2399966	10486	3050923	13481	-22.2
防老剂	4290651	18396	5714001	20897	-12.0

注：数据来源于台湾橡胶暨弹性体工业同业公会。

（3）炭黑

台湾因石油工业发展较早，生产炭黑所需原料以石油系为主。

中橡集团—林园先进材料科技股份有限公司是台湾唯一一家炭黑生产制造商，在高雄林园区设有工厂，以满足台湾炭黑的需求。此外，中橡集团于北美、中国大陆、印度设有炭黑生产工厂，总计有8个，年总产能为79万吨，在全球排名第6位。中橡集团除了生产符合ASTM标准品级炭黑，近年来也积极开发特殊应用的炭黑产品，如低滚阻轮胎用炭黑、高洁净需求橡胶制品用炭黑、纤维级塑料制品用炭黑及高染色炭黑等，以符合国际轮胎大厂开发高性能轮胎对炭黑的高质量要求，拓展高端应用市场，提升产品价值。

2022年台湾炭黑进口总量为41026吨，下降12.1%。其中，以中国大陆为主要进口来源，进口量为20900吨，占进口总量的50.9%，下降43%；从韩国进口11144吨，占27.2%；从日本进口2106吨，占5.1%；从美国进口1246吨，占3%。前4名进口量总计达35396吨，占进口总量的86.3%。2022年台湾炭黑主要进口地情况表4.43。

表4.43　2022年台湾炭黑主要进口地情况

进口地	2022年			2021年
	进口量/千克	进口额/千美元	金额同比/%	进口量/千克
中国大陆	20900115	35054	−28.8	36653799
韩国	11143580	18399	19.6	10298180
日本	2106259	6077	−14.9	2941773
美国	1246227	4848	1.3	1292675
加拿大	1491748	2923	−6.6	1742610
德国	408025	2505	18.1	254437
比利时	384835	2187	3.5	450655
印度	1293800	2064	46.3	1208910
泰国	1250400	1619	2.3	1645800
意大利	311147	1215	10.5	361989
新加坡	73000	764	26.1	81400
俄罗斯	307250	562	−20.6	503290
荷兰	65033	432	468.4	11718
法国	43168	67	67.5	22500
捷克	1170	22	62.1	5300
智利	140	5	—	0
其他地区	3120	1	−98.4	45054
合计	41026017	78744	−12.1	57520090

注：数据来源于台湾橡胶暨弹性体工业同业公会。

（邓雅俐）

第五章 橡胶工业主要科技成果

2022年，在新冠肺炎疫情散点频发和国际经济下行的不利形势下，我国橡胶行业企业把科技创新摆在更加突出的位置，把握新一轮科技革命和产业变革的历史性机遇，加快关键核心技术攻关，持之以恒加强基础研究，不断提高原始创新能力，强化企业创新主体地位，推进产学研深度融合，全面提高科技创新能力，依靠科技创新塑造发展新优势，一些标志性、引领性重大原创成果不断涌现。

一、科技进步奖获奖情况

2022年，包括石油和化学工业在内的各行业广大科技工作者，深入实施创新驱动发展战略，坚定不移走中国特色自主创新道路，充分发挥积极性和创造性，发扬求真务实、勇于创新的科学精神，自主创新、团结协作、勇攀科学技术高峰，在推动科学技术进步中作出了突出贡献，为促进行业高质量发展，加快强国建设，实现第二个百年奋斗目标和中华民族伟大复兴的中国梦奠定了坚实基础。

2022年橡胶行业荣获国家、部委科学技术奖情况见表5.1。2022年橡胶行业荣获各省（市、自治区）科学技术奖情况见表5.2。

表 5.1　2022年橡胶行业荣获国家、部委科学技术奖情况

成果名称	完成单位	获奖情况
中国石油和化学工业联合会科学技术奖		
轮胎用RFID电子标签四项国际标准	软控股份有限公司 北京橡胶工业研究设计院有限公司 赛轮集团股份有限公司 深圳市金瑞铭科技有限公司 山东金宇轮胎有限公司 万力轮胎股份有限公司 三角轮胎股份有限公司 山东玲珑轮胎股份有限公司	2022年度科技进步奖二等奖
网架式载重免充气空心轮胎关键技术及应用	江苏江昕科技股份有限公司 北京化工大学 江苏绿源橡胶资源循环利用创新中心有限公司	2022年度科技进步奖二等奖
高二聚体含量TMQ橡胶防老剂绿色合成工艺开发及产业化项目	圣奥化学科技有限公司 山东圣奥化学科技有限公司	2022年度科技进步奖二等奖
高性能不溶性硫黄绿色关键技术开发	山东阳谷华泰化工股份有限公司 北京化工大学 国家橡胶助剂工程技术研究中心	2022年度科技进步奖二等奖

续表

成果名称	完成单位	获奖情况
基于低温平衡硫化的耐热氧抗切割轮胎关键技术与产业化	三角轮胎股份有限公司	2022年度科技进步奖三等奖
绿色轮胎用高性能萜烯树脂产业化技术及应用	江苏麒祥高新材料有限公司 苏州麒祥新材料有限公司	2022年度科技进步奖三等奖
高芳碳环保芳烃橡胶油成套技术开发及工业应用	中石化石油化工科学研究院 中石化济南分公司	2022年度科技进步奖三等奖
中国农业机械工业协会、中国农业机械学会		
联合收获机械用高性能传动带关键技术研发及产业化	锐牛股份有限公司	2022年度科学技术奖三等奖
中国化工学会		
新型聚氨酯弹性体制备关键技术及产业化	青岛科技大学 山东一诺威聚氨酯股份有限公司 华东理工大学	2022年度科技进步奖一等奖
绿色轮胎用高性能改性功能型粘合树脂研发及产业化	江苏麒祥高新材料有限公司 苏州麒祥新材料有限公司	2022年度科技进步奖三等奖
中国纺织工业联合会		
高强聚酰胺66工业丝连续聚合多头直纺技术开发及产业化应用	神马实业股份有限公司 中国纺织科学研究院有限公司 浙江理工大学 中国化工集团曙光橡胶工业研究设计院有限公司 三橡股份有限公司 华东理工大学	2022年度科技进步奖一等奖
高效短流程帘子线装备及智能生产系统	宜昌经纬纺机有限公司 武汉纺织大学 山东海龙博莱特化纤有限责任公司	2022年度科技进步奖二等奖
中国交通运输协会		
轨道交通重载橡胶车轮总成关键技术自主化研发及应用	万力轮胎股份有限公司	2022年度科技进步奖二等奖

表 5.2　2022 年橡胶行业荣获各省（市、自治区）科学技术奖情况

成果名称	完成单位	获奖情况
山东省		
合成橡胶连续液相混炼关键技术开发及产业化应用	怡维怡橡胶研究院有限公司 益凯新材料有限公司 赛轮集团股份有限公司	2022 年度技术发明一等奖
千吨级碳纳米管产业化关键技术创新与高端碳纳米管基关键材料开发	青岛科技大学 山东大展纳米材料有限公司 青岛国轩电池有限公司 中国科学院苏州纳米技术与纳米仿生研究所 航天恒星科技有限公司	2022 年度科学技术进步奖一等奖
青岛市		
汪传生	青岛科技大学	2022 年度青岛市科学技术最高奖
青岛科技大学科技成果转化卓越贡献团队	青岛科技大学 软控股份有限公司 赛轮集团股份有限公司 青岛海泰科模具有限公司 青岛高校信息产业股份有限公司	2022 年度科技进步奖一等奖
高性能雪地轮胎关键技术研发及产业化	赛轮集团股份有限公司	2022 年度科技进步奖二等奖
军民两用国产化高性能芳纶纤维复合材料关键技术创新与应用	青岛天邦线业有限公司 青岛科技大学	2022 年度科技进步奖二等奖
江西省		
高性能湿法重质碳酸钙改性关键技术和产业化	江西广源化工有限责任公司 清华大学化工系 顺德职业技术学院	2022 年度科学技术进步奖
江苏省		
功能橡胶鞋靴设计与制造关键技术及产业化	徐州工业职业技术学院 郑州大学 际华三五一五皮革皮鞋有限公司 浙江工贸职业技术学院	2022 年度科技进步奖三等奖
免染低碳原位聚合着色聚酰胺 6 及纤维产业化关键技术	海阳科技股份有限公司 苏州大学 江苏海阳锦纶新材料有限公司 江苏同欣化纤有限公司 海阳科技（江苏）研究院有限公司 长乐力恒锦纶科技有限公司 福建省恒新纤维材料有限公司	2022 年度科技进步奖三等奖

续表

成果名称	完成单位	获奖情况
上海市		
橡胶工厂废气收集净化与监测管控关键技术研究应用	同济大学 上海大学 天津市生态环境科学研究院 中国化学桂林工程有限公司 上海市环境监测中心 杭州谱育科技发展有限公司	2022年度科技进步奖二等奖
高性能抗气体快速减压橡胶密封件关键技术及应用	上海如实密封科技有限公司 大庆油田有限责任公司采油工程研究院	2022年度科技进步奖三等奖
大幅面高精度高效率光固化3D打印关键技术与成套设备	上海联泰科技股份有限公司	2022年度科技进步奖三等奖
广东省		
机器人智能打磨抛光关键技术及装备研发与应用	广东工业大学 广东汇博机器人技术有限公司 巨轮（广州）机器人与智能制造有限公司佛山科学技术院 广东开放大学 巨轮智能装备股份有限公司 箭牌家居集团股份有限公司	2022年度科技进步奖三等奖
河南省		
秋兰姆类促进剂硫-硫键可控构建及产业化关键技术	鹤壁元昊化工有限公司 河南易交联新材料研究院有限公司 鹤壁联昊新材料有限公司 鹤壁中昊新材料科技有限公司 鹤壁元昊新材料集团有限公司	2022年度科学技术进步奖三等奖
湖北省		
塔楼建筑减隔震控制关键技术及应用	武汉工程大学 中南建筑设计院股份有限公司 震安科技股份有限公司 上海史狄尔建筑减震科技有限公司 中南大学 武汉博宏建设集团有限公司 福州大学	2022年度科学技术进步奖二等奖

续表

成果名称	完成单位	获奖情况
河北省		
多场景高性能桥梁减隔震装置关键技术研究及应用	中裕铁信交通科技股份有限公司 中国科学院兰州化学物理研究所 河北省同创交通工程配套产品产业技术研究院	2022年度科学技术进步奖二等奖
安徽省		
基于苛刻度测评系统的电动汽车轮胎开发关键技术及应用	安徽农业大学 安徽佳通乘用子午线轮胎有限公司	2021年度科学技术进步奖二等奖
对苯二胺类防老剂一步法连续合成与过程强化关键技术	安徽圣奥化学科技有限公司 圣奥化学科技有限公司	2021年度科学技术进步奖二等奖
采用新型复合材料的汽车用关键橡胶制品研发及应用	安徽中鼎密封件股份有限公司 安徽大学	2021年度科学技术进步奖二等奖
汽车转向器防尘罩用热塑性硫化胶TPV	安徽中鼎橡塑制品有限公司 安徽大学 安徽中翰高分子科技有限公司	2021年度科学技术进步奖二等奖
功能橡胶密封材料制造关键技术及应用	安徽工程大学 宁国市瑞普密封件有限公司 安徽京鸿密封件技术有限公司 黄山市尚义橡塑制品有限公司	2021年度科学技术进步奖二等奖
新型环保阻燃聚烯烃热塑型弹性体技术研发与应用	安徽欧耐橡塑工业有限公司 同济大学	2021年度科学技术进步奖三等奖
航空发动机特种密封件的关键技术开发及应用	芜湖市中天密封件有限公司	2021年度科学技术进步奖三等奖
福建省		
轻质高弹缓震运动鞋材制备关键技术及产业化	泉州师范学院 安踏（中国）有限公司	2021年度科学技术进步奖三等奖
湖南省		
拉伸取向高性能尼龙薄膜的关键技术研究及产业化	湖南工业大学 厦门长塑实业有限公司 株洲时代新材料科技股份有限公司	2021年度科学技术进步奖一等奖
大功率风电机组传动链减振系统关键技术及应用	株洲时代新材料科技股份有限公司	2021年度科学技术进步奖二等奖

续表

成果名称	完成单位	获奖情况
广西壮族自治区		
高性能子午线轮胎关键挤出技术装备及产业化	桂林橡胶设计院有限公司 桂林理工大学 中国化学工业桂林工程有限公司 山东玲珑轮胎股份有限公司 广西科学院	2022年度科学技术进步奖一等奖
超高阻尼隔震橡胶支座开发与应用	柳州东方工程橡胶制品有限公司 华中科技大学 柳州欧维姆机械股份有限公司	2022年度科学技术进步奖二等奖
双碳背景下绿色高性能轮胎开发关键技术应用	广西玲珑轮胎有限公司 江苏大学	2022年度科学技术进步奖三等奖
海南省		
橡胶树小筒苗育苗技术研发与示范推广	中国热带农业科学院橡胶研究所	2021年度技术发明奖二等奖

二、国家企业技术中心平台企业

国家鼓励和支持企业建立技术中心，发挥企业在技术创新中的主体作用，建立健全企业主导产业技术研发创新的体制机制。国家根据创新驱动发展要求和经济结构调整需要，对创新能力强、创新机制好、引领示范作用大、符合条件的企业技术中心予以认定，并给予政策支持，鼓励引导行业骨干企业带动产业技术进步和创新能力提高。

国家企业技术中心的认定，原则上每年进行一次。国家发展和改革委员会、科技部、财政部、海关总署、税务总局负责指导协调国家企业技术中心相关工作。国家发展改革委牵头开展国家企业技术中心的认定与运行评价。

2023年2月22日，国家发展和改革委员会、科技部、财政部、海关总署、税务总局等5部门联合发文，公布2022年新认定（第29批）国家企业技术中心名单，其中有两家橡胶企业，分别为青岛森麒麟轮胎股份有限公司企业技术中心、青岛橡六胶管有限公司企业技术中心。

至此，我国橡胶轮胎行业共有47家国家企业技术中心（表5.3）。

表5.3 橡胶轮胎行业47家国家企业技术中心

序号	技术中心名称	序号	技术中心名称
1	山东玲珑轮胎股份有限公司技术中心	14	巨轮智能装备股份有限公司技术中心
2	双钱轮胎集团有限公司技术中心	15	益阳橡胶塑料机械集团有限公司技术中心
3	贵州轮胎股份有限公司技术中心	16	软控股份有限公司技术中心
4	万力轮胎股份有限公司技术中心	17	天津赛象科技股份有限公司技术中心
5	三角集团有限公司技术中心	18	山东豪迈机械科技股份有限公司技术中心
6	浦林成山（山东）轮胎有限公司技术中心	19	天华化工机械及自动化研究设计院有限公司技术中心
7	安徽佳通乘用子午线轮胎有限公司技术中心	20	桂林橡胶机械有限公司技术中心
8	赛轮集团股份有限公司技术中心	21	中国化学工业桂林工程有限公司技术中心
9	江苏通用科技股份有限公司技术中心	22	天津利安隆新材料股份有限公司技术中心
10	风神轮胎股份有限公司技术中心	23	济南圣泉集团股份有限公司技术中心
11	青岛森麒麟轮胎股份有限公司技术中心	24	株洲兴隆新材料股份有限公司技术中心
12	腾森橡胶轮胎（威海）有限公司技术中心	25	中国石化集团南京化学工业有限公司技术中心
13	中国化工集团曙光橡胶工业研究设计院有限公司技术中心	26	中昊晨光化工研究院有限公司技术中心

续表

序号	技术中心名称	序号	技术中心名称
27	金能科技股份有限公司技术中心	38	青岛橡六胶管有限公司技术中心
28	蔚林新材料科技股份有限公司技术中心	39	安徽中鼎密封件股份有限公司技术中心
29	科迈化工股份有限公司技术中心	40	山东道恩高分子材料股份有限公司技术中心
30	山东大业股份有限公司技术中心	41	株洲时代新材料科技股份有限公司技术中心
31	神马实业股份有限公司技术中心	42	湖北华强科技有限责任公司技术中心
32	江苏兴达钢帘线股份有限公司技术中心	43	衡橡科技股份有限公司技术中心
33	法尔胜泓昇集团有限公司技术中心	44	上海保隆汽车科技股份有限公司技术中心
34	恒天海龙（潍坊）新材料有限责任公司技术中心	45	建新赵氏集团有限公司技术中心
35	烟台泰和新材集团有限公司技术中心	46	河北宝力工程装备股份有限公司技术中心
36	宁波拓普集团股份有限公司技术中心	47	中裕铁信交通科技股份有限公司技术中心
37	无锡宝通科技股份有限公司技术中心		

三、专利奖获奖项目

为大力推进创新驱动发展战略和国家知识产权战略，加快建设知识产权强国，国家知识产权局每年都对积极有效开展知识产权创造、运用、保护和管理工作，在促进创新和推动经济社会发展等方面，作出突出贡献的专利权人和发明人（设计人）给予表彰。

2023年7月21日，国家知识产权局下发《关于第二十四届中国专利奖授奖的决定》，在777项发明、实用新型专利中国专利优秀奖中，包括5项橡胶行业企业专利。另外，各省专利获奖项目也已出炉，橡胶行业有多家企业荣获奖励。

荣获国家或省级专利项目奖励橡胶行业企业，见表5.4。

表5.4 橡胶行业荣获国家或省级专利奖项目

专利名称	专利权人	授奖情况
一种高效率三鼓成型机	天津赛象科技股份有限公司	第二十四届中国专利优秀奖
一种有机无机复合涂层及其制备方法	北京东方雨虹防水技术股份有限公司	第二十四届中国专利优秀奖
终止聚合反应和/或降低聚合物溶液粘度的添加剂及方法	中国石油化工股份有限公司 北京化工大学	第二十四届中国专利优秀奖
一种耐寒、耐磨、柔软、防盐雾导航综合电缆	芜湖航天特种电缆厂股份有限公司	第二十四届中国专利优秀奖
一种稀土催化剂的制备方法及其在双烯烃聚合和共聚合中的应用	中国科学院长春应用化学研究所	第二十四届中国专利优秀奖
制造轮胎胎坯的三鼓成型机及其方法	软控股份有限公司	第四届山东省专利奖三等奖
轿车子午线轮胎（FRD16）	山东丰源轮胎制造股份有限公司	第四届山东省专利奖三等奖
一种高效率三鼓成型机	天津赛象科技股份有限公司	2022年天津市专利金奖
一种燃油管及其制备方法	天津鹏翎集团股份有限公司	2022年天津市专利优秀奖
一种反吹式橡胶高效粉碎装置	漯河市利通液压科技有限公司	第三届河南省专利奖三等奖
一种带有储水孔的轮胎	安徽佳通乘用子午线轮胎有限公司	第九届安徽省专利奖优秀奖
一种耐高温低性能损失干净空气管材料及其制备方法	安徽中鼎密封件股份有限公司	第九届安徽省专利奖优秀奖
一种橡胶步司及其生产方法	宁国九鼎橡塑制品有限公司	第九届安徽省专利奖优秀奖

续表

专利名称	专利权人	授奖情况
一种耐老化的汽车底盘用橡胶衬套	安徽奥丰汽车配件有限公司	第九届安徽省专利奖优秀奖
轮胎（YF-585）	安徽佳通乘用子午线轮胎有限公司	第九届安徽省专利奖外观设计优秀奖

创新是引领发展的第一动力。企业创新活跃，发展才有持久动力。橡胶行业要充分发挥我国市场空间大、应用场景多、需求升级快的优势，促进新技术产业化规模化应用，加强知识产权创造、保护和运用，开辟科技成果转化的快车道，让更多智力劳动成果，变成社会财富，为实现橡胶工业强国梦作出新的更大贡献！

（郝章程）

第六章 大事记

一、2022年中国橡胶工业十大新闻

1. 橡胶行业遭遇前所未有的困难

受疫情以及俄乌冲突等超预期因素影响，橡胶行业经济运行下行压力持续增大，表现为国内市场严重萎缩、行业效益大幅下滑、工厂库存持续上升、开工率延续走低。为此，中国橡胶工业协会上半年组织轮胎、轮胎营销、橡胶材料、胶管胶带、力车胎、橡胶机械模具、骨架材料、橡胶制品等行业重点企业召开线上座谈会，了解行业存在的问题，并及时向国家相关部门汇报行业面临的困难。

2022年，橡胶、炭黑、助剂、帘子布、钢丝帘线等原材料以及能源价格大幅上涨，推动橡胶制品企业成本大涨，严重侵蚀了企业利润。据中橡协统计，1～10月，全行业重点会员企业实现利润同比（下同）下降13.18%，亏损企业数增长70.37%，产成品库存额增长27.69%，遭遇了疫情暴发以来前所未有的困难。轮胎企业年内虽频繁提价，但在需求弱势叠加成本上涨的情况下，产品价格无法正常传导，造成渠道和生产企业库存高企，轮胎企业承压能力越来越弱，中橡协调研轮胎行业国内主营业务利润下降50%以上。据中橡协对重点会员企业利润情况统计，1～10月，各行业利润降多增少，其中力车胎行业利润下降17.81%、胶管胶带行业下降5.42%、橡胶制品行业微增1.06%、胶鞋行业增长29.30%、乳胶行业下降15.77%、炭黑行业下降78.55%、橡胶机械模具行业下降2.28%、废橡胶综合利用行业下降31.96%、橡胶助剂行业增长16.34%、骨架材料行业下降47.79%。

据中橡协调研，由于国内市场严重萎缩，2022年国内全钢胎产能利用率约60.8%，减少17.7个百分点；半钢胎产能利用率约70.2%，减少6.3个百分点；全钢胎替换维修消费下降约30%，半钢胎替换维修消费下降约20%。据中橡协统计，1～10月，重点轮胎企业子午胎产量下降5.12%，全钢胎产量下降10.45%；大部分专业产成品库存额呈增长态势，其中轮胎增长13.73%、力车胎增长9.05%、胶管胶带增长10.99%、橡胶制品增长10.59%、胶鞋增长26.29%、乳胶下降9.65%、炭黑增长50.20%、橡胶机械模具下降12.57%、废橡胶综合利用增长1.64%、骨架材料增长17.12%。

2. 轮胎企业通过司法程序取得贸易摩擦新突破

随着国外对华贸易摩擦愈演愈烈，国内轮胎企业纷纷通过司法程序维护自身权益，取得了积极进展。5月4日，欧盟普通法院就中国橡胶工业协会和中国五矿化工进出口商会代表27家中国出口商企业起诉欧委会对华卡客车轮胎"双反"税令一案做出一审裁决，判决全部撤销针对中国起诉企业的"双反"税令。本案一审胜诉意义重大：一方面，参与诉讼的中国企业有望重返欧洲市场；另一方面，提供了通过司法救济方式反对不公平贸易救济措施的新思路。7月8日，欧委会发布《再调查公告》和《进口产品登记程序开启》公告，宣告了欧委会放弃上诉，中方锁定一审胜诉成果；同时欧委会决定对中国胜诉企业进行再调查。在重启调查期间，欧盟海关将不对诉讼企业征收"双反"税，再调查结果公布后可能会按新措施水平补缴；重启调查结束后，对诉讼企业可能不实施或实施较低的"双反"措施水平。

此外，在美国对华乘用车和轻卡车轮胎反

倾销第一次复审终裁时，美国商务部裁决森麒麟轮胎的倾销幅度为4.41%，森麒麟轮胎认为该判决涉嫌违反美国法律，决定委托律师团队将美国商务部终裁起诉至美国国际贸易法院。经过4年据理力争，最终美国法院作出判决，支持我方主张，要求美国商务部重新计算森麒麟的倾销税率。2022年6月，美国商务部宣布将森麒麟轮胎倾销税率下调至1.27%，12月起森麒麟开始陆续从美国海关获得退税，预计退税总额约900万美元。

3. 海关总署开展轮胎加工贸易单耗管理改革为企业减负

为促进外贸保稳提质，支持加工贸易高质量发展，增强加工贸易企业核心竞争力，海关总署稽查司在2021年与中国橡胶工业协会联合调研、前期试点（2家企业）和风险评估的基础上，2022年在全国范围内推广轮胎加工贸易单耗管理模式改革。中橡协为此成立了行业单耗工作组，制定了《轮胎加工贸易单耗行业定额参数表》，作为全面推广轮胎行业加工贸易单耗管理改革工作的配套材料；配合海关总署的相关工作，根据需要提供专业支持；同时结合行业发展情况，汇总企业反馈意见与海关总署沟通，探讨行业定额参数实行动态管理模式。轮胎企业普遍认为，采用行业定额参数动态管理，为企业节省了大量人力物力资源，同时避免了经营风险，得到了企业一致拥护。

4. 行业协会积极推动橡胶工业绿色低碳发展

为推动橡胶工业低碳发展，中国橡胶工业协会积极配合国家相关部门落实政策实施和标准制修订，同时制定行业绿色发展相关团体标准，并创新绿色轮胎安全周社会公益宣传活动。

在配合国家政策落实方面，针对工信部等四部门联合印发的《原材料工业"三品"实施方案》，中橡协从轮胎行业发展现状、"三品"实施方案对轮胎行业的指导作用、轮胎行业落实"三品"实施方案的主要举措等方面，进行了权威解读，并提出政策建议。方案解读指出，轮胎行业要聚焦发展绿色低碳产品，丰富新材料品种，优化产品设计手段，强化质量目标管理、提高质量体系的有效性，建立创新评价体系，构建品牌全球化发展战略，加强上下游联动等七方面，加快推进行业"增品种、提品质、创品牌"战略的实施和落地，以有效促进行业发展模式从规模速度型向质量效益型转变。

在配合国家标准制修订方面，一是针对工信部公开征求《轿车轮胎》（GB 9743）与《载重汽车轮胎》（GB 9744）等强制性国标修订意见，中橡协组织内外资轮胎企业专家对两项国标征求意见稿内容进行了深入讨论，将轮胎滚动阻力和湿路面抓着力限值按照中橡协制定的中国绿色轮胎路线图纳入到标准中。二是国标委将《轮胎单位产品能源消耗限额》（GB 29449—2012）和《炭黑单位产品能源消耗限额》（GB 29440—2012）两项标准列入整合修订计划，中橡协负责组织实施该标准的整合修订工作。通过大量的数据调研，以及对企业的调研数据进行分析和处理，重新界定了标准的边界；率先提出将原料油和燃料油分开，在炭黑能耗计算中不纳入原料油，使炭黑单位产品能耗限额大幅下降；将轮胎和炭黑两个产品整合为一个能耗标准，最终完成《橡胶行业（轮胎和炭黑）单位产品能源消耗限额》征求意见稿。三是工信部发布了由中橡协组织行业制定的《轮胎行业绿色工厂评价 要求》（HG/T 6061—2022）和《轮胎制造绿色供应链管理 要求》（HG/T 6062—2022）两项行业标准，实施时间为2023年4月1日，这两项行业标准的发布和实施，为轮胎行业绿色转型升级提供了依据。

在社会公益宣传方面，中橡协已连续8年组织"6·15中国绿色轮胎安全周"大型公益活动。2022年，在疫情多点散发以及年底大面积暴发的情况下，中橡协对安全周活动进行了全面创新：持续时间长，从6月15日持续至12月31日；开辟了胎小哥课堂，向广大消费者宣传轮胎标签、轮胎安全保养知识等；开辟了微视号，通过微信视频形象地传播如何选轮胎、读懂轮胎上的数字、轮胎的使用和保养，同时还开设了两场企业专场；共录制了30期视频，提高了轮胎品牌信誉，向社会大众普及绿色轮胎知识，并从消费端推动轮胎行业绿色升级发展。

5. 轮胎企业结构调整投资出现新热点

2022年国内汽车市场新能源车产销一枝独秀，给中国自主品牌轮胎带来了机遇，轮胎企业抓住契机积极调整产品结构，从轮廓、花纹、配方、结构、材料、工艺等多维度进行技术创新，新能源车轮胎新产品纷纷上市。中策、玲珑、森麒麟、浦林成山等企业在新能源轮胎领域超前布局，是全球最早一批研发和制造新能源轮胎的企业，已实现了技术成熟、质量成熟、生产成熟，并正在形成持续领先的研发能力和制造能力。卡客车产销持续低迷，部分外资企业调整运营策略，退出中国卡客车轮胎市场。非公路轮胎成为投资热点，多个项目陆续开工。4月6日，风神轮胎总投资9501万元、年产30930条大规格宽体自卸车用工程子午胎提质增效项目开工；4月19日，海安集团总投资70亿元，包括年产30万条全钢大型工程子午胎、1.5万条全钢巨型工程子午胎等项目开工；9月13日，中策天津高端绿色轮胎制造产业链提升改造一期项目——农业子午胎和斜交工程胎车间扩建项目开工，贵州轮胎加快实施38万条全钢工程子午胎智能制造项目。此外，赛轮集团、风神轮胎、双钱轮胎、玲珑轮胎等企业也发布公告或环评公示，分期投资建设非公路轮胎项目，产品涵盖巨胎、大型和中小型工程轮胎、农业子午胎、小型工业胎、实心轮胎等产品。

6. 橡胶行业龙头企业纷纷兼并重组

2022年以来，国内橡胶企业兼并重组频繁，多家行业龙头企业涉及其中。1月30日，中策橡胶与天津国联混改正式成立中策橡胶（天津）有限公司，并于4月3日正式开业，中策天津计划3年内投资28亿元，将天津工厂打造成亚洲规模最大的非公路轮胎生产工厂。大业股份完成对胜通钢帘线的收购，从5月份开始合并报表。6月1日，重工·起重集团与大连橡塑、金州重机重组后组建的大连重工装备集团有限公司挂牌。6月29日，稳健（桂林）乳胶用品有限公司揭牌，稳健医疗用品股份有限公司与华润紫竹药业有限公司以4.5亿元收购了桂林紫竹乳胶用品有限公司100%股权。7月18日，旺能环境股份有限公司发布公告，其子公司湖州旺能投资有限公司拟以3.31亿元收购国内最大再生橡胶企业南通回力77%的股权；8月16日，南通回力已完成工商变更登记手续，正全力进行新工厂建设，计划年底恢复丁基再生橡胶产能。11月16日，海南橡胶披露拟以现金支付的方式，通过境外SPV公司收购中化国际旗下在新加坡上市公司（合盛公司）36%的股权，即中化国际天然橡胶业务板块。此外，9月22日，安徽中鼎密封件股份有限公司发布公告，与其他投资方共同设立湖州泓添股权投资合伙企业（有限合伙），将通过湖州泓添拓展新能源汽车领域业务；12月23日，该公司再发公告，拟分别收购Schmitter Group GmbH（施密特）和金美佳电子（深圳）有限公司100%股权，以加速提升其在新能源汽车领域的三电冷却系统及流体管路系统总成产品的发展。

7. 橡胶行业科技创新成绩斐然

2022年，橡胶行业坚持低碳减排，创新发展，科技创新成绩斐然。7个项目列入2022年度中国石油和化学工业联合会科学技术奖公示名单，其中4个项目获得科技进步奖二等奖：轮胎用RFID电子标签四项国际标准、网架式载重免充气空心轮胎关键技术及应用、高二聚体含量TMQ橡胶防老剂绿色合成工艺开发及产业化项目、高性能不溶性硫黄绿色关键技术开发；3个项目获得科技进步奖三等奖：基于低温平衡硫化的耐热氧抗切割轮胎关键技术与产业化、绿色轮胎用高性能萜烯树脂产业化技术及应用、高芳碳环保芳烃橡胶油成套技术开发及工业应用。5个项目入选第七届中国工业大奖、表彰奖、提名奖候选企业和项目，中国工业大奖候选项目：国家橡胶与轮胎工程技术研究中心的"橡胶轮胎全产业链关键技术攻关与应用示范"项目；中国工业大奖表彰奖候选项目：青岛森麒麟轮胎股份有限公司的"轮胎行业智能制造"项目，三角轮胎股份有限公司的"基于大数据、AI、物联网等信息技术的智能绿色制造技术的研究和应用"项目；中国工业大奖提名奖候选企业：山东威普斯橡胶股份有限公司；中国工业大奖提名奖候选项目：中国化学工业桂林工程有限公司的"五复合橡胶挤出机组研制"项目。此外，大连橡胶塑料机械有限公司荣获"第九届辽宁省省长质量奖银奖"。三角轮胎研发的国产大飞机C919航空子午线轮胎项目荣获山东省第四届"省长杯"工业设计大赛金奖。由怡维怡橡胶研究院、益凯新材料和赛轮集团联合开展的合成橡胶连续液相混炼关键技术开发及产业化应用项目，荣获2022年度山东省技术发明奖一等奖，该项目在国际上首次实现对传统橡胶混炼技术的颠覆性创新。赛轮集团、中策橡胶、成山集团、阳谷华泰、北京橡胶工业研究设计院、中国化学工业桂林工程有限公司进入2022年度"中国石油和化工行业技术创新示范企业"名单。

8. 橡胶企业增资海外项目加速国际化

随着2022年国外市场逐步恢复，国内橡胶企业纷纷对海外项目增资，加速国际化进程。1月27日，通用股份总投资19亿元的柬埔寨项目举行奠基仪式，预计项目年产能达500万条半钢子午胎、90万条全钢子午胎。3月28日，浪马轮胎在巴基斯坦合资公司瑟维斯浪马轮胎（私人）有限公司举行项目落成仪式。5月19日，圣奥化学首座海外工厂在泰国正式投产运营，首批订单成功出库。9月27日，中国证监会通过了通用股份和赛轮集团两家公司的募资计划审核，通用股份募集资金总额不超过10.18亿元，用于柬埔寨高性能子午胎项目和补充流动资金；赛轮集团拟募资20.09亿元，投入越南和柬埔寨工厂子午胎项目建设，进一步扩充海外轮胎产能。10月3日，兴达钢帘线（泰国）有限公司二期项目土地签约仪式在泰国曼谷举行。森麒麟轮胎西班牙项目通过了西班牙加利西亚议会批准，被认定为战略性工业项目，该工厂规划年产1200万条高性能轿车、轻卡子午胎。双星锦湖越南工厂扩建项目进入最后阶段，试运行有关各项行政手续已经全部办理完毕，青岛双星全资子公司直接持有锦湖越南工厂42.409%的股权。12月27日，豪迈（泰国）有限公司第二工厂在泰中罗勇工业园举行开工奠基仪式。

9. 出口成为拉动行业增长的亮点

2022年，国内市场严重萎缩，出口成为拉动行业增长的亮点。据中橡协对重点会员企业统计，1～10月，除力车胎、乳胶和废橡胶综合利用3个专业出口交货值同比下降，其余专业均大幅增长，全行业出口率（值）为35.67%，轮胎和模具专业出口率（值）接近50%。其中，炭黑出口交货值增长60.95%、助剂增长37.16%、胶鞋增长23.65%、胶管胶带增长23.64%、轮胎增长17.42%、骨架材料增长16.69%、模具增长4.54%、橡胶制品微增0.04%。2022年上半年轮胎出口量占全部产量的51.65%，首次突破50%，为有史以来最高占比。在轮胎总产量下降的情况下，出口量占比超过50%，说明外销支撑了行业运行。但7月份以后轮胎外销开始承压，据海关统计，8～11月，当月轮胎出口量环比均呈下降态势，其中11月轮胎出口量同环比双降；1～11月，橡胶轮胎累计出口量增长5.1%，增幅较前10个月减少2.4个百分点，出口额增长16.4%。

10. 橡胶助剂与骨架材料行业分别迎来寿诞

70年前的1952年，沈阳新生化工厂和南京化工厂分别建成了橡胶促进剂、橡胶防老剂生产装置,当年产量共计38吨,中国橡胶助剂工业由此开启。70年来,中国橡胶助剂工业从无到有,从小到大,由大到强,进入了绿色化、智能化、微化工化的新时期。据中橡协橡胶助剂专委会统计测算,2022年国内橡胶助剂产量达到140万吨左右,产能占全球的76.2%,具备了确保全球稳定供应的能力,在国际上具有绝对的话语权。通过技术创新、清洁生产技术的推广,与"十二五"末期相比,"十三五"末吨橡胶助剂产品能耗降低30%左右;产品绿色化率达92%以上,结构调整成效显著;促进剂清洁生产工艺创新取得显著成果,行业整体清洁生产技术水平已达国际先进水平。近几年行业新工艺不断涌现,如阳谷华泰不溶性硫黄连续生产工艺,大幅降低了生产成本,成为全球第3个掌握该工艺的企业;圣奥化学高含量防老剂TMQ,采用自主开发的新型液体催化剂,研制了连续流反应器,实现了连续化生产;蔚林新材料联合清华大学开发连续流工艺制备硫化促进剂MBTS,减少了"三废"产生,提高了生产效率;科迈化工开发连续流工艺生产制备硫化促进剂CBS和TBBS;山东尚舜联合清华大学开发年产6万吨连续生产硫化促进剂MBT工艺并即将投产,这些先进工艺标志着企业在科技创新的道路上不断前行。行业企业家锐意进取,打造了一批在国际上具有影响力的企业,多家企业规模或单一产品产销量位居全球第一,中国橡胶助剂工业已经迈入了世界强国之列,多个产品在世界上处于领先地位。

2002年,应橡胶工业发展需要,中橡协骨架材料专业委员会成立。20年来,中橡协骨架材料专委会一直致力于推动行业技术进步、绿色化和智能化发展,骨架材料行业取得了突飞猛进的发展。2002年,我国钢帘线产量9.2万吨,胎圈钢丝产量15.5万吨,尼龙帘子布产量23.6万吨,聚酯帘子布产量1.8万吨;而今我国已是全球最大的橡胶骨架材料生产国和消费国,主要产品产量全球占比均超过50%。目前国内钢帘线总产能达345万吨,全球占比约63%;胎圈钢丝总产能135万吨,全球占比约56%;锦纶帘布总产能约50万吨,全球占比约52%;聚酯帘布总产能约42万吨,全球占比53%。各子行业5家头部企业产能占国内总产能的62%~78%,具有较高的行业集中度。"十三五"以来,国内重点骨架材料企业纷纷在智能制造方面进行探索与实践,很多企业进行智能化改造,基本实现了内部运输、成品包装和仓储管理的自动化,部分领先企业实现生产环节和检测环节的智能制造。

二、2022年中国橡胶工业大事记

1. 龙星化工成为省工业互联网标杆

1月5日，龙星化工股份有限公司"工业互联网+能源管理"项目上榜河北省"2021年工业互联网创新发展标杆示范案例"名单。该项目为邢台联通、阿里与龙星化工合作项目，以智能工厂为载体，以关键制造环节智能化为核心，以端到端数据流为基础，以网络互联为支撑，进行工业互联网领域的创新应用研究。基于5G攻克工业技术应用的共性关键技术瓶颈，基于行业标准的云化平台，沉淀一套标准应用，并应用于生产线的升级改造，可有效缩短产品研制周期，提高生产效率。

2. 赛轮越南工厂三期扩建

1月9日，赛轮集团股份有限公司发布公告，将投资30多亿元建设赛轮（越南）有限公司三期项目，设计年产能为300万条半钢子午胎、100万条全钢子午胎及5万吨非公路轮胎。该项目高度关注流程再造，生产过程尽可能实现自动化、信息化、智能化。据了解，赛轮越南工厂一期半钢胎和工程胎项目于2013年投产，二期全钢胎及非公路轮胎生产线于2015年投产。

3. 玲珑轮胎与中科院青岛生物能源与过程研究所签约合作

1月14日，玲珑轮胎与中科院青岛生物能源与过程研究所战略合作签约仪式举行。根据协议，双方将共同围绕新材料与先进轮胎制造领域，比如洁净能源研究利用、硫化蒸汽循环利用、丁戊橡胶在轮胎中的应用研究等，在科技研发与产业化、人才培养、共建研发平台等方面展开深入合作。同时，双方将在玲珑园区共建"玲珑中科中试基地""轮胎新材料产业技术创新中心"等，以高水平创新平台的打造，转化双方科研成果，加快实现产业化，推进绿色生产、打造绿色产品，依靠科技创新破解绿色发展难题。

4. 1项橡胶技术入选最新版石化绿色工艺名录

1月17日，中国石油和化学工业联合会发布了《石化绿色工艺名录（2021年版）》。新版名录总共39个条目，较2020年版新增9个条目、10项工艺。其中新增与橡胶行业相关的项目及工艺为新型微纳态、超分散、低锌橡胶硫化活性剂生产工艺。至此，与橡胶行业相关的项目及工艺为4个，另外3个项目为：高热稳定性不溶性硫黄连续法工艺技术、微通道自动化生产工艺、贵金属催化氢化法合成对苯二胺类防老剂6PPD工艺/复合固体酸催化连续合成2,2,4-三甲基-1,2-二氢化喹啉聚合体（TMQ）工艺。

5. 南非对华轮胎发起反倾销调查

2月11日，商务部贸易救济局，山东省、东营市、广饶县三级商务部门，中国五矿化工进出口商会，山东省橡胶行业协会等商协会，以及近60家企业的代表共计200多人，参加了中国橡胶工业协会组织的"南非对华轮胎反倾销调查案"应诉协调视频会议。

南非国际贸易管理委员会（ITAC）于1月31日发布公告，对中国机动车用小客车轮胎和卡客车轮胎产品发起反倾销调查。该案反倾销调查期为2020年8月1日～2021年7月31日。涉案轮胎重量11.12万吨，涉案金额为2.3亿美元。

6. 宁高宁调研连云港圣奥

2月22日，时任中国中化董事长、党组书记的宁高宁，赴中化连云港循环经济产业园调研圣奥化学聚合物添加剂项目，要求圣奥化学"保持对科技研发的执着追求，坚持做创新型企业"。

宁高宁一行详细听取了圣奥化学聚合物添加剂项目建设情况的汇报，观看《创新创造未来》项目建设纪实，并看望慰问项目施工一线干部职工。宁高宁在讲话中表示，我曾多次来到圣奥，感受到大家对创新、技术和研发的执着，十余年科研之路，圣奥不断攻克难关，找到了企业发展的自主创新之路。圣奥秉持创新精神，开创了全新工艺，对中化、全产业链和行业都作出了很大贡献，未来也要继续坚定创新精神，把圣奥和中化打造成为创新型企业。

7. 橡胶行业再增6家国家企业技术中心

2月23日，国家发展改革委、科技部等部门印发2021年（第28批）新认定国家企业技术中心名单，其中有6家橡企技术中心，分别是山东大业股份有限公司技术中心、腾森橡胶轮胎(威海)有限公司技术中心、河北宝力工程装备股份有限公司技术中心、中裕铁信交通科技股份有限公司技术中心、曙光橡胶工业研究设计院有限公司技术中心、西北橡胶塑料研究设计院有限公司技术中心。

8. 地矿慧通正式纳入枣矿集团橡胶板块

2月26日，枣矿集团战略重组山东地矿慧通特种轮胎有限公司暨股权转让签约仪式举行。

枣矿集团是山东能源集团的下属企业，枣矿橡胶公司拥有丰源轮胎、八亿橡胶两家轮胎企业，主导产品分别为半钢胎、全钢胎。地矿慧通的加入，增加了枣矿橡胶公司在特种轮胎方面的产品种类和业务。

9. 卡博特5700万元收购东海炭素(天津)

卡博特公司在完成对东海炭素集团旗下东海炭素（天津）有限公司的收购后，于2月28日举行了卡博特高性能电池材料（天津）有限公司成立仪式。据了解，卡博特收购金额为900万美元（约合5700万元人民币）。此次收购拓展了卡博特的产能，尤其是支持了卡博特电池材料业务的增长。卡博特将对其进行升级改造，用以生产锂电池用导电炭黑添加剂产品，这一具有高增长、高性能的产品，第一阶段升级改造预计将于2024年初完成。同时，继续为现有的炭黑客户提供服务。据了解，卡博特还将投资先进的环境控制装置，同时积极减少工厂对周边环境的影响。

10. 玲珑轮胎连续两年获评企业标准"领跑者"

日前，2021年度企业标准"领跑者"名单正式发布，玲珑轮胎凭借2021年12月1日实施的《12R22.5载重汽车子午线轮胎技术要求》标准，再一次获得企业标准"领跑者"证书，连续两届领跑轮胎行业企业标准。企业标准"领跑者"制度，是经国务院批准，由国家市场监督管理总局、发改委、财政部等8个部门联合发布实施，旨在通过高水平标准引领，增加中高端产品和服务有效供给，支撑产品和服务高质量发展，并鼓励企业制定严于国家标准、行业标准的企业标准。

11. 叶菲就任米其林中国区总裁

3月1日，叶菲先生成为新一任米其林中国区总裁兼首席执行官。

叶菲先生于2000年加入米其林，先后在位于中国、法国和罗马尼亚的米其林公司担任管理岗位，曾负责销售、市场、战略和整体运营等工作。

米其林集团提出了其碳中和目标：到2030年，二氧化碳排放量比2010年降低50%，并承诺到2050年实现碳中和。同时，米其林致力于在2030年实现所有轮胎可持续材料含量达到40%，2050年实现轮胎100%由可持续材料制造。

12. 巴西对华农业胎反倾销日落复审立案调查

3月3日，中国橡胶工业协会召开"巴西对华农业胎反倾销日落复审案"应诉协调会视频会议。商务部贸易救济局、山东省、河北省、贵州省的商务部门，案件申请人指定的抽样企业及相关出口企业参加会议。

2月17日，应巴西全国轮胎工业协会申请，巴西对华农业轮胎启动第一次反倾销日落复审立案调查。倾销调查期为2020年7月至2021年6月，损害调查期为2016年7月至2021年6月。申请人以美国为替代国，指控我产品倾销幅度为165%。巴西海关认定从中国进口涉案产品的重量为35822.38吨，占巴西进口总重量的53%；金额为9016.02万美元，占巴西进口总金额的51%。调查问卷交卷日期为3月30日，可延期至4月29日。申请方指定贵州轮胎、青岛东方工业集团、青岛启航、特瑞堡（邢台）、中策橡胶5家企业为抽样企业，强制应诉。

13. 傅向升到中国橡胶工业协会走访调研

3月3日，中国石油和化学工业联合会党委副书记、副会长傅向升一行4人，到中国橡胶工业协会走访调研。中橡协党支部书记、会长徐文英，副会长兼秘书长雷昌纯，监事会监事长、名誉会长邓雅俐等热情接待了石化联合会领导。

傅向升副会长认真听取了工作汇报，对中橡协工作作了高度评价。强调协会工作专业性很高，中橡协要做到开展业务和党的建设"两手抓、两手硬"。联合会产业发展部副主任王孝峰，信息与市场部副主任范敏，党办副主任、纪委副书记丁莉陪同调研，并就各自分管工作与中橡协交换了意见。

14. 吉利入股科捷机器人

3月4日，青岛科捷机器人有限公司发生工商变更，注册资本增至约1.18亿元。新增股东分别为杭州沃云股权投资合伙企业(有限合伙)、吉利迈捷投资有限公司，认缴出资额合计1179.71万元，两家公司的实控人均为吉利创始人李书福。

2021年12月17日，吉利科技集团与科捷机器人举行战略合作签约仪式，双方将在新能源产业进行技术、业务等全方位的合作。

15. 中策橡胶3个轮胎项目列入市重点

3月14日，杭州市下发2022年重点实施项目名单，中策橡胶集团有3个轮胎项目列入其中，分别是杭州朝阳橡胶有限公司年产650万套全钢子午线轮胎绿色5G数字工厂项目、杭州中策清泉实业有限公司建设年产250万套全钢载重子午线轮胎扩建项目、中策橡胶春秋厂区年产180万套全钢子午线轮胎生产线建设项目。其中，5G数字工厂为新建项目，后两个项目均为续建项目。

16. 中国主导的胶管钢丝ISO标准发布

中国牵头起草的《钢丝及其制品-橡胶软管增强用钢丝》（Steel wire and wire products-Hose reinforcement wire）由国际标准化组织（ISO）正式批准发布，标准号为ISO 23717:2022。

江苏兴达钢帘线股份有限公司为该项目负责单位。该标准研制过程中结合行业发展新需求，以我国国家标准为基础，完善了钢丝强度级别、镀层成分、尺寸偏差等核心指标，纳入了我国常用的LT级别、高强度UT级别新产品；增加了圈形、翘距等工艺性能要求和对应的试验方法。同时，标准中给出了各个规格的钢丝对应的破断力数值，满足了不同国家应用需求。新标准显著提升了标准技术水平，有力地促进了橡胶软管增强用钢丝国际贸易。

17. 浪马轮胎海外基地落成

3月28日，中巴合资公司——瑟维斯浪马轮胎（私人）有限公司在巴基斯坦卡拉奇市举行项目落成仪式。

巴基斯坦总统阿里夫·阿尔维，朝阳浪马轮胎董事长兼总经理、巴基斯坦合资公司董事长李庆文分别致辞。该公司由朝阳浪马轮胎有限责任公司与巴基斯坦轮胎制造商瑟维斯工业公司共同建设，总投资额为2.5亿美元，浪马轮胎投资占比为44%。项目分三期实施，一期年产72万套全钢子午线轮胎。全部达产后，最终年产能可达240万套。该工厂是巴基斯坦第一家全钢载重子午线轮胎制造和研发基地,是中巴经济走廊和"一带一路"的明星项目。

18. 中橡协组织应对欧亚经济联盟案件

4月1日,欧亚经济联盟对我国出口到欧亚经济联盟关税区的卡客车轮胎启动期中复审调查。中国橡胶工业协会召开线上案件通报会,商务部贸易救济局领导出席会议并做了指导,相关律所出席分析案情及应诉策略辅导。

19. 兴达钢帘线年销量首超百万吨

3月30日,江苏兴达钢帘线股份有限公司发布2021年报,企业实现营业收入过百亿元、产品销量超百万吨,"百亿兴达"目标达成。其中,实现营业收入106.45亿元,同比增长38.6%;完成销售总量107.76万吨,同比上升22.1%。

20. 风神轮胎3.09万条/年自卸车用轮胎项目开工

4月6日,风神轮胎股份有限公司"大规格宽体自卸车用工程子午胎提质增效"项目举行开工仪式。

项目依托风神轮胎西厂区现有生产线,总投资9501万元,新增工程子午胎产能30930条。通过升级置换现有密炼机、双螺杆挤出机、二鼓成型机等设备,单条炼胶母炼生产线产能由120吨/天提升至270吨/天。同时,新增13台工程子午胎硫化生产设备。扩建项目完成后,风神股份西厂区的年产能达136.093万条。

21. 玲珑轮胎与科特勒咨询集团签约

4月9日,玲珑轮胎与科特勒咨询集团(中国)签署战略合作协议。双方将在渠道和品牌顶层设计、数字化增长、终端零售赋能模式创新等领域,展开多项合作。科特勒咨询集团将对玲珑轮胎发展现状进行全面诊断和路径梳理,并在营销战略、品牌驱动增长方面为玲珑轮胎持续输出落地可行的解决方案,帮助其进一步提升渠道端的数字化领导力。同时,通过优化品牌架构、提升用户品牌感知、丰富品牌联想等,重塑玲珑轮胎的品牌新价值。

22. 三力士募资9亿元缓解产能不足

4月16日,三力士股份有限公司董事会决议拟向不超过35名特定投资者,定增募资不超过9亿元。

其中,8.45亿元用于年产5亿A米橡胶V带智能制造产业园项目,5537.77万元用于数字化智慧管理平台建设项目。募投项目的实施,可以缓解其橡胶V带产能不足的困境,有效提升生产能力和订单承接能力。同时在新建的橡胶V带产业园中应用自主研发的智能指挥系统,并建设数字化智慧管理平台,有利于实现企业由传统制造向智能制造升级的规划。

23. 南京化学公司零碳橡胶防老剂获得国际认证

中国石化南京化学工业有限公司兰花牌橡胶防老剂产品6PPD和TMQ系列产品,成功实现产品全生命周期零碳排放,成为我国橡胶助剂领域首例获得国际认证的碳中和产品,认证产品获得了TÜV南德颁发的碳足迹证书和"碳中和"产品证书010122001、010122002号。

2022年初,该公司委托环保桥(上海)环境技术有限公司和TÜV南德进行上述2个产品的碳足迹和碳中和产品认证工作。南化公司生产的橡胶防老剂6PPD和TMQ系列产品,应用于飞机、商用车、乘用车轮胎以及非轮胎橡胶制品。

24. 上半年8个团体标准获得立项审查

4月26~27日,中国橡胶工业协会召开上半年团体标准立项论证会,8个团体标准获得立项审查,分别是:《钢帘线单位产品能源消耗限额》《浸胶帘子布克重试验方法》《自然硫化丁基橡胶防腐衬里》《轮胎理赔用术语及定义》《溴化异丁烯-异戊二烯橡胶(BIIR)》《高热稳定性不溶性硫黄》《橡胶手套用泡洗干燥一体机》《浓缩天然胶乳 低蛋白质胶乳 规格》。

25. 全国"五一"表彰,橡胶行业多集体(人选)上榜

5月1日,2022年全国五一劳动奖状和全国工人先锋号表彰人选（集体）公布，橡胶轮胎行业 3 个集体和 8 名个人获全国五一劳动奖状、奖章，2 个集体获全国工人先锋号。

"全国五一劳动奖状"获得者为青岛软控机电工程有限公司、金能科技股份有限公司、海阳科技股份有限公司。

"全国五一劳动奖章"获得者有通力轮胎有限公司总工程师胡源、朝阳华兴万达轮胎有限公司技术工艺部主任韩学柱、抚顺伊科思新材料有限公司副总工程师罗恒志、江苏兴达钢帘线股份有限公司分厂设备维护与加工部部长刘建华、韩泰轮胎有限公司设备科长杨开九、福建建阳龙翔科技开发有限公司副总经理兼技术中心副主任谢济兴、福建省三明市东辰机械制造有限责任公司数控班长张自霖、四川佳世特橡胶有限公司技术总监岳清。

"全国工人先锋号"获得者为：朝阳浪马轮胎有限责任公司成品发货班、玲珑集团有限公司半钢胎面组。

26．中国企业胜诉欧盟对华卡客车轮胎"双反"案件

5 月 4 日，欧盟普通法院就中国橡胶工业协会和中国五矿化工进出口商会代表 27 家中国出口商企业起诉欧委会对华卡客车轮胎"双反"税令一案做出一审裁决，判决全部撤销针对中国起诉企业的"双反"税令，并由欧委会及其支持方承担诉讼费用。本案一审胜诉意义重大：一方面，参与诉讼的中国企业有望重返欧洲市场；另一方面，提供了通过司法救济方式反对不公平贸易救济措施的新思路。7 月 8 日，欧委会发布《再调查公告》以及《进口产品登记程序开启》公告，启动对欧盟卡客车轮胎"双反"案的再调查程序。

27．软控二度荣膺国际"最佳供应商奖"

5 月 18 日，德国汉诺威国际轮胎技术展期间（Tire Technology Expo.），在 2022 年国际轮胎技术创新卓越大奖评选中，软控股份有限公司荣获"轮胎行业年度最佳供应商奖"。

这是软控股份于 2016 年首度斩获该项荣誉后，再度获誉。国际轮胎技术创新卓越大奖评选活动，由行业权威专家和记者等组成的国际评审组进行评选，是行业公认的权威评选活动，也是行业技术创新最高荣誉殿堂，旨在表彰来自世界各地的最佳新技术和创新。

28．圣奥化学泰国工厂投产运营

5 月 19 日，中化国际旗下圣奥化学位于泰国春武里府洛加纳工业园的聚合物添加剂工厂正式投产运营，可年产 2.5 万吨橡胶防老剂。

圣奥泰国于 2020 年 3 月 9 日正式开工建设，作为圣奥化学首座海外生产基地，圣奥泰国具备"智能、绿色、可持续"的特点，遵循"低碳节能、绿色环保"的理念，以"Smart Sennics"为指引，构建一体化运营体系，利用信息系统将客户订单和生产计划、原材料采购、生产过程控制、销售与物流配送高效匹配，努力打造具有敏捷供应链模式的现代化工厂。

29．际华橡胶工业与张立群院士团队签约

5 月 12 日，际华三五一七公司（际华橡胶工业有限公司）与北京化工大学签订《高端绿色橡胶技术院士创新中心共建协议》。根据协议，双方将在橡胶制品高性能仿真模拟设计平台、高端绿色橡胶复合材料研发应用、高端橡胶新技术、新产品研发应用等方面开展全面合作。际华橡胶工业有限公司是国内唯一一家天然橡胶行业全产业链运营、全流程运作的企业。

30．双箭股份与中国化学工业桂林工程有限公司战略合作

5 月 20 日，中国化学工业桂林工程有限公司与浙江台升智能输送科技有限公司签订节能环保型输送带项目 EPC 总承包合同。浙江台升智能输送科技有限公司为浙江双箭橡胶股份有限公司的全资子公司。台升项目年产 10 万吨混炼胶、3000 万平方米输送带，总建筑面积 16.8 万平方米，建成后将成为双箭股份第二大生产基地。

31．青岛科技大学党委书记人事变动

5 月 24 日，青岛科技大学召开全校中层以上干部会议，宣布山东省委关于青岛科技大学党委书记职务调整的决定，李兴伟任青岛科技大学党委委员、常委、书记，马连湘不再担任青岛科技大学党委书记、常委、委员职务。

32．浙江双箭注资 2 亿元助力智能化

5 月 31 日，浙江双箭智能科技有限公司取得工商营业执照。双箭智能作为浙江双箭橡胶股份有限公司的全资子公司，注册资本为 2 亿元。双箭股份表示，设立双箭智能，将使该公司逐步从输送带制造商向物料输送系统整体解决方案领域拓展。

33．"中国绿色轮胎安全周"公益活动启动

6 月 15 日，中国橡胶工业协会主办的"2022 中国绿色轮胎安全周"活动启动，11 家轮胎企业积极参与，呼吁全社会持续关注和践行"绿色环保、安全出行"。

34．工信部到中橡协实地调研

6 月 17 日，工业和信息化部原材料工业司石化化工处处长黄瑜等一行 3 人，到中国橡胶工业协会现场调研，并与相关分会（委员会）主要企业代表进行视频交流，了解在"三重压力"共性问题面前，分析造成橡胶行业严峻形势的原因，黄瑜处长要求中橡协站在行业的角度，做好轮胎强制标准认证、推行中国轮胎标签制度等工作，在行业转型升级、优胜劣汰方面，发挥标准和产业政策的引导、支撑和倒逼的作用。

35．赛轮集团液体黄金乘用胎新品发布

6 月 16 日，赛轮集团举行液体黄金乘用胎新品发布会，3 款液体黄金乘用胎产品重磅亮相。此次发布的 3 款产品——C01、E01+、S01 天鹅绒，专门针对国内乘用胎市场研发，均具备强劲的性能表现，分别主打安全舒适、节能耐用、高端运动。赛轮集团液体黄金产品自 2021 年 12 月发布以来，率先推向国内市场的液体黄金卡客车胎，节油、舒适、静音性能突出，收获广泛好评。

36．黑猫集团（青岛）企业技术中心挂牌仪式

6 月 22 日，中国工程院院士塞锡高、张立群，出席黑猫集团（青岛）企业技术中心成立挂牌仪式。作为未来黑猫集团科技创新的"大本营"，该技术中心将加大在节能减排、绿色发展方面的研发投入，重点在特种炭黑、导电炭黑和新能源领域的碳基材料方面发力，通过两到三年的研发，实现产品量产，为国家"双碳"战略的实施落地贡献力量。

37．印度对华橡胶助剂终止反倾销措施

3 月 30 日，印度商工部对原产于或进口自中国的防老剂 TMQ、加工助剂 CTP、促进剂 CBS 三个产品做出反倾销肯定性终裁，建议对涉案产品征收为期 5 年的反倾销税。

6 月 23 日，印度商工部发布公告称，决定不对相关国家和地区的涉案橡胶助剂产品征收反倾销税。

38．阿朗新科推出中文版《阿朗新科橡胶手册》

6 月 23 日，阿朗新科举行线上发布会，正式推出《阿朗新科橡胶手册》中文版。这是继上年阿朗新科在全球发布该手册后，首次推出面向本地市场的版本。

作为阿朗新科多年来专注于创新技术、优质产品和可持续解决方案的成果体现，该手册旨在向客户、行业上下游、学术界等受众分享合成橡胶领域的专业知识，共同探讨行业发展的机遇和挑战，从而赋能本土橡胶行业创新升级。

39．稳健(桂林)乳胶用品有限公司揭牌

6 月 29 日，稳健(桂林)乳胶用品有限公司举行了揭牌剪彩仪式，标志着桂林乳胶厂进入了崭新的发展阶段。此前的 6 月 6 日，稳健医疗用品股份有限公司与华润紫竹药业有限公司签署有关收购转让合同，以自有资金 4.5 亿元，收购桂林紫竹乳胶用品有限公司 100%股权。自此，稳健医疗成为"全能"的医用耗材"一站式"解决方案提供方，桂林乳胶也将加大技术研发、智能制造、产品推广、包装设计和创新创效步伐。

40. 雄鹰轮胎 TBR 首胎下线

7月1日，雄鹰轮胎集团雄鹰品牌 TBR 首胎，在新豪克工厂下线。雄鹰品牌产品，主打高端市场。以市场为导向，不断用技术创新夯实企业核心竞争力，持续向消费者提供更具个性化和优质的轮胎产品与服务，朝着集团"双百亿"目标奋进。

41. 万力轮胎拟投资 5.77 亿元扩建半钢胎产能

7月3日，万力轮胎股份有限公司与广东从化经济开发区管委会签约，合力推动半钢子午线轮胎生产线升级改造项目。万力轮胎"半钢子午线轮胎生产线升级改造项目"总投资 5.77 亿元，对现有一期、二期生产线进行升级改造，通过适量填平补齐，在提升生产线技术水平和产品质量的同时，将产能增加 900 万条，达到 2400 万条/年。同时进行智能化立体仓库升级改造。

42. 青岛海力威 IPO 招股书获证监会受理

7月5日，青岛海力威新材料科技股份有限公司招股说明书获证监会受理。海力威拟登陆沪市主板，本次 IPO 拟使用募集资金 5.08 亿元，建设 3 个项目：车用橡胶密封件生产线技术改造及扩建项目、聚氨酯组分生产项目、研发中心建设项目，以及补充流动资金。海力威曾于 2015 年 12 月 21 日，在新三板挂牌，股票代码：834835。2017 年 12 月 27 日，终止挂牌。

43. 盛帮股份深交所上市

7月6日，成都盛帮密封件股份有限公司登陆深交所上市交易。

盛帮股份本次公开发行股票募集资金净额约为 4.40 亿元。将使用募集资金 18678.28 万元，用于 3 个募资项目：密封（绝缘）制品制造系统改扩建项目、研发中心建设项目、智慧管理平台建设项目。该公司在深耕汽车领域的同时，积极拓展橡胶材料在电气和航空等领域的应用。近 3 年，该公司主营业务收入分别为 23753.99 万元、26312.77 万元和 29744.84 万元，扣非归母净利润分别为 3165.29 万元、4481.22 万元和 5625.59 万元。

44. 浦林成山"华"系旗舰轮胎，重磅上市

作为浦林成山旗下全新乘用车轮胎品牌"华"系列的开山之作，新品华韧轮胎重磅上市。华韧轮胎聚焦长里程和高颜值，采用独家耐久技术与全天鹅绒胎侧的设计。据悉，"华"系列是成山 2022 年主打的全新乘用车轮胎品牌。首发新品华韧在性能上继承了成山轮胎独家技术优势并实现多项突破，在整体设计与品牌文化上也焕然一新，彰显了国民品牌在新消费时代的文化自信。华韧之"华"寓意"中华"，秉承中华民族精神内心的光芒，代表了创立"华"品牌的初心。华韧意在以"华"之精神为本，以韧为基，一方面呼应成山的品牌定位与主张，另一方面覆盖多元的产品差异化特质。

45. 4 位院士齐聚玲珑，聚焦轮胎新材料

7月9日，绿色节能高性能轮胎材料行业重点实验室第五次专家委员会工作汇报会在玲珑轮胎总部举办。曹湘洪院士、塞锡高院士、王玉忠院士、张立群院士等多位专家对前期成果予以肯定，并对后期实验室发展和规划作了指导。该实验室自 2017 年 6 月 18 日正式启动至今，研究项目结合行业需求不断更新迭代，累计达 40 余项，其中今年成果更新率达到 56%，覆盖了从基础到应用的全过程，其中多项成果填补了国内空白，走在了世界前列。包括非充气轮胎、石墨烯轮胎、发电轮胎、自愈合轮胎、大航空子午线轮胎等从理论到实践全方位的进步，2019 年领先实现 2 款产品达到欧盟标签法 AA 等级，高质量高标准地完成蒲公英橡胶百吨级中试线建设，推动蒲公英橡胶产业化发展迈上新台阶，标志着玲珑轮胎可持续化、绿色化生产即将迎来新的里程碑。

46. 旺能环境收购南通回力77%股权

7月18日，旺能环境股份有限公司发布公告称，其子公司湖州旺能投资有限公司拟以3.31亿元，收购倪雪文、施兆丰、徐金生等188人持有的南通回力77%股权。南通回力主营生产丁基橡胶、再生胶、橡胶制品、轮胎等，具有年产各类再生橡胶8.1万吨的能力。2021年，实现营业收入3.89亿元，净利润5216万元。旺能环境表示，通过本次收购增加了公司的再生橡胶制造业务，可有效提升综合实力，增加盈利来源。

47. 马轮固力翻新中策"西湖"全钢工程胎

7月份，中策橡胶集团全钢工程轮胎得到全球知名翻新轮胎巨头意大利Marangoni公司（马轮固力）的认可，将中策生产的全钢工程胎翻新使用，轮胎获得第二次生命。马轮固力评价说，西湖牌全钢工程胎具有坚固的胎体设计，即使经过数千小时的艰苦作业后，还能保持胎体的良好状态。马轮固力表示，将向全欧洲使用西湖牌全钢工程胎的用户发出号召，乐意收购他们手中的胎体用于翻新。

48. 铁系催化丁戊橡胶合成与应用关键技术通过鉴定

7月23日，"铁系催化丁戊橡胶合成与应用关键技术"通过科技成果鉴定，以自主创新解决了我国高性能合成橡胶"卡脖子"技术难题。该项目由中国科学院青岛生物能源与过程研究所和中石化巴陵石油化工有限公司完成，正在进行3万吨/年的产业化示范研究。森麒麟、昊华轮胎分别与青岛能源所就"铁系催化丁戊橡胶合成与应用关键技术"签署全面战略合作协议，协力实现支化丁戊橡胶高性能轮胎的制造与市场化推广。

49. 兴达发布骨架材料企业首份可持续发展报告

7月28日，江苏兴达钢帘线股份有限公司举行了《2021年度可持续发展报告》发布仪式。报告详细披露了兴达"可持续发展理念""四大可持续发展领域""七大实质性议题"，以及7项实质性议题的宏伟目标、行动方案、关键时间节点工作计划和重要进展。到2025年，该公司绿色产品销售额达总销售额的30%；2030年，回收钢材比例达40%；2050年，全面实现碳中和。

50. 汽车与轮胎专家论道商用车可持续发展

7月27~28日，轮胎动力学协同创新联盟和一汽解放于吉林长春召开"第一届高品质商用车车辆及轮胎动力学技术论坛"。汽车和轮胎行业的专家学者，围绕"推动商用车领域技术创新与合作"的主题，探讨在"双碳"以及新能源和智能网联带来的新挑战背景下，商用车整车开发中不可或缺的车辆及轮胎动力学等相关问题，为中国商用车行业实现跨越式发展提供智力支持和合作良机。同时，轮胎动力学协同创新联盟发布了《2022商用车动力学技术展望》。

51. 双钱集团乘用胎新品在安徽基地下线

8月4日，回力Comfortune A05(顺行)和Poweride A01(领导者)首批轮胎下线仪式，在双钱集团(安徽)回力轮胎有限公司举行。Poweride A01(领导者)优先上市225/65R17规格。Comfortune A05(顺行)优先上市195/65R15、205/55R16两个规格。5项静音抑噪技术、2项提升湿抓排水性能技术，保障轮胎寿命，体验全新舒适驾乘。

52. 大连橡胶塑料机械有限公司获省长质量奖

8月12日，辽宁省政府发布《关于授予省长质量奖的决定》，大连橡胶塑料机械有限公司荣获"第九届辽宁省省长质量奖银奖"。此前的2017年，朝阳浪马轮胎有限责任公司也获得"银奖"荣誉。

53. 27家企业上榜专精特新"小巨人"

8月21日，工信部公布了第三批专精特新"小巨人"企业，27家橡胶轮胎企业榜上有名，分别是海安橡胶、朝阳华兴万达、山东威普斯、保定华月胶带、金久龙实业、中南橡胶集团、西北橡塑研究设计院、南京利德东方、大连仓敷橡胶零部件、浙江丰茂科技、厦门麦丰密封件、莱阳市昌誉密封科技、博戈橡塑（株洲）、鹤壁飞鹤股份、鹤壁元昊化工、汤阴永新、大连爱柏斯、河北镁神科技、山西三强新能源、新疆峻新化工、青岛德固特节能装备、益阳橡塑机械、青岛科捷机器人、青岛弯弓信息技术、抚顺伊科思新材料、勐腊田野橡胶销售、青岛天邦线业。

54．双钱江苏工厂投资1.5亿元提产能

8月12日，双钱集团（江苏）轮胎有限公司新增全钢工程子午线轮胎产能提升项目（OTR提升项目），进行社会稳定风险评估公示。

该项目新增两条生产线，分别年产7700吨（4.2万条）14.00R25全钢工程子午线轮胎，以及9500吨（3.8万条）16.00R25全钢工程子午线轮胎。在不增加动力设备和厂房的前提下，有效提升工程胎产能。

55．桂林橡机获"广西数字化车间"称号

8月16日，广西工业和信息化厅公布了2022年广西数字化车间企业名单，桂林橡胶机械有限公司荣列其中。作为服务轮胎制造商的离散型机械生产厂家，桂林橡机面临产品生产"个性化、多品种、小批量"的挑战。为此，该公司以"效率更高、成本更低、差错率更小、绿色制造"为方向，向实现全面数字化及智能制造转型。数字化车间建设使企业的研发和生产环境有了明显提升，生产效率大幅提高，生产成本显著降低。

56．全生物基可降解鞋在我国研发成功

8月16日，世界首批全生物基可降解鞋在北京化工大学举行研发成果发布活动。北京化工大学材料学院先进弹性体材料研究中心，在北京市自然科学基金重点基金、国家自然科学基金重点基金、国家"十三五"重点研发计划、国家基金委基础科学中心项目，以及多家企业特别是彤程新材料集团的大力支持下，在张立群院士的引领下，历经18年科学研究，利用分子结构设计开发了生物基可降解聚酯橡胶材料，生产出全生物基可降解鞋，这对解决废弃鞋对环境的污染具有重要意义。

57．住友橡胶在华卡客车轮胎有序退出

8月17日，住友橡胶（中国）有限公司宣布，有序终止在华卡客车轮胎业务的运营。

自2023年起，不再生产和销售面向中国市场的卡客车轮胎产品；2024年4月起，不再生产面向海外市场的卡客车轮胎产品。住友橡胶表示，此次经营策略的调整，是应对市场变化、顺应时代发展的结果，有助于住友橡胶中国公司集中全部资源，致力于乘用车轮胎的投资与研发，实现轮胎高规格化、高性能化生产。尤其是面对不断成长的中国新能源汽车后市场，寻求更好的发展契机。

58．圣奥化学"碳管家"系统，正式上线

8月18日，圣奥化学自主研发的碳排放管理系统"碳管家"解决方案，正式上线运行。该产品基于国际ISO 14064-1:2018碳盘查体系方法论，结合国内碳盘查理论，实现双体系支撑。据介绍，"碳管家"系统通过自主研发的低碳数字化平台，实现了与MES、SAP、办公系统等相关业务的数据集成，将数字化与"双碳"管理有序结合，为圣奥化学及下属企业提供低碳解决方案及服务。该系统上线运行，通过构建"绿色、节能、高效"的低碳平台，实现"双碳"管理一站式服务，帮助企业低碳发展，早日实现"碳达峰，碳中和"目标。上线"碳管家"，以数字化助力"双碳"管理，对该公司长远发展具有非凡的意义，可提升ESG管理水平以及可持续发展水平，助推实现转型升级。

59．金世缘乳胶上市辅导

8月31日，江苏金世缘乳胶制品股份有限公司发布IPO上市辅导公告。金世缘成立于2009年6月，主导产品为乳胶床垫和乳胶枕，为中国橡胶工业协会第十届理事会理事单位。金世缘在国内建有两个基地，在泰国罗勇建设了一个占地4.5万多平方米的海外生产基地。

60．圣奥化学科创中心启用

9月13日，圣奥化学科技创新中心在上海浦东张江高科技园区启用揭牌，同期举行了与中国科学院大连化学物理研究所战略合作线上签约。

科技创新中心将开展聚合物添加剂新产品和新工艺研发，对标国际同类先进产品的发展水平，实现聚合物添加剂多个产品的进口替代。同时，侧重技术应用和商业化研发，聚焦具有重大发展潜力的细分市场，构建以科技创新为引领支撑的产业体系，助力公司打造原创技术策源地和现代产业链链长。圣奥化学与中科院大连化物所将加强在新材料、高精专化学品、节能环保减排等多个领域的合作，建立技术创新、产业创新及人才培养的良性互动合作机制，推动双方取得更多丰硕成果。

61．四部委印发《原材料工业"三品"实施方案》

9月14日，工业和信息化部、国务院国有资产监督管理委员会、国家市场监督管理总局、国家知识产权局等联合印发《原材料工业"三品"实施方案》。方案的贯彻与落实，可以有效地促进轮胎行业发展模式从规模速度型向质量效益型转变，更好地满足国内、国外市场需求，支撑轮胎制造强国建设。同时，深入实施"三品"战略能够加速营造良好的消费环境，是企业践行"消费公平"的有效举措之一。

中国橡胶工业协会发布了《关于轮胎工业"三品"实施方案的解读》，从轮胎行业发展现状、"三品"实施方案对轮胎行业的指导作用、轮胎行业落实"三品"实施方案的主要举措等方面，进行了权威解读，并提出政策建议。两家重点企业——中策橡胶和玲珑轮胎完成了"三品"实施方案的解读，解析指导轮胎行业"三品"发展实施主要举措。

62．米其林（沈阳）举行绿色工厂活动周

9月28日，米其林沈阳工厂举办"绿色智造，共享未来"第二届绿色工厂活动周，从高科技原材料使用、产品全生命周期管理、友好生态建设等方面，全方位展示沈阳工厂近年来绿色"智造"成果。

63．轮胎、再生橡胶行业标准发布

9月30日，工业和信息化部批准发布《轮胎行业绿色工厂评价 要求》（HG/T 6061—2022）和《轮胎制造绿色供应链管理 要求》（HG/T 6062—2022）两个行业标准。两项标准均由中国橡胶工业协会组织行业企业完成，实施时间为2023年4月1日。两项标准的发布，对轮胎行业的高质量发展意义重大，同时，也为轮胎行业的绿色转型升级提供了依据。《再生橡胶行业绿色工厂评价 要求》（HG/T 6125—2022）同期发布。

64．山东尚舜化工集团有限公司董事长徐承秋捐款1200万元

10月1日，山东尚舜化工集团有限公司董事长徐承秋，向菏泽单县乡村振兴基金救助会捐款1200万元，设立"徐承秋乡村振兴基金"，助力乡村振兴。尚舜化工的前身是单县有机化工厂，20世纪90年代改制后，在董事长徐承秋的带领下，企业不断发展壮大，特别是2007年在新加坡上市后，企业规模越来越大，经济效益和社会效益不断提高。目前，该公司部分橡胶助剂产品产量占全球产量20%，产品出口40多个国家和地区。

65．商务部贸易救济局与炭黑企业线上交流

10月10日，商务部贸易救济局与中国橡胶工业协会、国内炭黑5家重点企业召开线上交流会，重点沟通了中国炭黑产业的生产经营及进出口情况，以及出口印度市场遇到的问题，并对可能遇到的贸易摩擦进行预警。

66．风神轮胎巨胎59/80R63下线

10月11日，风神轮胎股份有限公司自主研发制造的第一条59/80R63巨型全钢工程子午线轮胎顺利下线。作为全球知名的卡客车轮胎和工程机械轮胎专业生产厂家，风神轮胎59/80R63全钢巨胎的研发成功，顺应了矿山车辆向大型化发展的方向，跟上了世界工程机械轮胎发展的步伐，增强了风神轮胎的市场综合竞争力。该"巨无霸"轮胎直径超过4米，重量近6吨，是目前矿用自卸车使用的规格最大的全钢巨胎。

67. 中橡协与玲珑轮胎合作项目入选试点名单

10月13日，2022年烟台创建"科创中国"试点城市项目入选项目名单公布。由中国橡胶工业协会与山东玲珑轮胎股份有限公司联合申报的"高性能轮胎及新材料研发、测试、应用专委会工作站"项目，位列其中。该项目团队由中国橡胶工业协会雷昌纯、王卫东，玲珑轮胎公司隋晓飞、徐浩杰、陈少梅组成。项目将充分利用中橡协的平台资源、玲珑轮胎先进硬件设施及雄厚的科研实力，围绕高性能轮胎及用于轮胎的新材料开发及应用开展工作。

68. 3家企业入围国家技术创新示范企业名单

10月25日，工信部发布"2022年国家技术创新示范企业"名单，3家橡胶行业企业入围，分别是株洲时代新材料科技股份有限公司、中国化工集团曙光橡胶工业研究设计院有限公司、河北宝力工程装备股份有限公司。

69. 阳谷华泰募资6.5亿元扩大硅烷偶联剂产能

10月27日，山东阳谷华泰化工股份有限公司发布公告，向不特定对象发行可转换公司债券预案，拟募集资金6.5亿元。扣除发行费用后，其中4.6亿元用于年产5.5万吨硅烷偶联剂及1万吨/年副产品资源化项目，1.9亿元用于补充流动资金。

70. 38家企业确定为知识产权示范和优势企业

10月27日，国家知识产权局确定了新一批国家知识产权示范企业和新一批国家知识产权优势企业。赛轮集团股份有限公司、安徽佳通乘用子午线轮胎有限公司、中国化工集团曙光橡胶工业研究设计院有限公司、软控股份有限公司、山东阳谷华泰化工股份有限公司、广东伊之密精密机械股份有限公司等6家橡胶轮胎企业，确定为新一批国家知识产权示范企业。三力士橡胶股份有限公司、合肥大道模具有限责任公司、际华三五一七皮革皮鞋有限公司、中国化工株洲橡胶研究设计院有限公司、四川川环科技股份有限公司、青岛科捷机器人有限公司等15家橡胶轮胎企业，确定为新一批国家知识产权优势企业。

71. 浙江双箭增资上游帆布企业

10月27日，浙江双箭橡胶股份有限公司宣布，拟以自有资金向安徽华烨特种材料有限公司增资3000万元，持有安徽华烨30%的股权。安徽华烨主要产品为锦纶和高模低缩浸胶帆布，是双箭股份的主要原材料之一。双箭股份通过增资，进一步提升核心供应链的稳定性，增强对上游原材料供应和质量的整体把控能力，完善输送带业务产业布局。

72. 中策实施废轮胎裂解项目

11月4日，杭州中策清泉实业有限公司"2万吨/年废轮胎高效清洁资源化利用项目"规划设计方案进行公示。项目占地面积1634平方米，新建裂解车间、造粒车间、包装车间、原材料预处理车间、炭黑后处理区、油罐区、除臭设备等建筑面积3030平方米。"废轮胎高效梯级裂解资源化利用及超低排放关键技术研究与示范"项目达产后，预计可实现2万吨废轮胎高效清洁资源化处理，每年可减少现有炭黑生产过程中原料油消耗8000吨，减少二氧化碳排放2.1万吨。可新增产值约4000万元、税收300多万元。

73. 中国橡胶助剂工业走过70年发展历程

11月6~8日，中国橡胶工业协会橡胶助

剂专业委员会召开 2022 年度会员大会暨第二十二届全国橡胶工业新材料技术论坛，与会领导、专家和会议代表共同回顾中国橡胶助剂工业 70 年发展历程，70 年前的 1952 年，沈阳新生化工厂和南京化工厂分别建成了橡胶促进剂、橡胶防老剂生产装置，当年产量共计 38 吨，中国橡胶助剂工业自此开启。经过几代助剂人的拼搏奋斗、科技进步和创新发展，中国橡胶助剂工业从无到有，从小到大，由大到强，进入了绿色化、智能化、微化工化的新时期。

74. 骨架材料专业委员会举办成立 20 周年庆典

11 月 7~9 日，中国橡胶工业协会骨架材料专业委员会举办成立 20 周年大会。20 年来，骨架材料专委会一直致力于推动行业坚持走科技创新、高质量发展之路，骨架材料行业取得了突飞猛进的发展。目前，我国已是全球最大的橡胶骨架材料生产国和消费国，主要产品产量全球占比均超过 50%。各产品种类 5 家头部企业产能占国内总产能的 62%~78%，具有较高的行业集中度。"十三五"以来，国内重点骨架材料企业纷纷在智能制造方面进行探索与实践，很多企业进行智能化改造，基本实现了内部运输、成品包装和仓储管理的自动化，部分领先企业实现生产环节和检测环节的智能制造。

75. 赛轮二十载，同心"橡"未来

11 月 18 日，赛轮集团举办成立 20 周年庆典，向 20 位为企业的创立、建设和发展作出卓越贡献的功勋人物颁授荣誉。袁仲雪在致辞中，将赛轮 20 年的发展历程凝结为"不忘初心、信任尊重、艰苦奋斗、海外建厂、扬帆出海、特种胎、橡链云、液体黄金、产业链协同、感恩感谢" 10 个关键词。着眼未来，赛轮将加快实施创新驱动发展战略，加强关键技术自主研发能力，加快实现高水平科技自立自强，引领我国橡胶轮胎行业高质量发展。同时，继续践行绿色发展理念，研发生产以液体黄金轮胎为代表的绿色节能产品，努力推动实现我国橡胶轮胎行业向绿色低碳转型，守护人类可持续发展的未来。

76. 龙星化工建设智能装备制造基地

12 月 1 日，龙星智能装备制造基地开工仪式在邢台市经济开发区举行。该项目预计总投资 6 亿元，占地面积 195 亩，分两期建设。该项目由龙星化工全资子公司河北新珑智控科技有限责任公司负责建设运营，经营范围包含智能基础制造装备制造；智能基础制造装备销售；机械零件、零部件加工等。

77. 王梦蛟入选"全球顶尖科学家榜单"

斯坦福大学 John P.A.Ioannidis 教授团队发布的 2022 年度全球前 2% 顶尖科学家榜单中，国家橡胶与轮胎工程技术研究中心首席科学家、怡维怡橡胶研究院院长王梦蛟博士荣誉当选。王梦蛟博士以 44 篇论文的影响力，在化学学科排名 259 位（国际排名 86688），是化学学科领域中国企业研究院所的榜首学者。

78. 橡胶工业 8 家企业（产品）上榜国家单项冠军

工业和信息化部、中国工业经济联合会组织开展的 2022 年（第七批）制造业单项冠军企业（产品）名单公布，橡胶工业 8 家企业（产品）上榜。其中，单项冠军示范企业 5 家，分别是江苏兴达钢帘线股份有限公司、浙江双箭橡胶股份有限公司、天津鹏翎集团股份有限公司、宁波艾克姆新材料股份有限公司、江西广源化工有限责任公司。单项冠军产品 3 个，分别是青岛软控机电工程有限公司的半钢子午线轮胎成型机、骏马化纤股份有限公司的帘子布、浙江丰茂科技股份有限公司的乘用汽车多楔带。

79. 森麒麟为诺记代工生产高端雪地胎产品

12 月 19 日，青岛森麒麟轮胎股份有限公司与诺记轮胎签署制造合作协议，双方将在诺记轮胎最核心、最高端的轮胎产品领域展开合作，森麒麟将为诺记轮胎生产其旗下"Nokian

品牌"的雪地胎产品，开启高端轮胎产品合作新时代。

80. 轮胎分会评定出 8 家能效"领跑者"企业

中国橡胶工业协会轮胎分会大力开展轮胎产品"能效领跑者活动"，推动绿色低碳深入发展。经专家评审与鉴定，分别评出全钢子午胎企业和半钢子午胎企业前 4 名能效"领跑者"。全钢子午胎企业前 4 名为中策清泉公司、威海君乐、双钱（江苏）公司、山东金宇轮胎；半钢子午胎企业前 4 名为中策海潮公司、浦林成山、青岛双星、玲珑德州工厂。此活动为行业企业转型发展树立了示范和样板。

81. 豪迈模具泰国第二工厂奠基

12 月 27 日，豪迈（泰国）有限公司第二工厂项目开工奠基仪式，在泰中罗勇工业园举行。据悉，豪迈泰国第二工厂项目占地面积近 10 万平方米，规划生产车间近 6 万平方米，办公面积 4500 平方米，其中一期项目总面积近 3 万平方米，一期项目投产后将择期尽快推进二期建设。

82. 桂林工程公司荣获自治区主席质量奖

12 月 27 日，第六届广西壮族自治区主席质量奖表彰会议举行。中国化学桂林工程有限公司获得第六届广西壮族自治区"主席质量奖"正奖，成为广西 4 家入选企业之一。

83. 三祥科技北交所上市

12 月 30 日，青岛三祥科技股份有限公司在北京证券交易所上市。三祥科技此次发行价格为 11.00 元/股，发行市盈率为 18.71 倍，发行股份数量 1423 万股，募集资金总额为 1.565 亿元，用于汽车管路系统制造技术改造项目和补充流动资金。

84. 玲珑轮胎变更安徽项目投资地点

12 月 31 日，玲珑轮胎发布公告，将安徽项目投资地点由庐江县变更为六安高新技术产业开发区。同时，调整项目建设内容为"年产 1400 万套高性能子午线轮胎项目"和"3 万吨废旧轮胎资源再生建设项目"。项目总投资 51 亿元，建成后达到年产 1200 万套高性能乘用及轻卡子午线轮胎和 200 万套高性能卡客车子午线轮胎的规模。废旧轮胎资源再生建设项目建设内容为，1 万吨用于废旧轮胎翻新、2 万吨利用废旧轮胎生产液体再生胶产品。

85. 8 项团体标准审查通过

2022 年，中国橡胶工业协会完成了 8 项团体标准的审查工作。1 月 6 日审查通过《汽车轮胎低碳产品评价规范》《轮胎冠部弯曲模态试验方法》及《汽车轮胎胎圈压力试验方法》3 项团体标准。7 月 13～14 日，审查通过《煤矿用输送带合成纤维整体带芯》《防物料粘附钢丝绳芯输送带》《防物料粘附织物芯输送带》《一般用途芳纶织物芯阻燃输送带》和《植保设备传动用 V 带》5 项团体标准。

86. 中橡协换聘 5 个分会（委员会）理事长

2022 年，中国橡胶工业协会聘任 5 个分会（委员会）理事长：9 月 2 日，聘任浙江天铁实业股份有限公司董事长许吉锭为中橡协第十届理事会橡胶制品分会理事长；11 月 3 日，聘任中策橡胶集团董事长沈金荣继续担任中橡协第十届理事会轮胎分会理事长；11 月 7 日，聘任蔚林新材料科技股份有限公司总经理王志强继续担任中橡协第十届理事会橡胶助剂专业委员会理事长；11 月 8 日，聘任江苏兴达钢帘线股份有限公司总经理刘祥担任中橡协第十届理事会骨架材料专业委员会理事长；11 月 23 日，聘任苏州宝化炭黑有限公司董事长沈金良继续担任中国橡胶工业协会第十届理事会炭黑分会理事长。

（郝章程）

第七章　橡胶工业统计及进出口贸易

一、橡胶工业数据统计

具体见表 7.1~表 7.5。

表 7.1 2018~2022 年全国橡胶工业主要产品产量统计

产品名称	2018 年	2019 年	2020 年	2021 年	2022 年
轮胎总产量/亿条	6.48	6.52	6.34	6.97	6.67
子午胎	6.09	6.16	5.96	6.57	6.35
全钢胎	1.33	1.32	1.39	1.40	1.24
半钢胎	4.76	4.84	4.58	5.17	5.11
斜交胎	0.39	0.36	0.38	0.32	0.33
摩托车外胎/亿条	1.33	1.37	1.34	1.55	1.58
自行车外胎/亿条	3.95	4.04	4.29	4.80	4.35
电动自行车外胎/亿条	3.10	3.10	3.86	3.90	3.97
输送带/亿平方米	5.1	6	5.6	6.2	7.01
高强力输送带	4.6	5.4	4.8	5.15	5.8
普通 V 带/亿 A 米	19.2	17	16.6	17.8	16
橡胶胶管/亿标米	18	19	18.5	19.5	19.9
钢丝编织胶管	4.8	5.2	5	5.4	5.3
胶鞋/亿双	9.8	9.6	8.5	9.42	7.92
再生胶/万吨	440	460	460	440	420
钢丝帘子线/万吨	242	245	259	287	266
帘子布/万吨	68	64	58	73	71
炭黑/万吨	572	575	570	632	595
橡胶助剂/万吨	135	139	124	137	146
促进剂	35.7	35.6	33.2	35.7	41.0
防老剂	36.5	37.2	36.7	41.5	45.5
合成橡胶/万吨	375	392	440	463	468
丁苯橡胶	98.5	107.0	122	125	128
丁腈橡胶	19.9	21.0	22.0	23.2	25.1
顺丁橡胶	94.2	102.0	111	107	113

续表

产品名称	2018年	2019年	2020年	2021年	2022年
氯丁橡胶	5.0	4.0	4.7	4.6	4.9
丁基橡胶	17.8	17.4	21.9	27.8	31.9
乙丙橡胶	20.7	24.0	23.5	32.4	26.5
SBS	119.0	112	130	139	134
天然橡胶/万吨	84	81	69	85	79

注：数据由中国橡胶工业协会、中国石化经济技术研究院、中国天然橡胶协会提供。

表7.2 2018～2022年橡胶制品出口量和出口额

项目	2018年		2019年		2020年		2021年		2022年	
	出口量/吨	出口额/万美元	出口量/吨	出口额/万美元	出口量/吨	出口额/万美元	出口量/吨	出口额/万美元	出口量/吨	出口额/万美元
新充气橡胶轮胎（4011）	6069146	1510964	6250686	1480073	6035749	1327937	7008061	1670463	7364592	1887976
机动小客车用	1990096	542970	2113025	556985	1956071	486716	2306897	612472	2380560	674020
客车或货运机动车辆用	3402439	780806	3438145	734994	3370333	659953	3775499	801485	4042318	918925
航空器用	292	598	308	523	404	674	255	569	293	528
摩托车用	130635	34165	144696	36815	154298	38996	192882	52188	191041	55491
自行车用	73094	22204	71581	21449	64763	20062	99362	33297	67088	27399
农林车辆机器用	101628	26286	93513	23234	97482	22395	131221	32088	127315	34298
建筑采矿车辆机器用	240337	69939	258604	73300	240516	63219	309870	87957	404788	132458
其他	130110	33774	130165	32575	151437	35776	192076	50407	151189	44857
橡胶内胎（4013）	163724	47065	180920	49223	185995	51325	220065	66607	205817	65565
机动小客车、客车、货运机动车辆用	50721	14188	51976	14062	48907	12828	61067	16364	63768	18073
自行车用	40980	16853	40967	16213	44157	17928	57971	25472	43979	21163
航空器用	1	2	0.19	0.17	0.09	0.37	0.49	2.13	0.48	3.31
其他	72022	16022	87977	18948	92931	20568	101027	24768	98070	26327
翻新轮胎（40121100-40121900）	5771	1216	6339	1035	5798	869	5801	819	2782	927
旧充气轮胎（40122010-40122090）	9139	1756	12026	2565	12179	2249	10740	2478	11028	3664
实心或半实心轮胎；胎面及轮胎衬带（40129010-40129090）	52958	12388	54124	12921	45405	11640	56418	12929	61998	15186
橡胶输送带、三角带、传动带（40101100-40103900）	321655	93601	342161	95771	345029	91993	394906	116323	476213	144789
橡胶避孕套等卫生医疗用品（40141000-40149000）	21581	13471	22263	13436	21442	12808	25722	16232	29635	19929
外科手套及其他手套（40151100-40151900）	112286	64315	124778	69554	188811	260515	357063	502117	98128	70882
橡胶制衣着用品及附件（40159010-40159090）	3762	3009	3752	2925	3612	3399	4809	6597	6268	8176
橡胶杂件（40161010-40169990）	437527	247176	462189	255868	444146	257402	535108	290464	550620	382944

续表

项目	2018年 出口量/吨	2018年 出口额/万美元	2019年 出口量/吨	2019年 出口额/万美元	2020年 出口量/吨	2020年 出口额/万美元	2021年 出口量/吨	2021年 出口额/万美元	2022年 出口量/吨	2022年 出口额/万美元
橡胶管（40091100-40094200）	203199	96611	209718	96257	191314	88179	263562	128755	277306	141227
未硫化橡胶板、片、带及制品（40051000-40069020）	14598	4213	22815	6580	28099	8043	38505	12501	38484	13349
硫化橡胶线、绳、板、片、带及型材（40070000-40082900）	160753	37353	178059	41366	171105	46387	202038	57277	230590	84885
硬质橡胶及制品（40170010-40170020）	11002	4174	13099	3688	11305	4327	13109	6100	12169	5833
再生胶等（40030000-40040000）	133922	11392	114574	10951	111074	13224	137687	20830	92685	10435
胶鞋	2281916	2605053	2413199	2847083	1408493	1842038	2333569	3019519	2461485	3479625
防水鞋靴（64011010-64019900）	70461	47162	70706	49828	5516	3550	73957	52961	77024	59849
滑雪鞋、防护鞋等（64021200-64029910）	551667	422970	544434	459165	44288	41255	519979	549218	522443	613038
运动鞋、网球鞋、篮球鞋等（64041100-64041900）	1193004	1371229	1149857	1337493	856220	998770	1088591	13351841	1166145	1569018

表7.3　2018～2022年橡胶制品进口量和进口额

项目	2018年 进口量/吨	2018年 进口额/万美元	2019年 进口量/吨	2019年 进口额/万美元	2020年 进口量/吨	2020年 进口额/万美元	2021年 进口量/吨	2021年 进口额/万美元	2022年 进口量/吨	2022年 进口额/万美元
新的充气橡胶轮胎（4011）	133365	84745	134626	88946	136427	85492	152678	99169	132598	87563
机动小客车用	94518	59706	90590	57889	89719	55228	102297	68020	81557	53518
客车或货运机动车辆用	10821	4810	12427	5628	16383	7104	15430	6881	13550	6333
航空器用	3525	4816	3449	5352	2527	4971	3071	3864	1396	2154
摩托车用	907	588	1580	1008	2646	1606	3463	2155	3818	2414
自行车用	1895	1725	1433	1318	2203	1677	2960	2694	2271	2612
农林车辆机器用	1152	403	871	344	749	265	902	356	892	383
建筑采矿车辆机器用	18981	11452	23437	16749	21169	13829	23345	14217	26799	18381
其他	1562	1240	819	647	1009	797	1157	938	2293	1752
橡胶内胎（4013）	559	286	577	222	215	150	343	245	307	248
机动小客车、客车、货运机动车辆用	263	79	140	48	55	18	56	19	72	24
自行车用	189	150	150	104	132	96	177	151	182	157
航空器用	2	17	2	20	3	24	4	34	3	33
其他	105	40	284	50	26	11	106	41	51	34
翻新轮胎（40121100-40121900）	3990	4833	4023	5234	2404	3137	3943	4600	3098	3232
旧的充气轮胎（40122010-40122090）	2455	121	520	24	272	5	3326	27	927	28
实心或半实心轮胎；胎面及轮胎衬带（40129010-40129090）	10697	4252	9187	4253	8916	3991	9917	2562	9086	2537
橡胶输送带、三角带、传动带（40101100-40103900）	18565	27405	13820	23502	15068	22211	16950	27010	14146	23708

续表

项目	2018年		2019年		2020年		2021年		2022年	
	进口量/吨	进口额/万美元	进口量/吨	进口额/万美元	进口量/吨	进口额/万美元	进口量/吨	进口额/万美元	进口量/吨	进口额/万美元
橡胶避孕套等卫生医疗用品（40141000-40149000）	3862	9780	3585	11688	3448	11562	3690	12417	3857	12544
外科手套及其他手套（40151100-40151900）	52827	23873	60470	25880	92082	60578	66146	66238	75682	34863
橡胶制衣着用品及附件（40159010-40159090）	385	1082	310	1047	484	959	261	830	172	696
橡胶杂件（40161010-40169990）	97270	239801	88724	218951	103717	223202	118965	258208	113029	230312
橡胶管（40091100-40094200）	47206	73961	40175	63362	40112	61178	45148	69755	32905	55227
未硫化橡胶板、片、带及制品（40051000-40069020）	115524	40589	84700	33668	68630	30222	78534	37283	65494	35201
硫化橡胶线、绳、板、片、带及型材（40070000-40082900）	128922	49151	126205	45375	118148	43439	142315	60242	122952	53169
硬质橡胶及制品（40170010-40170020）	526	1157	474	1049	413	944	501	1184	345	753
再生胶等（40030000-40040000）	96646	7147	115367	8189	102214	6845	118211	8035	140905	9257
胶鞋	104175	347277	126899	425640	133244	459283	123665	503501	114295	479403
防水鞋靴（64011010-64019900）	176	284	185	252	86	156	166	448	117	328
滑雪鞋、防护鞋等（64021200-64029910）	3054	8689	5786	16533	7742	20326	5458	15474	4870	14435
运动鞋、网球鞋、篮球鞋等（64041100-64041900）	56918	176527	63644	203358	66168	221445	60127	239157	50132	210405

表7.4　2018～2022年部分橡胶原材料进口情况

项目	2018年		2019年		2020年		2021年		2022年	
	数量/万吨	金额/万美元	数量/万吨	金额/万美元	数量/万吨	金额/万美元	数量/万吨	金额/万美元	数量/万吨	金额/万美元
天然橡胶	259.6	360671	245.4	337282	229.9	307619	238.5	385750	263.6	402747
胶乳	59.1	64475	55.4	58005	57.0	63356	54.9	69847	65.8	79892
复合橡胶	11.4	39021	8.3	32335	6.7	28650	7.7	35568	6.4	33953
混合橡胶	295.0	425126	265.9	370469	353.7	477969	291.2	484361	336.0	556879
合成橡胶	129.5	308122	136.3	280798	142.0	242112	118.7	272026	125.0	302673
丁苯橡胶	41.1	85365	40.7	76110	44.3	66098	39.8	75555	33.2	77184
顺丁橡胶	19.4	39494	20.2	36241	28.5	34913	18.8	37721	19.6	39204
丁基橡胶	25.1	62812	24.7	58393	28.4	54239	21.8	47044	29.2	66617
氯丁橡胶	2.3	10481	1.9	8444	1.6	7033	1.8	8253	1.4	8291
丁腈橡胶	8.0	23652	16.8	29074	9.6	17831	8.9	24700	7.6	22938
异戊橡胶	3.4	7446	3.0	6187	4.6	7647	3.7	8190	4.8	10940

续表

项目	2018年 数量/万吨	2018年 金额/万美元	2019年 数量/万吨	2019年 金额/万美元	2020年 数量/万吨	2020年 金额/万美元	2021年 数量/万吨	2021年 金额/万美元	2022年 数量/万吨	2022年 金额/万美元
乙丙橡胶	23.4	50018	23.4	42940	18.9	30954	16.9	40971	15.2	42801
其他合成橡胶	6.8	28854	5.5	23409	6.2	23395	7.1	29591	4.8	24914
橡胶助剂	13.51	53582	11.4	45085	11.4	46123	12.7	53031	9.3	46621
促进剂	2.13	7867	1.9	7440	1.80	7285	1.89	7881	1.56	7006
防老剂	0.58	2730	0.4	1771	0.44	1766	0.52	2238	0.42	1973
炭黑	9.54	25796	7.5	21827	8.7	23399	10.2	31663	10.4	35453
尼龙帘子布	1.89	11678	1.6	10416	0.59	3857	1.53	10782	0.50	5256

表 7.5　2018～2022 年部分橡胶原材料出口情况

项目	2018年 数量/万吨	2018年 金额/万美元	2019年 数量/万吨	2019年 金额/万美元	2020年 数量/万吨	2020年 金额/万美元	2021年 数量/万吨	2021年 金额/万美元	2022年 数量/万吨	2022年 金额/万美元
天然橡胶	1.33	1990	1.45	2176	0.60	1056	2.70	5277	2.42	4816
胶乳	0.06	61	0.08	84	0.02	26	0.04	62	0.07	134
复合橡胶	1.46	4213	2.00	5547	2.41	6776	3.43	10928	3.50	11740
混合橡胶	0.08	473	0.03	68	0.03	110	0.13	334	0.13	193
合成橡胶	25.3	65051	27.5	64222	31.0	59153	43.5	100263	68.6	167289
丁苯橡胶	5.8	12671	5.6	11231	7.1	10871	9.7	18470	18.5	35896
顺丁橡胶	4.8	9082	4.8	7746	7.2	9565	9.1	15674	14.4	39105
丁基橡胶	0.9	2333	1.8	4682	1.9	4087	3.8	7724	7.9	19619
氯丁橡胶	1.2	5890	1.2	4955	1.1	3967	1.5	6062	2.2	11268
丁腈橡胶	1.2	3706	1.3	3533	1.2	2796	0.9	3331	2.0	6363
异戊橡胶	0.2	550	0.1	238	0.1	453	0.5	1646	1.6	4774
乙丙橡胶	1.3	3071	1.2	2801	1.4	2914	3.2	8344	3.1	8517
其他合成橡胶	10.0	27749	11.4	29036	11.0	24499	14.8	39012	15.4	47862
橡胶助剂	27.51	92371	40.6	116828	28.2	73216	37.8	120952	37.3	136246
促进剂	14.09	55436	13.6	43218	13.1	36176	15.9	56735	14.2	63086
防老剂	5.92	15037	6.3	12231	5.1	10120	6.9	17222	6.74	16345
炭黑	87.92	106932	81.2	82486	67.2	57647	72.2	93572	81.0	132378
尼龙帘子布	23.35	77947	22.4	70865	9.7	30353	28.3	106653	11.8	57316

注：数据来源于海关总署。

（中国橡胶工业协会秘书处）

二、2022年橡胶原材料和制品进出口总体情况

2022年初，受国内疫情多点暴发、物流运输受阻、原材料及能源价格大幅上涨、国内市场严重萎缩的影响，橡胶行业库存上升、开工率走低、利润大幅度下降。至5月份，随着国内疫情防控形势总体改善，部分受疫情冲击较大的地区，经济开始反弹，稳增长的政策措施效果逐步显现，国内需求有所恢复，在政策刺激下，汽车行业降幅明显收窄，国内物流保通保畅，外贸物流逐步改善，橡胶行业生产运行出现积极变化。进入下半年，出口仍保持一定的优势，但是高增长出现了明显下降，国际环境更趋复杂严峻，世界经济下行风险在上升，高度依赖出口市场增大了稳定运行的风险。

（一）基本情况

1. 行业规模较快增长，利润大幅下滑

国家统计局数据显示，2022年我国橡胶制品业规模以上企业4037家，较上年增加358家；实现营业收入7509亿元，同比（下同）增长1.0%（注：国家统计局在公布当年经济数据时，对上年数据亦作出修正，下同）；利润总额352亿元，大幅下降20.9%；资产总计8911亿元，增长4.5%；资产负债率为51.11%，比上年增加6.66个百分点。

分行业来看，轮胎制造行业利润出现大幅上涨，全年利润为127亿元，大幅增长32.5%。日用及医用橡胶制品制造行业利润总额12亿元，大幅下跌89.8%。2017～2022年我国橡胶制品行业主要经济指标见表7.6。

2. 行业营业成本上升，盈利能力降低

2022年，橡胶制品业营业收入利润率为4.68%，减少1.21个百分点；每100元主营业务收入成本为84.70元，增加1.44元；行业亏损面18.16%，增加3.48个百分点。

分行业看，日用及医用橡胶制品制造行业全年盈利波动最大，营业收入利润率达到2.95%，比上年大幅减少17.74个百分点；亏损面为31.21%，增加23.20个百分点。轮胎行业盈利能力增强，营业收入利润率为3.70%，增加0.77个百分点；亏损面为28.11%，增加0.18个百分点，再创历史最高。

3. 行业产量稳定增长，产能依然集中于东部省份

2022年全国轮胎总产量8.56亿条（含部分摩托车轮胎、自行车轮胎），下降5.0%。其中，山东、江苏和浙江轮胎产量保持前三名，分别占全国总产量的46.20%、9.31%和9.49%，三省合计占比达64.82%。吉林省轮胎产量增长明显，增幅为30.5%。

2022年胶鞋产量为8.14亿双，增长3.9%。其中，福建仍然是产量第一大省，年产胶鞋2.97亿双，占比36.49%。贵州、浙江、湖南、重庆的产量紧随其后，产量分别为8794万双、7962万双、7368万双、5742万双，分别占全国总产量的10.80%、9.78%、9.05%、7.05%。

4. 进出口贸易规模大幅增长

2022年橡胶制品行业进出口总额714.11亿美元，增长3.0%。其中，出口额611.91亿美元，增长5.8%。贸易顺差509.70亿美元，大幅增长10.1%。

在进出口细分品类中，进出口总额增长的有新充气橡胶轮胎、橡胶带、胶鞋类和其

表7.6 2017~2022年我国橡胶制品行业主要经济指标

项目	2017年	2018年	2019年	2020年	2021年	2022年
主营收入/亿元	9599.36	6978.23	6961.48	6438.90	7350.00	7508.87
同比/%	8.20	0.10	-0.20	-0.80	13.0	-1.00
利润总额/亿元	535.53	321.04	344.59	489.35	430.00	351.76
同比/%	1.80	2.10	9.70	39.60	-12.10	-20.90
资产总计/亿元	8524.49	7763.69	7452.60	7678.11	8367.00	8911.50
同比/%	8.60	-1.40	-0.10	5.70	10.30	4.50
进出口总额/亿美元	549.74	572.04	577.46	534.96	693.30	714.11
同比/%	6.20	4.10	0.90	-7.40	30.70	3.00

注：数据来源于国家统计局、中国海关总署、中国石油和化学工业联合会，2021年数据有调整，下同。

他橡胶制品，而橡胶内胎、翻新轮胎、胶管、手套进出口总额均下降，特别是手套，大幅下降81.4%。

进出口贸易主要集中在东部沿海经济发达地区，2022年该地区进出口总额为234.29亿美元，占比达32.8%。

（二）进出口贸易

1. 原材料进出口

2022年，天然橡胶进口量、进口额均增长。合成橡胶进口整体呈现量价齐增态势，出口量和出口额增速明显高于进口量和进口额增速。总体看，橡胶制品行业原料进出口保持稳定向好态势。

（1）天然橡胶进出口

海关总署统计数据显示，2022年我国天然橡胶进口量为263.65万吨，增长10.5%；进口额为40.29亿美元，增长4.4%。其中，技术分类天然橡胶（TSNR）进口量135.88万吨，进口额22.84亿美元，分别下降6.2%和7.7%，分别占天然橡胶进口总量和进口总额的51.54%和56.69%。

从海关数据来看，天然橡胶进口量增长，进口额也在增长，但比上年增长幅度大大收窄。很多企业通过合成橡胶的方式进口天然橡胶。通过对近几年海关税则号进口数据分析发现，合成橡胶项下的混合橡胶（税则号40028000）进口数量大幅增长，随着监管力度的加强，混合橡胶进口量已有所下滑，但依旧保持较大规模。2022年混合橡胶进口量为335.91万吨，上涨15.34%，规模超过了天然橡胶名义进口量。另外，复合橡胶进口量6.4万吨，下降16.51%。因此实际天然橡胶进口量应该大于海关统计的天然橡胶进口数据。

2022年，我国出口天然橡胶2.42万吨，下降10.3%；出口额4815万美元，下降8.8%。2022年天然橡胶进出口贸易情况见表7.7。

（2）合成橡胶进出口

2022年，我国合成橡胶进口整体呈现量价齐增态势。全年进口总量达到620.8万吨，增长4.9%；进口总额为108.66亿美元，增长5.5%。其中，混合橡胶进口量335.91万吨，上涨15.34%；进口额55.68亿美元，增长14.95%，分别占合成橡胶进口量和进口额的54.11%和51.24%。乙丙橡胶进口量163.5万吨，下降

3.8%;进口额 23.65 亿美元,下降 3.2%,分别占合成橡胶进口量和进口额的 26.34%和 21.77%。值得关注的是,丁基橡胶和异戊二烯橡胶进口量出现大幅增长,分别增长 34.4%和 30.7%。

2022 年我国合成橡胶出口量和出口额增速明显高于进口量和进口额增速。全年出口总量 83.0 万吨,增长 16.5%;出口总额 19.3 亿美元,增长 26.2%。其中,丁腈橡胶出口量 5.6 万吨,大幅下降 63.0%;出口额 1.02 亿美元,大幅下降 70.1%。丁腈橡胶出口量和出口额分别占合成橡胶出口量和出口额的 6.75%和 5.28%。2022 年合成橡胶进出口贸易情况见表 7.8。

表 7.7 2022 年天然橡胶进出口贸易情况

产品名称	进口				出口			
	数量/吨	同比/%	金额/万美元	同比/%	数量/吨	同比/%	金额/万美元	同比/%
天然橡胶	2636458	10.50	402852	4.40	24246	−10.30	4815	−8.80
天然橡胶乳	658116	19.80	79892	14.40	687	88.40	133	115.20
天然橡胶烟胶片	218378	12.00	38694	1.60	3856	−35.30	788	−35.20
技术分类天然橡胶	1358755	−6.20	228434	−7.70	17553	−9.30	3455	−4.50
其他初级形状天然橡胶	401209	108.70	55831	83.80	2122	60.60	436	20.40
巴拉塔胶等及类似树胶	0	−94.10	1	−97.80	28	−20.00	2	−87.90
复合橡胶	64199	−16.51	33953	−4.54	34999	2.04	11739	7.43
混合橡胶	3359074.11	15.34	556792.28	14.95	1282.5	0.75	192.6	−42.34

表 7.8 2022 年合成橡胶进出口贸易情况

产品名称	进口				出口			
	数量/吨	同比/%	金额/万美元	同比/%	数量/吨	同比/%	金额/万美元	同比/%
丁苯橡胶	43.5	−15.50	105464	−2.6	21.2	80.0	39230	85.9
丁二烯橡胶	19.5	4.00	39120	3.7	14.4	58.1	29103	85.6
丁基橡胶	29.3	34.44	66710	41.8	7.9	110.3	19618	153.7
氯丁橡胶	1.9	−13.60	9410	1.3	2.3	50.1	11448	87.0
丁腈橡胶	16.7	−32.00	32731	−43.9	5.6	−63.0	10248	−70.1
异戊二烯橡胶	4.8	30.70	10962	33.9	1.6	239.1	4778	189.9
乙丙橡胶	163.5	−3.80	236476	−3.2	13.8	0.3	29250	13.9
其他合成橡胶	341.6	14.20	585774	13.2	16.2	2.9	49326	21.3
合计	620.8	4.90	1086646	5.5	83.0	16.5	193001	26.2

（3）进出口价格

2022年，我国天然橡胶进口价格出现不同程度下降，出口价格有升有降；合成橡胶进出口价格涨跌互现。

进口方面，天然橡胶胶乳、天然橡胶烟胶片、技术分类天然橡胶、其他初级天然橡胶、天然树胶进口价格分别下降4.5%、9.3%、1.6%、11.9%、63.1%。羧基丁苯橡胶胶乳、丁苯橡胶胶乳、初级形状热塑丁苯橡胶、初级形状充油热塑丁苯橡胶、其他初级形状氯丁橡胶、乙丙橡胶（含量大于乙烯单体单元）、初级形状的乙丙非共轭二烯橡胶、其他乙丙非共轭二烯橡胶进口价格分别增长33.5%、27.1%、19.8%、27.5%、26.9%、13.0%、15.9%、16.4%；丁腈橡胶胶乳、初级形状异戊二烯橡胶进口价格分别下降50.2%、20.7%。

出口方面，天然橡胶胶乳出口价格涨幅较大，达到14.2%；其他初级天然橡胶、天然树胶跌幅较大，分别下跌25.0%、84.9%。初级形状热塑丁苯橡胶、初级形状丁二烯橡胶、其他初级形状氯丁橡胶、乙丙橡胶（初级形状）、乙丙橡胶（含量大于乙烯单体单元）、其他乙丙非共轭二烯橡胶出口价格分别上涨12.7%、18.2%、26.1%、20.9%、15.0%、10.0%；丁腈橡胶胶乳出口价格下降幅度最大，达50.7%。2022年天然橡胶进出口平均价格见表7.9，合成橡胶进出口平均价格见表7.10。

表7.9　2022年天然橡胶进出口平均价格　　　　　　　　　　　　单位：美元/吨

产品名称	进口均价			出口均价		
	2021年	2022年	同比/%	2021年	2022年	同比/%
天然橡胶胶乳	1271.3	1213.9	-4.5	1701.5	1943.6	14.2
天然橡胶烟胶片	1953.8	1171.9	-9.3	2040.1	2042.9	0.1
技术分类天然橡胶	1708.4	1681.2	-1.6	1869.8	1968.2	5.3
其他初级天然橡胶	1580.4	1391.6	-11.9	2742.0	2055.4	-25.0
天然树胶	66048.1	24397.6	-63.1	5692.7	861.0	-84.9

表7.10　2022年合成橡胶进出口平均价格　　　　　　　　　　　　单位：美元/吨

产品名称	进口均价			出口均价		
	2021年	2022年	同比/%	2021年	2022年	同比/%
羧基丁苯橡胶胶乳	2209.2	2950.1	33.5	1066.7	1056.1	-1.0
丁苯橡胶胶乳	2129.9	2707.7	27.1	1535.2	1449.6	-5.6
未经加工的非溶聚丁苯橡胶	2587.9	2452.1	—	1958.5	1870.6	—
充油非溶聚丁苯橡胶	1736.1	1759.0	—	1640.0	1679.1	—
初级形状热塑丁苯橡胶	2216.7	2654.7	19.8	1947.3	2194.8	12.7
初级形状充油热塑丁苯橡胶	2835.8	3616.6	27.5	1999.5	1974.2	-1.3
未经任何加工的溶聚丁苯橡胶	2077.2	2198.9	—	1927.4	2168.4	—
充油溶聚丁苯橡胶	1723.0	2119.1	—	2037.6	1750.0	—

续表

产品名称	进口均价			出口均价		
	2021年	2022年	同比/%	2021年	2022年	同比/%
初级形状丁二烯橡胶	2242.8	2127.2	-5.2	1725.1	2038.4	18.2
氯丁橡胶胶乳	2663.4	2550.6	-4.2	2950.6	2988.8	1.3
其他初级形状氯丁橡胶	4610.4	5850.7	26.9	4076.7	5142.6	26.1
丁腈橡胶胶乳	2154.2	1073.8	-50.2	2192.1	1079.7	-50.7
其他初级形状丁腈橡胶	2807.8	2949.9	5.1	3533.3	3369.6	-4.6
初级形状异戊二烯橡胶	2303.1	1826.2	-20.7	3624.6	3260.3	-10.0
乙丙橡胶（初级形状）	1689.9	1584.1	-6.3	3841.8	4644.4	20.9
乙丙橡胶（含量大于乙烯单体单元）	895.8	1012.1	13.0	3505.1	4029.8	15.0
乙丙橡胶（含量小于乙烯单体单元）	1344.2	1311.1	-2.5	1488.1	1588.2	6.7
初级形状乙丙非共轭二烯橡胶	2321.7	2691.49	15.9	2595.0	2750.4	6.0
其他乙丙非共轭二烯橡胶	2492.9	2902.8	16.4	3351.1	3686.4	10.0

2. 橡胶制品进出口

2022年，我国橡胶制品进口量和进口额双双下降，出口量和出口额双双增长，贸易逆差进一步扩大。新充气橡胶轮胎、胶管、胶带、胶鞋等产品出口量实现不同程度增长。手套出口量和出口额双双断崖式下跌。

（1）出口贸易

2022年，我国橡胶制品出口贸易规模出现小幅增长，出口量为1171.1万吨，增长2.8%；出口总额611.91亿美元，上涨5.8%，占石油和化工行业出口总额的17.17%，占比较上年减少2.39个百分点；顺差509.7亿美元，增长10.1%。2017~2022年我国橡胶制品出口额见表7.11。

① 轮胎、胶鞋出口占比小幅增加

2022年，在橡胶制品出口贸易额中，新充气橡胶轮胎、胶鞋类产品占比增加，手套占比则下降，主要因为全球疫情基本结束，对防护产品的消费需求减少。统计显示，全年胶鞋类产品出口总额326.17亿美元，大幅增长16.1%，占橡胶制品出口总额的53.3%，相比上一年增加4.71个百分点；新充气橡胶轮胎出口总额188.83亿美元，增长13.0%，占比30.86%，相比上一年增加1.96个百分点。手套贸易规模呈现断崖式下降，出口量合计9.8万吨，大幅下跌72.5%；出口额7.10亿美元，大幅下降85.9%，占橡胶制品出口总额的1.16%，相比上一年减少7.53个百分点。

② 橡胶制品出口格局保持基本稳定

2022年，东部地区在橡胶制品出口贸易中继续占据绝对优势地位，但占比延续上年下滑趋势。西部地区和东北地区占比小幅上升，中部地区占比出现小幅回落。

数据显示，东部地区橡胶制品出口总额492.21亿美元，增长4.1%，占比80.53%，减少1.28个百分点；中部地区出口总额61.41亿美元，增长0.33%，占比10.05%，减少0.54个百分点；西部地区出口总额43.76亿美元，增长36.49%，占比7.16%，增长1.62个百分点；东北地区出口总额13.80亿美元，增长16.06%，占比2.26%，增加0.20个百分点。

其中，山东省和福建省出口额分别以144.54亿美元和104.92亿美元分别位列第一、第二，分别占全国橡胶制品出口总额的 23.65%和 17.17%；广东省和浙江省紧随其后，出口额分别为 88.30 亿美元和 82.90 亿美元，占比分别为 14.45%和 13.56%。上述 4 省份合计占比达 68.83%。2022 年全国各地区橡胶制品出口情况见表 7.12。

表 7.11　2017~2022 年我国橡胶制品出口额　　单位：万美元

项目	2017 年	2018 年	2019 年	2020 年	2021 年	2022 年
新充气橡胶轮胎	1416968	1511178	1480433	1329934	1670614	1888295
橡胶内胎	47797	47102	49284	51342	66635	65658
翻新轮胎	1145	1217	1038	883	819	927
橡胶带	79685	93897	95860	92024	116357	144926
胶管	87287	96841	96492	88222	128756	141399
手套	58903	64355	69703	260582	502151	70975
胶鞋类	2646959	2656935	2680808	2119047	2809166	3261703
其他橡胶制品	315237	338219	351150	360047	487122	545189
出口总额	4653981	4809743	4824771	4302082	5781622	6119072
出口总额同比/%	4.9	3.3	0.3	-10.8	34.56	5.8
新充气橡胶轮胎出口额占比/%	30.45	31.42	30.68	30.91	28.90	32.86
胶鞋出口额占比/%	56.88	55.24	55.56	49.26	48.59	53.30
手套出口额占比/%	1.27	1.34	1.44	6.06	8.69	1.16

表 7.12　2022 年全国各地区橡胶制品出口情况

省份	数量/吨	金额/万美元	同比/%	
			数量	金额
山东省	5354312.38	1445448.18	1.70	4.07
福建省	916527.28	1049178.47	2.63	10.06
广东省	793907.99	883048.71	0.65	13.39
浙江省	1655697.51	828996.66	10.06	10.28
江苏省	722264.39	385094.91	-4.73	-2.25
湖南省	138934.46	269137.03	15.90	16.41
新疆维吾尔自治区	104379.91	157149.53	37.55	65.91
上海市	205613.50	150178.04	8.00	-7.07
安徽省	215019.99	109251.44	-11.71	-27.73
江西省	74158.15	107063.83	6.71	8.59
辽宁省	314744.35	106547.75	21.80	22.93
四川省	127625.00	94012.45	9.89	16.41
天津市	219568.01	89927.44	-8.26	-5.26
河南省	184061.11	79528.11	11.36	22.24

续表

省份	数量/吨	金额/万美元	同比/%	
			数量	金额
广西壮族自治区	51761.10	58946.70	-3.37	30.51
河北省	156696.05	49613.00	-26.19	-67.22
湖北省	48851.75	46274.78	37.16	24.79
贵州省	117892.31	39767.90	17.75	38.36
北京市	66814.05	37593.21	-3.50	-26.64
重庆市	69634.87	31924.84	7.50	3.24
陕西省	55158.86	24251.83	4.51	38.43
黑龙江省	32080.82	23574.36	0.14	-6.99
云南省	20294.14	18863.58	26.60	25.19
吉林省	19043.06	7893.18	223.08	95.73
内蒙古自治区	10469.83	5217.06	38.69	8.22
宁夏回族自治区	17537.23	5194.84	-28.82	-18.27
海南省	1262.50	3013.89	-70.46	-57.16
山西省	7588.96	2891.77	-56.49	-82.78
西藏自治区	1615.68	1031.10	34.25	12.00
甘肃省	743.31	707.17	75.46	28.59
青海省	566.21	527.48	45.42	74.00
合计	11704824.78	6111849.26	2.80	5.84

③ 美国仍是最大出口目的地

2022年，我国橡胶制品出口目的地几乎覆盖全球所有国家和地区。

按出口贸易额计算，排名前10位的国家和地区出口额占橡胶制品出口总额的46.79%，比上一年减少2.31个百分点；出口量占橡胶制品出口总量37.81%，比上一年增加0.45个百分点。美国、俄罗斯、德国、日本、菲律宾为我国橡胶制品前五大出口国家，出口额分别占橡胶制品出口总额的19.11%、4.84%、3.67%、3.59%和2.94%。

从出口增速看，对主要国家和地区的出口有升有降。其中，对美国的出口额和出口量分别下降9.4%和11.86%。对俄罗斯、德国、日本和菲律宾出口额分别增长28.24%、5.85%、4.22%、16.41%，出口量分别增长47.6%、6.42%、2.33%、5.78%。2022年我国橡胶制品主要出口国家和地区见表7.13。

④ 主要轮胎产品出口价格普遍上涨

2022年我国主要轮胎外胎出口价格普遍上涨。海关数据显示，小客车轮胎出口均价为2831.4美元/吨，上涨6.6%；客车或货车轮胎出口均价2273.3美元/吨，上涨7.1%；航空轮胎出口均价18012.0美元/吨，大幅下跌19.4%；建筑人字轮胎（轮辋>61cm）出口均价为3000.3美元/吨，增长10.7%。2022年翻新轮胎和内胎出口价格出现大幅上涨。其中，大客车翻新轮胎出口价格2105.0美元/吨，上涨16.7%。2022年我国主要轮胎产品出口均价情况见表7.14。

表 7.13 2022 年我国橡胶制品主要出口国家和地区

国家和地区	数量/吨	金额/万美元	同比/% 数量	同比/% 金额
美国	1285563.93	1168180.42	−11.86	−9.40
俄罗斯	593097.61	295674.22	47.60	28.24
德国	291704.30	224463.12	6.42	5.85
日本	288523.36	219504.68	2.33	4.22
菲律宾	269664.50	179675.86	5.78	16.41
英国	331761.63	178701.67	−8.36	−9.77
墨西哥	495864.86	168678.20	10.40	26.19
澳大利亚	332318.01	157299.39	−1.21	14.86
荷兰	218610.57	134414.87	1.45	12.17
阿联酋	318891.33	133094.50	3.45	13.08
其他	1967110.91	951864.50	5.07	6.68
合计	11704821.39	6111844.79	2.80	5.84

表 7.14 2022 年我国主要轮胎产品出口均价情况　　　单位：美元/吨

产品名称	2021 年	2022 年	同比/%
小客车新橡胶轮胎	2655.0	2831.4	6.6
客车或货车新轮胎	2122.9	2273.3	7.1
航空器用新轮胎	22340.4	18012.0	−19.4
摩托车新轮胎	2708.6	2904.6	7.2
自行车新轮胎	3351.6	4084.5	21.9
农业或林业车辆及机器用人字形胎面	2579.1	2781.2	7.8
轮辋尺寸≤61cm 人字型胎面新轮胎	2656.3	2922.4	10.0
轮辋尺寸＞61cm 人字型胎面新轮胎	2710.0	3000.3	10.7
轮辋尺寸≤61cm 新充气橡胶轮胎	2601.7	2765.9	6.3
轮辋尺寸＞61cm 新充气橡胶轮胎	2953.1	3481.2	17.9
其他人字形胎面或类似的新充气橡胶轮胎	4745.3	6372.9	34.3
其他新充气橡胶轮胎	2615.0	2952.7	12.9
汽车用橡胶内胎	2680.8	2833.1	5.7
自行车用橡胶内胎	4393.1	4813.2	9.6
航空器用橡胶内胎	13148.6	73498.9	459.0
小客车用翻新轮胎	2918.2	4468.5	53.1
机动大客车或货运车用翻新轮胎	1804.3	2105.0	16.7

(2) 进口贸易

2022年，我国橡胶制品进口规模出现下降。其中，进口量下降6.1%，进口总额下降11.2%。

① 轮胎、胶鞋进口规模下降，手套进口增长

2022年，我国橡胶制品进口总量为82.7万吨，下降6.1%。其中，其他橡胶制品进口量45.6万吨，下降3.8%，占进口总量的55.14%；新充气橡胶轮胎进口量13.3万吨，下降13.2%，占进口总量的16.08%；胶鞋类产品进口量11.2万吨，下降7.3%，占进口总量的13.54%。

橡胶制品进口总额为102.21亿美元，下降11.2%，占橡胶制品进出口总额的14.3%。胶鞋类进口额位居第一，为47.41亿美元，占进口总额的46.38%；其他橡胶制品进口额保持第二位，为34.31亿美元，占进口总额的33.57%；轮胎依然排名第三，进口额8.76亿美元，占进口总额8.57%。

总体而言，进口产品结构与上年相比变化不大。手套进口量虽增长，但进口额大幅下降。全年手套进口量7.6万吨，增长14.4%；进口额3.49亿美元，下降47.4%。2017~2022年我国橡胶制品进口贸易额见表7.15。

② 进口来源地依旧较为集中

2022年，我国橡胶制品进口来源地依旧较为集中。据统计，前10位进口来源地的进口额占橡胶制品进口总额的79.66%，进口量占橡胶制品进口总量的81.77%。

分国家或地区看，从越南进口的橡胶制品有所下滑，但仍然是我国橡胶制品最大的进口来源国，进口量为10.12万吨，进口总额为20.7亿美元，分别下降4.67%和4.79%，分别占橡胶制品进口总量和进口总额的12.22%和20.22%；意大利、印度尼西亚、日本和泰国分列第2~5位，进口额分别占进口总额的12.18%、9.75%、8.64%和8.55%，进口额分别下降4.48%、16.04%、9.01%、8.4%。

从不同国家进口橡胶制品的附加值出现较大差异。从意大利进口量2.27万吨，只占进口

表7.15 2017~2022年我国橡胶制品进口贸易额　　　　　　　　　　单位：万美元

项目	2017年	2018年	2019年	2020年	2021年	2022年
新充气橡胶轮胎	81540	84745	88964	88255	99171.97	87569
橡胶内胎	495	286	222	150	244.81	248
翻新轮胎	4308	4833	5234	3137	4600.51	3232
橡胶带	27134	27384	23480	22509	27016.55	23703
胶管	63704	73953	63359	62841	69747.37	55267
手套	17922	23874	25881	60657	66250.26	34863
胶鞋类	268502	342449	418461	479065	503747.41	474064
其他橡胶制品	379814	353151	324266	330940	380624.48	343118
进口总额	843419	910676	949868	1047553	1151403.36	1022064
进口总额同比/%	14.07	7.97	4.30	10.28	14.13	-11.20
新充气橡胶轮胎进口额占比/%	9.67	9.31	9.37	8.42	8.61	8.57
胶鞋进口额占比/%	31.83	37.60	44.05	45.73	43.75	46.38
手套进口额占比/%	2.12	2.62	2.72	5.79	5.75	3.41

总量的 2.74%；进口额 12.47 亿美元，占进口总额的 12.18%。从泰国进口量 23.63 万吨，占进口总量 28.53%；进口额只有 8.75 亿美元，只占进口总额的 8.55%。2022 年我国橡胶制品主要进口来源地见表 7.16。

③ 进口价格总体上涨

2022 年，在进口的主要轮胎产品中，除小客车轮胎小幅下降外，其他轮胎价格普遍上涨。其中，小客车轮胎进口均价 6561.7 美元/吨，下跌 1.3%；客车或货车轮胎进口均价 4674.2 美元/吨，增长 4.8%；航空轮胎进口均价 15424.3 美元/吨，大幅上涨 22.6%；建筑人字轮胎（轮辋>61cm）均价 5648.6 美元/吨，上涨 22.4%。2022 年主要轮胎进口均价情况见表 7.17。

表 7.16　2022 年我国橡胶制品主要进口国家和地区

国家和地区	数量/吨	金额/万美元	同比/% 数量	同比/% 金额
越南	101176.11	207032.15	-4.67	-4.79
意大利	22685.52	124652.57	-6.00	-4.48
印度尼西亚	50118.74	99834.92	-9.84	-16.04
日本	57532.46	88402.29	2.89	-9.01
泰国	236264.36	87496.17	4.46	-8.40
德国	34911.20	68334.95	-22.04	-15.66
美国	27950.14	53284.21	-7.46	0.10
马来西亚	91205.57	35300.61	-4.79	-43.50
韩国	34889.91	27601.99	-5.67	-8.76
中国台湾	20342.79	23519.09	-25.69	-4.29
其他	677076.78	815458.96	-2.40	-3.05
合计	828057.80	1023711.39	-6.38	-11.15

表 7.17　2022 年主要轮胎进口均价情况　　　　单位：美元/吨

产品名称	2021 年	2022 年	同比/%
小客车新橡胶轮胎	6649.15	6561.7	-1.3
客车或货车新轮胎	4459.62	4674.2	4.8
航空器用新轮胎	12580.81	15424.3	22.6
摩托车新轮胎	6224.67	6321.6	1.6
自行车新轮胎	9100.90	11505.8	26.4
农业或林业车辆及机器用人字形胎面	3830.89	4151.6	8.4
轮辋尺寸≤61cm 人字型胎面新轮胎	4211.19	3952.2	-6.1
轮辋尺寸>61cm 人字型胎面新轮胎	4614.62	5648.6	22.4
轮辋尺寸≤61cm 新充气橡胶轮胎	4334.39	4024.4	-7.2

续表

产品名称	2021 年	2022 年	同比/%
轮辋尺寸＞61cm 新充气橡胶轮胎	6572.92	7204.8	9.6
其他新充气橡胶轮胎	8228.19	7728.8	−6.1
汽车用橡胶内胎	3414.31	3351.9	−1.8
自行车用橡胶内胎	8501.63	8651.1	1.8
航空器用橡胶内胎	77112.24	116293.1	50.8

④ 橡胶制品区域进口格局保持稳定

2022 年东部地区橡胶制品进口贸易额为 94.70 亿美元，下跌 10.42%，占进口总额的 92.51%，增加 0.70 个百分点；中部地区进口额 2.58 亿美元，下跌 5.84%，占比 2.52%，减少 0.14 个百分点；西部地区进口额 1.61 亿美元，大幅下跌 23.33%，占比 1.57%，减少 0.26 个百分点；东北地区进口额为 3.48 亿美元，下降 24.18%，占比 3.40%，减少 0.59 个百分点。

上海、江苏、广东 3 省市进口额位居前列，依次为 32.52 亿美元、29.37 亿美元和 11.80 亿美元，分别占全国橡胶制品进口总额的 31.77%、28.69% 和 11.53%，合计占比达 71.99%。2022 年全国各地区橡胶制品进口贸易情况见表 7.18。

从进口量看，东部地区占比达 92.46%，中部、西部和东北地区占比分别为 3.24%、1.41% 和 2.89%。其中，上海市、浙江省、江苏省进口量位居前 3 位，分别占进口总量的 20.66%、20.39% 和 17.50%。

表 7.18　2022 年全国各地区橡胶制品进口情况

省份	数量/吨	金额/万美元	同比/%	
			数量	金额
上海市	171080.63	325200.38	−10.99	−9.72
江苏省	144903.08	293734.75	−4.62	−12.96
广东省	132358.57	117997.23	−1.67	−15.34
北京市	20719.71	53008.49	12.72	1.40
浙江省	168815.34	48781.03	2.21	−10.67
山东省	68159.65	41123.67	−9.84	−12.62
天津市	21956.58	31211.90	26.39	5.59
辽宁省	20728.35	25703.76	−40.70	−22.66
福建省	24745.25	22360.70	−22.58	24.34
安徽省	14129.11	9369.36	−16.28	−24.18
吉林省	2760.52	8253.04	−17.77	−29.86
海南省	185.43	7997.05	−36.57	−20.07
湖北省	5045.35	7368.16	5.09	−0.83

续表

省份	数量/吨	金额/万美元	同比/%	
			数量	金额
河北省	12777.89	5565.24	15.89	0.64
四川省	2564.62	5154.63	-11.76	-9.01
重庆市	2049.84	4840.88	-15.07	-16.57
陕西省	2751.09	4261.04	-47.15	-34.37
湖南省	1881.59	2551.06	-16.04	-28.84
河南省	1611.77	2418.35	-10.97	-11.78
江西省	2026.52	2095.55	-0.37	8.66
山西省	2142.65	2037.17	-48.59	-43.32
黑龙江省	374.29	824.68	43.66	44.40
贵州省	3099.96	463.74	-13.23	0.99
新疆维吾尔自治区	348.68	445.12	875.58	43.61
广西壮族自治区	532.03	342.80	-41.52	-74.83
云南省	221.15	196.36	48.90	6.07
内蒙古自治区	57.55	154.91	-78.40	-50.07
甘肃省	5.06	139.41	-60.39	-3.07
宁夏回族自治区	10.35	77.21	25.98	13.56
西藏自治区	14.54	31.06	18546.15	61.80
青海省	0.64	2.67	502.83	44.20
合计	828057.81	1023711.43	93518.41	888444.86

2023 年是全面贯彻落实党的二十大精神开局之年，按照党中央经济工作会议的部署，加快构建新发展格局，统筹推动高质量发展，把扩大内需战略同深化供给侧结构性改革有机结合起来，实现质的有效提升和量的合理增长。橡胶行业要坚持把高质量发展作为首要任务，推动发展绿色转型，协同推进降碳、减污、扩绿、增长，为实现橡胶强国目标继续努力。一方面抓住"扩大内需战略"机遇，筑牢行业发展基础。另一方面继续不断深耕海外市场，保持我国橡胶轮胎产品竞争力。中国橡胶工业协会预计 2023 年全国轮胎产量（不含摩托车轮胎、自行车轮胎）约 6.58 亿条，同比基本持平。其中，子午线轮胎产量约 6.28 亿条，增长 0.7%；斜交轮胎产量 0.3 亿条，下降 7.7%。轮胎销售收入和盈利情况可能会有显著提升，产业集中度也会进一步提高。

2023 年 1～5 月，橡胶行业运行呈现恢复向好态势，主要经济指标现价工业总产值、销售收入、出口交货值实现较大幅度的增长，但增幅相较前期有不同程度的回落。

（李海洋　高璟卉）

三、2022年胶管胶带进出口情况

2022年全球工业市场消费端需求日渐复苏，世界主要经济体及新兴经济体国家的工业发展有所回暖，海外市场对胶管、胶带产品的需求逐渐恢复。与此同时，我国胶管胶带企业的产能利用率稳中有升，产量稳步增长，出口屡创新高。

（一）基本情况

1. 进出口概况

（1）输送带进出口概况

据海关总署和国贸通大数据的统计，2022年，我国输送带进口额同比（下同）下降11.72%，至0.32亿美元，进口量下降19.4%，至0.78万吨；均价增长9.5%，至4.1美元/千克。

2022年，我国输送带出口额增长33.09%，达9.21亿美元，出口量增长23.24%，达39.42万吨，均为近10年最高值，均价增长7.99%，至2.34美元/千克。

（2）胶管进出口概况

2022年，我国胶管进口额下降20.76%，至5.53亿美元，进口量下降27.1%，至3.29万吨，均价增长8.7%，达16.79美元/千克。

2022年，我国胶管出口额增长9.78%，达14.14亿美元，出口量增长5.29%，达27.75万吨，同样为近10年最高值，均价增长4.27%，达5.1美元/千克。

（3）传动带进出口概况

2022年，我国传动带进口额下降12.35%，至2.05亿美元，进口量下降12.82%，至0.64万吨，均价微增0.54%，达32.25美元/千克。

2022年，我国传动带出口总额增长11.96%，达5.29亿美元，出口量增长9.43%，达8.22万吨，同样为近10年最高值，均价增长2.31%，达6.43美元/千克。

综上所述，2022年我国输送带、胶管、传动带三大类产品进口总额约7.9亿美元，出口总额约28.6亿美元，出口总额是进口总额的3.6倍。进口总量约4.7万吨，出口总量约75.4万吨，出口总量是进口总量的16倍多。由此可见，我国胶管、胶带产品进口与出口规模差别巨大。从近几年进出口变化来看，我国出口规模仍然保持稳步增长的态势，而进口规模呈现出持续减少的趋势，说明我国胶管、胶带产品在积极拓展海外市场的同时，在国产替代方面也做得越来越出色。

2. 进出口均价概况

2012~2022年我国输送带、胶管、传动带进出口均价比较分别见图7.1~图7.3。从近10年胶管胶带产品进出口均价来看，胶管产品的出口均价明显低于进口均价。其中，输送带出口均价与进口均价有逐渐拉大的趋势，近几年出口价格低于2.4美元/千克，而进口均价在2022年突破4美元/千克。胶管出口均价长期低位徘徊，变化不大。传动带出口均价缓慢提升，但与胶管情况类似，二者进出口均价差距巨大。2022年，胶管进口均价为出口均价的3.3倍，传动带进口均价为出口均价的5倍。

由此可见，尽管我国胶管胶带产品在全球的市场份额持续扩大，但进口胶管胶带产品多是高附加值产品，出口仍以中低端廉价产品为主。我国胶管胶带企业在国际贸易中处于弱势地位的局面，没有得到根本改善。

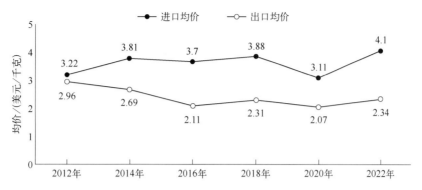

图7.1　2012~2022年输送带进出口均价比较

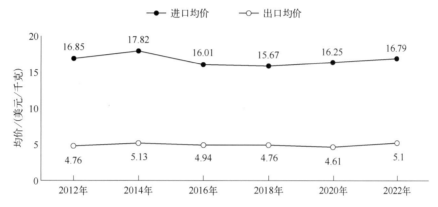

图7.2　2012~2022年胶管进出口均价比较

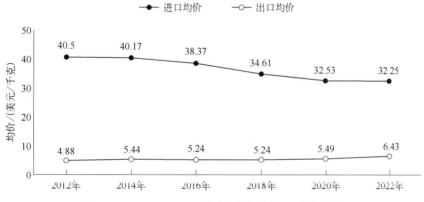

图7.3　2012~2022年传动带进出口均价比较

通过输送带、胶管和传动带进出口市场的不同表现，可以体现出输送带、胶管和传动带3个行业的一些特点。

（1）我国输送带行业自给自足能力较强，输送带产品对进口需求较小。从近几年我国输送带产品出口情况来看，出口总量约占总产量的10%~15%，表明我国输送带行业仍有较强的出口潜力。但输送带产品出口竞争激烈，尤其是低价竞争现象严重，在当前局势下更容易引起进口国的反倾销调查，需要引起出口企业和贸易商的足够重视。

（2）近几年来，我国胶管行业规模稳步增长，产品附加值也有所提升，产品结构逐步向中高端市场靠拢，但总体高技术含量和高附加值产品比重仍旧偏低。胶管企业在国内外高端市场占有率较外资企业还有明显差距，高端胶管产品市场仍然长期被外资企业占领。

（3）我国传动带产品整体质量进一步提高，产品价格与国外进一步缩小，但国际竞争力仍偏弱，产品出口主要依靠量大和低价，产品附加值与国际先进的传动带产品仍存在较大差距。

3．出口概况

（1）细分市场

① 输送带

2022 年我国输送带出口细分市场情况见表 7.19，各类型输送带出口均保持较快增长。纺织输送带出口量最大，大约占输送带出口总量的八成，出口额占七成以上，但纺织输送带是几类输送带出口产品中均价最低的；钢丝绳输送带出口量约占一成半，出口额约占两成；其他类输送带占比最少，但均价最高。

② 胶管

2022 年我国胶管出口细分市场情况见表 7.20。钢丝胶管出口量最大，大约占胶管出口总量的六成，出口额约占一半，出口均价是所有出口胶管中最低的；纯胶管与纤维胶管出口量占比均低于出口总量的两成，出口额各占两成以上，出口均价在胶管细分领域较高。

③ 传动带

2022 年我国传动带出口细分市场情况见表 7.21。传动带出口均价最高的是环形同步带，均价超过 18 美元/千克，但其出口量只占传动带出口总量的 5%左右；出口均价在 5 美元/千克左右的三角带及其他传动带，出口量几乎占出口总量的 90%左右。

综上所述，输送带、胶管、传动带三大类产品出口市场总体呈现"均价高者销量低，均价低者销量高"的特点。这说明我国胶管胶带产品在出口方面仍存在结构性矛盾，高端产品领域对于我国出口企业仍旧是一个短板。建议胶管胶带出口企业参照出口市场的整体结构性特点，结合未来发展趋势，谋求差异化发展，扬长避短，以提高自己的市场占有率。

表 7.19　2022 年我国输送带出口细分市场情况

类别	出口额/亿美元	出口量/万吨	均价/(美元/千克)	同比/%		
				金额	数量	均价
钢丝绳输送带	1.89	6.25	3.02	36.12	23.02	10.65
纺织输送带	6.80	32.04	2.12	32.04	23.11	7.25
其他输送带	0.52	1.13	4.61	36.30	28.33	6.20

表 7.20　2022 年我国胶管出口细分市场情况

类别	出口额/亿美元	出口量/万吨	均价/(美元/千克)	同比/%		
				金额	数量	均价
纯胶管	2.91	3.99	7.28	5.01	-5.59	11.23
钢丝胶管	6.80	16.53	4.11	9.51	4.22	5.07
纤维胶管	3.40	4.87	6.97	7.78	6.21	1.48
其他胶管	1.04	2.36	4.42	37.86	40.22	-1.68

表 7.21　2022 年我国传动带出口细分市场情况

类别	出口额/亿美元	出口量/万吨	均价/(美元/千克)	同比/% 金额	同比/% 数量	同比/% 均价
60cm<周长≤180cm V 形肋状三角带	1.15	2.33	4.94	13.54	6.51	6.60
60cm<周长≤180cm 三角带	0.54	1.03	5.23	3.33	4.21	−0.84
180cm<周长≤240cm V 形肋状带	0.24	0.24	10.33	2.53	2.71	−0.18
180cm<周长≤240cm V 形肋状带	0.12	0.19	6.26	−2.82	7.64	−9.71
60cm<周长≤150cm 环形同步带	0.73	0.39	18.84	26.95	2.65	23.66
150cm<周长≤198cm 环形同步带	0.05	0.03	18.53	−2.24	−11.19	10.08
其他硫化橡胶制的传动带及带料	2.45	4.01	6.11	11.56	14.18	−2.30

（2）主要出口国家和地区

① 输送带

2022 年我国输送带主要出口国家和地区见表 7.22。出口目的地前 10 位依次是美国、澳大利亚、巴西、荷兰、印度尼西亚、日本、俄罗斯、智利、加拿大和越南。2022 年，我国对上述国家（地区）的输送带出口额增长 40.75%，达 4.92 亿美元，占我国输送带出口总额的 53.48%，出口集中度略有提高。其中，对智利出口额增幅最大，为 113.63%；除澳大利亚和越南外，对其他国家（地区）的出口额均出现大幅增长。出口均价方面，对日本的出口均价最高，为 3.22 美元/千克；对美国出口均价最低，不到 2 美元/千克，远低于行业平均水平。

表 7.22　2022 年我国输送带主要出口国家和地区

国家和地区	出口额/亿美元	出口量/万吨	均价/(美元/千克)	出口额占比/%	出口量占比/%	出口额增速/%
美国	1.02	5.34	1.92	11.11	13.54	65.01
澳大利亚	0.78	2.74	2.86	8.52	6.95	9.23
巴西	0.47	2.08	2.25	5.08	5.28	69.82
荷兰	0.46	2.14	2.16	5.02	5.43	54.90
印度尼西亚	0.41	1.55	2.64	4.46	3.94	37.38
日本	0.39	1.20	3.22	4.22	3.05	51.47
俄罗斯	0.38	1.91	2.01	4.18	4.84	16.05
智利	0.36	1.35	2.68	3.92	3.42	113.63
加拿大	0.34	1.54	2.20	3.66	3.90	34.77
越南	0.30	1.18	2.58	3.31	3.00	8.67

② 胶管

2022 年我国胶管主要出口国家和地区见表 7.23。出口目的地前 10 位依次是美国、日本、俄罗斯、巴西、越南、波兰、墨西哥、阿联酋、印度和印度尼西亚。2022 年，我国向上述国家（地区）的胶管出口额增长 12.82%，达 7.47 亿美元，占我国胶管出口总额的 52.81%。其中，对阿联酋出口额增幅最大，为 107.76%；除波兰下降及巴西几乎零增长外，对其他国家（地区）的出口额均保持较快增长。均价方面，对日本的出口均价最高，为 10.29 美元/千克；对俄罗斯和巴西的出口均价最低，不到 4 美元/千克，远低于行业平均水平。

③ 传动带

2022 年我国传动带主要出口国家和地区见表 7.24。出口目的地前 10 位依次是美国、俄罗斯、巴西、越南、阿联酋、韩国、尼日利亚、伊朗、墨西哥和意大利。对上述国家（地区）的传动带出口额增长 19.43%，至 2.68 亿美元，占我国传动带出口总额的 50.73%，出口集中度有所提高。传动带出口额同比较为分化，其中，对越南和韩国出口额下降，对美国和伊朗出口额呈一位数增长，对其他国家（地区）则是呈两位数大幅增长，对墨西哥出口额增幅最大，为 73.18%。均价方面，对韩国的出口均价最高，为 20.44 美元/千克；对尼日利亚的出口均价最低，不到 4 美元/千克，远低于行业平均水平。

综上所述，2022 年，输送带出口增长迅猛，出口前 10 位国家（地区）多数呈两位数增长；胶管方面，除个别国家出口减少外，总体增长仍较为迅速，传动带出口前 10 位国家（地区）中的新兴经济体增速最为迅猛。

胶管胶带产品出口前 10 位的国家（地区）基本占出口总量的一半左右，除传统大国外，多数为新兴经济体。美国依然是我国胶管胶带产品出口第一大国。2019 年，受中美贸易摩擦影响，我国曾一度减少对美出口；2021 年出现反弹；2022 年对美胶管胶带出口保持快速增长，3 类产品的出口量均占到出口总量的一成以上，但是出口均价在主要出口地中总体偏低，产品议价能力受限。日本在我国胶管胶带主要出口地中，属于出口额及出口均价都比较高的国家，这意味着出口至日本的产品附加值更高。据了解，日本属于对供应商要求最苛刻的国家之一，由于不少国内企业在技术参数、产品性能方面难以达到日本用户要求，因此日本用户对进口胶管胶带产品更多选择日本本国品牌或我国日资企业的产品与之配套，我国本土的胶管胶带企业目前难以进入日本市场。

表 7.23　2022 年我国胶管主要出口国家和地区

国家和地区	出口额/亿美元	出口量/万吨	均价/(美元/千克)	出口额占比/%	出口量占比/%	出口额增速/%
美国	2.35	3.42	6.85	16.59	12.34	16.75
日本	1.14	1.10	10.29	8.04	3.98	9.58
俄罗斯	0.86	2.61	3.29	6.06	9.40	5.36
巴西	0.62	1.74	3.55	4.36	6.26	0.35
越南	0.47	1.01	4.66	3.32	3.63	15.06
波兰	0.43	0.99	4.32	3.01	3.55	-22.17
墨西哥	0.42	0.63	6.79	3.00	2.25	4.67
阿联酋	0.42	0.91	4.55	2.94	3.29	107.76
印度	0.39	0.78	5.04	2.77	2.80	18.86
印度尼西亚	0.38	0.90	4.27	2.72	3.24	51.37

表7.24　2022年我国传动带主要出口国家和地区

国家和地区	出口额/亿美元	出口量/万吨	均价/(美元/千克)	出口额占比/%	出口量占比/%	出口额增速/%
美国	0.73	1.15	6.30	13.72	14.02	8.83
俄罗斯	0.33	0.59	5.66	6.28	7.13	59.56
巴西	0.26	0.55	4.74	4.90	6.65	48.64
越南	0.23	0.47	4.83	4.33	5.77	-5.98
阿联酋	0.23	0.23	10.04	4.32	2.77	40.18
韩国	0.22	0.11	20.44	4.23	1.33	-8.21
尼日利亚	0.18	0.49	3.68	3.41	5.95	13.98
伊朗	0.17	0.29	5.96	3.27	3.53	2.93
墨西哥	0.17	0.16	10.53	3.24	1.98	73.18
意大利	0.16	0.15	10.46	3.04	1.87	31.46

（二）建议与展望

（1）积极响应国家战略方针，加快高端产品出口及进口替代进程，提升国际竞争力

过去数十年的全球化进程极大地推动了产品对外出口贸易发展，如今复杂的国际局势促使我们更多地反思国内企业存在的结构性问题。如何倒逼企业转型升级，在胶管胶带产品市场的中高端领域分一杯羹，应该成为未来几年我国胶管胶带企业认真思考和实践的重点。

建议企业首先了解国家对制造业的发展规划，积极响应国家一系列的战略方针，比如近几年提出的高质量发展、"双循环"格局、"双碳"战略等，继续坚定地走绿色、智能、高质量发展道路，加强品牌化建设。充分利用好各级政府的各项优惠扶植政策，实现企业自身的转型升级和高端化发展，布局国内外中高端胶管胶带市场，提升国际竞争力。

同时，企业应保持充盈的研发投入，加强产品创新，提高自身产品的质量稳定性，注重差异化生产和高附加值产品研发；为下游行业提供定制化服务，摒弃低价竞争和同质化竞争带来的弊端；不断提高出口产品的核心技术与服务含金量，提高出口产品的不可替代性，增强在国际市场的竞争力。

（2）关注国外橡胶巨头及新兴工业国动态，切实做到居安思危、知己知彼、扬长避短

2022年，大陆集团、森佩理特、横滨橡胶、普利司通等国外橡胶巨头纷纷宣布在胶管胶带业务板块增资扩产，以增加其非轮胎橡胶业务的利润。据了解，上述企业扩产主要在其本土进行，奥地利森佩理特集团计划投资1.1亿欧元建立"碳中和"胶管工厂，德国大陆集团将在德国科尔巴赫投资建设工业软管智能工厂，日本横滨橡胶公司计划分别扩大本国液压胶管和输送带产能，普利司通将扩建在泰国公司的液压胶管产能等。近年来，许多企业在越南、泰国等劳动力较低廉的东南亚新兴工业国家投资设厂，导致国内制造业的对外贸易份额被稀释。以越南为例，从2018年开始由于中美贸易摩擦，许多轮胎企业直接在越南开展对美出口贸易，随后越南的出口额大幅增加，分走了国内轮胎企业大量的出口份额。这对胶管胶带企业同样是个启示，据不完全统计，目前越南胶管胶带生产企业在30家以上，由于成本低廉等优势，未来或将逐渐成为我国胶管胶带行业的有力竞争对手。当然，海外橡胶巨头由于技

术、成本及历史等因素，用户群体大多是高端且相对固定的市场，目前与我国胶管胶带企业出口市场尚存在一定的互补关系，而越南等新兴工业国的胶管胶带企业当前在全球的竞争力也比较有限，暂时无法与我国企业竞争。尽管如此，仍建议我国胶管胶带企业应具有忧患意识，多关注和了解国外橡胶巨头及新兴工业国同行业的动态，并自我对标分析自身的优势及劣势，真正做到居安思危、知己知彼、扬长避短。

（3）重视人民币汇率波动问题，树立汇率风险防范意识

2022年人民币经历了一波大幅度的贬值，特别是从4月到10月，受美联储不断加息影响，人民币兑美元几乎是单边贬值。而从11月初开始，人民币兑美元又开启了单边升值，从11月初到2023年春节前，人民币汇率从7.3一路升值到了6.7。从2022全年来看，人民币兑美元贬值了8.6%，而全年的波动幅度更是达到了16.27%，这两段走势超出了市场普遍预期。2023年开始，外界机构普遍预测人民币汇率会在6.4~7.1双向波动，人民币汇率双向波动的可能性逐步加大，尤其是美国硅谷银行的破产风波，一度引发了全球金融市场的恐慌，人民币逆势回升。因此汇率风险已经成为出口企业的重要风险之一。因此我们建议出口企业应重视人民币汇率波动问题，树立正确的汇率风险防范意识，建立健全内部风险管控体系，提高应对汇率风险的能力。

（4）警惕地区动荡，规避出口风险，寻找出口机遇

2022年，俄乌冲突成为国际关注的焦点，同时也给出口企业带来一定挑战。俄乌冲突不但直接造成了乌克兰进口订单减少、货物运输受阻、货款损失等局面，还间接导致了中东欧地区经济发展受限，增加了该地区市场的不确定性。

俄罗斯是胶管胶带产品的进口大国，这对我国胶管胶带企业既是机遇也是风险。一方面，西方对俄罗斯的封锁制裁为我国产品出口创造了更多的机会。由于西方资本的撤离，我国增加了对俄罗斯汽车、工程机械等产品的供应，中国产品在俄综合竞争力、市场占有率、品牌认知度都在不断提升，因此具有强大的市场和合作潜力。另一方面，我国出口俄罗斯产品也存在一定风险。因为受制于美国的长臂管辖，违反美国的出口管制政策可能受到美国的制裁，对坚持向俄出口的中国公司，美国可能采取罚款、断供美国技术货物等报复方式。由于胶管胶带产品存在一定的特殊性，因此建议企业在寻求对俄罗斯等受西方制裁国家出口机遇的同时，了解美国的"制裁红线"，尽可能规避制裁风险。

（5）积极开拓蓝海市场，以优质产品长远布局，主动防范贸易摩擦

胶管胶带产品主要出口目的地大部分是传统工业大国及资源大国，并且出口区域分布呈多元化态势，未形成某一进口国一家独大的局面。贸易的多元化，有助于减少对特定市场的依赖，分散经济风险，维护经济安全，也有助于为我国企业参与国际分工争取更有利的贸易条件。随着"一带一路"倡议的不断推进，尤其是中吉乌铁路项目的启动及RECP的落地，越来越多的新兴市场将成为我国对外贸易的新大陆和理想地。建议企业在维系固有贸易伙伴的同时，关注国际动向与政策利好，积极开拓蓝海市场。近年来，中美贸易摩擦不断，美国针对中国产品的"双反"调查也屡屡发生，尤其是在国内经济进行整体转型、国际地区局势紧张的背景下，产品出口价格将愈发敏感，低价路线不但损害企业自身利益，从长期来看，还将影响我国制造业在国际上的形象及我国产品在全球分工中的布局。建议企业在国际贸易中抱团取暖，从长远考虑，以优质、优价的产品布局国际中高端市场，争取从"以量取胜"转变为"以质取胜"。

（李信）

第八章　中国橡胶工业企业排行及荣誉榜单

一、2023 年度中国橡胶工业百强企业

2023 年 3 月 22 日，在中国橡胶工业协会于青岛举办的"2023 中国橡胶年会"上，官方媒体《中国橡胶》杂志社受权发布了"2023 年度中国橡胶工业百强企业"。

138 家橡胶工业企业荣膺"2023 年度中国橡胶工业百强企业"称号。

这些企业分别来自轮胎、非轮胎、原辅材料、橡胶机械模具四大类别。覆盖了轮胎、力车胎；输送带、胶管、传动带、橡胶履带、橡胶制品、胶鞋、乳胶制品；炭黑、再生胶及胶粉、橡胶助剂、骨架材料、橡胶材料；轮胎模具、橡胶机械等在内的所有橡胶工业制品及原辅材料和工装设备。

"百强企业"客观反映了中国橡胶工业发展规模状况，展现了行业企业的成长能力和发展水平。

"百强企业"按营业收入进行排序，时间跨度为 2021 年第四季度到 2022 年前三个季度，取四个季度营业收入之和。

（一）轮胎类

1. 主导产品：轮胎

排名	企业名称	营业收入/亿元
1	中策橡胶集团股份有限公司	277.8
2	赛轮集团股份有限公司	209.1
3	山东玲珑轮胎股份有限公司	170.4
4	佳通轮胎（中国）投资有限公司	122.6
5	三角轮胎股份有限公司	90.5
6	双钱轮胎集团有限公司	86.7
7	青岛双星轮胎工业有限公司	83.0
8	浦林成山（山东）轮胎有限公司	81.6
9	米其林（中国）投资有限公司	75.9
10	贵州轮胎股份有限公司	74.1
11	山东昊华轮胎有限公司	63.5
12	青岛森麒麟轮胎股份有限公司	60.5
13	厦门正新橡胶工业有限公司	60.0
14	倍耐力轮胎有限公司	59.4
15	四川海大橡胶集团有限公司	53.3

续表

排名	企业名称	营业收入/亿元
16	山东华盛橡胶有限公司	51.7
17	山东昌丰轮胎有限公司	49.4
18	风神轮胎股份有限公司	47.9
19	山东万达宝通轮胎有限公司	46.5
20	万力轮胎股份有限公司	43.1

2. 主导产品：力车胎

排名	企业名称	营业收入/亿元
1	厦门正新橡胶工业有限公司	42.1
2	中策橡胶集团股份有限公司	31.4
3	四川远星橡胶有限责任公司	22.6
4	江苏三元轮胎有限公司	20.5
5	天津市万达轮胎集团有限公司	17.3
6	青岛东方工业品（集团）有限公司	9.6
7	新东岳集团有限公司	6.8
8	山东吉路尔轮胎有限公司	6.7
9	腾森橡胶轮胎（威海）有限公司	5.1
10	蚌埠伊诺华轮胎有限公司	3.3

（二）非轮胎类

1. 主导产品：输送带

排名	企业名称	营业收入/亿元
1	浙江双箭橡胶股份有限公司	21.9
2	山东康迪泰克工程橡胶有限公司	15.3
3	无锡百年通工业输送有限公司	12.9
4	三维控股集团股份有限公司	10.9
5	山东威普斯橡胶股份有限公司	8.9
6	安徽中意胶带有限责任公司	6.3
7	宁顺集团有限公司	6.1
8	上海永利带业股份有限公司	5.5
9	保定华月胶带有限公司	5.4
10	中南橡胶集团有限责任公司	4.8

2. 主导产品：胶管

排名	企业名称	营业收入/亿元
1	天津鹏翎集团股份有限公司	16.9
2	浙江峻和科技股份有限公司	10.9
3	四川川环科技股份有限公司	8.7
4	青岛三祥科技股份有限公司	7.9
5	南京利德东方橡塑科技有限公司	5.34
6	山东美晨工业集团有限公司	5.31
7	漯河利通液压科技股份有限公司	3.5
8	青岛橡六胶管有限公司	3.3
9	恒宇集团液压流体科技河北有限公司	3.1
10	河北中美特种橡胶有限公司	1.9

3. 主导产品：传动带

排名	企业名称	营业收入/亿元
1	三力士股份有限公司	7.7
2	浙江丰茂科技股份有限公司	4.5
3	三维控股集团股份有限公司	3.3
4	尉氏县久龙橡塑有限公司	3.2
5	浙江保尔力橡塑股份有限公司	3.1
6	金久龙实业有限公司	2.9
7	无锡市贝尔特胶带有限公司	2.2

4. 主导产品：橡胶履带

排名	企业名称	营业收入/亿元
1	元创科技股份有限公司（橡胶履带）	12.2

5. 主导产品：橡胶制品

排名	企业名称	营业收入/亿元
1	安徽中鼎控股（集团）股份有限公司	210.7
2	株洲时代新材料科技股份有限公司	138.3
3	建新赵氏集团有限公司	27.8

续表

排名	企业名称	营业收入/亿元
4	陕西延长石油西北橡胶有限责任公司	24.9
5	江阴海达橡塑股份有限公司	19.0
6	宁波拓普集团股份有限公司	18.1
7	江苏冠联新材料科技股份有限公司	10.1
8	山东美晨工业集团有限公司	9.6
9	江苏恒辉安防股份有限公司	9.3
10	浙江天铁实业股份有限公司	8.4

6. 主导产品：胶鞋

排名	企业名称	营业收入/亿元
1	上海回力鞋业有限公司	17.7
2	青岛千里行集团有限公司	7.6
3	青岛双星名人集团股份有限公司	7.0
4	际华橡胶工业有限公司	6.6
5	际华制鞋工业有限公司	5.5
6	浙江中远鞋业有限公司	3.82
7	山东鲁泰鞋业有限公司	3.76
8	浙江天宏鞋业有限公司	3.0
9	浙江人本鞋业有限公司	2.8
10	鹤壁飞鹤股份有限公司	2.5

7. 主导产品：乳胶制品

排名	企业名称	营业收入/亿元
1	英科医疗科技股份有限公司	78.1
2	山东星宇手套有限公司	26.1
3	中红普林医疗用品股份有限公司	15.0
4	北京华腾橡塑乳胶制品有限公司	7.0
5	上海科邦医用乳胶器材有限公司	6.6
6	桂林恒保健康防护有限公司	4.2
7	稳健（桂林）乳胶用品有限公司	3.7

（三）原辅材料类

1. 主导产品：炭黑

排名	企业名称	营业收入/亿元
1	江西黑猫炭黑股份有限公司	102.1
2	山东金能科技股份有限公司	54.4
3	龙星化工股份有限公司	40.2
4	山西永东化工股份有限公司	28.7
5	山西安仑化工有限公司	28.1
6	苏州宝化炭黑有限公司	19.31
7	山西三强新能源科技有限公司	19.29
8	烁元新材料（东营）股份有限公司	14.5
9	云南云维飞虎化工有限公司	12.6
10	青州市博奥炭黑有限责任公司	12.4

2. 主导产品：再生胶及胶粉

排名	企业名称	营业收入/亿元
1	无锡市万丰橡胶有限公司	3.8
2	济南市莱芜福泉橡胶有限公司	3.4
3	朝阳华兴万达轮胎有限公司	2.9
4	天宇（山东）橡塑制品有限公司	2.1
5	仙桃市聚兴橡胶有限公司	1.6

3. 主导产品：橡胶助剂

排名	企业名称	营业收入/亿元
1	圣奥化学科技有限公司	53.9
2	山东尚舜化工有限公司	43.2
3	山东阳谷华泰化工股份有限公司	34.0
4	彤程新材料集团股份有限公司	24.4
5	科迈化工股份有限公司	19.5

续表

排名	企业名称	营业收入/亿元
6	中国石化集团南京化学工业有限公司	14.0
7	蔚林新材料科技股份有限公司	10.5
8	南京曙光精细化工有限公司	8.9
9	江苏强盛功能化学股份有限公司	8.6
10	山东斯递尔化工科技有限公司	8.1

4. 主导产品：骨架材料

排名	企业名称	营业收入/亿元
1	神马实业股份有限公司	109.0
2	江苏兴达钢帘线股份有限公司	86.0
3	骏马化纤股份有限公司	56.6
4	贝卡尔特中国	55.0
5	山东大业股份有限公司	45.3
6	海阳科技股份有限公司	39.6
7	浙江海利得新材料股份有限公司	39.5
8	亚东工业（苏州）有限公司	24.8
9	首佳科技制造有限公司	23.0
10	河南恒星科技股份有限公司	19.5

5. 主导产品：橡胶材料

排名	企业名称	营业收入/亿元
1	上海诗董贸易有限公司	185.0
2	合盛天然橡胶（上海）有限公司	184.7
3	海南天然橡胶产业集团股份有限公司	154.5
4	云南天然橡胶产业集团有限公司	135.9
5	广东省广垦橡胶集团有限公司	133.2
6	联益联润（青岛）贸易有限公司	62.3
7	山东京博中聚新材料有限公司	12.7

(四)橡胶机械模具类

1. 主导产品:轮胎模具

排名	企业名称	营业收入/亿元
1	豪迈集团股份有限公司	97.3
2	巨轮智能装备股份有限公司	13.2
3	合肥大道模具有限责任公司	3.4
4	软控联合科技有限公司	3.2
5	揭阳市天阳模具有限公司	2.8

2. 主导产品:橡胶机械

排名	企业名称	营业收入/亿元
1	软控股份有限公司	56.3
2	萨驰集团	17.1
3	大连橡胶塑料机械有限公司	15.1
4	中国化学工业桂林工程有限公司	10.1
5	万向新元科技股份有限公司	6.1
6	天津赛象科技股份有限公司	4.9
7	益阳橡胶塑料机械集团有限公司	4.1
8	桂林橡胶机械有限公司	4.0
9	福建天华智能装备有限公司	3.2
10	大连第二橡塑机械有限公司	2.7

二、中国橡胶工业协会 2023 年度诚信荣誉榜

2023年3月22日，在中国橡胶工业协会于山东青岛举办的"2023中国橡胶年会"上，发布了"2023年度诚信轮胎经销商""2023年度诚信橡胶产业服务商""2023年度诚信橡胶贸易商"三大荣誉榜单，向橡胶行业和社会公众进行推介。

1. 2023年度诚信轮胎经销商（37家）

云南集力工贸有限公司
武汉天黎轮胎有限公司
河南豫德隆商贸有限公司
北京正强新世纪国际贸易有限公司
沈阳瑞华轮胎有限公司
青岛东森轮胎有限公司
广东粤港轮胎连锁有限公司
合肥汇江贸易有限责任公司
陕西富进轮胎橡胶（集团）有限公司
上海钱力实业（集团）有限公司
江西利得供应链集团有限公司
青岛倍力商贸有限公司
新金星贸易（福建）集团有限公司
安徽驭鹏轮胎有限公司
杭州公牛橡胶贸易有限公司
北京圣轮宝科贸有限公司
南宁海钱贸易有限公司
云南金越商贸有限公司
昆明方圆商贸有限责任公司
大连亚轮商贸有限公司
张家港市虎翼车业服务有限公司
江西省泓昌贸易有限公司
河北平阔物流有限公司
河北墨霖贸易有限公司
天津市韵吉商贸有限公司
沈阳泰达轮胎贸易有限公司
溧阳市建军轮胎销售有限公司
上海诚诚轮胎销售有限公司
张家港驰乐汽车配件有限公司
浙江汇轮供应链管理有限公司
河南全诺贸易有限公司
贵阳通用轮胎销售有限公司
重庆博海商贸有限公司
合肥市航骄橡胶有限公司
浙江汇帛进出口有限公司
哈尔滨正轮商贸有限公司
温州天文轮胎有限公司

2. 2023年度诚信橡胶产业服务商（8家）

海南天然橡胶产业集团股份有限公司
云南天然橡胶产业集团有限公司
广东省广垦橡胶集团有限公司
合盛天然橡胶（上海）有限公司
上海诗董贸易有限公司
联益联润（青岛）贸易有限公司
山东京博中聚新材料有限公司
浙江信汇新材料股份有限公司

3. 2023年度诚信橡胶贸易商（19家）

上海成俊橡塑有限公司
上海连康明化工（集团）有限公司
上海万晟实业有限公司
青岛全美橡胶轮胎有限公司
青岛润生荣国际贸易有限公司
青岛海泰林国际贸易有限公司
东莞市同舟化工有限公司
物产中大欧泰有限公司
雅吉国际贸易（上海）有限公司
厦门建发原材料贸易有限公司

江苏海企橡胶有限公司
西双版纳顺达进出口贸易有限责任公司
孟定腾鑫实业有限责任公司
广州京沙橡胶贸易有限公司
广东广物国际能源集团有限公司

翱兰（上海）商贸有限公司
勐腊县曼庄橡胶有限公司
国泰君安风险管理有限公司
富邦橡胶（浙江）有限公司

三、中国橡胶工业协会会员企业 2022 年度营业收入排行榜

排名	轮胎		力车胎	
	企业名称	营业收入/亿元	企业名称	营业收入/亿元
1	中策橡胶集团股份有限公司	288.1	厦门正新橡胶工业有限公司	40.2
2	赛轮集团股份有限公司	219.0	中策橡胶集团股份有限公司	31.1
3	山东玲珑轮胎股份有限公司	170.1	四川远星橡胶有限责任公司	22.7
4	佳通轮胎(中国)投资有限公司	119.6	江苏三元轮胎有限公司	20.0
5	双钱轮胎集团有限公司	101.0	天津市万达轮胎集团有限公司	14.0
6	三角轮胎股份有限公司	92.2	青岛东方工业品（集团）有限公司	9.3
7	浦林成山(山东)轮胎有限公司	81.8	新东岳集团有限公司	6.9
8	厦门正新橡胶工业有限公司	80.0	山东吉路尔轮胎有限公司	6.6
9	米其林(中国)投资有限公司	79.4	腾森橡胶轮胎(威海)有限公司	5.1
10	贵州轮胎股份有限公司	76.4	蚌埠伊诺华轮胎有限公司	2.9

排名	胶管胶带		橡胶制品	
	企业名称	营业收入/亿元	企业名称	营业收入/亿元
1	浙江双箭橡胶股份有限公司	22.9	安徽中鼎控股（集团）股份有限公司	221.4
2	山东康迪泰克工程橡胶有限公司	15.3	株洲时代新材料科技股份有限公司	150.2
3	三维控股集团股份有限公司	13.7	际华橡胶工业有限公司	36.2
4	无锡百年通工业输送有限公司	13.2	建新赵氏集团有限公司	29.3
5	浙江峻和科技股份有限公司	12.0	陕西延长石油西北橡胶有限责任公司	24.5
6	山东美晨工业集团有限公司	9.2	江阴海达橡塑股份有限公司	19.0
7	四川川环科技股份有限公司	9.1	宁波拓普集团股份有限公司	17.3
8	杭州中策橡胶有限公司永固分公司	8.8	山东美晨工业集团有限公司	9.2
9	青岛三祥科技股份有限公司	7.2	浙江天铁实业股份有限公司	9.1
10	三力士股份有限公司	7.0	大连巅峰集团有限公司	8.3

续表

排名	胶鞋		乳胶	
	企业名称	营业收入/亿元	企业名称	营业收入/亿元
1	上海回力鞋业有限公司	20.7	英科医疗科技股份有限公司	66.1
2	际华橡胶工业有限公司	8.1	山东星宇手套有限公司	23.6
3	青岛千里行集团有限公司	8.0	中红普林医疗用品股份有限公司	16.3
4	青岛双星名人集团股份有限公司	7.1	武汉杰士邦卫生用品有限公司	15.4
5	浙江中远鞋业有限公司	4.0	江苏金世缘乳胶制品股份有限公司	8.3
6	山东鲁泰鞋业有限公司	3.7	上海科邦医用乳胶器材有限公司	7.3
7	浙江天宏鞋业有限公司	2.9	北京华腾橡塑乳胶制品有限公司	6.9
8	鹤壁飞鹤股份有限公司	2.4	苏州嘉乐威新材料股份有限公司	3.9
9	浙江人本鞋业有限公司	2.4	稳健（桂林）乳胶用品有限公司	3.8
10	浙江环球鞋业有限公司	2.1	北京瑞京乳胶制品有限公司	2.8

排名	炭黑		助剂	
	企业名称	营业收入/亿元	企业名称	营业收入/亿元
1	江西黑猫炭黑股份有限公司	105.1	圣奥化学科技有限公司	53.9
2	金能科技股份有限公司	54.7	山东尚舜化工有限公司	43.2
3	龙星化工股份有限公司	40.5	山东阳谷华泰化工股份有限公司	34.0
4	山西安仑化工有限公司	30.1	彤程新材料集团股份有限公司	24.4
5	山西永东化工股份有限公司	29.9	科迈化工股份有限公司	19.5
6	山西三强新能源科技有限公司	22.0	中国石化集团南京化学工业有限公司	14.0
7	苏州宝化炭黑有限公司	21.2	蔚林新材料科技股份有限公司	10.5
8	烁元新材料（东营）股份有限公司	14.9	南京曙光精细化工有限公司	8.9
9	云南云维飞虎化工有限公司	13.0	江苏强盛功能化学股份有限公司	8.6
10	青州市博奥炭黑有限责任公司	12.7	山东斯递尔化工科技有限公司	8.1

续表

排名	骨架材料		废橡胶综合利用	
	企业名称	营业收入/亿元	企业名称	营业收入/亿元
1	神马实业股份有限公司	135.6	无锡万丰橡胶厂	3.9
2	江苏兴达钢帘线股份有限公司	108.1	济南市莱芜福泉橡胶有限公司	3.2
3	贝卡尔特中国	55.0	朝阳华兴万达轮胎有限公司	2.9
4	山东大业股份有限公司	52.1	天宇（山东）橡塑制品有限公司	2.6
5	骏马化纤股份有限公司	48.9	杭州高能结加改性材料科技有限公司	2.6
6	海阳科技股份有限公司	40.2	临沭县中泰橡胶制品有限公司	2.4
7	浙江海利得新材料股份有限公司	36.9	江苏中宏环保科技有限公司	2.2
8	亚东工业（苏州）有限公司	23.8	山东新东岳再生资源科技有限公司	1.4
9	首佳科技制造有限公司	21.6	山西华骏轮胎有限公司	1.4
10	河南恒星科技股份有限公司	18.8	仙桃市聚兴橡胶有限公司	1.3

排名	轮胎模具		橡胶机械	
	企业名称	营业收入/亿元	企业名称	营业收入/亿元
1	豪迈集团股份有限公司	32.7	山东豪迈机械科技股份有限公司	33.4
2	巨轮智能装备股份有限公司	9.9	软控股份有限公司	32.7
3	合肥大道模具有限责任公司	3.4	萨驰智能装备股份有限公司	17.8
4	软控联合科技有限公司	3.2	大连橡胶塑料机械有限公司	15.2
5	揭阳市天阳模具有限公司	2.8	巨轮智能装备股份有限公司	10.7
6	山东力创模具股份有限公司	2.3	中国化学工业桂林工程有限公司	8.2
7	山东垚坤模具有限公司	1.9	天津赛象创业投资有限责任公司	4.8
8	安徽万龙模具有限公司	1.0	大连华韩橡塑机械有限公司	4.2
9	焦作市金牌山模具有限公司	0.9	益阳橡胶塑料机械集团有限公司	4.1
10	荣成宏昌模具有限公司	0.5	桂林橡胶机械有限公司	4.0

（中国橡胶工业协会秘书处）

四、2023年度中国轮胎企业排行榜
(《中国橡胶》杂志社发布)

序号	企业名称	主导品牌	2022年销售收入/亿元	2021年销售收入/亿元	备注
1	中策橡胶集团股份有限公司	朝阳、WESTLAKE	289.89	268.27	含海外工厂
2	赛轮集团股份有限公司	赛轮	215.19	171.65	含海外工厂
3	山东玲珑轮胎股份有限公司	玲珑、ATLAS	170.06	185.79	含海外工厂
4	双钱轮胎集团有限公司	双钱、回力	100.24	91.72	含海外工厂
5	三角轮胎股份有限公司	三角	92.20	89.54	
6	贵州轮胎股份有限公司	前进	84.40	72.02	含海外工厂
7	浦林成山控股有限公司	浦林(Prinx)、成山(Chengshan)	81.52	75.40	含海外工厂
8	厦门正新橡胶工业有限公司	正新、CST图形	79.97	94.17	
9	双星集团有限责任公司	双星、锦湖	71.50	69.91	
10	青岛森麒麟轮胎股份有限公司	森麒麟、路航	62.92	51.77	含海外工厂
11	山东昊华轮胎有限公司	华运通、艾普勒	59.37	63.80	
12	山东华盛橡胶有限公司	路博、海倍德	53.58	49.28	
13	山东金宇轮胎有限公司	金宇、黑狮	53.36	38.64	含海外工厂
14	四川海大橡胶集团有限公司	海大、合作者	52.74	50.03	
15	山东昌丰轮胎有限公司	双丰、昌丰	51.20	51.42	
16	风神轮胎股份有限公司	风神、风力	49.88	55.57	
17	万力轮胎股份有限公司	WANLI	48.24	35.17	
18	山东万达宝通轮胎有限公司	WINDA、BOTO	46.95	45.17	
19	正道轮胎有限公司	FRONWAY、GRENLANDER	45.00	40.00	
20	潍坊市跃龙橡胶有限公司	康耐斯	43.59	41.92	
21	雄鹰轮胎集团有限公司	雄鹰、驰风	40.73	49.49	
22	江苏通用科技股份有限公司	千里马、赤兔马	40.61	42.55	含海外工厂
23	朝阳浪马轮胎有限责任公司	LONGMARCH、ROADLUX	40.00	28.40	含海外工厂
24	东营市方兴橡胶有限责任公司	宝石王、鸿鹰	39.50	39.30	

续表

序号	企业名称	主导品牌	2022年销售收入/亿元	2021年销售收入/亿元	备注
25	天津市万达轮胎集团有限公司	WANDA（万达）、OBOR	38.00	—	
26	山东永丰轮胎有限公司	CACHLAND、OVATION	36.00	35.00	
27	潍坊顺福昌橡塑有限公司	SUNFULCESS、FIREMAX	33.00	40.07	
28	枣庄矿业集团橡胶有限公司	八亿、远路	31.77	33.86	
29	徐州徐轮橡胶有限公司	甲牌、丰收	29.50	28.93	
30	山东米乐奇轮胎有限公司	米乐奇	20.00	17.79	
31	中一橡胶股份有限公司	乐路驰、速达来	19.70	19.67	
32	山东中创轮胎股份有限公司	奥通达、百瑞德	19.30	19.20	
33	湖北奥莱斯轮胎股份有限公司	奥莱斯、三田	18.49	14.94	
34	青岛泰凯英专用轮胎股份有限公司	Techking（泰凯英）	17.80	15.11	
35	山东省三利轮胎制造有限公司	BEARWAY、GALAXIA	17.67	18.82	
36	山东银宝轮胎集团有限公司	COMFORSER、银宝	16.26	14.87	
37	陕西延长石油集团橡胶有限公司	德安通、利好	14.87	14.88	
38	山东兴鸿源轮胎有限公司	ANNAITE、HILO	14.72	15.49	
39	山东优盛轮胎有限公司	速霸（SUPATYRE）	11.06	—	
40	南港（张家港保税区）橡胶工业有限公司	NANKANG	7.40	7.70	
41	山东泰山轮胎有限公司	泰山	6.70	8.20	
42	山东振泰集团有限公司	振泰耐力根、LONGWAY	6.56	5.02	
43	威海君乐轮胎有限公司	JOYALL、GIANROI	6.36	—	
44	江苏华安橡胶科技有限公司	华安、国豪	5.80	5.10	
45	威海中威橡胶有限公司	HAULMAX、ZOWIN	3.76	3.72	
46	青岛奥诺轮胎有限公司	HONOUR、CONDOR	2.53	7.56	
47	江苏托普轮胎股份有限公司	TOPOWER、JADEKING	2.50	1.60	
48	青岛旺裕橡胶制品有限公司	TOP、TRUST	1.86	1.90	
49	青岛艾力特橡胶有限公司	金达莱、沪马	1.59	7.28	
50	烟台万雷橡胶轮胎有限公司	WonRay、WRST	0.96	0.89	

注：该排行榜针对中国轮胎企业，以2022年企业在中国大陆和海外工厂轮胎业务总销售收入为依据。

五、2023 年度中国境内轮胎企业排行榜
（《中国橡胶》杂志社发布）

序号	企业名称	主导品牌	2022年销售收入/亿元	2021年销售收入/亿元	备注
1	中策橡胶集团股份有限公司	朝阳、WESTLAKE	239.74	228.61	
2	山东玲珑轮胎股份有限公司	玲珑、ATLAS	121.97	131.89	
3	佳通轮胎（中国）投资有限公司	佳通、佳安	120.00	128.00	
4	赛轮集团股份有限公司	赛轮	118.23	96.36	
5	上海韩泰轮胎有限公司	韩泰	102.00	80.00	
6	三角轮胎股份有限公司	三角	92.20	89.54	
7	双钱轮胎集团有限公司	双钱、回力	85.82	74.63	
8	厦门正新橡胶工业有限公司	正新、CST 图形	79.97	94.17	
9	贵州轮胎股份有限公司	前进	79.01	72.02	
10	双星集团有限责任公司	双星、锦湖	71.50	69.91	
11	山东昊华轮胎有限公司	华运通、艾普勒	59.37	63.80	
12	山东华盛橡胶有限公司	路博、海倍德	53.58	49.28	
13	四川海大橡胶集团有限公司	海大、合作者	52.74	50.03	
14	山东昌丰轮胎有限公司	双丰、昌丰	51.20	51.42	
15	浦林成山控股有限公司	浦林（Prinx）、成山（Chengshan）	50.60	56.20	
16	风神轮胎股份有限公司	风神、风力	49.88	55.57	
17	万力轮胎股份有限公司	WANLI	48.24	35.17	
18	山东万达宝通轮胎有限公司	WINDA、BOTO	46.95	45.17	
19	正道轮胎有限公司	FRONWAY、GRENLANDER	45.00	40.00	
20	潍坊市跃龙橡胶有限公司	康耐斯	43.59	41.92	
21	山东金宇轮胎有限公司	金宇、黑狮	42.36	37.29	
22	雄鹰轮胎集团有限公司	雄鹰、驰风	40.73	49.49	
23	东营市方兴橡胶有限责任公司	宝石王、鸿鹰	39.50	39.30	
24	天津市万达轮胎集团有限公司	WANDA（万达）、OBOR	38.00	—	

续表

序号	企业名称	主导品牌	2022年销售收入/亿元	2021年销售收入/亿元	备注
25	山东永丰轮胎有限公司	CACHLAND、OVATION	36.00	35.00	
26	潍坊顺福昌橡塑有限公司	SUNFULCESS、FIREMAX	33.00	40.07	
27	朝阳浪马轮胎有限责任公司	LONGMARCH、ROADLUX	32.50	28.40	
28	枣庄矿业集团橡胶有限公司	八亿、远路	31.77	—	
29	徐州徐轮橡胶有限公司	甲牌、丰收	29.50	28.93	
30	青岛森麒麟轮胎股份有限公司	森麒麟、路航	24.50	23.51	
31	山东米乐奇轮胎有限公司	米乐奇	20.00	17.79	
32	中一橡胶股份有限公司	乐路驰、速达来	19.70	19.67	
33	山东中创轮胎股份有限公司	奥通达、百瑞德	19.30	19.20	
34	湖北奥莱斯轮胎股份有限公司	奥莱斯、三田	18.49	14.94	
35	青岛泰凯英专用轮胎股份有限公司	Techking（泰凯英）	17.80	—	
36	山东省三利轮胎制造有限公司	BEARWAY、GALAXIA	17.67	18.82	
37	山东银宝轮胎集团有限公司	COMFORSER、银宝	16.26	14.87	
38	陕西延长石油集团橡胶有限公司	德安通、利好	14.87	14.88	
39	山东兴鸿源轮胎有限公司	ANNAITE、HILO	14.72		
40	江苏通用科技股份有限公司	千里马、赤兔马	14.48	28.68	
41	山东优盛轮胎有限公司	速霸（SUPATYRE）	11.06	—	
42	南港（张家港保税区）橡胶工业有限公司	NANKANG	7.40	7.70	
43	山东泰山轮胎有限公司	泰山	6.70	8.20	
44	山东振泰集团有限公司	振泰耐力根、LONGWAY	6.56	5.02	
45	威海君乐轮胎有限公司	JOYALL、GIANROI	6.36	—	
46	江苏华安橡胶科技有限公司	华安、国豪	5.80	5.10	
47	威海中威橡胶有限公司	HAULMAX、ZOWIN	3.76	3.72	主营特种轮胎
48	青岛奥诺轮胎有限公司	HONOUR、CONDOR	2.53	7.56	
49	江苏托普轮胎股份有限公司	TOPOWER、JADEKING	2.50	1.60	主营实心轮胎
50	青岛旺裕橡胶制品有限公司	TOP TRUST	1.86	1.90	
51	青岛艾力特橡胶有限公司	金达莱、沪马	1.59	7.28	
52	烟台万雷橡胶轮胎有限公司	WonRay、WRST	0.96	0.89	主营实心轮胎

注：该排行榜针对在中国大陆设厂的所有轮胎企业（包括外资企业），以2022年企业在中国大陆工厂轮胎业务销售收入为依据。

六、2023 年度中国工程轮胎 20 强排行榜
(《中国橡胶》杂志社发布)

序号	企业名称	2022 年工程轮胎销售收入/亿元	2022 年工程轮胎产量/万条
1	赛轮集团股份有限公司	27.35	30.71
2	中策橡胶集团股份有限公司	18.20	39.60
3	三角轮胎股份有限公司	15.40	28.20
4	青岛泰凯英专用轮胎股份有限公司	13.20	28.40
5	双钱轮胎集团有限公司	11.86	35.54
6	风神轮胎股份有限公司	9.19	37.33
7	山东万达宝通轮胎有限公司	8.65	9.30
8	贵州轮胎股份有限公司	7.41	59.15
9	徐州徐轮橡胶有限公司	7.33	35.07
10	湖北奥莱斯轮胎股份有限公司	3.41	12.00
11	威海中威橡胶有限公司	3.10	20.92
12	江苏托普轮胎股份有限公司	1.80	30.00
13	枣庄矿业集团橡胶有限公司	1.77	20.00
14	雄鹰轮胎集团有限公司	1.70	4.02
15	青岛旺裕橡胶制品有限公司	1.52	72.00
16	山东银宝轮胎集团有限公司	1.03	2.30
17	山东省三利轮胎制造有限公司	0.93	3.00
18	山东泰山轮胎有限公司	0.60	5.00
19	四川海大橡胶集团有限公司	0.50	0.85
20	江苏通用科技股份有限公司	0.29	1.08

注:以 2022 年中国轮胎企业在中国大陆工厂和海外工厂工程轮胎产品业务总销售收入为依据。

七、2023 年度中国轮胎企业专利排行榜
(《中国橡胶》杂志社发布)

序号	企业名称	专利总数/个	发明专利/个	实用新型专利/个	外观专利/个
1	双星集团有限责任公司	1929	567	648	714
2	赛轮集团股份有限公司	1289	99	708	482
3	山东玲珑轮胎股份有限公司	1284	107	611	566
4	厦门正新橡胶工业有限公司	847	51	275	521
5	三角轮胎股份有限公司	602	84	339	179
6	佳通轮胎（中国）投资有限公司	599	91	287	221
7	中策橡胶集团股份有限公司	574	108	160	306
8	双钱轮胎集团有限公司	481	78	233	170
9	江苏通用科技股份有限公司	421	82	145	194
10	天津市万达轮胎集团有限公司	409	5	109	295
11	风神轮胎股份有限公司	404	28	144	232
12	浦林成山控股有限公司	330	16	167	147
13	青岛森麒麟轮胎股份有限公司	306	21	37	248
14	四川海大橡胶集团有限公司	256	22	84	150
15	万力轮胎股份有限公司	253	24	126	103
16	山东华盛橡胶有限公司	246	12	43	191
17	贵州轮胎股份有限公司	181	11	63	107
18	枣庄矿业集团橡胶有限公司	141	10	45	86
19	青岛泰凯英专用轮胎股份有限公司	127	18	52	57
20	山东万达宝通轮胎有限公司	117	5	87	25
21	潍坊顺福昌橡塑有限公司	113	15	49	49
22	朝阳浪马轮胎有限责任公司	110	2	49	59
23	山东兴鸿源轮胎有限公司	86	19	38	29

续表

序号	企业名称	专利总数/个	发明专利/个	实用新型专利/个	外观专利/个
24	雄鹰轮胎集团有限公司	83	8	34	41
25	潍坊市跃龙橡胶有限公司	82	17	36	29
26	山东银宝轮胎集团有限公司	78	13	47	18
27	正道轮胎有限公司	78	9	35	34
28	山东金宇轮胎有限公司	76	13	7	56
29	陕西延长石油集团橡胶有限公司	76	2	19	55
30	东营市方兴橡胶有限责任公司	66	8	31	27
31	山东昊华轮胎有限公司	64	2	58	4
32	山东省三利轮胎制造有限公司	56	3	49	4
33	上海韩泰轮胎有限公司	51	51	0	0
34	江苏托普轮胎股份有限公司	50	11	38	1
35	湖北奥莱斯轮胎股份有限公司	50	3	13	34
36	山东昌丰轮胎有限公司	49	0	36	13
37	威海君乐轮胎有限公司	47	2	30	15
38	威海中威橡胶有限公司	41	1	24	16
39	徐州徐轮橡胶有限公司	39	6	10	23
40	山东振泰集团有限公司	38	10	25	3
41	山东永丰轮胎有限公司	32	2	23	7
42	山东米乐奇轮胎有限公司	27	2	17	8
43	山东优盛轮胎有限公司	24	2	16	6
44	山东泰山轮胎有限公司	24	0	24	0
45	青岛旺裕橡胶制品有限公司	23	1	22	0
46	青岛奥诺轮胎有限公司	22	0	22	0
47	中一橡胶股份有限公司	21	3	4	14
48	青岛艾力特橡胶有限公司	21	0	21	0
49	江苏华安橡胶科技有限公司	19	1	10	8
50	山东中创轮胎股份有限公司	15	2	11	2
51	南港（张家港保税区）橡胶工业有限公司	15	0	15	0

注：专利总数相同则按发明专利、实用新型专利数量排序。

八、2023 年度轮胎企业畅销品牌和规格
(《中国橡胶》杂志社发布)

序号	企业名称	畅销品牌	畅销规格
1	中策橡胶集团股份有限公司	朝阳/WESTLAKE	7.00R16、205/55R16
2	山东玲珑轮胎股份有限公司	玲珑	12R22.5、145/70R12
3	佳通轮胎（中国）投资有限公司	佳通	12R22.5、235/50R19
4	赛轮集团股份有限公司	赛轮	11R22.5、205/55R16
5	三角轮胎股份有限公司	三角	12.00R20、205/55R16
6	上海韩泰轮胎销售有限公司	韩泰	12R22.5、205/55R16
7	双钱轮胎集团有限公司	双钱/回力	12R22.5、205/55R16
8	贵州轮胎股份有限公司	前进	12R22.5、14.00R25
9	双星集团有限责任公司	双星/锦湖	12R22.5、205/55R16
10	山东昊华轮胎有限公司	华运通/LANVIGATOR	12.00R20、205/55R16
11	浦林成山（山东）轮胎有限公司	成山/澳通	12R22.5、205/55R16
12	风神轮胎股份有限公司	SailorII	12R22.5
13	山东昌丰轮胎有限公司	双丰/昌丰	12R22.5-18、195/65R15
14	四川海大橡胶集团有限公司	海大/合作者	12R22.5、175/70R14
15	山东雄鹰轮胎集团有限公司	三A/雄鹰	12R22.5、205/55R16
16	潍坊顺福昌橡塑有限公司	FIREMAX	315/80R22.5、205/55R16
17	山东华盛橡胶有限公司	路博/海倍德	12.00R20、205/55R16
18	山东万达宝通轮胎有限公司	BOTO/WINDA	12.00R20、205/55R16
19	潍坊市跃龙橡胶有限公司	康耐斯	12R22.5
20	天津市万达轮胎集团有限公司	WANDA	205/75R14
21	正道轮胎有限公司	FRONWAY/GRENLANDER	12R22.5、205/55R16
22	东营市方兴橡胶有限责任公司	鸿鹰/宝石王	12.00R20、205/55R16
23	万力轮胎股份有限公司	WANLI	12R22.5、205/50R17
24	山东永丰轮胎有限公司	HIFLY/OVATION	315/80R22.5、205/75R15

续表

序号	企业名称	畅销品牌	畅销规格
25	徐州徐轮橡胶有限公司	甲牌	23.5-25、18.4-38
26	江苏通用科技股份有限公司	千里马/GOODTRIP	12R22.5-18PR、205/55ZR16
27	青岛森麒麟轮胎股份有限公司	GROUNDPEED/SENTURY	385/65R22.5、215/55R17
28	枣庄矿业集团橡胶有限公司	八亿/远路	12R22.5、205/55R16
29	中一橡胶股份有限公司	乐路驰/JOYROAD	12R/22.5、205/55R16
30	山东中创轮胎股份有限公司	奥通达	315/80R22.5
31	山东优盛轮胎有限公司	路多福	12R22.5
32	威海君乐轮胎有限公司	JOYALL	12R22.5
33	山东米乐奇轮胎有限公司	米乐奇	12R22.5、165/70R13
34	山东兴鸿源轮胎有限公司	ANNAITE	205/55R16
35	湖北奥莱斯轮胎股份有限公司	奥莱斯	1200R20
36	陕西延长石油集团橡胶有限公司	德安通	12R22.5、205/55R16
37	山东银宝轮胎集团有限公司	银宝/Comforser	12R22.5、205/55R16
38	山东泰山轮胎有限公司	泰山	15-24
39	南港（张家港保税区）橡胶工业有限公司	NANKANG	205/55R16
40	江苏华安橡胶科技有限公司	华安	12R22.5
41	山东省振泰集团股份有限公司	振泰耐力根	11.2-24
42	江苏托普轮胎股份有限公司	TOPOWER	11.00-20

第九章　全球橡胶工业概况

一、2023年度全球轮胎75强排行榜

2023年8月28日,美国《轮胎商业》正式发布2023年度全球轮胎75强排行榜。

从榜单可以看出,全球轮胎排名变化不大,米其林继续领跑行业。全球轮胎行业在2020年遭受新冠肺炎疫情的严重冲击,2021年大幅反弹后,2022年大多数轮胎企业的销售额、利润等主要经济指标继续反弹。

从市场调研情况看,2022年轮胎行业投资信心提高,投资费用同比大幅增长,扩产或新建项目恢复到疫情前正常水平。

从2023年一季度及半年报看,大多数轮胎企业的销售额及利润指标继续增长,预测2023年全球轮胎行业销售额、利润及投资将继续保持增长态势。

1. 米其林继续领跑

2023年度全球轮胎75强排行榜见表9.1,按制造商2022年与轮胎制造有关的销售额进行排名。

表9.1　2023年度全球轮胎75强排行榜及销售额　　单位:亿美元

2023年度排名	2022年度排名	企业名称	2022年	2021年	2020年	2019年
1	1	米其林/法国	282.600	262.950	229.350	250.000
2	2	普利司通/日本	266.00	221.750	207.500	243.250
3	3	固特异/美国	178.923	149.170	114.400	136.900
4	4	大陆马牌/德国	124.200	120.000	99.080	112.750
5	5	住友橡胶/日本	71.600	72.496	63.691	70.600
6	6	倍耐力/意大利	69.565	63.400	48.888	59.350
7	7	韩泰轮胎/韩国	63.100	59.758	53.050	57.250
8	9	优科豪马/日本	57 449	42.296	43.490	48.100
9	8	中策橡胶/中国	41.758	45.283	38.962	35.850
10	10	正新橡胶/中国台湾	36.769	38.662	37.887	39.081
11	11	东洋轮胎/日本	34.700	32.266	28.700	30.600
12	15	赛轮轮胎/中国	32.936	26.612	20.216	20.385
13	14	阿波罗轮胎/印度	31.369	27.320	22.967	22.672
14	16	MRF公司/印度	28.761	24.762	21.396	22.428
15	12	佳通轮胎/新加坡	28.400	30.400	24.970	31.000
16	17	锦湖轮胎/韩国	27.588	22.738	18.411	20.215
17	13	玲珑轮胎/中国	24.646	29.141	27.538	24.004

续表

2023年度排名	2022年度排名	企业名称	2022年	2021年	2020年	2019年
18	18	耐克森轮胎/韩国	21.345	19.698	14.039	18.210
19	21	JK轮胎/印度	18.714	15.956	12.392	12.237
20	19	诺记轮胎/芬兰	17.650	19.250	14.200	16.977
21	23	帝坦国际/美国	17.350	14.000	10.070	11.600
22	27	西亚特轮胎/印度	14.199	12.126	10.258	9.506
23	24	双钱轮胎/中国	13.963	13.735	10.262	10.096
24	26	建大轮胎/中国台湾	13.792	12.675	10.807	11.273
25	22	三角轮胎/中国	13.265	14.045	12.622	11.251
26	25	Prometeon轮胎集团/意大利	—	13.080	10.989	6.250
27	32	Balkrishna工业/印度	12.505	10.566	7.396	6.858
28	28	浦林成山/中国	12.259	11.768	8.938	7.759
29	35	特瑞堡/瑞典	11.750	9.000	7.650	7.750
30	30	贵州轮胎/中国	10.731	11.513	9.938	8.940
31	34	太阳轮胎及车轮/印度	10.000	10.000	10.000	12.000
32	29	双星轮胎/中国	9.585	11.564	7.569	9.284
33	39	森麒麟轮胎/中国	9.108	8.111	7.277	6.444
34	33	昊华轮胎/中国	9.086	10.189	7.476	15.043
35	43	普利司通-萨巴奇/土耳其	8.495	7.500	6.018	6.265
36	37	四川海大/中国	7.644	8.543	6.239	5.669
37	41	华盛橡胶/中国	7.36	7.730	6.938	6.244
38	40	昌丰轮胎/中国	7.240	8.065	8.309	
39	36	风神轮胎/中国	6.894	8.713	8.385	8.589
40	44	卡迪安特/俄罗斯	—	7.350	—	6.600
41	45	万达宝通轮胎/中国	6.804	7.085	6.969	6.021
42	47	Carlstar轮胎/美国	6.800	6.300	5.100	4.950
43	51	万力轮胎/中国	6.745	5.720	4.308	4.188
44	—	正道轮胎/中国	6.552	3.710		
45	50	金宇轮胎/中国	6.056	5.849	5.105	4.000
46	49	Petlas轮胎/土耳其	—	—	6.018	4.818
47	46	江苏通用/中国	5.744	6.716	4.831	5.092
48	48	方兴轮胎/中国	5.623	6.164	6.000	—

续表

2023年度排名	2022年度排名	企业名称	2022年	2021年	2020年	2019年
49	52	永丰轮胎/中国	5.169	5.579	5.645	—
50	54	朝阳浪马轮胎/中国	4.710	4.451	3.723	3.272
51	53	徐州徐工轮胎/中国	4.277	4.538	3.708	4.250
52	62	TVS Srichakra/印度	3.663	2.498	2.634	2.966
53	55	中一橡胶/中国	3.500	3.592	2.692	—
54	20	Barez 轮胎集团/伊朗	3.400	16.920	—	5.412
55	56	三利轮胎/中国	2.942	3.146	3.108	3.278
56	57	中创轮胎/中国	—	3.011	2.852	2.503
57	61	米乐奇轮胎/中国	2.883	2.752	2.923	—
58	58	南港轮胎/中国台湾	2.490	2.956	3.295	3.584
58	59	八亿橡胶/中国	2.490	2.826	4.675	4.329
60	—	天津万达轮胎/中国	2.390	3.348		
61	66	南方橡胶/越南	2.274	2.116	2.040	1.842
62	60	白俄罗斯轮胎/白俄罗斯	—	—	—	—
63	65	FATE 公司/阿根廷	—	2.244	1.840	2.210
64	64	延长橡胶/中国	2.155	2.334	2.130	2.341
65	68	大囊轮胎/越南	2.094	1.915	1.590	1.667
66	69	丰源轮胎/中国	1.866	1.897	1.650	1.777
67	67	华丰橡胶/中国台湾	1.818	2.027	1.605	1.656
68	70	OZKA 轮胎/土耳其	—	1.613	1.228	1.210
69	38	Nizhnekamskshina/俄罗斯	1.533	8.243	6.960	2.190
70	72	VEE 橡胶/泰国	—	—	—	1.608
71	71	Hung-A 公司/韩国	—	—	1.535	1.473
72	74	特种轮胎/美国	1.500	1.500	1.500	1.500
73	73	瑟维斯工业/巴基斯坦	1.386	1.523	1.113	1.027
74	—	Parther 轮胎/巴基斯坦	—	1.260	9.450	—
75	—	Ralson 轮胎/印度	—	1.220	—	—
		以上小计	1778.220	1695.000	1414.500	1594.650
		其他	90.000	80.000	75.000	75.000
		总计	1868.220	1775.000	1489.500	1665.650

（1）10强企业保持不变

米其林销售额同比（下同）增长7.47%，以282.60亿美元连续4年蝉联冠军。普利司通增长19.95%，以266亿美元居第2位，缩小了与米其林的差距。固特异收购美国固铂轮胎开始见效，销售额增长近20%，以178.92亿美元居第3位，拉大与第4位大陆马牌的距离。短期内，世界轮胎前3强的位置无人取代。

大陆马牌轮胎增长3.5%，以124.2亿美元居第4位。住友橡胶下降1.27%，列第5位。第6名、第7名不变，分别是倍耐力、韩泰轮胎。优科豪马位列第8位，中策橡胶居第9位。优科豪马2022年5月收购了特瑞堡车轮系统，待2023年并入报表后，有望超越住友橡胶进入前5强。第10位依旧是中国台湾的正新橡胶。

（2）20强座次稍有调整

东洋轮胎保持第11位不变，我国的赛轮轮胎前进3位列第12名。印度的阿波罗轮胎前进1位列第13位，MRF公司前进2位居第14位。佳通轮胎后退3位列第15位。锦湖轮胎、玲珑轮胎、耐克森轮胎、JK轮胎、诺记轮胎，分列第16~20位。

（3）中国企业35家，2家新进入排名

在75强中，中国企业占35家，其中中国大陆企业31家，中国台湾企业4家。

榜单中其他国家（地区）企业数量分别为，印度8家，美国4家，日本4家，韩国4家，土耳其3家，意大利、俄罗斯、巴基斯坦及越南各占2家，此外法国、德国、新加坡、芬兰、白俄罗斯、伊朗、瑞典、阿根廷及泰国分别占有1席。

新进入排名的4家企业，为山东正道轮胎、天津万达轮胎、巴基斯坦Parther及印度Ralson轮胎。相应退出的4家，为伊朗Artawheel轮胎、山东潍坊跃龙、美国固铂轮胎、巴基斯坦通用轮胎。

在前20强中，中国、日本各占4席，韩国、印度各占3席，加上新加坡佳通轮胎，亚洲15家轮胎企业，构成世界轮胎行业亮丽风景线。

2. 销售额维持增势

（1）整体经营指标继续增长

全球轮胎行业在2020年遭受新冠肺炎疫情的严重冲击后，2021年销售额、利润等大幅反弹，2022年主要经济指标继续反弹，大多恢复或超过疫情前水平。

通过对轮胎75强的统计及预估，2022年全球轮胎总销售额为1868.22亿美元，在2021年增长17.3%的基础上，继续增长5.25%。在前10强中，7家增长，3家下降。在75强中可比较的63家企业里，销售额下降企业30家，上涨企业31家，持平企业2家。

（2）部分企业销售额增长幅度大

销售额增长幅度较大的企业，分别是印度TVS Srichakra（46.64%）、日本优科豪马（35.83%）及瑞典特瑞堡（30.56%）。下降幅度较大的分别是俄罗斯Nizhnekamskshina（81.40%）、伊朗Barez轮胎集团（79.91%）及风神轮胎（20.88%）。

按地区分布，2022年销售额下降的企业主要集中在我国。人民币兑美元汇率贬值，使得以美元计值的轮胎销售额产生2%~3%的损失。同时，美国对我国轮胎加征关税，以及南非、印度等国对我国轮胎进行反倾销，对轮胎销售额下降产生了一定影响。

（3）轮胎行业集中度提高，大公司化明显

在75强中，前3强销售额为727.52亿美元，增长14.8%，占世界轮胎总销售额的38.9%，增加3.2个百分点。前10强销售额为1191.96亿美元，增长10.8%，占世界轮胎总销售额的63.8%，增加3.2个百分点。

全球轮胎"20亿美元俱乐部"成员，增加1家至18家；"10亿美元俱乐部"成员减少3家，由34家变为31家。

行业集中度提高的主要原因是固特异2021年成功收购固铂轮胎，优科豪马2022年收购特瑞堡车轮系统。

（4）2023年上半年运行继续向好

米其林上半年销售额达141亿欧元，增长5.9%。普利司通轮胎销售额为2.10万亿日元，增长11.4%。固特异轮胎销售额98.1亿美元，下降12%。大陆马牌轮胎业务的销售额为69.2亿欧元，增长3.7%。住友橡胶销售额为39.2亿美元，增长9.6%。倍耐力销售额为34.38亿欧元，增长7.5%。优科豪马销售额为4432亿日元，增长13.2%。

全球排名靠前的轮胎企业，2023年上半年大多数保持一定幅度增长。因此，维持2023年全球轮胎销售额个位数增长的判断。

3. 利润有望继续改善

2022年全球主要轮胎制造商利润情况见表9.2。

表9.2 2022年全球主要轮胎制造商利润情况　　　　　　　　　单位：亿美元

序号	企业名称	销售额	营业利润	同比/%	占销售额比重/%	净利润	同比/%	占销售额比重/%
1	大陆马牌/德国	147.269	27.810	4.7	18.9	—	—	—
2	普利司通/日本	291.119	38.660	23.1	13.3	—	—	—
3	米其林/法国	300.631	35.710	14.5	11.9	21.115	8.8	7.0
4	固特异/美国	200.859	12.760	-0.9	6.4	7.640		3.8
5	住友橡胶/日本	71.633	0.938	-71.6	1.3			
6	倍耐力/意大利	59.565	10.282	19.9	14.8	4.584	35.5	6.6
7	韩泰轮胎/韩国	65.051	9.622	—	14.8	5.469	18.7	8.4
8	中策橡胶/中国	47.975	—	—	—	—	—	—
9	优科豪马/日本	57.449	5.088	16.7	8.8			
10	特瑞堡/瑞典	13.123	1.739	45.6	13.3	—	—	—
11	正新橡胶/中国台湾	36.769	2.240	-11.8	6.1	1.592	-16.6	4.9
12	东洋轮胎/日本	34.714	5.017	12.5	15.6			
13	赛轮轮胎/中国	32.936	2.350	13.3	7.1	—	—	—
14	阿波罗轮胎/印度	30.748	1.819	154.1	5.9	1.333	53.0	4.3
15	MRF公司/印度	28.780	1.426	27.3	5.0	1.040	26.1	3.6
16	锦湖轮胎/韩国	27.580	2.190	—	7.9			
17	耐克森轮胎/韩国	23.279	-0.024	—	—	1.370		1.2
18	诺记轮胎/芬兰	18.695	2.337	-31.9	12.5	-1.842		
19	帝坦国际/美国	21.694	2.530	87.4	11.7	1.400	185.7	6.5
20	JK轮胎/印度	18.714	1.700	21.0	9.1	0.336	30.8	1.8
21	西亚特轮胎/印度	14.199	1.235	-27.5	8.7	0.237	161.5	1.7
22	佳通轮胎/新加坡	11.382	1.678	10.2	14.7	-0.126	—	—

续表

序号	企业名称	销售额	营业利润	同比/%	占销售额比重/%	净利润	同比/%	占销售额比重/%
23	Balkrishna 工业/印度	12.505	1.850	−25.8	14.8	1.375	−23.5	11.0
24	普利司通-萨巴奇/土耳其	8.570	1.780	7.0	17.0	1.210	8.0	14.1
25	Barez 工业/伊朗	3.400	0.061	—	1.8	0.033	—	1.0
26	南港轮胎/中国	2.486	−0.137	−50.8	—	−0.344	400.0	—
27	南方橡胶/越南	2.376	0.043	57.7	1.8	0.045	−35.1	2.0

（1）营业利润

从表9.2可以看出，申报利润的27家轮胎企业平均营业利润率17.5%，增加8.1个百分点。在营业利润可比较的22家公司中，15家增长，7家下降。

营业利润增长幅度较大的企业有阿波罗轮胎、帝坦国际、南方橡胶，增幅都在50%以上。

下降幅度较大的企业有住友橡胶、诺记轮胎、西亚特轮胎、Balkrishna 工业、南港轮胎，下降幅度在20%以上。

大陆马牌、普利司通-萨巴奇、东洋轮胎营业利润率居前3位，分别是18.9%、17.0%及15.6%。

营业利润亏损企业共2家，分别是南港轮胎、耐克森轮胎。

（2）净利润

可比较净利润的13家企业中，10家增长，3家下降。按净利润率排名，普利司通-萨巴奇、Balkrishna 工业、韩泰轮胎，分别以14.1%、11.0%及8.4%居前3。

行业平均员工销售额为22.34万美元，增长3.4%。诺记轮胎以人均37.79万美元列榜首，第2名是Balkrishna 工业（36.00万美元），第3名是东洋轮胎（35.81万美元）。

（3）2023年上半年利润情况

从最近陆续公布的半年报看，主要轮胎制造商营业利润及净利润继续呈现增长态势。

米其林营业利润达17亿欧元，增长11.4%。普利司通净利润为1826.43亿日元，增长96.5%。倍耐力税前利润为2.42亿欧元，增长4.1%。住友橡胶营业利润97.59亿日元，增长27.4%。韩泰轮胎营业利润为2482亿韩元，增长41.6%。锦湖轮胎归母净利润430.4亿韩元，扭亏为盈。

我国轮胎企业利润也以增长为主。中策橡胶上半年净利润达16.25亿元，增长106.9%。贵州轮胎净利润3.4亿元，增长112.02%。维持对2023年全球轮胎行业利润水平继续向好的判断。

4. 市场信心提高，投资大增

2022年主要轮胎制造商投资费用情况见表9.3。

在接受轮胎投资费用调查的22家制造商中，投资额占销售额比例平均为6.8%，比上年增加0.3个百分点。在可比较投资费用的20家轮胎企业中，16家增长，4家下降。20家轮胎企业总投资额为106.88亿美元，增长16.8%，创近年新高。

按2022年度财务预算资本支出额排名，普利司通、米其林、固特异居前3位。按投资费用同期变化，耐克森、优科豪马、赛轮轮胎居前3位，增长幅度分别是117.4%、41.5%及38.8%。按资本支出/销售额排名，Balkrishna 工业、赛轮轮胎、锦湖轮胎，分别以29.5%、16.4%、10.6%居前3位。

2022年主要轮胎制造商研发费用情况见表9.4。

表9.3 2022年主要轮胎制造商投资费用情况　　　　单位：百万美元

序号	企业名称	2022年投资费用	同比/%	占销售额比重/%
1	普利司通/日本	2415.1	21.00	7.70
2	米其林/法国	2208.2	23.50	7.30
3	固特异/美国	1061.0	8.20	5.30
4	大陆马牌/德国	869.8	30.80	5.80
5	住友橡胶/日本	533.3	35.60	7.40
6	赛轮轮胎/中国	541.0	38.80	16.40
7	倍耐力/意大利	418.2	15.10	6.00
8	优科豪马/日本	418.1	41.50	6.40
9	Balkrishna工业/印度	368.2	—	29.50
10	东洋轮胎/日本	360.3	25.20	9.50
11	韩泰轮胎/韩国	296.2	6.00	4.70
12	锦湖轮胎/韩国	292.2	—	10.60
13	耐克森轮胎/韩国	220.9	117.40	9.50
14	诺记轮胎/芬兰	136.7	−20.20	8.60
15	MRF/印度	127.5	33.00	4.40
16	正新橡胶/中国台湾	123.6	−33.30	3.40
17	阿波罗/印度	98.8	−58.00	3.20
18	JK轮胎/印度	56.2	28.20	3.00
19	普利司通-萨巴奇/土耳其	52.0	23.80	6.20
20	帝坦国际/美国	46.9	21.00	2.20
21	特瑞堡/瑞典	43.8	24.90	3.30
22	南方橡胶/越南	0.2	−63.00	0.10

表9.4 2022年主要轮胎制造商研发费用情况　　　　单位：百万美元

序号	企业名称	2022年研发费用	同比/%	占销售额比重/%
1	普利司通/日本	854.5	17.50	2.70
2	米其林/法国	734.0	2.30	2.40
3	固特异/美国	501.0	5.90	2.50
4	大陆马牌/德国	336.3	8.80	2.30
5	倍耐力/意大利	277.5	9.80	4.00
6	住友橡胶/日本	207.6	−0.70	2.50
7	正新橡胶/中国台湾	150.8	−7.50	4.10

续表

序号	企业名称	2022年研发费用	同比/%	占销售额比重/%
8	韩泰轮胎/韩国	146.2	5.00	2.20
9	优科豪马/日本	121.9	4.60	1.90
10	赛轮轮胎/中国	93.4	29.20	2.80
11	东洋轮胎/日本	86.2	1.40	2.30
12	锦湖轮胎/韩国	81.0	4.90	3.60
13	耐克森轮胎/韩国	70.1	6.00	3.00
14	阿波罗/印度	49.8	-4.20	1.60
15	诺记轮胎/芬兰	31.2	-7.20	1.70
16	西亚特轮胎/印度	20.9	37.30	1.50
17	帝坦国际/美国	10.4	3.00	0.50
18	Balkrishna工业/印度	3.0	——	0.90
19	南方橡胶/越南	0.1	-8.00	0.10

行业平均研发费用/销售额为3.5%，比上年度减少0.3个百分点。在可比较研发费用的18家轮胎企业中，13家增长，5家下降。18家轮胎企业总研发费用为37.759亿美元，增长6.2%。

按2022年度研发费用支出额排名，普利司通、米其林、固特异研发费用居前3名。按研发费用/销售额排名，正新橡胶、倍耐力、锦湖轮胎分别以4.1%、4%及3.6%居前3位。

《轮胎商业》对2022年8月以来全球主要轮胎企业发布的轮胎项目信息统计，投资额总计达65亿美元，比上年度同一周期增加20亿美元。轮胎投资费用大增，说明全球轮胎行业对后期发展看好，投资信心提高。

多年来，轮胎投资绝大部分集中在亚洲。本年度，传统的轮胎产地北美及欧洲地区，被重新看好。公布的投资费用，40%在北美、15%在欧洲。

投资额最大的项目，是韩泰轮胎在美国投资16亿美元，扩建田纳西州Clarksville工厂，使其乘用胎及轻卡胎年产能达到1000万套，载重胎产能达到100万套。普利司通宣布，未来5年投资20多亿美元，对旗下20多个轮胎厂进行扩建和升级，涉及北美、亚洲和欧洲等生产基地。风神轮胎投资8500万美元，增加8万套巨型工程胎及特种工程胎。

Balkrishna工业投资4500万美元，提高印度Waluj工厂生产能力。西亚特轮胎投资4500万美元，将印度Ambarnath工厂生产能力提升10%。

固特异投资1.25亿美元，扩建升级美国堪萨斯州Topka工厂载重及工程胎产能；并投资2亿美元，提高中国昆山工厂乘用胎生产能力。

米其林投资3.25亿美元，扩大美国及加拿大轮胎工厂产能。耐克森轮胎投资3.22亿美元，将捷克工厂生产能力翻番。诺记轮胎投资9亿美元，在罗马尼亚建设年产能700万套乘用胎及轻卡胎工厂；另投资1.74亿美元，将美国田纳西州Dayton工厂轮胎产能翻番。

住友橡胶投资2.13亿美元，将巴西工厂产能提升28%。Petlas轮胎工业投资3.6亿美元，将土耳其Kirsehir乘用胎及轻卡胎产能提升42%。倍耐力投资1.13亿美元，将墨西哥大轮辋轮胎年产能提升至850万条。森麒麟轮胎投资2.97亿美元，在摩洛哥建设年产600万套乘用胎及轻卡胎工厂。

俄乌冲突导致轮胎企业纷纷关闭、停产或退出在俄轮胎生产，这一地区的轮胎投资彻底停滞。我国的轮胎投资，主要集中在工程胎领域。

目前，美联储不断加息和缩表，全球轮胎投资增加，资金流回北美及欧洲等传统产地。这些将对轮胎、橡胶机械等相关产业产生影响，值得关注。

（陈维芳）

二、2023年度世界橡胶机械30强排行榜

《欧洲橡胶杂志》（ERJ）日前发布了2023年度全球橡胶机械行业业绩报告。

报告称，2022年世界橡胶机械行业销售收入未能延续2021年的大幅反弹，出现滞涨。订单向头部企业集中明显，行业集中度提高，呈现强者愈强现象。世界橡胶机械排名变化较大，我国软控股份登顶。橡胶机械行业投资信心下降，市场压力加大，投资聚焦在产品的数字化、智能化升级。从目前订单及调研反馈看，预测世界橡胶机械行业2023年形势不乐观。

1. 排名变化较大，软控股份登顶

2023年度世界橡胶机械制造商排名按2022年销售收入排名。对比2022年度销售收入排名，2023年度世界橡胶机械制造商排名变化相对较大（见表9.5）。

表9.5 2023年度世界橡胶机械30强排行榜　　　　单位：百万美元

2023年排名	2022年排名	企业名称	2022年销售额	2021年销售额	2020年销售额	2019年销售额
1	2	软控股份/中国	469.9	464.4	373.3	271.0
2	1	VMI/荷兰	420.6	473.2	302.6	391.9
3	3	H-F公司/德国	366.8	313.5	368.9	454.6
4	4	萨驰集团/中国	258.3	246.2	189.4	146.0
5	6	大连橡塑机械/中国	161.7	172.9	173.4	106.2
6	9	特罗埃斯特/德国	149.3	125.0	118.2	151.2
7	5	神户制钢/日本	143.8	200.0	200.0	206.0
8	16	拉森特博洛/印度	130.0	61.0	41.0	75.0
9	8	中国化学桂林工程公司/中国	119.7	130.1	79.5	60.6
10	10	LWB/德国	116.7	124.2	119.6	151.2
11	13	Pelmar 工程/以色列	83.3	93.5	68.5	71.7
12	14	科美利奥-埃科利/意大利	73.7	78.5	70.0	79.0
13	19	马普兰/澳大利亚	70.0	53.2	—	—
14	11	天津赛象科技/中国	68.9	104.2	71.6	85.1
15	15	益阳橡塑机械/中国	58.2	65.5	52.6	42.6
16	21	桂林橡胶机械/中国	59.6	49.7	46.3	52.3
17	17	Uzer Makina公司/土耳其	59.3	59.2	68.5	70.6
18		赫伯特轮胎工装公司/德国	52.9	49.3	45.5	

续表

2023年排名	2022年排名	企业名称	2022年销售额	2021年销售额	2020年销售额	2019年销售额
19	12	三菱重工/日本	50.0	100.0	110.0	160.0
20	20	福建天华智能装备/中国	49.8	51.9	45.4	34.3
21	25	鲁道夫-科美利奥/意大利	49.4	35.5	49.0	55.4
22	24	弗伦茨油压机械公司/美国	45.0	39.0	34.0	33.0
23	22	大连第二橡塑机械/中国	44.5	48.6	49.7	50.0
24	—	华澳轮胎设备/中国	40.5	39.5		
25	23	青岛海琅特种装备/中国	40.2	48.0	45.2	68.4
26	18	北京万向新元科技/中国	36.8	59.1	70.5	44.9
27	—	无锡双象橡塑机械/中国	35.0	19.4		
28	26	马轮固力/意大利	31.6	35.5	45.7	43.7
29	29	Leonhard Breitenbach有限公司/德国	22.1	24.8	—	—
30	30	绍兴精诚橡塑机械/中国	18.6	22.8	18.9	14.2
		总计	3320.2	3381.7	2964.9	3080.0

（1）前三名彻底换位，头把交椅4年四易其主

软控股份销售收入同比（下同）增长1.2%，以4.69亿美元登顶世界橡机首席。荷兰VMI公司销售收入下降11.1%，以4.206亿美元居第2位。德国H-F公司销售收入增长17%，以3.668亿美元列第三。前三名的位置相对前几年彻底换位，四年冠军四易其主。

（2）中国企业前10强中占4席，前30强中占14席

萨驰集团保持上一年度的第4位。大连橡塑机械前进1位列第5位。德国特罗埃斯特前进3位列第6位。日本神户制钢落后2位至第7位。印度拉森特博洛大幅提升8位列第8位，这是印度企业首次跻身前10强。中国化学桂林工程公司、德国LWB分列第9、10位。

在橡机企业前10强中，中国军团占4席，其后依次是德国3家，日本、荷兰、印度各1家。

在橡机企业前30强中，中国企业占14家，德国5家、日本2家、意大利3家，荷兰、澳大利亚、以色列、土耳其、美国及印度各1家。

（3）排名企业3进3出

新进入排名的企业有3家，分别是德国赫伯特轮胎工装公司、中国华澳轮胎设备及中国无锡双象橡塑机械。

退出排名的企业有3家，分别是德国克劳斯玛菲挤出、中国中昊力创机电设备、芬兰Cimcorp。

2. 业绩整体滞涨，行业集中度提高

（1）业绩滞涨，增幅持平

受全球经济下滑和地缘政治冲突加剧，以及汇率变化的影响，2022年世界橡胶机械行业销售收入未能延续2021年销售收入两位数增长的趋势，总销售收入与上年基本持平，增长幅度仅为0.5%。

在前10强中，销售收入增长和下降的企业各5家。

在前30强中，销售收入增长的企业有12

家，另外18家下降。

按地区分，欧洲地区企业销售收入增长3%，中国企业销售收入下降3%，日本企业销售收入下降35.4%。

增长幅度较大的企业分别是印度拉森特博洛（113.1%）、无锡双象橡塑机械（101.1%）及意大利鲁道夫-科美利奥（39.2%）。

下降幅度较大的企业分别是日本三菱重工（-50%）、万向新元科技（-35.6%）及赛象科技（-33.9%）。

从产品来看，非轮胎橡胶机械板块的业绩增长好于轮胎机械板块。

（2）行业集中度提高

前3强销售收入占总销售收入的39.8%，同比增加0.8个百分点。前10强销售收入占总销售收入的70.3%，同比增加2.4个百分点。

行业集中度提高，强者愈强现象更明显，订单向龙头企业倾斜，向智能化、数字化系统解决方案提供商倾斜。

软控股份的发展就是一个成功的案例。作为全球"轮胎智能工厂整体解决方案"提供商，软控股份生产的核心装备能够覆盖轮胎生产的80%。近年来，软控股份先后荣获国家智能制造系统解决方案供应商、山东省智能制造标杆企业等荣誉称号，获批承建了山东省高端轮胎智能制造装备工程研究中心、山东省高端轮胎装备智能制造技术重点实验室等创新平台。2022年发布的MESIIC工业互联网平台，是全链条橡胶装备智能解决方案平台。其产品、流程、模块化设计及解决方案平台等，提高了产品质量和交货效率，促进其橡胶设备业务保持有机增长。

萨驰集团销售业务持续增长，连续两年保持在排行榜中的第4位，智能物流系统贡献了近一半的销售收入。

3. 产品数字化、智能化升级成为投资聚重点

ERJ设计了3个问题调查，涉及投资方向、区域发展、产品板块等内容。调查结果显示，橡机制造企业都普遍感受到了来自市场的压力，企业的投资意愿也出现了一定的下滑。

（1）区域发展快慢调查

最被看好的橡机发展地区首选是北美，比例从上年的48%上升至63%，二是西欧，比例从上年的44%上升至48%。中国下降幅度较大，从上年的40%下降至15%。印度继续下降，近三年从79%下降至56%再到44%。

（2）产品板块调查

在产品终端方面，轮胎板块的比例由72%下降至70%，通用橡胶制品板块的比例由40%下降至18%，工业零部件板块的比例由24%下降至18%，汽车板块的比例由16%增长至19%。

（3）投资方向调查

在投资方向上，未来一年内，计划扩大产能的企业比例从68%下降至56%，计划收购重组的企业比例从28%下降至8%，计划建设新厂的企业比例从12%下降至6%，只有计划升级改造的企业比例从4%上升至37%。

投资方向调查结果显示，数字均处于较低水平，表明橡机企业感受到市场压力，认为不确认性因素偏多。即便如此，还是有包括德国H-F、萨驰集团、意大利科美利奥、德国赫伯特轮胎工装公司、德国LWB、日本三菱重工、意大利马轮固力等在内的企业表示，将会在未来一年内扩产、收购或升级工厂。

其中，澳大利亚马普兰公司计划在印度开设子公司。意大利压延制造商鲁道夫-科美利奥提出将扩建工厂和扩建实验中心，主要聚焦在产品智能制造及数字化升级。

德国H-F在2022年引进以Bernd Pape博士为首的系统维护软件的团队，在一年内开发出了一个系统Xplore，并在2023年3月举办的德国汉诺威轮胎科技展上进行了展示。这个初级版本软件可以提前预测设备即将出现的问题，24小时实时监控机器运行状态，更少依靠工程师，将问题报告给远程终端。H-F集团打算寻求工厂合作，将软件推广到实际生产线。

2022年12月，橡胶挤出机和裁断机生产商德国费舍尔（Karl Eugen Fischer，KEF）公司收购了斯洛伐克的挤出、裁断专业制造商KTT，主要是看好其在挤出及裁断过程中的RFID芯片技术，这样可对设备及生产过程即时监控，并实现远程技术支撑和远程服务。

（陈维芳）

三、2023年度全球非轮胎橡胶制品50强排行榜

近日,《欧洲橡胶杂志》(ERJ)组织的2023年度全球非轮胎橡胶制品50强排行榜公布。全球非轮胎橡胶制品行业50强排名变化不大,1家新面孔加盟。销售收入未能延续反弹趋势,行业集中度继续下降。受原材料等成本上涨影响,预测未来盈利不容乐观。

(1) 排名变化不大,1家新面孔加盟

按惯例,2023年度全球非轮胎橡胶制品50强排行榜,按企业2022年与非轮胎橡胶制品有关的销售额排名,见表9.6。

排名前4位的企业为上一年的翻版。德国佛雷依登贝格以70.518亿美元列榜首、德国大陆马牌以62.159亿美元位居第2、法国哈钦森以46.27亿美元位列第3、美国派克-汉尼芬名列第4。

德国盖茨集团排名从2022年的第7位上升至第5位。日本NOK从第8位上升至第6位。排名第7~10位的企业分别是瑞典特瑞堡AB、日本住友瑞科公司、美国库珀标准汽车配件及日本普利司通。

排名第11~20位的企业分别是英国利洁时Benskiser集团、瑞士Holcim集团、中国安徽中鼎密封件、美国西部制药、美国卡莱尔伙伴、美国天纳克公司、澳大利亚安塞尔、奥地利森佩理特、美国新百伦运动鞋公司、中国株洲时代新材料。

瑞士Holcim集团作为唯一新面孔入主排名榜,居第12位,其于2021年8月收购了美国伊顿液压事业部。相应的,美国伊顿退出排行榜。

排名退步较大的企业是来自马来西亚的两家乳胶手套生产企业,速柏玛Supermax公司从19位下降至43位,顶级手套从第5位下降至24位,主要原因是疫情结束后,对手套等防护产品需求下降较大。

在50强中,美国企业占14家,为数量最多的国家。日本占13家,居其次。欧盟地区有16家企业,其中德国4家、瑞典3家、法国3家、瑞士2家、意大利2家、奥地利1家、丹麦1家。进入排行榜的其他企业,马来西亚有2家,澳大利亚有1家,韩国有1家,英国有1家。50强中,中国企业有2家,分别为安徽中鼎密封件公司及株洲时代新材公司,分列第13位、第20位。

(2) 销售额未能延续反弹,集中度继续下降

非轮胎橡胶制品行业整体未能延续上年的大幅反弹。全行业销售额为838.31亿美元,与2021年的836.6亿美元基本持平。各地区发展不平衡,欧洲地区增长(同比,下同)6.6%达到351亿美元、北美地区增长6.8%达到238.6亿美元、日本下降7.8%至157.7亿美元,而上年度,欧洲、北美及亚洲地区增长幅度分别是10.6%、16.2%及10.1%。

前10强销售额为395.33亿美元,下降4.0%,占总量的47.13%,相对上年度减少2.07个百分点。前3强销售收入为178.95亿美元,占总量的21.3%,相对上年度减少0.9个百分点。行业集中度继续呈下降趋势。

在50强中,49家提供了可比较数字,有30家为正增长,19家下降。在前10强中,3家为负增长,7家为正增长。

增长幅度较大的主要有丹麦丹佛斯集团、韩国HS研究股份公司及奥地利森佩理特,增幅分别为216.16%、30.38%及30.24%。

表9.6 2023年度全球非轮胎橡胶制品50强排名　　　　　　　　　　　单位：亿美元

2023年排名	2022年排名	企业名称/总部所在地	2022年销售额	2021年销售额	2022年利润	2022年利润率
1	1	佛雷依登贝格/德国	70.518	71.200	−3.667	−3.10%
2	2	大陆马牌/德国	62.159	60.000	1.067	0.30%
3	3	哈钦森/法国	46.270	46.100	—	—
4	4	派克-汉尼芬/美国	44.414	40.172	13.160	8.30%
5	7	盖茨集团/美国	35.540	34.744	2.429	6.80%
6	8	NOK/日本	30.602	30.620	2.022	3.70%
7	9	特瑞堡AB/瑞典	29.768	27.700	5.200	17.50%
8	6	住友瑞科公司/日本	28.586	38.590	−0.099	−0.30%
9	11	库珀标准汽车配件/美国	23.991	22.137	−2.150	−8.50%
10	12	普利司通/日本	23.475	22.000	36.715	11.70%
11	10	利洁时Benskiser集团/英国	23.111	23.650	42.300	23.80%
12	—	Holcim集团/瑞士	22.000	—	36.942	12.10%
13	16	安徽中鼎密封件/中国	21.822	18.985	—	—
14	13	西部制药/美国	20.208	19.817	6.500	22.50%
15	15	卡莱尔伙伴/美国	19.400	19.200	10.009	15.20%
16	18	天纳克公司/美国	19.000	18.000	0.350	0.20%
17	14	安塞尔/澳大利亚	18.548	19.250	1.757	9.00%
18	22	森佩理特/奥地利	18.200	13.974	−0.059	−0.30%
19	21	新百伦运动鞋公司/美国	17.649	14.650	—	—
20	17	株洲时代新材料/中国	16.910	18.633	0.537	—
21	24	HS研究股份公司/韩国	15.955	12.237	0.027	0.20%
22	20	丰田合成/日本	14.498	15.120	1.603	2.20%
23	50	丹佛斯集团/丹麦	13.500	4.270	7.182	6.70%
24	5	顶级手套/马来西亚	12.683	39.189	0.641	5.10%
25	25	德特威勒持股/瑞士	12.100	10.449	1.434	11.80%
26	26	米其林/法国	10.823	10.250	21.125	7.00%
27	29	戴纳/美国	10.156	8.900	−3.110	−3.10%
28	23	住友橡胶工业/日本	10.124	12.840	1.670	2.00%
29	28	岱高产品公司/美国	9.900	9.000	—	—
30	27	汉宁汽车配件/美国	9.699	9.105	—	400%
31	32	沃尔弗林集团/美国	8.860	7.950	−1.883	−7.00%

续表

2023年排名	2022年排名	企业名称/总部所在地	2022年销售额	2021年销售额	2022年利润	2022年利润率
32	34	优科豪马橡胶/日本	8.520	7.650	3.497	5.30%
33	33	切迟-杜威公司/美国	8.063	7.750	8.961	16.70%
34	36	CQLT 萨固密技术/德国	7.750	7.500	—	—
35	35	SFK/瑞典	7.659	7.620	4.796	5.00%
36	30	阪东化学/日本	7.496	8.111	0.439	5.60%
37	37	西川橡胶工业/日本	7.102	6.950	0.161	2.20%
38	39	Acushnet 控股集团/美国	6.786	6.670	1.992	8.80%
39	38	爱尔铃克铃尔公司/德国	6.619	6.720	-0.950	-5.00%
40	40	富国/日本	6.269	6.512	-0.163	2.60%
41	42	山下橡胶/日本	6.000	5.975	-0.247	4.10%
42	45	阿尔法戈玛集团/意大利	5.950	5.174	—	—
43	19	速柏玛 Supermax 公司/马来西亚	5.912	17.159	0.233	3.90%
44	41	三星胶带/日本	5.676	6.065	0.797	12.60%
45	47	玛努利橡胶工业/意大利	5.441	5.000	0.414	5.20%
46	46	派克俄亥俄州工业公司/美国	4.927	5.050	-0.142	-1.00%
47	43	新田/日本	4.887	5.338	0.349	7.10%
48	48	Akwel 公司/法国	4.687	4.905	0.268	2.60%
49	44	日轮股份/日本	4.464	5.306	1.005	15.80%
50	49	Forbo 集团/瑞典	4.194	4.400	—	—
		合计	838.871	836.570		

下降幅度最大的是马来西亚顶级手套、马来西亚速柏玛 Supermax 公司及日本住友瑞科公司，下降幅度分别为 67.64%、65.55% 及 25.92%。

全球"20 亿美元俱乐部"由 12 家增加至 14 家，"10 亿美元俱乐部"由 26 家增加至 28 家。

（3）成本上涨，利润并不乐观

尽管非轮胎橡胶制品行业销售额持平，但持续增长的能源、材料及劳动力成本，使盈利不理想，2023 年仍持续利润下降走势。从全行业 2022 年利润及利润率看，利润下降、利润率下降的企业占多数。从主要企业一季度表现及 2023 年预测来看，世界非轮胎橡胶制品行业销售收入及利润指标不容乐观。

佛雷依登贝格首席执行官 Mohsn Solo 博士指出，在当前艰难的市场环境下，营业利润在 2021 年增长 17% 的基础上，2022 年又增长了 7%，实在难得。公司克服俄乌冲突导致的供应链破坏、高通货膨胀、能源及原材料缺乏等困难，经营保持盈利，保证了对研发、设备设施及工艺等投资，2022 年研发费用投资增长

15%。他预测2023年经济及政策不确定性依然存在，能源供应、原材料瓶颈、通货膨胀严重、交货延缓及劳动力缺乏等情况仍然严峻，给公司利润造成空前压力。

德国大陆马牌2022年销售收入增长11.5%，但营业利润下降42%，主要原因是重要原材料价格、能源及物流费用大幅上涨。但公司2023年一季度数据有所改观，销售收入增长10%，营业利润增长31%。对于2023年趋势，公司认为受材料、人工及能源等费用上涨的影响，盈利不乐观。

瑞典特瑞堡AB公司2022年销售收入及利润分别增长27%和30%，受费用上升影响，2023年一季度利润率从17.3%降至16.2%。该公司已注意到建筑及部分工业市场需求明显萎缩，不可能再保持前些年快速增长趋势，将进入平稳增长阶段。

瑞士德特威勒持股2022年销售收入增长21%，但利润下降7%，其销售收入增长主要来自于美国及中国收购贡献及产品价格上涨，利润下降主要是原材料价格上涨、收购重组费用计入及乌克兰子公司临时关闭。

乳胶手套制品企业——马来西亚顶级手套及速柏玛Supermax公司2021年相对抢眼，2022年完全相反。2023年随着中国等国家放开对新冠肺炎疫情的管控，市场需求及产能过剩矛盾更为突出。顶级手套已经停止数条落后生产线的生产，并对全球49个工厂中的17个减产，年产能减少50亿只。该公司2023年一季度已处于较严重的亏损状态。

（陈维芳）

广告索引

封底	首佳科技制造有限公司	前彩36、37	桂林橡胶设计院有限公司
封二	山东昌丰轮胎有限公司	前彩38、39	上海诺甲仪器仪表有限公司
封三	山西安仑化工有限公司	前彩40、41	绿春同鑫橡胶有限公司
前彩1	上海崮德智能科技有限公司	前彩42	索尔维投资有限公司
前彩2、3	雄鹰轮胎集团有限公司	前彩43	龙星化工股份有限公司
前彩4、5	佳通轮胎（中国）投资有限公司	前彩44	青岛福诺化工科技有限公司
前彩6、7	东营市方兴橡胶有限责任公司	前彩45	住友橡胶（中国）有限公司
前彩8～11	海南天然橡胶产业集团股份有限公司	前彩46	通伊欧轮胎（上海）贸易有限公司
		前彩47	青岛双星营销有限公司
前彩12、13	中天钢铁集团（淮安）新材料有限公司	前彩48	山东华盛橡胶有限公司
		前彩49	浦林成山（山东）轮胎有限公司
前彩14、15	浙江尤夫科技工业有限公司	前彩50	天津市万达轮胎集团有限公司
前彩16、17	贵州轮胎股份有限公司	前彩51	海安橡胶集团股份公司
前彩18、19	圣奥化学科技有限公司	前彩52	山东新大陆橡胶科技有限公司
前彩20、21	山东尚舜化工有限公司	前彩53	中国化工集团曙光橡胶工业研究设计院有限公司
前彩22、23	科迈化工股份有限公司		
前彩24、25	中国石化集团南京化学工业有限公司	前彩54	山东永誉橡胶有限公司
		前彩55	新东岳集团有限公司
前彩26、27	鹤壁市恒力橡塑股份有限公司	前彩56	浙江数通实业有限公司
前彩28、29	江阴海达橡塑股份有限公司	前彩57	江苏杰特机电科技有限公司
前彩30、31	克林泰尔环保科技有限公司	前彩58	揭阳市天阳模具有限公司
前彩32、33	陕西科隆新材料科技股份有限公司	前彩59	山东大业股份有限公司
		前彩60	江苏三瑞生物技术有限公司
前彩34、35	成都盛帮密封件股份有限公司	前彩61	青岛海燕化工有限公司

广告索引

前彩62	汤阴永新化学有限责任公司	后彩14	温州天文轮胎有限公司
前彩63	无锡宝通科技股份有限公司	后彩15	江苏安琪尔废气净化有限公司
前彩64	三维控股集团股份有限公司	后彩16	星天外化学（上海）有限公司
前彩65	元创科技股份有限公司	后彩17	东营万和化工有限公司
前彩66	浙江百花胶带有限公司	后彩18	江西黑猫炭黑股份有限公司
前彩67	安徽华烨特种材料有限公司	后彩19	丰城黑豹炭黑有限公司
前彩68	保定华月胶带有限公司	后彩20	江苏飞亚化学工业集团股份有限公司
前彩69	福建省信明橡塑有限公司	后彩21	山东斯递尔化工科技有限公司
前彩70	北京华腾橡塑乳胶制品有限公司	后彩22	江苏国立化工科技有限公司
前彩71	建新赵氏科技股份有限公司	后彩23	无锡市佳盛高新改性材料有限公司
前彩72	山东美晨工业集团有限公司	后彩24	巨路国际贸易（上海）有限公司
前彩73	浙江峻和科技股份有限公司	后彩25	南通回力橡胶有限公司
前彩74	京东橡胶有限公司	后彩26	湖北华宁防腐技术股份有限公司
前彩75	青岛龙源佰宏机械设备有限公司	后彩27	际华橡胶工业有限公司
前彩76	中国石油天然气股份有限公司兰州化工研究中心	后彩28	上海回力鞋业有限公司
		后彩29	马鞍山宏力橡胶制品有限公司
前彩77	《中国橡胶》杂志社	后彩30	河北华密橡胶科技股份有限公司
前彩78	物产中大欧泰有限公司	后彩31	成都道弘氟橡胶有限公司
后彩1	可丹卡商务咨询（上海）有限公司	后彩32	天津德高化新材料股份有限公司
后彩2、3	山东丰源轮胎有限公司	后彩33	西双版纳路博橡胶有限公司
后彩4、5	中汽研汽车试验场股份有限公司	后彩34	云南滇源橡胶科技有限公司
后彩6	彤程新材料集团股份有限公司	后彩35	安徽鼎联高分子材料科技有限公司
后彩7	大陆马牌轮胎（中国）有限公司	后彩36	杭州崇科新材料有限公司
后彩8	建泰橡胶（深圳）有限公司	后彩37	稳健（桂林）乳胶用品有限公司
后彩9	海阳科技股份有限公司	后彩38	浙江佳德包装机械有限公司
后彩10	万力轮胎股份有限公司	后彩39	无锡万丰橡胶厂
后彩11	青岛森麒麟轮胎股份有限公司	后彩40	平湖伟恒机械有限责任公司
后彩12	潍坊市跃龙橡胶有限公司	后彩41	内蒙古北通橡塑机械有限公司
后彩13	青岛建新联合橡胶科技有限公司	后彩42	无锡君帆科技有限公司

后彩 43	福建建阳龙翔科技开发有限公司	后彩 49	吴江丰越工业用布有限公司
后彩 44	上海永利带业股份有限公司	后彩 50	南通泰仓科技新材料有限公司
后彩 45	青岛环球输送带有限公司	后彩 51	济宁齐鲁检测技术有限公司
后彩 46	中南橡胶集团有限责任公司	后彩 52	宁波世峻汽配科技有限公司
后彩 47	盱眙华成工业用布有限公司	后彩 53	山东圣泉新材料股份有限公司
后彩 48	江苏锦竹工业用布有限公司	后彩 54	天津鹏翎集团股份有限公司

CORDENKA®

可丹卡是全球工业人造丝的领导者
CORDENKA is the world's leading producer of industrial rayon

可丹卡是全球知名优质工业人造丝生产商，以CORDENKA®品牌在世界范围内销售。总部位于德国奥伯恩堡，3家工厂分别位于德国奥伯恩堡和穆尔豪森以及波兰戈茹夫。目前国内有2个销售办公室，分别位于上海和青岛。

CORDENKA is the biggest leading producer of premium quality industrial rayon, marketed worldwide under the brand named CORDENKA®. Headquarter is located in Obernburg Germany, and three factories are in Obernburg and Mühlhausen, Germany as well as Gorzow, Poland. Currently, two offices are set in Shanghai and Qingdao, China.

高品质来自于一种可持续的原材料，100%来自于木材中提取的纤维素
High quality products from a sustainable raw material, 100% cellulose derived from wood

可丹卡人造丝产品应用

高性能（超高性能）轮胎的增强材料
- 浸胶人造丝帘子布

橡胶制品的增强材料
- 制动软管
- 冷却软管
- 皮带

塑料的增强材料
- PP人造丝加强改性塑料
- PLA人造丝加强改性可降解材料
- PBAT人造丝加强改性可降解材料

Cordenka® Rayon Product Application

Reinforcement of (ultra) high performance tires
- Dipped Rayon Cord Fabric

Reinforcement of mechanical rubber goods
- Brake Hose
- Coolant Hose
- Belt

Plastic Reinforcement
- PP-Rayon
- PLA-Rayon
- PBAT-Rayon

产品属性
- 高强度和断裂力
- 良好的抗溶剂化学稳定性
- 在相关温度范围内（-40℃~125℃）的稳定性
- 由于分子链中的羟基所以与橡胶间有着优异的附着力
- 高模量和刚度
- 生物基可持续材料

Product Properties
- High Tenacity and Breaking Force
- Good Chemical Stability Against Common Solvents
- Thermostable in the Relevant Temperature range (-40℃~125℃)
- Excellent Adhesion to Rubber Thanks to the Hydroxyl Groups
- High Modulus and Stiffness
- Bio-based Sustainable Materials

可丹卡商务咨询（上海）有限公司
CORDENKA Shanghai Consultant Co.,Ltd

可丹卡(青岛)新材料有限公司
CORDENKA Qingdao New Materials Co., Ltd

联系人/ Contact person: Ricky Chen   电　话/ Tel:021-23560421   邮　箱/ ricky.chen@cordenka.cn

山东丰源轮胎制造股份有限公司

位于山东省枣庄市峄城经济开发区，由山东能源（世界500强）权属企业枣矿集团控股，是一家集半钢子午线轮胎研发、制造、销售于一体的现代化大型企业。项目规划年产半钢子午线轮胎2000万条，现已完成1000万条工程建设，公司占地528亩，总建筑面积25.8万平方米，现有员工1400余名。

公司在装备、技术、产品上定位高端，配置了荷兰VMI一次法成型机、意大利钢丝压延机、德国特勒斯特四复合、韩国东河硫化机等世界一流半钢轮胎设备，建成了国际先进的低温一次法炼胶车间和国内先进水平的智能仓储配送中心，应用MES、ERP、SAP等信息管理系统，公司装备能力、"两化"水平居于行业前列，被评为国家"两化"融合贯标企业、山东省"两化"融合优秀企业、枣庄市"两化"融合示范企业。

公司注重技术创新，建成国家认可实验室和省级研发中心，拥有自主知识产权140余件，参与编制国家行业标准19项，自主研发水平居于行业前列。公司主营远路、福瑞驰、驿达3个品牌，产品包括HP、UHP、C型轻卡、SUV等六大类23个系列1100余个规格，产品性能达到欧盟标签法三阶段高标准，取得IATF16949:2016、ISO14001:2015、ISO45001:2018、ISO/IEC17025等体系证书，通过了美国DOT、欧洲ECE、海湾GCC、巴西INMETRO、中国CCC、沙特SASO等20余项认证，营销网络遍布国内31省市，订单销往全球120个国家和地区。

公司"远路"品牌被山东省评定为重点培育的国际自主品牌、中国雪地胎十大品牌、山东省著名商标，产品通过国家军用质量管理体系认证，并作为北汽勇士越野车的供货商，参加了国庆70周年阅兵，圆满完成了勤务保障任务，获得战略支援部队"精心服务、保障一流"的荣誉牌匾，彰显民族品牌的良好形象。

近年来，公司抢抓改革机遇，坚持品牌战略，打造发展优势，成功在"新三板"挂牌，被评为国家高新技术企业、国家知识产权优势企业、枣庄市龙头骨干企业，连续多年跻身全球轮胎75强。

国内销售热线：400-1632-019
国际销售热线：0532-55576767
山东省枣庄市峄城区经济开发区南环路1号

中汽研汽车试验场股份有限公司

中汽研汽车试验场股份有限公司（股票代码：301215，股票简称：中汽股份）由中国汽车技术研究中心有限公司（CATARC）投资控股，于2011年12月31日开工建设，2015年11月建成并正式运营。2022年3月8日在深交所创业板挂牌上市。

中汽股份是一家专业从事汽车试验场投资、建设、运营、管理的技术服务企业，总投资约35亿元，占地面积约9500亩，试验道路里程总长超过100公里，是目前亚洲地区测试功能齐全、技术指标先进的第三方汽车试验场。能够全面满足乘用车、商用车、智能网联汽车、底盘零部件系统、汽车检测机构的法规测试和研发验证测试需求，以"专业、高效、安全、保密"为工作质量方针，为客户提供一站式的场地试验技术服务。

已获得资质

国家高新技术企业；

工业和信息化部认可的汽车新产品公告测试场地；

交通运输部认可的营运车辆油耗及安全测试场地；

欧盟认证的轮胎噪声和湿抓地测试场地；

国家认可实验室（CNAS L9272）；

国家技术标准创新基地(汽车)盐城分基地(智能网联汽车测试场景标准验证创新中心)秘书处单位；

中国汽车工程学会汽车可靠性技术分会秘书处单位；

中国橡胶工业协会橡胶测试专业委员会副理事长单位；

中国汽车工业协会汽车试验场分会理事单位。

道路介绍

T2 直线性能路

总长6300m，直线段长2500m，双向4车道，中部6车道，中间多用途广场100m×200m，可进行各种基本性能测试。

T3 通过噪声路

总长1250m，宽6m，可双向加速，技术指标符合ISO10844:2014国际标准要求，可执行整车及轮胎噪声测试。

T4 直线制动路

总长1400m,低附着测试区250m,宽93米，设置6种不同附着系数的铺装路面，可执行整车法规测试、制动系统开发测试、轮胎法规及开发测试等试验。

"智"领未来 "试"在必行   中汽试验场

T5 动态广场
广场直径300m，中心加速车道900m，中间梯形区长450m，宽度20m-100m，可执行操稳试验、ADAS测试、产品演示、驾驶员培训等。

T6 舒适性路
共8条测试道，每条测试区长650m，测试路面总长5200m，包括搓板路、井盖路、短波路、铺石路、粗糙沥青、光滑沥青等16种路面。

T7 高速环路
总长7800m，4车道，直线段长1300m，最高平衡车速240km/h。可执行车辆加速性能、油耗、耐久性等试验。

T8 强化耐久路
由10条长800m的测试道路组成，每条测试道宽8m，特征路面类型60余种，外围还有一条2100m的砂石路。可执行悬架、车身等结构强化耐久试验。

T9 标准坡道
设有从3%-40%共10种坡度，以及一条10%盘山路，其中3%、5%、7%、10%、15%、20%的坡道上设有低附着系数路面，可执行爬坡性能、牵引力控制和耐久试验。

T10 干操控路
总长2150m，宽10-16m，同时具备车辆操控测试和赛道功能，可执行车辆底盘调校、轮胎开发、极限操控、驾驶培训等功能。

T11 湿圆环
直径120m，由4种不同摩擦系数的同心圆环路面组成，可进行车辆转向特性和轮胎侧向抓地性能测试。

T12 湿操控
总长1875m，宽7m，全路段喷水，可模拟车辆在雨天或轮胎在湿滑路面上的性能，同时具备轮胎侧向水漂试验功能。

T13 综合性能路
共有3个环道，总长9300m，宽7m，设有各种特殊铺装测试路面25种，可执行车辆综合耐久试验。

A 综合服务区
设有办公楼、宾馆、运动场、停车场、公共检修车间、客户保密停车库、VIP客户试验准备车间、各类实验室。

B 能源区和监控塔
有加油站、快速充电站、加载车间、全自动洗车机、45米高的监控塔和场地内客户休息区。

长三角（盐城）智能网联汽车试验场（在建）
长三角(盐城)智能网联汽车试验场建设内容包括智能网联多功能柔性测试广场、智能网联高架路立交桥、智能网联街区模拟道路、智能网联汽车测试隧道箱涵等7条专业测试试验道路，项目同时配套建设3万余平方米的智能网联研发数据中心及实验室。

海阳科技股份有限公司

创建于1970年，地处江苏省泰州市，系由中石化国有下属企业改制设立的民营科技企业。下设江苏海阳锦纶新材料有限公司等6家子公司和控股公司，总占地面积526亩，员工总数1600多人，2022年实现销售收入60亿元。

海阳科技以50多年帘子布生产的专注积累，完成了产品转型、装备升级、智能改造，现拥有省级聚酰胺工程技术中心、锦纶产品研发平台，尼龙6切片聚合年产能35万吨；锦纶6、锦纶66、涤纶浸胶帘子布年产能11万吨。

客户的追求就是我们努力的方向。飞驰牌帘子布品种规格齐全、性能优良，总产量的60%以上出口并畅销至数十个国家和地区。

飞驰牌帘子布，让您的轮胎走得更远。

公司地址：江苏省泰州市海阳西路122号（海阳科技厂区）
　　　　　江苏省泰州市兴工路2号（同欣化纤厂区）
　　　　　江苏省泰州市高港区创汇路2号（锦纶新材料厂区）

电话：
总经理办公室：0523-86559771
帘子布销售：0523-86558227

传真：
0523-86558656
0523-86566183
邮政编码：225300

万力轮胎

万力EV/ET系列

致力于成为新能源汽车专用轮胎领跑者

- ET810
- SU306 EV
- D-690

☑ 更静音
☑ 更省油
☑ 更耐磨

万力轮胎股份有限公司
地址：广州市从化鳌头镇万力路3号
服务热线：400-8800-771

助力中国航空工业的先行者 |||

在"一带一路"大格局中，中国在互联互通基础设施建设方面不断加强国际合作，而中国航空工业亦迎来崭新的春天。2016年，森麒麟取得中国民航局颁发的重要改装设计批准书（MDA证书），实现了我国民用航空轮胎制造领域"零"的突破，标志着公司具备了航空轮胎设计、生产、销售资质，成为国际少数航空轮胎制造企业之一，为民用航空轮胎领域同时具备产品设计、研发、制造及销售能力的中国民营企业。成功开发适配于波音737系列、国产喷气客机ARJ21-700等多种机型的多规格产品，是中国商飞ARJ21的合格供应商。

森麒麟通过承担科技项目，系统的研究了民用航空轮胎的设计技术、材料技术、制造工艺、试验评价技术，为开展民用大飞机轮胎结构设计技术、关键材料应用、制造工艺、产品性能评价等方面提供了必要的技术支撑。2020年，森麒麟航空轮胎工程研究中心，被认定为山东省工程研究中心，这是森麒麟继获得国家认可实验室、山东省企业技术中心、青岛市航空轮胎工程实验室、青岛市技术创新中心、青岛市工业设计中心等认定后，被认定的又一个高端研发创新平台。

中国轮胎世界品牌的塑造者 |||

森麒麟坚持"自主研发持续创新着眼未来"的研发理念，陆续推出具有自主知识产权的舒适型防爆轮胎、自修复轮胎、石墨烯轮胎、吸音棉轮胎（超静音）、超低滚阻轮胎以及国际各大赛事专用赛车胎等高精尖产品，多项研发成果处于世界领先水平；公司旗下拥有森麒麟（SENTURY）、路航（LANDSAIL）、德林特（DELINTE）三大轮胎品牌，秉承"创世界一流轮胎品牌"的战略目标，客户网络遍布全球150多个国家和地区，助力中国轮胎产品跻身世界高端产品之列，积极打造中国轮胎世界品牌塑造者形象。

轮胎智能制造的开拓者 |||

森麒麟迎挑战、抓机遇，集成互联网、物联网、大数据、云端、智能化等先进技术，率先实现轮胎行业转型升级，打造了全球领先的轮胎智能工厂，开启了技术模式创新、管理模式创新、组织模式创新三位一体的轮胎智能制造新模式。公司连续入选"2016年智能制造综合标准化与新模式应用""2017年智能制造试点示范项目""2018年制造业与互联网融合发展试点示范项目""2022年度智能制造示范工厂"，进一步夯实轮胎智能制造开拓者地位。

中国超跑轮胎性能密码 |||

森麒麟轮胎为百公里加速1.9秒，功率1225马力，扭矩12000牛·米的国产超跑昊铂SSR高配车型供应森麒麟ApexKing ADO-1全热熔轮胎。此轮胎是森麒麟C919航空轮胎研发团队，为昊铂SSR专属特制的航空级轮胎，将航空级标准引入到跑车领域，进一步提升极端情况下的操控裕值，提供了超出汽车领域的安全保障，给驾驶者更佳的行驶体验，更能够显著降低驾驶者的使用成本。森麒麟航空技术的加持使得昊铂SSR在性能上大大突破了传统超跑的限制。在全热熔性能轮胎领域森麒麟轮胎结束了我国高端汽车长期依赖进口轮胎的历史。

企业使命 |||

"我们的所有努力都是为了提供一种更绿色、更安全、更舒适的生活体验，持续将优质产品呈现给每一个人。"这是森麒麟始终坚持的企业使命，也是森麒麟始终如一的郑重承诺。

森麒麟股份　　森麒麟品牌家族　　森麒麟官方抖音

青岛森麒麟轮胎股份有限公司　　　地址：青岛市即墨区天山三路5号

潍坊市跃龙橡胶有限公司是一家集生产、销售与国际贸易于一体的现代化企业。公司始建于1986年，位于寿光市台头镇，占地面积500亩，现有职工1200余人，其中高中级工程技术人员110余人。公司先后被授予"国家高新技术企业""国家知识产权优势企业""山东省推进非公党建工作突出贡献单位""潍坊市绿色工厂"等荣誉称号。

潍坊市跃龙橡胶有限公司

公司拥有年产180万套全钢载重子午线轮胎生产能力，主要生产、销售各种载重子午线轮胎，产品远销中东、东南亚、欧洲等全球130多个国家和地区，并与国内300多个分销网点建立了长期、稳定的合作关系。公司产品先后通过了ISO9001:2015认证、国家强制性产品CCC认证、ISO14001环境管理体系认证和ISO45001职业健康安全管理体系认证、美国交通运输部DOT认证、欧盟ECE认证、GCC和SASO等认证。

跃龙橡胶始终秉承"科技是第一生产力"的发展理念，不断夯实创新能力，不断加大科研投入，长期与大专院校、科研院所开展产学研合作。公司近年来共获得国家专利83项，创新科技成果33项。公司研发中心先后被认定为"山东省企业技术中心""山东省跃龙轮胎工程技术服务中心"、省级"一企一技术"研发中心、"山东省工业设计中心"共4个省级研发平台、6个市级研发平台。

跃龙橡胶始终遵从"敬业、创新、持续改善，在核心业务领域做到最好，成为本行业最受欢迎的企业"之愿景，践行节能环保的社会责任，不断加强科技创新，最终实现"科技创新，为企业带来持续发展；节能环保，为子孙留下碧水蓝天"和"创百年优秀企业，建跃龙美好家园"的长期战略目标，为当地的经济、社会和环境的可持续发展，和谐社会的建设作出应有的贡献。

温州天文轮胎有限公司

温州天文轮胎有限公司成立于2008年10月，2009年12月又成立了台州分公司，公司始终秉承"为汽车安全提供解决方案"的宗旨，坚持"诚信创新，务实高效，与时俱进"。

历经15年的风雨兼程和顽强拼搏，公司团队人员从10人发展到35人，主要代理：好运全钢轮胎和轿车轮胎、迪达全钢轮胎、马牌轿车轮胎、维京轿车轮胎、东洋轿车轮胎以及马牌润滑油、嘉实多润滑油、ATE刹车油等系列产品。品牌代理销售区域分布在浙江省，在2021、2022年都创造了年销售额1.2亿元的佳绩。

公司的经营理念一直是"所有行业都是服务行业，我们做到成为同行业中的服务标杆"。公司始终坚持以人为本，为员工发展提供舞台，激发员工的积极性和上进心，培养一支精英团队并不断优化产品结构，提升管理水平，致力成为客户心中的优选合作伙伴。

联系电话：0576-84872129　　　　手机：13362796222

公司简介

江苏安琪尔废气净化有限公司专注于高效 VOCs 废气治理装备、工艺研发及 EPC 工程总承包。公司已在橡胶行业 VOCs 废气治理技术扎根十数年，针对橡胶制品硫化工段 VOCs 废气治理难题，经多年潜心研究和持续技术攻关不断迭代优化，由最初的"大碳罐+TO"工艺到"小碳罐+RTO"再到如今的"移动床吸附+流化床脱附+RTO"，经过三代发展已经达到一定高度。其中第三代技术的出现打破了用蜂窝活性炭固定床处理橡胶废气的传统思路，为橡胶废气的治理提供了新思路。

目前，公司已有多套风量在 40 万 m^3/h~200 万 m^3/h 的橡胶硫化 VOCs 废气治理项目成功实施的案例，运行稳定效果良好（详细工艺资料请扫描下方二维码获取）。

橡胶行业废气治理的历史证明，橡胶废气的治理是可以改善、能够提升并且有望彻底解决。欢迎广大橡胶行业客户前来我司咨询、参观。

第二代工艺工程图

第三代工艺工程图

江苏安琪尔废气净化有限公司
Jiangsu Angel Exhaust Gas Purification Co.Ltd

地址：江苏省宜兴市环科园绿园路489号
邮编：214205
电话：0510-87889998；13805799467（赵伟荣）
邮箱：angel_jiangsu@126.com

活性炭系列工艺简介

轮胎白炭黑分散剂 SPLENDER R-2000

- 优化轮胎生产工艺
- 绿色环保节能
- 降低轮胎生产成本
- 增加白炭黑添加量

> 为您提升轮胎销量助力

中国区代理商

星天外化学(上海)有限公司

📍 上海市曹阳路1888号星光广场1号楼15层

📞 021-66090969

✉ sales@suntiy.com

东营万和化工有限公司

东营万和化工有限公司成立于2010年5月份，注册资本500万元，坐落于美丽富饶的黄河三角洲——山东广饶橡胶工业基地，

> 因为专业，所以我们更了解您的需求，我们倡导"为客户量身定做所需产品"，给客户提供解决方案和高质量的产品。

公司采用先进的技术设备和管理方法，成熟资深的研发技术人员，来保障产品的品质，并分别通过 GB/T19001-2016/IS9001:2015 质量管理体系认证、ISO45001：2018 职业健康安全管理体系、GB/T24001-2016 /ISO14001:2015 环境管理体系认证证书。公司现有下游客户：山东玲珑轮胎股份有限公司、贵州轮胎股份有限公司、山东华盛橡胶有限公司、山东恒丰橡塑有限公司、山东金宇轮胎有限公司、兴源轮胎集团有限公司、中一橡胶股份有限公司、山东永盛橡胶集团有限公司、潍坊华东轮胎有限公司、正道轮胎有限公司、山东省三利轮胎制造有限公司、双星集团有限责任公司、厦门国贸物产有限公司、浙江物产化工有限公司、湖北奥莱斯轮胎股份有限公司、湖北金田轮胎有限公司、天津市万达轮胎集团有限公司、安徽吉驰轮胎股份有限公司、山东振泰集团有限公司、徐州徐轮橡胶有限公司、福建省邵武市武夷轮胎有限公司等。另外，我们会始终把服务和产品质量放在企业经营理念的首位，力争通过我们不懈的努力，达到用户百分之百的满意。

- 胶囊隔离剂系列：WH1810GX,WH1820,WH1800GX,WH1800，WH3020等
- 橡胶模具隔离剂：WH3006
- 胶片隔离剂系列：WH100，WH108,WH102,WH106等
- 轮胎修饰剂：WH3007
- 轮胎动平衡润滑液：WH5006

WH1810GX 水性型胶囊隔离剂 | WH1820 水性胶囊隔离剂 | WH3006 橡胶模具隔离剂 | WH100 粉状胶片隔离剂 | WH102 液体胶片隔离剂

地址：山东省东营市广饶县经济技术开发区
电话：15066058666
邮箱：wanhehuagong@163.com

股票代码：002068

江西黑猫炭黑股份有限公司

  江西黑猫炭黑股份有限公司系景德镇黑猫集团在相关多元化发展背景下，将炭黑作为资源综合利用产品开发而打造的由国有资产控股、通过市场运作单一炭黑产品上市的公司。现有炭黑、白炭黑、特种炭黑、精细化工和新材料产品。拥有8个大型炭黑生产基地、1家特种炭黑企业、4家新材料公司、2个贸易服务公司、1家环保节能公司、3个研发中心和2个省级创新平台。目前公司主营产品炭黑的产销量连续20年位居中国行业首位，世界排名前4位，成为国内规模领先、技术先进、布局完善、综合利用水平较高的炭黑行业领军企业。

  公司在技术进步、科技创新的发展道路上，不仅重视企业自身人才的培养，同时注重与国内知名院校开展广泛的战略合作，聘请国内外知名专家担任技术顾问，投入大量资金用于科技研发。多年来，通过不断开发和自主创新，公司目前综合技术水平达到国际先进水平，在国内技术处于领先地位。先后获得发明专利、实用新型专利400余项。

  公司主动承担炭黑龙头企业责任，投资上亿元建设国内领先的新材料研究院，科技创新将成为公司未来发展的驱动力，新产品、新技术、新工艺、新设备的研发与推广应用也将成为新常态。

青岛黑猫

邯郸黑猫

黑猫股份

  未来公司将以技术创新为核心、差异化发展与产业链延伸为两翼，加快国际化发展战略，完善全球产能布局；丰富、拓宽产业链的长度和宽度，实现产业结构升级，提升企业在全球化工行业的综合竞争力。将公司打造成为资源节约、环境友好、效益领先的"国际一流的专业化学品制造龙头企业"。

  自成立以来，黑猫股份坚持走"科技驱动、品牌提升、合作发展、资本护航"的健康、快速发展之路，先后荣获"中国化工500强""年度十大领军企业"、"中国精细化工百强"等荣誉称号；获得第一批"制造业单项冠军培育企业"称号；获得2022年省级信息化和工业化融合示范企业榜单。2023年荣登由国务院国资委发布的全国首批世界一流专精特新示范企业名单；获得第七批国家级"绿色工厂"称号；入选国务院国资委"科改企业"名单。

江西省景德镇市历尧
Tel:0798-8391868
Fax:0798-8381879
Zip code:333000
Sales Tel: 0798-8399689
0798-8391979

丰城黑豹炭黑有限公司

　　丰城黑豹炭黑有限公司是江西丰矿集团与江西黑豹炭黑有限公司合资共建的现代化企业。公司生产线与新高焦化有限公司配套建设，新高焦化炼焦产生的高温焦油和煤气经管道输送到公司炭黑生产线作为原料和燃料，在节能减排、循环利用、降低成本上凸显优势，是典型的节能减排、资源综合利用和循环经济型企业。

　　公司占地202亩，规划总投资5亿元，建设3条累计产能可达12万吨的新工艺炭黑生产线和两套3.5MW尾气发电机组。现已完成投资4亿元，已建设2条年产3万吨的新工艺炭黑生产线和3.5MW、15MW尾气发电机组各一套。2018年，公司投资6000万元建设的15MW尾气二期发电工程，年发电量可达10800万KWh，每年可节省标煤30246.5吨，实现了尾气的综合利用。2022年6月，公司年产4万吨新工艺环保炭黑生产线破土动工，项目配套一个可储存12000m³煤焦油的新油罐区，一个面积为5123m²的大型仓库。

　　公司始终把品质视为企业的第一生命力，现已拥有完善的质量检验体系、专业的科研人才和国内一流水准的生产检测设备，先后通过了ISO9001标准质量管理体系认证、IATF16949标准质量管理体系认证和ISO14001标准环境管理体系认证。公司飞豹牌炭黑严格执行GB3778-2011标准，全过程一站式检验检测程序让黑豹炭黑产品成为用户信任的保证。

　　2020年，公司获得清洁生产企业认证，再次获得安全标准化三级认证，飞豹牌炭黑被评为"江西名牌产品"。2022年3月，公司被认定为"江西省专精特新企业"，2022年11月，公司第三次被认定为"国家高新技术企业"。

　　公司致力于建设效益领先、资源节约、环境优美、超低排放的一流企业，不断推进技术进步、创新管理机制，不断改进炭黑生产工艺和设备，降低生产能耗，使企业发展呈现出产品质量优、经济效益好、发展后劲足、竞争能力强的良性发展态势，为企业高质量发展奠定了基础。

江苏飞亚化学工业集团

一家专业生产抗氧剂/防老剂的企业

飞亚化工是一家专业生产抗氧剂、防老剂的企业，是苯胺连续合成二苯胺工艺的发明者、国家技术发明奖的获得者、国家循环经济标准化试点企业、高新技术企业，企业通过ISO14001、ISO9001、OHSAS18001三标一体认证。飞亚化工是德国BASF的重要合作伙伴之一，现拥有3个一体化生产基地。

飞亚化工拥有大型二苯胺生产装置，并以二苯胺为原料，生产全产业链二苯胺类抗氧剂、防老剂产品，包括抗氧剂KY-86、KY-405，防老剂BLE、BLE-W、防老化预分散母粒M-45B，抗氧剂ODA、KY-01等。同时为满足浅色橡胶、乳胶制品需求，飞亚化工自主研发并生产环保型酚类抗氧剂KY-616和水性抗氧剂系列产品。

抗氧剂 KY-86

防老剂BLE

防老剂BLE-W

防老化预分散母粒

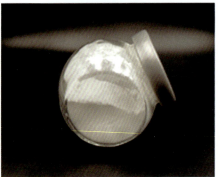
抗氧剂 KY-405

抗氧剂 KY-616

地址：江苏省海安市南海大道中226号
电话：0513-88810429
传真：0513-88832686

科技全球共享
传递永恒价值

与世界橡胶工业共成长
Grow together with the rubber industry worldwide

- ➤ 橡胶硫化促进剂系列
- ➤ 橡胶防老剂系列
- ➤ 橡胶加工助剂系列
- ➤ 医药中间体

山东斯递尔化工科技有限公司
STAIR CHEMICAL & TECHNOLOGY CO., LTD

地址：山东曹县民营经济园区　邮编：274400
Address : Private Industrial Zone, Caoxian. Shandong, 274400. China
内贸电话 Sales Department Tel : 0086-530-3202777
外贸电话 Export Department Tel : 0086-530-3205777
邮箱 E-mail : Stairchem@163.com

斯递尔（北京）科技有限公司
STAIR (BEIJING) SCIENCE & TECHNOLOGY CO., LTD

地址：北京市海淀区马甸东路19号1821
Address : Room 1821 No.19 Madian East Road, Haidian, Beijing
邮编 Postal Code : 100088
电话 Tel : 0086-010-82207338
手机 Cellphone : 0086-18910801781
传真 Fax : 0086-010-82207338
邮件 E-mail : sales@stairbj.cn

江苏国立化工科技有限公司

江苏国立化工科技有限公司创建于1995年1月，注册资本6000万元，占地面积6.3万平方米，位于江苏省宜兴市经济技术开发区，是专业研究、开发、生产及销售橡胶粘合剂、防老剂、增粘剂系列产品的高新技术企业。

公司是专业生产橡胶粘合体系间－甲－白（HRH）系列产品的先进企业，其主要产品包括橡胶粘合剂A，RA，RA-65，RS，AS-88，GLR-20和防老剂3100等七大类20多个品种，年生产能力3万吨以上，产品畅销我国各大轮胎企业。公司多项产品获得江苏省高新技术产品、江苏省质量信用产品等称号。现产品已销售到韩国、意大利、美国、中国台湾等国家和地区。

公司是国家高新技术企业、江苏省专精特新中小企业、江苏省民营科技企业、江苏省重合同守信用企业、江苏省节水型示范企业、无锡市清洁生产示范企业、无锡市循环经济试点单位、AAA级资信等级企业，通过了ISO/IATF 16949：2016质量管理体系认证和ISO14001：2015环境管理体系认证。

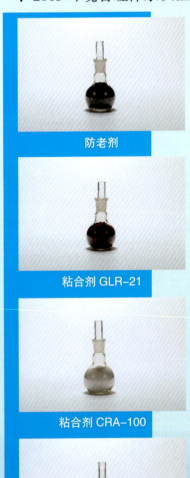

橡胶粘合剂 RA-65

产品简介	橡胶粘合剂 RA-65 是65%的六甲氧基甲基蜜胺与加载体复配而成，属于亚甲基给予体粘合剂。它与亚甲基接受体配合使用，起到使橡胶与钢丝等骨架材料粘合的作用。	
技术指标	外观	白色粉末
	灰分（850℃）/%	29-35
	水分（共沸蒸馏法）/%	≤ 4.5
	筛余物（325目湿法）/%	≤ 0.3
	游离甲醛/%	≤ 0.1

防老剂 DTPD(3100)

产品简介	防老剂 DTPD（3100）化学名称为 N,N'－二甲苯基对苯二胺（混合物），国外俗称 NAILAX，它具有耐臭氧、长期性能佳的特点，抗屈挠耐龟裂性能与防老剂4010NA 和4020相似。防老剂 DTPD 系对苯二胺类防老剂，为氯丁橡胶特佳耐氧剂；作为轮胎工业用高效防老剂，还可广泛用于多种橡胶制品。	
技术指标	外观	棕灰色颗粒
	干品初熔点 /℃	90-100
	加热减量（65℃×3h）/%	≤ 0.5
	灰分（800±25℃）/%	≤ 0.3

间苯二酚－甲醛树脂 GLR-20

产品简介	GLR-20 树脂是一种改性的间苯二酚－甲醛树脂，作为甲亚基接受体粘合剂，它不含游离甲醛、具有很低的蒸气压，大大减少了使用间苯二酚单体在加工温度高于150℃时发生的起烟和重量减少的问题。本树脂和亚甲基给予体如：六亚甲基四胺、六甲氧基甲基蜜胺（RA、RA-65、GLR806）以及 2-硝基-2-甲基-1-丙醇反应，生成热固性树脂，能有效地起到橡胶与骨架材料粘合的作用。		
技术指标	外观	棕红色粒状或棕黑色粒状	
	加热减量/%	≤ 0.7	
	软化点 /℃	99～109	
	pH（50%水溶液）	4～6	
	溶解性：	水	完全不溶解
		醇类溶剂	完全溶解
		酮类溶剂	完全溶解
		芳烃溶剂	部分溶解

电话：0510-87121119

地址：江苏省宜兴市经济技术开发区杏里路7号

邮箱：sales@guolitech.com

无锡市佳盛高新改性材料有限公司
WUXI CITY JIASHENG HIGH-TECH MODIFIED MATERIAL CO.,LTD

无锡市佳盛高新改性材料有限公司建于 2002 年初，是江苏省高新技术企业和国家火炬计划锡山新材料产业基地的成员企业。公司位于风景秀丽、富饶发达的无锡市锡山区荡口镇鹅湖工业园，紧靠沪宁高速公路，交通十分便利。

公司专业生产"佳盛"牌新型高分子材料改性剂和 Pams 树脂系列产品，可作挤压和模塑成型加工助剂、改性剂、粘合剂、粘结剂、增粘剂、增强剂、增塑剂、抗氧剂、分散剂、润滑剂、高效燃料及热载体等用途，具体应用于高浓度、高阻燃、高填充塑料色母粒、塑料改性、橡塑鞋材、电线电缆料、热塑性弹性体、橡胶材料、热熔胶、油漆油墨、涂料、颜料、精密铸造等领域。

公司坚持务实、创新、求精的企业精神，奉行"市场是天、安全是地、质量是命、管理是根"的宗旨。公司严把生产环节，加强技术改进，实行制度化、规范化内部质量管理，形成较强的科研开发能力、规模生产能力和经营管理能力，已获 ISO9001：2015 国际质量体系认证和 ISO14001：2015 环境管理体系认证。产品参照美国阿莫科 Amoco Resin 18-210、18-240、18-290 系列树脂标准进行生产检测，质量性能相同，同时产品符合欧盟 SGS 的(RoHS、PHAs)检测标准，是用户的理想选择。产品销往全球，佳盛公司董事长—潘林根愿意同中外各界新老朋友携手合作、共同发展、再创辉煌。

主要产品

1. Pams Resin Catena / Pams 树脂系列
2. M-80 Resin / M-80 树脂
3. Poly alpha methylstyrene Resin / 聚α-甲基苯乙烯树脂
4. V-276 plasticizer / V-276 增塑剂
5. Acetophenone / 苯乙酮
6. JS.ATL-95 Resin / JS.ATL-95 树脂
7. PA-50 bright stock lube / PA-50 光亮润滑剂
8. Butyl oleate / 油酸丁酯
9. Rheology Modifier / 流变改质剂
10. Chain transfer agent / 链转移剂
11. Green Molecular control agent linear dimer / 环保型分子量调节剂-线性二聚体（替代硫醇）
12. 1,1,3-Trimethyl-3-phenylindane / 1,1,3-三甲基-3-苯基-茚满
13. 2,4-Diphenyl-4-methyl-1-pentene / 2,4-二苯基-4-甲基-1-戊烯
14. Ammonium thiosulfate / 硫代硫酸铵
15. Poly p-methylstyrene / 聚对甲基苯乙烯
16. Ammonium thiocyanate / 硫氰酸铵
17. Paraflint Wax / 沙索蜡
18. Styrenated phenols / 防老剂 SP
19. 4,4'-bis(α,α'-dimethyl phenyl)-dipheny-lamine / 防老剂 KY-405
20. Poly ethylene wax / 聚乙烯蜡
21. high efficiency lubricant / 高效润滑剂
22. α-Methylstyrene cyclodimer / α-甲基苯乙烯环二聚体
23. Dibenzyl dithiocarbamate sodium formate / 二苄基二硫代氨基甲酸钠
24. Diphenylindene bismaleimide / 二苯茚双马来酰亚胺
25. Dibenzyl dithiocarbamate sodium formate solution / 二苄基二硫代氨基甲酸钠溶液
26. n-butyl stearate / 硬脂酸正丁酯
27. power oil entrgr-effcintagent / 动力燃油节能剂

热忱欢迎中外各界朋友前来惠顾、洽谈！

Add：E-hu Industrial Area, Dangkou Town, Wuxi City, Jiangsu, P.R. China
地址：中国江苏省无锡市锡山区荡口镇鹅湖工业园
电话(Tel)：0086-510-88748136,88520858
邮政编码(Postcode)：214116
联系人(Attn)：潘林根
传真(Fax)：0086-0510-88748340
手机(Mobile)：13906202341,13306202341
电子邮件(E-mail)：webmaster@wx-jiasheng.com

巨路国际贸易(上海)有限公司
G-LUCK INTERNATIONAL TRADING (SHANGHAI) CO., LTD

ARLANXEO

合成橡胶：
NBR	EPDM	CR	EVM	HNBR	BIIR
IIR	BR	SSBR	ESBR		

LANXESS 朗盛化学

促进剂：	Vulkacit CZ	Vulkacit DM	Vulkacit NZ
	Zinkoxyd aktiv	Vulkacit M/C	Vulkacit ZM-2
防老剂：	Vulkanox BHT(264)	Vulkanox BKF	Vulkanox MB2
	Vulkanox 3100(DTPD)	Vulkanox HS/LG(TMQ)	Vulkanox 4020(6PPD)
抗臭氧剂：	Vulkanox AFS/LG		
增塑剂：	Vulkanol 88	Vulkanol 9210	
防焦剂：	Vulkalent G	Vulkalent B/C	Vulkalent E/C

RheinChemie Additives

莱茵能：	Vulkacit CZ	Vulkacit DM	Vulkacit NZ			
	Zinkoxyd aktiv	Vulkacit M/C	Vulkacit ZM-2			
促进剂：	MBTS-75(DM)	ETU-80(NA-22)	DPTT-70	MBT-80(M)	TDEC-75	
	ZDBC-80(BZ)	DPG-80(D)	HEXA-80	TMTM-80	CTP-80	
	ZDEC-80(EZ)	CBS-80(CZ)	ZDMC-80	TMTD-80	TRIM/S	
金属氧化物：	ZnO-80	Pb3O4-80	CaO-80	Sb2O3	DTDM-80	
硫化剂：	S-80	D60P(过氧化锌)				
莱茵克：	Rhenocure	IS-60G	IS-90G			
莱茵发：	Rhenofit	1987/1987A3555				
莱茵散：	Aflux	12	16	25	28E	37	42M/52/54
莱茵塑分：	Aktiplast	T/TC/TX	PP	8	ST		
莱茵新：	Rhenosin	GE3071	260	268			
莱茵蜡：	Antilux	654/654A					
莱茵达：	Rhenodiv	LL	ZB/C	BO7665-1/-2			

ARKEMA 阿科玛

过氧化物：	Luperox F	Luperox F40	Luperox 101	F40SP2	
	Luperox 101 XL45	Luperox 231	Luperox DCP	DCP40SP2	231XL40
载硫体：	VULTAC TB710	VULTAC 5	VULTAC 710	VULTAC TB7	

SIGroup 圣莱科特

酚醛类增粘树脂：	SP1068	HRJ-10420	R7510H	T-6000
酚醛类补强树脂：	SP6701/6700	HRJ-11995	SP-6600/6601	
酚醛硫化树脂：	SP-1045/1055			
粘合树脂：	A-250			
EPDM 增粘树脂：	SP-1077			

MOMENTIVE

硅烷偶联剂：	A-172	E-free 172/189

其他进口橡胶助剂

助交联剂：	TMPTMA	PL400	高活性氧化镁

地址： 上海市长宁区中山西路 1055 号 A 座 1704 室　　联系人：林韦丞　　手机：13761967349
电话： 021-62540077　　传　真：021-62600370　　邮编：200051
电子邮箱： g-luck@mail.g-luck.com.cn

★ 国内大型再生胶生产企业

★ 高新技术企业

★ 江苏省循环经济示范单位

主要产品

- 丁基再生橡胶
- 80目细粒子再生胶
- 精细轮胎再生橡胶
- 高强力再生橡胶
- 三元乙丙再生胶
- 彩色再生橡胶
- 环保型轮胎再生橡胶
- 环保型高强力再生橡胶
- 5-80目轮胎胶粉（粒）

总经理 杨文禹

南通回力橡胶有限公司拥有先进的生产检测设备、雄厚的技术力量、厚实的经济基础和科学的管理体系，具有年产再生橡胶20万吨生产能力，其中：丁基再生橡胶5万吨、环保型再生橡胶5万吨、高强力再生橡胶4万吨、三元乙丙再生橡胶1万吨、彩色再生橡胶1万吨、胶鞋和杂品再生橡胶1万吨、橡胶胶粉和胶粒3万吨。销售网络遍布全国各地，并远销欧美、东南亚等国家和地区。

公司不断致力于提高产品品质，在全国同行中率先通过ISO9001、ISO14001、OHSAS18001认证，公司建有废橡胶利用工程技术研究中心，再生橡胶通过欧盟官方正式注册。南回品牌驰名中外，产销量连续多年位居全国同行前列。

追求卓越品质
满足用户要求

南通回力橡胶有限公司

联系人：王刚
电话：0513-82865788　82671668
传真：0513-82671708
地址：江苏省南通市海门区包场镇海富路666号
邮编：226151
网址：www.naihui.com.cn　www.nthl.cn
邮箱：naihui@nthl.cn

广告

湖北华宁防腐技术股份有限公司

公司使命：
为全球工业企业提供防腐蚀和耐磨损的整体解决方案，并付诸实施。

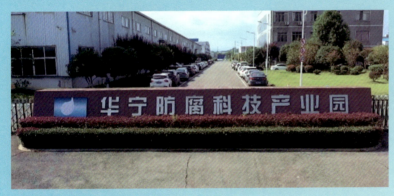

湖北华宁防腐技术股份有限公司始建于1994年，2001年完成民营化改制，是一家专业从事橡胶防腐材料、环保成套设备的创新性研发和智能制造国家专精特新小巨人企业、高新技术企业和国家标准起草制定单位。公司在建有省级工程中心、院士专家工作站基础上，注册成立了防腐耐磨研究院有限公司，是区域内第一家湖北省技术创新示范企业，在细分领域综合实力名列前茅。

公司产品广泛应用于化工、冶金、冶炼、钛白、矿山、电厂烟气脱硫、水处理、食品、医药等行业，着力于解决工业生产和排放过程中产生的重腐蚀和强磨损问题，产品不仅服务于国家重点工程建设，还大量出口到"一带一路"沿线国家和地区。为应对高端市场需求，公司花巨资从德国贝尔斯托夫公司引进宽幅胶板挤出压延生产线，联合武汉理工大学等高校开展产学研合作，研发生产的橡胶板其理化指标均优于国家标准，达到德国进口产品水平，已替代进口。

华宁公司参与起草制定国家标准8项，拥有自主知识产权40多项，主持完成科技部项目1项、省科技厅项目2项，在研省科技厅项目1项等重大科研攻关任务；获全国"工人先锋号"、全国"安康杯"优胜班组，湖北省中小企业创新奖、科技进步三等奖、职工创新成果三等奖、五一劳动奖状等上级党委政府主管部门授予的奖项100余项。

联系方式：唐总 18872831379
地址：湖北省咸宁市咸安经济开发区华宁防腐科技产业园

际华橡胶工业有限公司

际华橡胶工业有限公司是隶属于新兴际华集团旗下际华股份集团控股的全资公司,是集橡胶材料及制品生产、橡胶鞋靴制造、资产管理和资本运营于一体的大型国有公司。公司总部设在湖南省岳阳市岳阳自贸区,下属 8 家分子公司,分布在湖南、贵州、重庆、云南 4 个省份及地区,总资产 44 亿元,2021 年营业收入超 60 亿元。公司具备完整的橡胶高分子材料产业链,上游在泰国、老挝、非洲科特迪瓦以及云南西双版纳建有天然橡胶加工基地,在特殊监管区域内开展混炼胶加工;在贵阳、重庆、岳阳等地有橡胶鞋靴、橡胶制品等制造基地。际华橡胶工业有限公司将与合作伙伴一起,致力于成为橡胶高分子材料全产业链运营的头部企业和天然橡胶产业链的链长单位,为推动橡胶工业绿色转型发展作出新的更大贡献。

下属子公司

1、际华制鞋工业有限公司; 2、际华三五三九制鞋有限公司; 3、橡塑制品分公司; 4、际华岳阳新材料科技有限公司;
5、际华中晟材料科技(岳阳)有限公司; 6、岳阳际华置业有限公司; 7、重庆巨盾实业有限公司; 8、西双版纳南博有限责任公司。

技术平台

1、产学研用合作单位: 青岛科技大学、华南理工大学、北京化工大学、浙江大学、江苏科技大学、贵州大学、贵州师范大学、中国航发湖南动力机械研究所、中国航发长江动力有限公司、中航工业洛阳电光设备研究所、湖南神斧集团向红机械化工有限责任公司等。

2、研发平台: 中国橡胶行业制鞋技术中心、中国橡胶行业制鞋鞋材及工艺技术中心、中国天然橡胶协会绿色橡胶发展研究院、省级企业技术中心、省级橡塑密封制品工程技术研究中心、省级工业设计中心、高端绿色橡胶技术院士创新中心、博士后科研流动站协作研发中心、博士后创新创业实践基地、教育部橡塑重点实验室联合实验室。

发展战略

高举高质量发展的大旗,打造际华橡胶高分子材料产业链核心竞争力,3~5 年内成为全国橡胶高分子材料行业的头部企业。
战略实施路径:
构建一个平台: 构建橡胶高分子材料全产业运营平台。
做实四大主业: 胶鞋业务、橡胶制品业务、混炼胶业务、新材料业务。
开展四大专项行动: 统一营销,市场倍增专项行动;统一研发,技术创新专项活动;统一生产,成本最优专项活动;破除痼疾,消化潜亏专项工作。
推进六大工作计划: 传统存量织补修复计划;产业业态强链补链计划;特色产品品牌培育计划;特殊市场攻坚增量计划;研发资源整合优化计划;生产供应专业融合计划。

马鞍山宏力橡胶制品有限公司

马鞍山宏力橡胶制品有限公司地处长江三角洲城市群，占地面积3万平方米，现有员工200人，其中工程技术人员40人。专门从事给排水管道橡胶密封制品的研发、生产和销售，被授予国家专精特新"小巨人"企业、国家火炬计划重点高新技术企业、"国家知识产权优势企业"、中国驰名商标企业、安徽省高新技术企业、安徽省专利优秀奖企业、安徽省工业精品企业、安徽省诚信企业、安徽省创新型企业。获得中国橡胶工业密封制品企业创新发展奖、优势品牌奖，并连续多年获慈湖(国家)高新技术开发区工业二十强和科技创新十佳企业。

公司为国家橡胶与橡胶制品标准(SAC/TC35/SC3)委员单位，主持制定了GB/T 21873-2008《橡胶密封件 给、排水管及污水管道用接口密封圈 材料规范》、GB/T 23658-2009、GB/T 27572-2011三项国家标准和T/CFA 020102028-2020《球墨铸铁管柔性接口用止脱橡胶密封圈》团体标准，参与了《中国橡胶行业"十四五"发展规划指导纲要》编写工作，参与了多部国家及行业标准的制定/审查，成为国内给排水管道系统橡胶密封制品的龙头企业和技术领先者。

公司拥有市级工程技术(研究)中心、市级重点实验室、市级企业技术中心，配有进口的应力松弛仪、国际硬度计、臭氧仪、炭黑分散仪、红外光谱仪等国际领先水平的研发、检测设备。

公司坚持走专精特新发展之路，持续创新创优，打造百年密封，自主研发的防滑止脱胶圈、EPDM胶圈、STD型胶圈、波纹法兰垫等主导产品，被评为安徽省名牌产品、安徽省高新技术产品、安徽省重点新产品。自主研制的DN600以下规格防滑止脱胶圈、DN700-DN1200系列大规格防滑止脱胶圈独创性极强，止脱胶圈、波纹法兰垫分别被授予中国专利成果交易会金奖和特别金奖，防滑止脱胶圈、STD型胶圈分别被列入国家火炬计划产业化示范项目，获得国家创新基金支持。防滑止脱胶圈、波纹法兰垫获得中国专利成果交易会特别金奖。公司已获授权专利62项，其中发明专利7项。

公司给用户的承诺是：卫生环保、持久密封、安全可靠，公司生产的T型、STD型、K型、O型、A型、N1型、W型胶圈以及PVC管密封、钢塑复合管切割端头封塑等橡胶密封制品，从DN40～DN3000达20余系列500多个规格，产品销往全国各地水司，还为众多球墨铸铁管厂、PCCP管厂等管道系统企业做配套密封，每年有超过600万只宏力牌橡胶密封件安装到全国各地给排水管道上，从未发生过漏水渗水，享有非常高的品牌美誉度。

宏力橡胶始终秉持"以客为尊、追求卓越"的经营理念，坚持"做诚信、做品牌、做差异化"，为客户提供优质的产品和优质的服务。

三元乙丙胶圈

满盘法兰垫

波纹法兰垫

止脱图片

充气胶胎

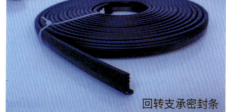
回转支承密封条

橡胶止水带

公司地址：安徽省马鞍山市新化路226号
联系电话：0555-3500537

河北华密新材科技股份有限公司

河北华密新材科技股份有限公司是一家专业生产特种橡胶混炼胶产品，集科、工、贸为一体的综合性集团公司，位于河北省任泽区经济开发区，先后通过瑞士 SGS 认证、ISO9001、ISO14001、OHSAS 18001、IATF16949 等管理体系认证。

公司所属混炼胶事业部是特种混炼胶研发、生产与经营的专业机构，目前年产特种混炼胶2万吨。混炼胶事业部有多条国内先进的GK90E、GK190E混炼胶密炼生产线，建有设计年产能7万吨的全自动橡胶混炼中心，并拥有先进的产品检验测量仪器和高性能材料研发能力。事业部具有20年以上的特种混炼胶生产经验，依靠自主研发的配方技术、生产工艺和严格的品检手段，能够保证特种混炼胶产品性能稳定、质量优异。所生产的丁腈橡胶、天然橡胶、三元乙丙橡胶、丙烯酸酯橡胶、硅橡胶、氟橡胶、氟硅橡胶及其他特殊混炼胶料，适用于生产各种橡胶制品，能够满足机械、汽车、船舶、工矿、油田等不同行业的需要。华密公司混炼胶事业部产品研发及生产严格按照国家及行业相关标准，能够为国内外橡胶制品生产企业提供质量可靠的产品及优质全面的服务。

电话：0319-7576868 / 7576898　　传真：0319-7609988
邮箱：business@hmxj.com　　　　邮编：055150
地址：河北省邢台市任泽区河头工业区

道弘

**专业成就精湛品质
创新引领行业未来**

道弘集团成立于 2002 年，是集研发、生产、销售及服务于一体的现代化管理企业，总部位于四川眉山高新技术产业园区。产品广泛运用于汽车、半导体、消费电子、航空航天、化工等领域，同时也是国防尖端工业中的关键材料。产品销往全国多个省市，远销欧美、日韩、东南亚、中东等 30 多个国家和地区。

道弘旗下现有多家行业领先的公司，成都道弘实业有限公司和四川道弘新材料有限公司是国内氟橡胶预混胶、混炼胶行业的头部生产企业；四川道弘科技有限公司专注于智能穿戴氟橡胶材料的研发和生产；四川弘氟新材料有限公司主要生产全氟聚醚表面活性剂等衍生精细化学品，四川弘芯氟醚科技有限公司专业生产全氟醚橡胶及制品。

实力奠定根基，成就璀璨辉煌。道弘集团连续多年被广大客户授予优秀供应商称号，先后获得国家专精特新"小巨人"企业、国家级高新技术企业、四川省重点培育新材料企业等荣誉。

目前集结了大批国内外生产、研发等领域的高端技术人才，道弘中央研究院下设智能穿戴用氟橡胶研究中心、新能源行业用氟材料研发中心、全氟醚橡胶应用研发中心以及氟橡胶挤出应用研发中心等。

集团目前拥有完整的氟橡胶预混胶、混炼胶生产线数十条，年产能超过 1 万吨，同时拥有 1 个 10 万级、2 个 1 万级的洁净生产车间，4 条生产线专门生产智能穿戴用氟橡胶混炼胶，1 个 1 万级高洁净生产车间专业生产半导体、军工用全氟醚橡胶及制品; 2 个 CNAS 标准实验室，聚集了国内氟橡胶行业高端齐全的检验测试仪器。道弘通过了质量、环境、安全体系认证，提倡"零缺陷"和"一次把事情做对"的理念，严格按照 IATF16949:2016 质量管理标准生产。

**立足行业，展望未来！
道弘旨在为全球客户提供中国人的高质量、高性能产品！**

四川道弘新材料股份有限公司
公司地址：四川省眉山市东坡区象耳镇金象化工园区君乐路

欢迎您加入道弘微信

TECORÉ SYNCHEM 德高化成

天津德高化成新材料股份有限公司
TECORE SYNCHEM, INC
证券代码：831756.NEEQ

德高化成为橡胶模压和注压工业开发出革命性的洗模胶，帮助顾客快速高效地清洗模具，提高产品质量，提高生产效率。

洗模胶 RUNA-C 系列洗模原理：

洗模胶的原理是利用特殊的混炼工艺把一些有清洗作用的助剂混入橡胶中，在橡胶硫化的过程中析出到模具表面上，进而渗透到脏污和模具表面的界面上，瓦解脏污和模面的作用力，使脏污从模具表面脱落，由还处在硫化过程中的橡胶粘结并带走脏污。

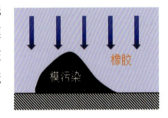

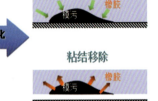

与传统洗模方式对比优点：

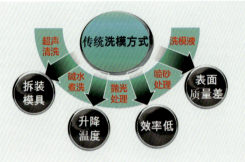

规格型号及应用范围：

用途	洗模胶			脱模胶	
系列	RUNA-C700	RUNA-C960	RUNA-C800	RUNA-W800	RUNA-W900
属性	中低粘度 50~100	中粘度 85~100	高粘度 >100	低粘度 <50	中粘度 50~70
产品特点	流动性好,适用于注胶模具和结构复杂模具快速清洗	流动性中等,适用于重污染模具快速清洗	高效洗模适用于结构较简单的模具清洗	快流动高效脱模	无印记高效脱模
使用温度区间	150℃~190℃（模具实际温度）				

使用条件及方法：（温度为模具实际温度）

德高化成洗/脱模胶使用条件		
产品名称	硫化条件	硫化时间
洗/脱模胶 RUNA-C/W	151~160℃，压力100吨以上	10~15分钟
	161~170℃，压力100吨以上	8~10分钟
	171~180℃，压力100吨以上	6~8分钟
	181~190℃，压力100吨以上	3~5分钟

应用实例：

防护面具

橡胶鞋底

汽车油封

汽车密封件

天津德高化成新材料股份有限公司
天津滨海高新区塘沽海洋科技园新北路4668号
创新创业园13号厂房
Tel：86.22.6635.1157　Fax：86.22.6635.1159

深圳办事处
广东省深圳市宝安区甲岸南路22号易尚创意科技大厦1108室
Tel：400-1-831-756

市场销售中心
江苏省苏州市昆山市开发区夏东街689号金融街A座2018室
Tel：400-1-831-756

西双版纳路博橡胶有限公司

西双版纳路博橡胶有限公司是上市公司三力士股份有限公司控股子公司，为云南省商务厅核准的境外罂粟替代种植企业。公司主要业务和经营项目是橡胶的种植、加工、销售，天然橡胶种植面积达10万余亩。

公司在老挝丰沙里省奔代县修建了橡胶加工厂一座。该加工厂距离奔代县城4公里，总占地面积为49.35亩，主要生产天然橡胶SCR10、SCR5，日加工量达70吨，年产量达20000吨。

公司先后成为中国橡胶工业协会会员单位、西双版纳进出口商会理事单位、云南省替代种植发展行业协会监事单位，先后被授予"优秀会员单位"、"诚信橡胶贸易商"等荣誉称号。

公司始终尊崇"踏实、拼搏、责任"的企业精神，秉承"精细管理、卓越品质、持续优化"的宗旨，奉行"诚信、共赢、开创"的经营理念，以诚信赢得市场，以质量铸造品牌。

联系方式

地址：云南省西双版纳傣族自治州勐腊县茶马街七幢
电话：0691-8138333　　传真：0691-8138358
邮箱：ynbnrt@163.com　　邮编：666300

云南滇源橡胶科技有限公司
YUNNAN DIANYUAN RUBBER TECHNOLOGY CO., LTD

云南滇源橡胶科技有限公司（简称"滇源橡胶"），成立于2018年12月，注册资本1亿元，总部位于云南省昆明市。公司秉承稳健经营、开拓创新的经营理念，以天然橡胶科技研发为核心，生产加工为基础，致力于打造天然橡胶种植、研发、加工、销售服务为一体的全产业链高科技天然橡胶企业。公司现拥有4家天然橡胶加工厂，分别位于西双版纳、德宏、临沧，并建有多条干线、水线及乳胶工艺生产线，年产能达15万吨，全部产品均为高端子午胎专用橡胶，加工技术为国内领先、国际一流水平，主要技术和产品拥有自主知识产权，具有"品质稳定、技术优越、成本领先"三大品牌优势。

★ 科研技术研发

公司与海南大学等国内领先的科研机构、院校达成战略合作，并与海南大学联合成立了研究生联合培养实践基地，始终坚持"产、学、研"相结合，注重新产品研发和新技术的改造提升，在保持子午胎专用胶的持续稳定生产经营的同时，着手天然橡胶的应用新领域。强化创新引领，助力云南天然橡胶产业转型升级，推动产品附加值的提高。

● 产品及产品优势

公司建有多条乳胶、干线、水线工艺生产线，主要产品有：GSR9710、GSR20、GSR10CV、GSR RSS 等，品质优异，替代进口，在我国轮胎制造行业具有较高的品牌信誉和市场影响力，产品长期供应国内各大知名轮胎制造企业。其中，公司推出的GSR RSS产品(又称"小烟胶")具有低杂质、高门尼、拉伸强度高等特点，能将国内外烟片，特别是一些次品原料橡胶品质提升到国际标准，性能指标良好，完全可以替代进口的一级烟片胶，深受下游客户的好评。

◆ 长约客户

公司与香港、广州、福建、江苏、山东、四川、重庆等地的近20家公司建立起遍布整个中国，乃至东南亚地区的销售网络，与诸如普利司通、韩泰轮胎、正新橡胶、青岛双星、住友轮胎、双钱轮胎等知名企业建立了长期战略合作关系。

品质稳定、技术优越、成本领先

地址：云南省昆明市盘龙区北京路延长线北辰财富中心商住楼A幢1801号　　电话：13888138909

安徽鼎连高分子材料科技有限公司
ANHUI DINGLIAN POLYMERMATERIAL.LTD

　　安徽鼎连高分子材料科技有限公司是一家专注于橡胶混炼胶研发、生产、销售为一体的高新技术企业。公司研发团队拥有 15 年以上的行业开发经验，根据客户的不同要求进行针对性开发，同时向客户提供全方位技术服务，包括标准解释、性能分析、配方设计、性能测试、现场指导等技术交流和售前售后服务。

　　为保证产品质量，公司引进国际先进密炼设备（英国法雷尔、日本神钢）、高端检测试验设备（台湾高铁），以及 ERP 企业管理系统、MES 过程控制系统。且先后通过 CQC、ISO9001:2015、ISO14001、ISO45001 体系认证，以及 IATF16949 体系认证。

　　原材料产地均是选用国内国际知名品牌，以提供稳定的的货源及质量。我们坚信"质量是第一生产力"，唯有好的产品，才能协助客户取得更多订单,实现合作共赢。目前产品已广泛应用于汽车、造船、机械、化工、建筑、OA 器械等行业的胶管、窗条、地毯、雨刷、减震胶、油管、密封件、O 型圈、油封、鞋底、防尘套、防震材料、胶辊、履带、传动带等产品。

联系人：颜先生　沈小姐
手机：13501678333　18221286908
客服中心：021-57625186　18317033981

质量是第一生产力

广告

众多国际品牌主要原材料供应商
进口高端功能性材料供应商

世界各地原材料

高岭土 云母 滑石粉 硅藻土 纳米钙 巴斯夫颜料等

符合各种认证REACH ROHS TUV南德 SGS 等

    杭州崇科新材料有限公司成立于2010年,是法国Imerys、美国ActiveMinerals、澳洲SUVO等产品经销商,经营矿产粉体填料,包括高岭土、云母、滑石粉、硅藻土、凹凸棒土等非金属矿产,产品来源于中国、美国、法国、英国、比利时、加拿大、澳大利亚、墨西哥等。用途范围包括颜料填料、油墨涂料、橡胶塑料、研磨材料、文具玩具建材等。

    美国白土、滑石粉、高岭土、云母等符合国际环保认证,在汽车橡胶、医用橡胶等橡胶制品应用中可以改善橡胶制品的耐压缩性和耐拉伸强度。

01 英国补强土 polestar 200R	02 美国脱羟基土 polestar400	03 imerys Glomax LL
04 表面处理滑石粉 Mistrobond R10C	05 美国白土补强剂	06 imerys celite 系列 硅藻土

    kaolin reinforcing fillers all have naturally fine particles size distributions (92%< 2 micron). In the rubber industry they are commonly referred to as "hard clays" as they provide reinforcing properties in a wide range of natural and synthetic rubber compounds.

    天然硬质美国白土补强剂具有天然的细粒度分布(92%＜2微米)。在橡胶工业中,它们通常被称为"硬粘土",这使得其在橡胶配合中可以完美地替代部分炭黑或作为其扩展剂使用,用来提高模量、拉伸强度、耐磨性能、湿强度等,并增加弹性橡胶复合材料的硬度。

联系电话：0571-86439530

高邦系列

销售: 0773-2556275　　销售: 0773-2556698　　邮编: 541001
投诉: 0773-2555555　　传真: 0773-2551212　　地址: 广西桂林市巫山路6号

无锡市万丰橡胶厂

无锡市万丰橡胶厂坐落于无锡市东港镇，企业创建于1997年8月，工厂占地面积98亩，现有职工220人，其中工程技术人员28名。企业主要生产环保型再生橡胶及汽车制动气室橡胶隔膜。

无锡万丰致力于无害化回收利用废旧轮胎，解决了废轮胎难处理的环境问题，还为橡胶轮胎及制品企业降低了成本，有效履行了企业的社会责任。目前企业全年回收废旧轮胎生产各种再生橡胶10万吨，其中胎面再生胶5万吨、丁基再生胶5万吨，主要配套于普利司通、优科豪马、韩泰轮胎、锦湖轮胎、佳通轮胎、台湾建大、三角轮胎、赛轮轮胎、金宇轮胎、玲珑轮胎等国内外知名轮胎企业。目前企业综合实力在全国同行业中名列前茅。

企业在2001年通过了ISO9001&IATF16949质量体系认证，在2014年通过了ISO14001:2004环境管理体系认证，已形成了管理科学、技术先进和高品质的质量保证体系，企业始终坚持"科技领先市场，品质追求卓越"的方针。

丁基再生胶　　　　　　精细胎面再生胶　　　　　　优级胎面再生胶

地址：江苏省无锡市锡山区东港镇东湖塘新材料产业园　　　总经理：尤晓峰
电话：0510-88350127/13812061292　　　　　　　　　　　传真：0510-88353127
邮箱：wxwanfeng@vip.163.com/sales@wanfengrubber.com

平湖伟恒机械有限责任公司

平湖伟恒机械有限责任公司（原浙江省平湖市秀溪机械厂）坐落于长三角洲经济圈浙江嘉兴平湖，地理位置优越，距上海、杭州、苏州、宁波100公里内程，沪杭高铁、G60、G92、G1521高速（杭州湾跨海大桥）贯穿平湖，交通十分便利、物流快畅，是一家专业研发制造再生橡胶、橡胶粉粉碎、炼胶翻胶自动生产线的辅机专业制造企业，可以为广大用户设计万吨级轮胎橡胶粉及炼胶翻胶自动生产线。

» **企业宗旨**
诚信求实、致力服务、唯求满意

» **工作理念**
以质量求生存，以创新求发展，以服务为保障

联系我们：

平湖伟恒机械有限责任公司

地址：平湖市经济开发区南花园路18号
邮箱：info@zjwengheng.com
电话：0573-85688060
传真：0573-85688287
联系人：徐卫平（总经理）
　　　　13706735583

内蒙古北通橡塑机械有限公司
BEITONG Rubber & Plastics Machinery Co.,Ltd.

内蒙古北通橡塑机械有限公司坐落于中国橡胶机械挤出机之乡——内蒙古呼和浩特市，是一家以先进技术为核心，以高精度机械加工设备为保障，集研发设计、生产销售及服务为一体的综合型现代化橡胶机械生产企业，目前已是中国橡胶挤出机产品及其联动线规格较多的专业技术型生产企业之一。

公司的产品服务范围涵盖所有橡胶生产企业，如：

胎面多复合挤出机组及其生产线
宽幅胶片挤出－压延复合生产线
全钢、半钢胎内衬层挤出－压延生产线
钢丝圈、带束层、三角胶、冠带层挤出生产线
尼龙帘线挂胶生产线
帘布裁断生产线
发泡橡胶、保温材料挤出生产线
防水卷材、防腐衬里挤出生产线
密封胶条、胶管包胶挤出生产线
销钉式冷喂料挤出机全系列
排气式、普通冷喂料挤出机全系列
热喂料、过滤挤出机全系列

公司始终坚持科技创新、以人为本，服务于中国橡胶行业，为中国橡胶行业提供优质、节能、高效的的机械设备。并以一流的员工素质，一流的产品质量、一流的企业信誉、一流的服务态度，与社会各界朋友携起手来，共同开创中国橡胶机械未来。

地址：内蒙古呼和浩特市金山开发区
　　　金山大道 17 号
邮编：010110
电话：0471-3983480
传真：0471-3983490
邮箱：sales@beitongtech.com

四复合胎面（胎侧）挤出生产线

四复合机头

全自动胎面挤出机

薄胶片内衬层挤出压延（复合）生产线

自锁式宽幅机头挤出生产线

高铁地板挤出生产线

胶板（胶管）两用挤出生产线

宽幅胶板挤出压延机组

宽幅胶板挤出压延生产线

普通冷喂料挤出机

发泡橡胶排气冷喂料挤出机

热喂料挤出机

三角胶热贴合挤出生产线

橡胶滤胶机

销钉式冷喂料挤出机

自动化操作显示

台湾股票代码：4584
YOUR MOTION, OUR MISSION

君帆科技有限公司为专业从事气动元件、液压元件及电控气动液压系统设备设计、制造、销售、服务于一体的企业。

目前我司在液压双模硫化机行业，以稳定的品质，及时的货期，优质的服务及合理的价格，得到国内外硫化机企业及配套轮胎厂的一致好评。配套力车胎，半钢胎42、47、48、51、52、55、57英寸，全钢胎65、66、68英寸，工程胎88、95、105、122、150、170、188、212寸全套油缸及液压系统和配管，并承接其他硫化机进口油缸国产化的改造及维修业务。

系统 SYSTEM

油缸/电缸 HYDRAULIC/ELECTRIC CYLINDER

配套部分轮胎品牌 SUPPORTING SOME TIRE BRANDS

Wuxi Jufan Technology Inc. 无锡君帆科技有限公司
No.235, Xi Tai Road, Meicun, New District, Wuxi, Jiangsu, 214112, China
江苏省无锡市新区梅村工业区锡泰路235号

无锡 | 台南 | 台中 | 横滨

福建建阳龙翔科技开发有限公司
福建省轮胎成型设备企业重点实验室
福建省轮胎成型设备企业工程技术研究中心

LCZ-Y/E4951巨型全钢子午线轮胎成型机组

建阳龙翔科技开发有限公司位于福建省，是中外合资高新技术企业，拥有福建省轮胎成型设备企业重点实验室和工程技术研究中心两个研发平台。

建阳龙翔科技开发有限公司以开发轮胎生产设备新产品为主，主导产品包括一次法全钢载重子午胎成型机组、巨型工程胎成型机、全钢巨型工程子午胎成型机、农用子午胎成型机等轮胎成型设备，以及鼓式帘布筒贴合机等设备，国家知识产权局授予建阳龙翔科技"国家知识产权优势企业"，拥有自主知识产权69项。

出口美国的 LCY/LCE-3254 两段一次法农用子午线轮胎成型机组 (2023.1.)

董事长兼总经理：戴造成
E-mail:tai@fjlcme.com　　Mob:13905998605
PG:354200
福建省建阳市龙翔路

上海永利带业股份有限公司

上海永利带业股份有限公司创建于2002年，注册资本81620.60万元，于2011年挂牌上市（股票代码300230），是一家以研发、生产制造、销售轻型输送带产品的专业公司，也是极具专业性、配套性的新材料轻型输送带研发生产高新技术企业。

公司总部位于上海。在国内市场，公司于厦门、成都、天津、青岛、佛山、昆明、武汉、南宁、合肥等地设立分公司或办事处，通过合资新设或收购的方式在南通、沈阳、昆山、安徽、深圳、开平、香港、澳门布局了子公司，建立起覆盖全国范围的市场营销网络，构建完整高效的供应链体系；在海外市场，公司从2004年至今不断开发海外网点，在荷兰、波兰、德国、奥地利、英国、巴西、美国、韩国、印度尼西亚、日本、泰国等国家或地区布局子公司，进一步加强国际合作与贸易，拓展国际业务，增强公司的国际综合竞争力。业务范围已经扩展到欧洲、北美洲、南美洲、非洲、亚洲和澳洲的全球64个国家。公司产品被认定为"上海名牌产品"，拥有的规格近1500种，广泛应用于食品加工、石材加工、木材加工、娱乐健身、烟草生产、物流运输、农产品加工、纺织印染、电子制造、印刷包装等行业。

公司的技术以自主研发为主，现有授权专利70余件，其中多为发明专利。公司设立有自己的研发中心，并于2013年被认定为"上海市企业技术中心"。于2008年与同济大学共同设立"轻型输送带研发中心"，于2009年与东华大学共同设立"轻型输送带增强基材研发中心"，于2014年与华东理工大学共同设立"轻型输送带研发中心"。

多年来，永利带业始终以"以人为本、精益求精、打造世界一流的轻型输送带企业"为宗旨，在"求精做强"的经营理念指导下，以完善的服务、创新的思维、卓越的管理，打造世界轻型输送带的生产基地。公司于2013年被认定为"国家火炬计划重点高新技术企业"，2015年被认定为"上海市专利示范企业"并于2017年完成验收，2020年再次被认定为"高新技术企业"。

青岛环球输送带有限公司

  青岛环球输送带有限公司总投资6亿元，坐落于青岛平度工业园。青岛环球输送带有限公司是国内专业从事输送带产品设计、制造生产的大型企业，公司占地面积23万平方米，建筑面积4万多平方米。拥有在职员工1000余人，其中各类专业技术人才超过120人，固定资产6亿元，年生产能力可达到5000万平方米。

  青岛环球输送带有限公司建厂早、起点高、定位高端，主要生产各种规格、型号的尼龙输送带、聚酯输送带、耐寒输送带、耐酸碱输送带、耐高温输送带、阻燃输送带及各种抗撕裂高强力输送带、环形带、花纹带等。

  产品具有高强力、低伸长、耐磨性好、耐高温性能优异、耐磨蚀能力好、使用寿命长等优点，广泛应用于煤炭、冶金、水电、建材、沙石、港口等行业。拥有精湛的制造工艺、稳定的质量保证、高素质的售前售中售后服务体系、高水平的专业技术人员及丰富的管理经验。消费市场遍及全国各地并出口到欧洲、北美洲、南美洲、非洲、澳洲、亚洲等地，深得用户好评。

电话：4006897689
地址：山东省青岛平度市南村工业园

中南橡胶集团

中南橡胶集团有限责任公司（以下简称中南）始建于1966年，在国家三线建设的大背景下，由北京橡胶研究院、青岛橡胶六厂、沈阳橡胶四厂、铁岭橡胶厂、西北橡胶总厂联合内迁到湖北省宜昌市组建国营137厂，由燃料化工部直接管理。90年代末组建中南橡胶集团有限责任公司。

中南主要生产三大类产品

橡胶输送带　　**橡塑汽车零部件**　　**工程橡胶制品**

广泛用于煤炭、冶金、建材（水泥）、电力、港口、汽车，产品行销国内，并且走向世界，覆盖东南亚、中东、非洲等十余个国家和地区。

中南从建厂就一直专注做实业，以匠心精神着力橡胶输送带、橡塑汽车配件及工程橡胶制品的研发制造，多年来引领输送带的发展方向。中南是国家级高新技术企业，拥有独立研制开发新产品的省级企业技术中心及市级工程技术研究中心，中南是国家标委会橡胶标准主要起草单位，主持及参与制修订国际及国家标准二十余件，荣获中国橡胶工业协会胶管胶带分会"输送带行业TOP10企业"称号；是湖北省军民融合重点单位；是国家级重点专精特新小巨人企业；是湖北省细分行业隐形冠军企业；是湖北省守合同重信用称号企业。中南已通过ISO9001国际质量管理体系认证、ISO45001职业健康安全管理体系认证、ISO14001环境管理体系认证、IATF16949国际汽车行业质量体系认证、QSB+汽车行业质量体系认证。

中南近年来致力于特种输送带、智能输送带和节能输送带的研发。同时企业还围绕输送带行业的节能、环保、智能化等发展方向，开展低阻尼节能输送带、轻量化高强力碳纤维输送带、芳纶输送带、环保型管状输送带、预埋芯片及光纤传感式智能输送带的研发及推广。

进入新时代，中南将持续依托自身研发团队，加强与武汉工程大学、合肥水泥研究院等合作，瞄准对标世界一流企业，不断开发拥有核心知识产权橡塑产品，努力打造国内橡胶行业细分市场单项冠军、南方橡胶制品行业研发检测中心、汽车橡塑制品配件制造基地。中南将秉承绿色发展、智能制造的理念，加大技改投入，努力打造智能制造工厂，依托互联网及云计算，努力实现重点用户橡胶管带使用在线监测及远程诊断。

"团结、创新、求实、奋进"是中南的企业精神。在国家毫不动摇地支持民营经济发展的大背景下，中南定会不忘初心，牢记使命。坚持持续创新、以精益求精的工匠精神做产品。不断满足客户的高要求，竭诚与中外客商携手并进。

地址：湖北省宜昌市伍家岗区共升路9号（伍家岗工业园区内）
联系电话：0717-6370006

盱眙华成工业用布有限公司

盱眙华成工业用布有限公司成立于2010年，坐落于中国龙虾之都-江苏盱眙，是目前国内浸胶帆布行业规模、品种、设备和工艺领先的企业，并将先进生产设备与ERP系统和MES系统相结合，满足客户的诸多需求。公司致力于设备革新和工艺创新，认真把好每一道生产关卡，为客户提供最优质的产品和智能化服务。

- 高速倍捻机
- 高速整经机
- 高速剑杆织机
- 双浴浸胶机
- 数据智能

服务宗旨： 质量可靠，客户至上

生产宗旨： 精益求精，开拓创新

主营产品： 浸胶帆布

年产量： 10000吨

员工： 65人

年产值： 1.5亿元

主要生产设备：
- 高速剑杆织机　　•大卷装
- 高速倍捻机　　　•併丝机
- 高速整经机和双浴浸胶生产线

地址：盱眙县经济开发区龙山路2-1号
电话/传真：0517-88288228
联系人：祝爱华
联系电话：13801567620
邮箱：915990502@QQ.COM

机遇蕴含精彩，创新成就伟业，江苏锦竹工业用布有限公司始建于1987年，至今已有30余年。公司一直围绕目标抓管理，坚定信心抓落实，我们一如既往地从产品质量标准化、顾客满意大提升、现场6S管理更规范等方面为目标，进一步加强管理能力；我们以"产品创新、品质创优"为口号，在产品优化上迎难而上，锐意进取，团结协作，大胆创新；在产品质量上力争实现公司人机料法环的全面优化；"路漫漫其修远兮，吾将上下而求索"，我们"锦竹人"必定舞动激情，焕发精神，共同创造更加辉煌的明天。欢迎国内外新老客户光临指导惠顾！

江苏锦竹工业用布有限公司位于泰州国家医药高新技术产业开发区，地处长江北岸、泰州市区南郊，位于高铁、机场、高速公路、长江航运汇集一处的经济发达地区。公司占地面积4万平方米，总资产1.2亿元。公司已通过ISO9001:2015认证，是江苏省安全生产标准化二级企业、江苏省民营科技企业、江苏省工业用布明星企业。

江苏锦竹工业用布有限公司

本公司是一家专业从事工业用浸胶布的研发、设计、生产、销售的国家高新技术企业，已形成"纺纱—织造—浸胶"一条龙生产线。采用大卷装千米无接头和独特的浸胶及自动切边工艺，解决了胶带、胶管生产企业长期困扰的技术难题。本公司生产工业用布主要品种有：三角带包布、轮胎沿口子口布、有芯和无芯胶管夹布、帘子布、输送带用涤棉帆布、农机带用广角布、齿形带用弹力布、各种垫布等。同时公司年产多种支别涤棉纱、涤纶纱4000余吨，为消防管有关厂家配套使用。

● 产品介绍

○规格 (specifications)：200
○断裂强力 (breaking strength)：
经 (warp)：≥9200
纬 (weft)：≥5525
○厚度 (Body Gauge) / (mm)：0.8±0.05
○克重 (干燥) (g/m²)：610±20

○规格 (specifications)：T3*3
○断裂强力 (breaking strength)：
经 (warp)：≥1250
纬 (weft)：≥1250
○厚度 (Body Gauge) / (mm)：0.5±0.05
○克重 (干燥) (g/m²)：160±10

○规格 (specifications)：帘子布
○断裂强力 (breaking strength)：
经 (warp)：≥1698
纬 (weft)：≥1912
○厚度 (Body Gauge) / (mm)：0.45±0.05
○克重 (干燥) (g/m²)：163±15

○规格 (specifications)：80
○断裂强力 (breaking strength)：
经 (warp)：≥600
纬 (weft)：≥350
○厚度 (Body Gauge) / (mm)：0.45±0.05
○克重 (干燥) (g/m²)：310±10

○规格 (specifications)：5*5
○断裂强力 (breaking strength)：
经 (warp)：≥2353
纬 (weft)：≥2008
○厚度 (Body Gauge) / (mm)：0.8±0.05
○克重 (干燥) (g/m²)：360±20

○规格 (specifications)：6*6
○断裂强力 (breaking strength)：
经 (warp)：≥3200
纬 (weft)：≥3200
○厚度 (Body Gauge) / (mm)：0.8±0.05
○克重 (干燥) (g/m²)：530±15

○规格 (specifications)：3*3
○断裂强力 (breaking strength)：
经 (warp)：≥1300
纬 (weft)：≥1200
○厚度 (Body Gauge) / (mm)：0.65±0.05
○克重 (干燥) (g/m²)：260±20

○规格 (specifications)：2*2
○断裂强力 (breaking strength)：
经 (warp)：≥750
纬 (weft)：≥750
○厚度 (Body Gauge) / (mm)：0.45±0.05
○克重 (干燥) (g/m²)：160±10

○规格 (specifications)：85-1
○断裂强力 (breaking strength)：
经 (warp)：≥800
纬 (weft)：≥800
○厚度 (Body Gauge) / (mm)：0.35±0.05
○克重 (干燥) (g/m²)：110±10

○规格 (specifications)：65/35 3*5
○断裂强力 (breaking strength)：
经 (warp)：≥1900
纬 (weft)：≥1950
○厚度 (Body Gauge) / (mm)：0.70±0.05
○克重 (干燥) (g/m²)：300±10

○规格 (specifications)：80/20 3*3
○断裂强力 (breaking strength)：
经 (warp)：≥1450
纬 (weft)：≥1300
○厚度 (Body Gauge) / (mm)：0.45±0.05
○克重 (干燥) (g/m²)：220±10

○规格 (specifications)：65/35.3*3
○断裂强力 (breaking strength)：
经 (warp)：≥1300
纬 (weft)：≥1300
○厚度 (Body Gauge) / (mm)：0.55±0.05
○克重 (干燥) (g/m²)：230±10

○规格 (specifications)：4*6
○断裂强力 (breaking strength)：
经 (warp)：≥4500
纬 (weft)：≥1300
○厚度 (Body Gauge) / (mm)：1.61±0.1
○克重 (干燥) (g/m²)：630±20

○规格 (specifications)：4*8
○断裂强力 (breaking strength)：
经 (warp)：≥4200
纬 (weft)：≥1100
○厚度 (Body Gauge) / (mm)：1.8±0.1
○克重 (干燥) (g/m²)：90±20

○规格 (specifications)：9011
○断裂强力 (breaking strength)：
经 (warp)：≥800
纬 (weft)：≥1750
○厚度 (Body Gauge) / (mm)：0.35±0.05
○克重 (干燥) (g/m²)：110±10

○规格 (specifications)：T4*4
○断裂强力 (breaking strength)：
经 (warp)：≥1750
纬 (weft)：≥600
○厚度 (Body Gauge) / (mm)：0.55±0.05
○克重 (干燥) (g/m²)：250±10

○规格 (specifications)：2*2
○断裂强力 (breaking strength)：
经 (warp)：≥600
纬 (weft)：≥600
○厚度 (Body Gauge) / (mm)：0.55±0.05
○克重 (干燥) (g/m²)：110±10

厂　名：江苏锦竹工业用布有限公司　　　地　址：江苏省泰州市医药高新区姜高路774号
联系电话：0523-8633 4094　　　　　　　传　真：0523-8633 4588
邮　箱：jsjzgyyb@126.com

吴江丰越工业用布有限公司

  吴江丰越工业用布有限公司坐落于江苏苏州吴江区，东邻上海，南与浙江交界。申嘉湖、苏嘉杭高速贯通，交通便捷。

  公司是一家具有近30年经验专业生产橡胶工业用布的企业，目前采用先进重磅织机，配有先进智能高速倍捻机、超声波切边机等先进的加工设备，为广大轮胎企业、橡胶企业配套生产用布。

  本公司产品涵盖新型橡胶隔离垫布、乙烯(PE)织造垫布、高速龙带基布、橡胶压纹布、高温硫化布、高强锭带布、胶带广角布等上百种产品，新品的研发成功不断加入，同时也得到了国内外知名橡胶企业的认可，在业界也赢得较好的口碑。

  公司始终恪守追求卓越，以优质、诚信、完善的服务来赢得用户。

吴江丰越工业用布有限公司
Wujiang Fengyue Industrial Fabric Co.,Ltd.

地址：江苏省苏州市吴江区盛泽镇前跃开发区
Address: Qianyao Development Zone, Shengze Town Wujiang, Suzhou, Jiangsu, China
电话 Tel：0512-63502943　　13616259380
传真 Fax：0512-63573228

南通泰仓科技新材料有限公司
Nantong Taicang Technology New Materials Co., Ltd

南通泰仓科技新材料有限公司坐落于南通如皋港新材料园区。前身是1983年成立的太仓农药厂，目前公司主要从事环氧树脂促进剂与固化剂、封闭异氰酸酯、水性聚氨酯、特种橡胶助剂等新型功能材料化学品的研发、生产和销售。

水性聚氨酯-附着力促进GLOC系列产品

水性聚氨酯-附着力促进GLOC系列产品，可与水性环氧树脂配制成环氧体系浸胶液，配合RFL用于聚酯线绳、帘帆布等纤维织物的表面处理，在一定的温度下交联，可有效提升纤维织物与橡胶的粘合力；

GLOC系列

产品名称	质量指标	活化温度	应用骨架材料	领域
GLOC-D50	外观:乳白色分散液 PSD:D(90)≤4μm 固含量:50% 粘度:200-300mPa.s	190-240°C	聚酯,尼龙	帘子布,帆布
GLOC-P45	外观:乳白色分散液 PSD:D(90)≤6μm 固含量:45% 粘度:120-200mPa.s	180-230°C	聚酯,尼龙,在同等热处理条件下，比D50处理速度快，处理后织物更柔软，性能保持率高	帆布,胶管用线绳
GLOC-T40	外观:乳白色分散液 PSD:D(90)≤7μm 固含量:40% 粘度:50-100mPa.s	140-160°C	聚酯,尼龙,芳纶,处理速度快,可达40-50秒,并在一浴和二浴中都可以添加使用	帘子布,胶管用线绳

水性环氧树脂

附着力促进GLOC系列

水性聚氨酯-附着力促进NANO系列产品

水性聚氨酯-附着力促进NANO系列产品，采用了阴离子和非离子乳化技术，实现了三维交联体系，弥补了线性交联的不足，不仅可以用于帘子布,帆布，线绳等产品，亦可用于织物着色，和水性环氧配合用于金属防腐涂层和FRP的外涂层。

NANO系列

产品名称	质量指标	活化温度	应用骨架材料	领域
NANO-BIA200	外观:白色微乳 PSD:D(90)≤0.8μm 固含量:40% 粘度:50-100mPa.s	140-180°C	聚酯,尼龙,芳纶 应用于端羟基环氧树脂和丙烯酸树脂,并且可以用于单浴RFL浸胶体系,性能稳定。	帘子布,冲锋衣,浸胶帘线(抗黄变)
NANO-BIA202	外观:白色微乳 PSD:D(90)≤0.8μm 固含量:40% 粘度:50-100mPa.s	150-190°C	聚酯,尼龙,芳纶,玻纤,端羟基环氧树脂和丙烯酸树脂,并且可以用于单浴RFL浸胶体系,性能稳定。	帘子布,玻璃涂层
NANO-BIA522	正在开发中.....交联温度100-110°C,主要用于端羟基环氧树脂,丙烯酸树脂,大大提高化学防腐性能			

附着力促进NANO系列

同时公司配套水性环氧树脂- 和RF树脂

拥有专业工程师团队，并有能力为客户提供浸胶配方优化、相关技术咨询及服务。

我们的设备

公司名称:南通泰仓科技新材料有限公司
地址：江苏省如皋市石庄镇绥江路8号
邮箱: minglu.bao@qq.com　446887943@qq.com

固定电话: 81760009
联系电话:13806247601
联系人:鲍明路　蔡章凌

济宁齐鲁检测技术有限公司
橡胶行业第三方检验检测机构

齐鲁检测提供橡胶材料及橡胶制品的检验检测服务，已获得CMA资质认定和CNAS认可。实验室检测区域面积2500平方米，配备高端检测设备一百余台（套）。可提供橡胶及橡胶制品、橡胶轮胎、橡胶材料、钢丝材料等相关项目的检验检测服务，其中47个产品383个参数获得CMA资质、16个产品152个项目获得CNAS资质。

公司致力于打造橡胶行业检验检测公共服务平台，为橡胶行业提供专业的技术服务。公司已获得国家级高新技术企业、山东省橡胶及制品检测研发服务中试基地、山东省专精特新中小企业、市级中小企业公共服务示范平台等荣誉。

橡胶轮胎室内测试
尺寸、接地压力分布、高速、耐久、胎圈耐久、滚动阻力

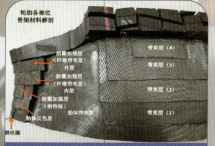

橡胶轮胎剖析
阶梯断面、结构分析、材料分析、配方还原

材料在配方及轮胎中应用
配方混炼、性能评估、材料在轮胎中应用及评价

配方开发及性能提升
橡胶配方设计开发、橡胶配方优化及性能提升

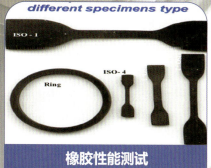

橡胶性能测试
门尼、流变、RPA、DMA、GABO、低温脆性、磨耗、耐切割、压缩生热、拉伸、撕裂、曲挠、拉伸疲劳、热氧/臭氧老化等

橡胶材料检验
橡胶、助剂、内胎、垫带、硫化胶囊、钢丝帘线、胎圈钢丝等

地址：山东省济宁市兖州区华勤工业园
电话：+86 0537 5174470
　　　+86 0537 5179041
邮箱：qilutesting@hixih.com.cn

予特 YUTE
宁波世峻汽配科技有限公司
提供更安全、更耐用的胶管及总成

公司简介

宁波世峻汽配科技有限公司是一家专注于橡胶流体管路及总成的研发、制造、销售为一体的高新技术企业,产品应用于汽车、工程机械、空调制冷、风电新能源、钢铁冶炼、家用电器、IT数据库等诸多领域。公司通过 IATF16949 质量管理和 ISO14001 环境管理体系认证,是国家高新技术企业和宁波市工程技术中心,主营无芯缠绕软管、冷媒加注软管、阻燃冷却管等产品,突破了核心工艺和技术,打破了诸多行业的橡胶流体管路被欧美品牌垄断的局面。

核心产品

汽车、工程机械领域

| 挂车三合一总成 | 气制动管总成 | 燃油管 | 数据库服务器液冷软管 |

工业领域

| 水气多用途管 | 阻燃冷却管 | PUSH-LOCK 自锁软管 | 冷媒加注软管 |

浙江省余姚市临山镇工业北区戚海东路1号
电话:0574-62067887 邮箱:gavin@hengtegu.com

天津鹏翎集团股份有限公司

天津鹏翎集团股份有限公司始建于1988年，集团总部位于天津市滨海新区中塘工业区。2014年成功登陆A股市场，股票代码300375。集团下设汽车流体管路事业部及汽车密封件事业部，拥有天津、江苏、成都、河北、重庆、西安六地7厂，同时在天津和上海设有研发机构和中心实验室，已形成"立足天津、辐射全国，面向世界"的事业布局。

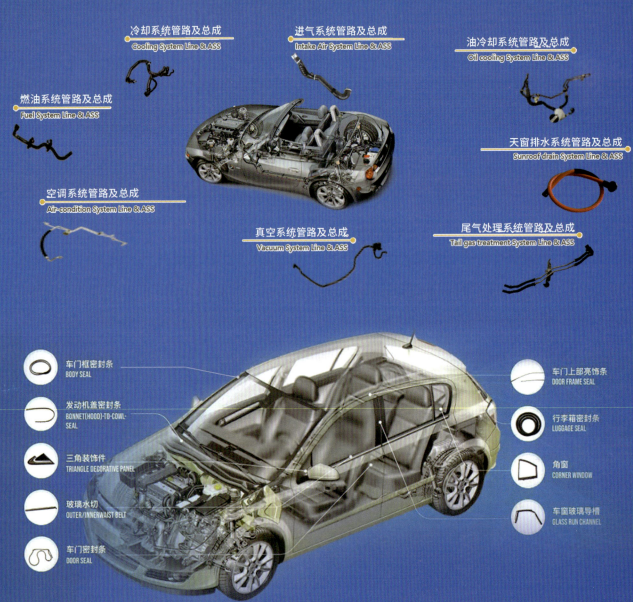

地址：中国·天津市滨海新区中塘工业区葛万公路1703号　　电话：022-6326 9748